보이지 않게
아무도 몰래
흔적도 없이

보이지 않게
아무도 몰래
흔적도 없이

케빈 미트닉 지음 김상현 옮김

i!i
에이콘

사랑하는 어머니 셸비 재피,
그리고 할머니 리바 바타니안께 이 책을 바칩니다

두어달 전, 나는 고등학교 이후 적조했던 옛 친구를 만났다. 커피를 마시며 지난 수십 년간 쌓인 이야기를 나눴다. 그 친구는 다양한 종류의 첨단 의료 기기를 팔고 지원하는 자신의 사업을 이야기했고, 나는 지난 25년간 인터넷 보안과 프라이버시 분야에 종사해온 사연을 풀어놓았다. 내가 온라인 프라이버시를 거론하자 그 친구는 허허 웃으며 이렇게 말했다. "다 그럴듯하게 들리지만 나는 별로 걱정 안 해. 따지고 보면 나는 범죄자도 아니고, 무슨 나쁜 일을 하고 있는 것도 아니니까. 설령 누군가가 온라인에서 내가 무엇을 하는지 본다고 해도 나는 신경 안 써."

왜 프라이버시가 자신에게 별로 중요하지 않은지 설명하는 그 친구의 말을 들으면서, 나는 슬퍼졌다. 내가 갑자기 슬퍼진 것은 그런 논리를 전에, 그것도 수없이 들어왔기 때문이다. 나는 그런 말을, 숨길 게 전혀 없다고 믿는 사람들에게서 듣는다. 또한 오직 범죄자들만이 스스로를 보호하기 위해 필요하다고 생각하는 사람들에게서 듣는다. 오직 테러범들만이 암호화 기술을 쓴다고 생각하는 사람들에게서 듣는다. 자신의 당연한 권리를 보호받을 필요가 없다고 생각하는 사람들에게서 듣는다. 하지만 우리는 우리의 권리를 보호할 필요가 있다. 그리고 프라이버시는 그런 권리에 영향을 미치는 정도가 아니라, 실상을 들여다보면 프라이버시 자체가 권리의 하나다. 프라이버시는 1948년 유엔이 발표한 세계 인권 선언에서 기본적인 인권의 하나로 인정받았다.

우리의 프라이버시가 1948년에 보호를 필요로 했다면 지금은 훨씬 더 절박한 상황이어야 마땅하다. 지금의 우리는 인류 역사상 가장 정밀한 수준으로 감시받는 첫 세대라고 할 수 있기 때문이다. 우리는 평생에 걸쳐 디지털 감시를 받을 수 있다. 대다수 의사소통은 한 가지 혹은 그 이상의 방식으로 감시될 수 있다. 우리는 심지어 자그마한 추적 장치를 항상 휴대한다(다만 그것을 추적 장치라 하지 않고 스마트폰이라고 부를 뿐이다).

온라인 감시는 우리가 어떤 책을 사고 어떤 뉴스 기사를 읽는지, 심지어 그런 기사의 어느 대목들에 가장 높은 관심을 보이는지까지 밝혀낼 수 있다. 우리가 어디로, 누구와 함께 여행하는지도 알아낸다. 게다가 내가 아프거나 슬픈지, 혹은 성적 흥분을 느끼는지도 파악한다. 그렇게 진행되는 온라인 감시의 대부분은 돈을 벌 목적으로 데이터를 축적한다. 무료 서비스를 제공하는 기업들이 그 무료 서비스를 통해 수조 원대의 매출을 올리는 현실은 인터넷 이용자의 성향을 대규모로 파악하는 작업이 얼마나 큰 가치를 지니는지 잘 보여준다. 하지만 그보다 더 표적화된 감시도 있다. 바로 국내나 해외의 정부 기관들이 수행하는 유형의 감시다.

디지털 통신은 정부 기관들의 대규모 감시를 가능케 했다. 하지만 우리가 스스로를 더 잘 보호할 수 있게 해주는 효과도 낳았다. 암호화 수단을 이용해 데이터를 더 안전하게 저장함으로써, 그리고 기본적인 보안 요구 사항OPSEC을 준수함으로써 스스로를 더 잘 보호할 수 있게 된 것이다. 다만 그를 위한 적절한 가이드가 필요할 뿐이다.

이 책은 그러한 가이드로 더없이 적절하다. 나는 케빈이 시간을 할애해 디지털 은닉에 관한 전문 지식을 풀어놓은 것을 매우 반갑게 생각한다. 사실 그야말로 사이버 은닉의 비법에 정통한 몇 안 되는 사람 중 하나다. 이것은 훌륭한 참고서다. 잘 읽고 실제로 활용해보라. 스스로를 보호하고, 당신의 권리도 지키길 바란다.

다시 옛 친구 이야기로 돌아와서, 우리는 커피를 마신 후 헤어졌다. 그 친구가 잘 지내기를 바라는 마음이지만, 나는 아직도 가끔 그의 말을 떠올리곤 한다. "설령 누군가가 온라인에서 내가 무엇을 하는지 본다고 해도 나는 신경 안 써." 친구여, 자네는 아무것도 숨길 게 없을지도 모르지. 하지만 그럼에도 자네의 프라이버시는 반드시 지켜야 하는 거라네.

미코 히포넨

미코 히포넨(Mikko Hypponen)은
디지털 보안 기업인 'F-시큐어(F-Secure)'의 수석 연구원이다.
권위 있는 보안 콘퍼런스로 꼽히는 '데프 콘(DEF CON)'과
첨단 기술, 오락, 디자인을 주제로 열리는 '테드(TED)' 콘퍼런스 양쪽에서 연사로
초빙받은 유일한 인물이다.

케빈 미트닉 Kevin Mitnick

흔히 '전설의 해커', 또는 '세계에서 가장 유명한 해커'로 불린다. 열세 살 때, 당시 펀치 카드 방식을 쓰던 로스앤젤레스 시 버스 시스템을 농락하면서 남다른 사회공학 social engineering 재능을 드러냈고, 열여섯 살 때는 대규모 컴퓨터 회사인 DEC의 컴퓨터 시스템에 침투했다. 1980년대 후반에는 전화 회사인 퍼시픽 벨의 음성 메일 컴퓨터를 해킹했다. 그의 컴퓨터 해킹은 대부분 악의적이기보다 해킹 기술을 과시하고 해당 시스템의 허점을 노출시키는 성격을 띠었다. 곧 미 연방수사국 FBI이 그를 뒤쫓기 시작했고, FBI와 미트닉의 드라마 같은 숨바꼭질은 『네트워크 속의 유령』(에이콘, 2012)에 잘 묘사돼 있다. 2년여에 걸친 수사와 추격전은 1995년 2월 마침내 미트닉의 체포로 귀결된다. 그를 기소한 미 법무부의 수사 결과에 따르면, 미트닉은 도망자로 숨어 지내는 동안에도 10여 개의 컴퓨터 네트워크를 해킹했다. 이른바 '대포폰'을 이용해 자신의 위치를 숨기면서 미국 유수의 전화 회사, 컴퓨터 회사의 소프트웨어 정보를 빼냈다고 법무부는 밝혔다.

5년간의 형기를 마치고 2000년 출소한 후에는 '블랙 해커'의 오명을 씻고 '화이트 해커'로 변신했다. 자신의 이름을 내세운 회사인 '미트닉 보안 컨설팅'을 설립했고, 그간의 경험과 지식을 바탕으로 새로운 컴퓨터 시스템의 보안 취약점을 찾아내는 '침투 테스트' 서비스를 제공했다. 미트닉과 회사의 활동은 전 세계 언론의 주목을 받아왔다. 그가 이끄는 '침투 테스트' 팀은 세계 유수의 기업과 정부 기관들이 컴퓨터 시스템의 보안 수준을 평가하고자 할 때 앞다퉈 기용하는 그룹으로 명성을 쌓았다. '포천 500' 리스트에 포함된 여러 유명 기업들이 미트닉의 컨설팅 고객이기도 하다. 『네트워크 속의 유령』을 비롯해 『해킹, 침입의 드라마』(지앤선, 2005), 『해킹, 속임수의 예술』(사이텍미디어, 2002) 같은 컴퓨터 보안 분야의 책도 저술했다. 현재 라스베이거스에 거주하면서 세계 여러 나라에서 주최되는 사이버 보안 관련 콘퍼런스 및 이벤트의 기조연설자로 활약하고 있다.

| 감사의 말 |

　　　　　　　나를 위해 평생 희생하신 사랑하는 어머니 셸리 재피와 할머니 리바 바타니안께 이 책을 바친다. 내가 어떤 사고를 치든, 혹은 어떤 곤경에 빠지든 당신들께서는 언제나 나를 위해 거기에 계셔줬다. 그처럼 무조건적인 사랑과 후원을 나에게 보내준 가족이 없었다면 이 책은 불가능했을 것이다.

　어머니는 2013년 4월 15일, 오랜 투병 끝에 폐암으로 돌아가셨다. 고통스러운 항암 치료의 후유증으로 여러 해 동안 고생하신 끝이었다. 이런 유형의 암을 물리치기 위해 현대 의학에서 사용되는 끔찍한 요법들을 거친 후에는 숨돌릴 시간이 거의 없다. 대체로 환자들에게는 시간이 거의 없다(암으로 결국 세상을 뜰 때까지 몇 개월밖에 남지 않는다). 나는 어머니께서 이 끔찍한 병과 싸우시는 동안 당신과 함께할 수 있었음을 다행스러워 한다. 그처럼 깊은 사랑과 헌신으로 나를 키워주신 어머니, 세상에서 가장 좋은 친구이기도 했던 어머니께 한없이 감사한다. 그리고 그런 어머니가 너무나 그립다.

　할머니는 2012년 3월 7일 라스베이거스의 선라이즈 병원에서 치료를 받던 중 갑작스럽게 세상을 뜨셨다. 우리 가족은 당신의 귀가를 예상했지만 그것은 영원히 불가능해졌다. 돌아가시기 전까지 당신의 가슴은 암 투병 중인 어머니 때문에 늘 슬픔에 잠겨 있었다. 당신이 아직 살아서 이 책을 보셨다면 얼마나 기뻐하셨을까 생각하니 더욱 그립다.

12

나는 이 책이 어머니와 할머니께 큰 행복을 안겨주길, 그리고 내가 사람들의 프라이버시 보호를 돕는 것을 자랑스러워하시길 소망한다.

스파이 활동과 감시가 이제는 일상이 돼버린 세상에서 눈에 띄지 않고 활동할 수 있는 방법을 논의한 이 책의 출간을, 아버지 앨런 미트닉과 형 애덤 미트닉이 아직 살아서 함께 축하해줄 수 있다면 얼마나 좋을까 생각한다.

나는 보안 및 프라이버시 전문가인 로버트 바모시와 손잡고 이 책을 쓸 수 있었던 행운에 감사한다. 로버트는 탁월한 보안 지식과 작가적 역량으로 흥미진진한 사례들을 찾아내고, 다양한 프라이버시 주제를 연구하고, 내가 제공한 정보를 흡수해 컴퓨터 문외한들도 쉽게 이해할 수 있도록 명료하고 정돈된 문체로 표현했다. 이 프로젝트에 그토록 많은 시간과 노고를 바친 로버트에게 경의를 표한다. 진심으로 말하건대, 그가 없었다면 나는 이 책을 출간하지 못했을 것이다.

나의 직업적 커리어를 헌신적으로 대리해준 사람들에게도 감사하고 싶다. 나의 저작 에이전트인 데이비드 퓨게이트(론치북스)는 이 책의 출판사인 리틀, 브라운과 출간 계약을 협의하고 성사시켰다. 이 책의 콘셉트는 '121 마인즈121 Minds'의 존 러퓨즈에게서 처음 나왔다. 존은 나의 강연 스케줄과 제품 협찬을 관리하며, 회사의 비즈니스 전략 개발도 담당한다. 존은 순전히 혼자 힘으로 아이디어를 짜낸 후 나에게 표지 시안과 더불어 매력적인 출판 제안을 내놓았다. 그는 날더러 이 책을 통해 어떻게 하면 사람들이 빅브라더와 빅데이터의 공습으로부터 각자의 프라이버시 권리를 보호할 수 있는지 알려주라고 격려해줬다. 존은 정말 멋진 친구다.

나는 이 흥미진진한 프로젝트를 발전시키는 데 리틀, 브라운 출판사와 함께 작업할 수 있었던 것을 감사한다. 이 프로젝트에 큰 힘을 더하고 유익한 조언을 보내준 편집자 존 파슬리에게 감사하고 싶다. 존, 고마워요.

이 책의 추천사를 써준, 보안 소프트웨어 회사인 F-시큐어의 수석 연구원이

자 친구인 미코 히포넨에게 감사한다. 미코는 지난 25년여 동안 멀웨어 연구에 진력해온 존경받는 보안 및 프라이버시 전문가다.

바쁜 시간을 쪼개 원고를 읽고 기술적 진위를 판별하는 것은 물론, 오류를 찾아내고 중요하지만 간과된 대목을 상기시켜준 F-시큐어의 토미 투오미넨에게도 감사하고 싶다.

김상현

　캐나다에서 정보공개 및 프라이버시 전문가로 일하고 있다. 한국에서 10년 남짓 시사주간지 기자로 일하다 2001년 캐나다로 이주해 개인정보 보호와 프라이버시, 사이버 보안을 공부했다. 캐나다 온타리오주 정부와 앨버타주 정부, 브리티시 컬럼비아(BC)주의 의료서비스 기관 등에서 정보 공개 담당관, 개인정보보호 책임자, 프라이버시 관리자 등으로 일했다. 지금은 밴쿠버 아일랜드의 수도권청Capital Regional District에서 정보공개 및 개인정보 보호를 담당하고 있다.

　에이콘출판사에서 펴낸 번역서로 『프라이버시 중심 디자인은 어떻게 하는가』(2021), 『마크 저커버그의 배신』(2020), 『에브리데이 크립토그래피 2/e』(2019), 『보안의 미학 Beautiful Security』(2015), 『똑똑한 정보 밥상 Information Diet』(2012), 『불편한 인터넷』(2012), 『디지털 휴머니즘』(2011) 등이 있다.

　　　　인터넷 보안 사고나 개인정보 유출 사고 소식을 하루라도
듣지 않고 지나가기가 어려운 요즘이다. 그만큼 인터넷이 빼놓을 수 없는 우
리의 일상이 되고, 그를 통한 개인정보의 유통이 일반화했다는 뜻이겠다. 다른
한편으로는 그에 걸맞은 보안 기술과 개인정보 보호 대책이 제대로 마련되지
않았다는 뜻이기도 할 터이다.

　멀리 갈 것도 없다. 2017년 5월 '워너크라이'라는 이름의 랜섬웨어가 갑자
기 나타나 한국을 비롯한 세계 여러 나라의 정부 기관과 기업 전산망에 저장
된 주요 파일을 고도의 암호화 기술로 차단해 볼모로 잡고 이를 풀어주는 대
가(랜섬)를 요구하는 사태가 발생했다. 평소 주요 파일을 백업해뒀다면 별 문
제가 없었겠지만, 특히 개인 PC 이용자들은 그런 데까지 신경을 쓰지 못하는
경우가 대부분이다. 랜섬웨어의 공격을 받았을 때 해커가 요구하는 돈을 지불
하는 방법 외에는 속수무책인 경우가 많다는 뜻이다. 기초 수준의 보안 의식
과 실천 의식이 아쉬운 대목이다.

　그뿐만이 아니다. 개인 이용자의 컴퓨터 보안을 돕는 데 앞장서야 마땅할
보안 업체가 도리어 보안 사고를 당하는 경우까지 나온다. 방송통신위원회는
2017년 9월 2일부터 보안 업체인 이스트소프트의 개인정보 유출 사고를 조사
하고 있다고 밝혔다. 유출 신고된 개인정보는 알툴즈 사이트의 이용자 아이디

와 비밀번호 13만여 개, 알툴즈 프로그램 중 알패스에 등록된 웹사이트 명단, 아이디, 비밀번호 등이다.

　미국의 소비자 신용 평가 기관인 에퀴팩스는 한 술 더 떴다. 지난 5월 중순에서 7월 사이 해킹을 당해 무려 1억4,300만여 명의 사회보장번호와 생년월일 등 개인정보를 도둑맞은 사실이 밝혀진 것이다. 9월 7일 에퀴팩스의 발표에 따르면, 이번 해킹으로 기본 개인정보가 대거 유출됐을 뿐 아니라 20만여 명의 신용카드 번호, 18만여 건의 개인 신용 관련 클레임 정보도 털렸다. 소비자의 신용 등급을 매기는 에퀴팩스는 엑스퍼리안, 트랜스유니언과 더불어 미국의 3대 신용 평가 기관 중 하나로 꼽히며, 개인정보 유출 사고를 당한 기업이나 기관들에 일종의 '보험' 격인 '신용 모니터링' 서비스도 제공한다. 컴퓨터 보안과 개인정보 보호의 모범이 돼야 할 기업마저 해커의 제물이 된 셈이다.

　이스트소프트와 에퀴팩스의 사고 사례는 '그럼 도대체 누구를 믿어야 하지?'라는 다소 무기력한 질문을 자연스럽게 제기한다. 전설의 해커이자 이 책의 저자인 케빈 미트닉은 그에 대해 '누구도 믿지 말라.'고 단호하게 대답한다. "당신의 개인정보와 프라이버시를 안전하게 보호할 수 있는 첫걸음은 '누구도 믿지 말라Trust No One.'는 것이다."

　모든 것이, 심지어 냉장고와 커피 머신까지 온라인으로 연결된 세상이다. 그리고 그 '연결'의 밀도는 점점 더 높아져만 간다. 그저 편리한 줄만 알았던 '스마트 TV'는 우리가 TV를 시청할 때, 우리를 감시한다. 알렉사, 에코 같은 인공지능 스피커 겸 디지털 조수는 목소리로 조작할 수 있다고 좋아했는데, 알고 보니 우리가 원치 않는 일상의 시시콜콜한 대화 내용까지 다 듣고 녹음하며, 심지어 다른 곳으로 전송하기까지 한다. 스마트폰은 꺼놓아도 나의 위치를 중계한다. 온라인으로 쉽고 편리하게 택시를 잡을 수 있다고 좋아했던 우버는 추적 소프트웨어로 우리가 차를 이용하지 않는 경우에도 위치를 추적하고 기록한다. 그뿐인가, 기업과 정부 기관은 천문학적 규모의 데이터를 수집하고 분석해, 개인정보를 직접 수집하지 않고도 누가 어디에서 어떤 일을 하는지, 할 것인지 추정한다. 바야흐로 '빅브라더'와 '빅데이터'의 시대다.

미트닉은 인터넷과 디지털의 신세계가 안겨주는 편의와 혜택보다, 그 뒤에 도사린 위험성과 파장에 초점을 맞춘다. 비밀번호가 사실은 얼마나 쉽고 허망하게 깨질 수 있는지 보여주며, 지메일이나 야후 메일 같은 공짜 메일이 상시 감시되고 스캐닝된다는 사실을 일깨운다. 암호화 기술이 첩보 영화나 해커 드라마에만 해당하는 것이 아니라, 실상은 누구나 이용해야 하는 최소한의 보안 대책임을 강조한다. 우리가 웹사이트를 서핑하거나 웹 페이지의 링크를 클릭할 때 어떤 정보가 새어 나가는지, 그리고 그런 정보가 역으로 어떻게 우리의 정체와 위치를 노출하는지 구체적으로 보여준다. 랜섬웨어가 무엇이며, 어떻게 하면 이를 막을 수 있는지도 알려준다. 네트워크로 연결된 이른바 '커넥티드 카'가 어떤 위협으로 작용할 수 있는지, 그리고 그런 차를 구입하거나 되팔 때 어떻게 해야 개인정보를 제대로 보호할 수 있는지도 일러준다.

소셜 미디어의 인기가 시사하듯 요즘의 온라인 이용자들은 저마다 자신을 더 드러내고 과시하고 노출하지 못해 안달이라도 난 것 같다. 그러나 이런 경향은 온라인 세계에 도사린 위험을 모르거나 무시한 데서 나온 결과다. 그 위험성을 조금이라도 파악한다면 온라인 이용자들의 행태는 180도 달라질 것이라고 미트닉은 강조한다. "디지털 세계에서 가장 바람직한 행태는 눈에 띄지 않는 것, 즉 투명 인간이 되는 것이다."

이 책은 그 방법을 일러준다. 그것도 어렵고 복잡한 기술 용어나 은어를 거의 쓰지 않고, 마치 친구끼리 이야기하듯, 찬찬히, 구체적으로 알려준다. '비밀번호' 대신 '비밀 표현passphrase'을 권하고, 첨부 파일에 암호를 정하는 수준보다 훨씬 더 견고한 '암호화encryption' 방법을 일러주며, 카페나 공공장소의 무료 와이파이를 쓸 때는 '가상 사설망VPN'을 쓰고, 무료 이메일이나 온라인 서비스에는 단순한 비밀번호 대신 이중 인증2FA 기법을 쓰라고 강조한다.

케빈 미트닉은 1990년대 가장 악명 높은 이른바 '블랙 해커'였다. 미국 국방부(펜타곤)와 국가안보국NSA의 전산망에 침투하고, 모토로라, 썬마이크로시스템즈, NEC 같은 유명 기업의 전산망을 해킹한 혐의로 FBI와 쫓고 쫓기는 추격전을 벌이다 1995년 체포됐다(그 내용은 『네트워크 속의 유령』에 잘 묘사돼 있다). 이후 '화이트 해커'로 전향한 미트닉은 자신의 해킹 지식과 경험을 바탕으로 컴퓨터 보안 전도사가 됐다. 이 책은 그러한 컴퓨터 보안 비법의 정수만을 모았다고 해도 과언이 아니다.

디지털 세계는 우리에게 아직 낯설다. 그 방대한 가상 공간 안에 어떤 위험이 도사리고 있는지, 그리고 어떻게 해야 그런 위험을 피할 수 있는지에 관해 케빈 미트닉보다 더 잘 알 만한 사람은 그리 많지 않다. 디지털 세계, 사이버스페이스의 음지와 양지를 누구보다도 더 깊고 다양하게 체험하고 탐험해본 인물이기 때문이다. 이 책을 통해 미트닉의 꼼꼼하고 친절한 안내를 받는다면 누구든 이전보다 훨씬 더 현명하고 신중한 사이버 시민, 인터넷의 투명 인간이 될 것이라고 확신한다.

양서를 번역할 기회를 주신 에이콘출판사의 권성준 사장께 감사의 말씀을 올린다. 그리고 언제나 나를 믿고 응원해주는 아내 김영신, 아들 동준과 성준에게 고맙고 미안하다는 말을 전한다.

캐나다 노스밴쿠버에서

김상현

| 차례 |

| 들어가며 |

지금은 숨어야 할 때

부즈 앨런 해밀턴의 계약 직원이던 에드워드 조셉 스노든이 미 국가안보국^{NSA}에서 취득한 기밀 자료를 처음 공개한 지 거의 2년이 지났을 즈음, HBO의 시사 코미디언인 존 올리버는 프라이버시와 감시를 주제로 한 에피소드를 만들기 위해 뉴욕의 타임즈 광장에 나가 즉석 여론 조사를 벌였다. 그의 질문은 분명했다. 에드워드 스노든이 누구죠? 그 사람은 무슨 일을 했죠?[1]

올리버가 방송한 인터뷰를 보면 아무도 모르는 것 같았다. 이름을 기억한다는 사람들조차 스노든이 무엇을 (혹은 왜) 했는지 정확히 대답하지 못했다. 에드워드 스노든은 NSA의 계약직으로 들어간 후 수천 건의 1급 비밀 문서와 기밀 문서를 복사해 기자들에게 넘겼고, 문서의 내용은 만천하에 공개됐다. 올리버는 감시에 관한 에피소드를 비관적 톤으로 (2년에 걸친 언론 보도에도 불구하고 아무도 정부의 자국민 감시를 우려하지 않는 것처럼 보인다고) 마무리할 수도 있었지만 거기에 그치지 않고 한 걸음 더 나아갔다. 1 대 1 인터뷰를 하기 위해 스노든이 망명 생활을 하고 있는 러시아까지 날아간 것이다.[2]

올리버가 모스크바에서 스노든에게 던진 첫 질문은 이것이었다. 무엇을 성취하고 싶은 바람으로 그런 일을 벌였는가? 스노든은 NSA가 하는 일을(거의 모든 사람의 데이터를 수집한다는 사실을) 전 세계에 보여주고 싶었노라고 대답했다. 올리버가 타임즈 광장에서 묻는 사람마다 스노든이 누구인지 모른다고 대답하는 인터뷰 장면에는 이렇게 대꾸했다. "모든 사람이 알게 할 수는 없겠죠."

왜 우리는 스노든과 다른 이들이 제기한 프라이버시 문제에 대해 유독 잘 모르는 것일까? 왜 정부 기관이 우리의 전화 통화를, 이메일을, 심지어 텍스트 메시지를 도청하는데도 별일 아니라는 듯한 반응을 보일까? 아마도 NSA가 우리의 일상에 직접 영향을 끼치지 않기 때문에, 적어도 '체감'할 수 있는 침해의 형태로 나타나지 않기 때문에 그럴 것이다.

그러나 올리버가 그날 타임즈 광장에서 확인한 사실은 실생활과 밀착된 상황에서는 프라이버시를 매우 중시한다는 점이었다. 올리버는 스노든에 관한 질문에 더해 일반적인 프라이버시 관련 질문도 던졌다. 예를 들면, 사람들의 나체 사진이 인터넷을 통해 전송될 때마다 자동으로 그 이미지를 기록하는 정부의 비밀 프로그램(그러나 사실은 올리버가 지어낸)에 대해 어떻게 생각하느냐는 질문에 사람들은 너나없이 한 목소리를 냈다(결사 반대한다는 것이었다). 한 응답자는 최근 그런 사진을 전송한 적이 있다고 고백하기까지 했다.

타임즈 광장의 응답자들은 이구동성으로 미국민은 어떤 내용이든(심지어 성기 사진조차도) 인터넷에서 사적으로 공유될 수 있어야 한다고 말했다. 그것은 스노든이 전하려는 기본 메시지이기도 했다.

올리버가 지어낸, 나체 사진들을 기록하는 가짜 정부 프로그램도 따지고 보면 생각만큼 허황하지 않다. 스노든이 인터뷰에서 올리버에게 설명했듯이, 구글 같은 기업들의 데이터 서버는 전 세계 곳곳에 흩어져 있어서, 같은 도시에 사는 부부 간의 (나체 이미지를 포함한) 간단한 메시지조차 수신자에게 닿기 전에 해외 서버를 거칠 수 있다. 그런 데이터는 아무리 짧은 순간이라도 미국 땅을 벗어난 셈이 되고, 해외에서 들어오는 데이터는 수집 감시할 수 있다는 미국 애국법 덕분에 NSA는 그 텍스트나 이메일(나체 이미지를 포함한)이 미국으로 진입하는 순간 수집 보관할 수 있는 것이다. 스노든의 논점은 9.11 테러 이후 해외 테러범들을 막는다는 명분으로 광범위하게 조성된 감시의 그물망이 보통 미국인들까지 옭아매고 있다는 사실이다.

끊임없이 보도되는 개인정보 유출과 정부의 온갖 감시망에 관한 뉴스를 따져보면 우리는 지금보다 훨씬 더 분개해야 마땅하다. 더욱이 이런 변화가 불과 몇 년 사이에 급속도로 진행된 점을 감안하면 경악과 분노의 가두 행진이라도 벌여야 할 듯싶다. 하지만 실상은 그 반대라고 하는 편이 맞다. 많은 사람들은 심지어 이 책의 여러 독자들조차 우리의 일거수일투족이(모든 전화 통화, 텍스팅, 이메일, 소셜 미디어의 활동 내역이) 타인에 의해 감시될 수 있다는 사실을 적어도 일정 부분 당연한 것으로 받아들인다.

이는 퍽 실망스러운 현상이다.

당신은 아마 법을 어긴 적이 없을 것이다. 스스로 평균적이고 조용한 삶을 영위한다고 생각하며, 온라인의 군중 속에서 드러나지 않는다고 느낀다. 장담컨대, 그런 생각은 틀렸다. 당신은 온라인의 투명 인간이 아니다. 적어도 아직까지는.

나는 마술을 좋아하는데, 혹자는 그런 마술사의 날렵한 손 기술이 컴퓨터 해킹에 필요하다고 주장할 수도 있다. 인기 있는 마술 트릭 중 하나는 어떤 물체를 투명하게 만드는 기술이다. 하지만 그 물체는 물리적으로 사라진 것도, 투명해진 것도 아니다. 우리가 볼 수 있든 없든 항상 배경 속에, 커튼 뒤에, 소매 안에, 주머니 속에 남아있다.

현재 수집되고 저장되는, 때로는 본인도 모르는 새 광범위하게 집적되는 숱한 개인정보의 경우도 마찬가지다. 다른 이들이 우리의 개인정보를 보는 것이, 혹은 그런 정보를 찾기가 얼마나 쉬운지 우리 대다수는 그저 모를 뿐이다. 직접 그런 정보를 볼 일이 없다 보니, 우리 자신에 관한 정보도 기업 간부, 부모, 학교, 직장 상사, 심지어 정부 기관에게 보이지 않을 것이라고 믿어버린다.

문제는 어디를 찾아야 하는지만 알면 그 모든 정보를 사실상 누구나 볼 수 있다는 점이다.

많은 청중 앞에서 연설할 때마다 (강연장의 크기와는 상관없이) 이런 사실에 의문을 제기하는 사람이 꼭 하나씩은 있다. 한 행사에서 나는 매우 의심이 많은 기자를 만났다.

우리는 미국 대도시의 한 호텔 바에 있는 한적한 테이블에 마주 앉았고, 그 기자는 자신은 한 번도 개인정보 유출에 따른 피해를 입은 적이 없노라고 말했다. 아직 어려서 자기 이름과 연결된 자산도 별로 없고, 따라서 관련 기록도 거의 없다는 설명이었다. 기사나 개인용 소셜 미디어에 시시콜콜한 개인사를 더한 적도 없으며, 업무와 관련된 내용만 올린다고 말했다. 기자는 자신이 온라인에서 투명하다고(보이지 않는다고) 믿고 있었다. 그래서 나는 그 기자의 사회보장번호와 다른 신상 정보를 온라인에서 찾아봐도 되겠느냐고 허락을 구했다. 기자는 마지못해 동의했다.

기자가 가까이 앉아있는 상태에서 나는 공인 사설탐정들이 이용하는 사이트 중 하나에 접속했다. 국제 규모의 해킹 사건들을 수사하는 과정에서 취득한 자격이었다. 나는 이미 기자의 이름을 알고 있었으므로 주소를 물어봤다. 이런 정보는 본인이 알려주지 않았더라도 다른 인터넷 사이트에서 쉽게 찾아낼 수 있었을 것이다.

불과 몇 분 만에 나는 기자의 사회보장번호, 출신 도시, 그리고 어머니의 결혼 전 이름까지 알아냈다. 기자가 옮겨다닌 과거의 모든 주소와 전화번호도 찾아냈다. 놀란 표정으로 컴퓨터 스크린을 응시하면서, 기자는 그 모든 정보가 대체로 맞다고 확인해줬다.

내가 이용한 사이트는 해당 분야에 특화된 기업과 전문가들만 접속할 수 있는 곳이다. 소정의 월 회비와 검색당 추가 비용을 청구하고, 회원들의 검색 활동이 적법하고 적절한지 이따금씩 점검한다.

그러나 비슷한 인물 정보는 소정의 검색 이용료만 내고도 찾을 수 있다. 그리고 그것은 완벽히 합법적이다.

학교나 기관에서 온라인 정보를 게시할 목적으로 요구하는 온라인 양식에 정보를 입력해 제출한 적이나, 인터넷에 게시된 소송 사례에 연루된 적이 있는가? 그렇다면 당신은 취득한 정보를 임의로 사용할 수도 있는 제3자에게 개인정보를 자발적으로 제공한 것이다. 그중 일부(전체는 아니더라도) 데이터는 온라인에 완전히 공개돼, 인터넷에서 개인정보 수집을 전문으로 하는 기업들에 이미 넘어갔을 공산이 크다. 프라이버시 옹호 단체인 '프라이버시 권리 정보센터 Privacy Rights Clearinghouse'는 그처럼 개인정보를 수집하는 130개 이상의 기업 목록을 올려놓았다(그렇게 수집된 정보가 얼마나 정확한지 여부는 고려되지 않았다).[3]

온라인에 자발적으로 공개하지 않았음에도 기업과 정부에 의해 수집되는 데이터도 있다. 우리가 누구에게 이메일과 텍스트 메시지를 보내는지, 전화를 거는지, 온라인에서 무엇을 검색하는지, 그리고 어디로 여행하고 도보로 이동하는지, 혹은 자동차로 이동하는지 등에 관한 정보다. 우리 한 사람 한 사람에 관해 수집되는 데이터의 양은 매일 기하급수적으로 증가하고 있다.

이런 것에 대해 걱정할 필요가 없다고 생각할 수도 있다. 단언컨대, 걱정해야 마땅하다. 나는 독자가 이 책을 통해 그 실상을 명확히 파악하고, 그에 충분히 대비할 수 있게 되길 바란다.

사실을 말한다면, 우리는 프라이버시가 잘 지켜진다는 환상 속에 살고 있으며, 아마도 지난 수십 년 동안을 그런 식으로 살아왔을 것이다.

어느 순간 우리는 문득 정부, 직장, 직장 상사, 교사, 그리고 부모가 우리에 대해 너무 많은 사실을 안다는 점에 불편함을 느낀다. 그러나 그러한 정보 접근은 시나브로 높아진 것이어서, 온갖 자잘한 디지털의 편의성을 대가로 별다른 저항 없이 하나둘 양보한 프라이버시는 점점 더 되돌리기 어렵게 된다. 게다가 우리 중 어느 누가 디지털 장난감을 포기하고 싶어 하겠는가?

디지털 감시 국가의 위험성은 데이터가 수집되고 있다는 사실보다(거기에 우리가 할 수 있는 일은 거의 없다.), 일단 수집된 데이터가 '무슨 목적에 어떻게 사용되는가'와 연결된다.

수년간에 걸쳐 축적된, 사실 여부나 품질이 검증되지 않은 미가공 개인 데이터를 잔뜩 확보한 열성 과잉의 검사가 어떤 일을 벌일 수 있는지 상상해보자. 때때로 아무런 맥락도 없이 수집되는 온라인 데이터는 영원하다. 미국 대법원 판사인 스티븐 브라이어조차 "언제 해당 수사와 관련된 특정 진술이 (검사 앞에) 나중에 나타날지, 누구도 미리 알기가 어렵다.⁴"라고 동의한다. 달리 말하면, 누군가 페이스북에 올린 당신의 술 취한 사진 정도는 걱정거리도 못 된다는 뜻이다.

당신은 선뜻 아무것도 숨길 게 없다고 생각할지 모르지만, 정말로 그렇다고 확신할 수 있는가? IT 전문 월간지 「와이어드」에 게재한 오피니언에서, 권위 있는 보안 연구자인 목시 말린스파이크는 작은 바닷가재를 소지하는 것과 같은 단순한 행위조차 미국에서는 연방 범죄에 해당한다고 지적한다.⁵ "그것을 식료품점에서 구입했든, 누군가 선물한 것이든, 죽었든 살았든, 바닷가재가 자연사한 후에 발견했든, 혹은 심지어 정당방위로 죽였든 아무런 상관이 없다.⁶" 요지는 당신이 모르고 위반하는 사소하고 실제로 시행되지 않는 법이 많다는 점이다. 다만 지금은 데이터의 기록이 빠짐없이 남아서, 몇 번의 키보드 작업으로 누구에게나 노출될 수 있다.

프라이버시는 복잡하다. 한 가지 기준이나 원칙이 어디에나 통용되는 가치가 아니다. 자신의 어떤 개인정보는 낯선 타인과 자유롭게 공유하면서도 다른 정보는 끝내 비밀로 간직하는 데는 저마다 다른 이유가 있다.

어떤 이는 단순히 배우자가 자신의 사적인 기록을 읽는 것조차 원치 않을 수 있다. 고용주가 자신의 사생활을 아는 것을 원치 않을 수도 있다. 혹은 정부 기관이 자신을 염탐하고 있다고 진심으로 두려워할 수도 있다.

매우 다른 시나리오들이 존재하므로 어느 한 가지 조언이 그 모두에 부합할 수는 없다. 저마다 프라이버시에 대해 복잡한, 따라서 사뭇 다른 태도들을 보이기 때문에 나는 중요한 이슈들(은밀한 데이터 수집 과정에서 현재 벌어지는 문제들)을 설명해주고, 적절한 대처 방식은 독자 여러분이 각자의 상황에 맞춰 선택하도록 유도할 것이다.

나는 이 책을 통해 디지털 세계에서 프라이버시를 유지하는 방법을 독자에게 알려주고, 실제 상황에 적용할 수 있는 여러 솔루션을 제시한다. 프라이버시는 개인적 선택이므로, 어느 정도로 철저히 자신을 은닉할지는 개인마다 편차가 있을 것이다.

우리가 모두 예외 없이 집안과 밖에서(거리를 걷든, 카페에 앉아있든, 또는 고속도로를 운전하든) 감시받고 있다는 사실을 나는 이 책에서 입증할 것이다. 우리가 쓰는 컴퓨터, 전화기, 승용차, 가정의 보안 경보 시스템, 심지어 집안의 냉장고까지, 이 모든 것이 우리의 사생활을 들여다볼 수 있는 잠재적 접근 수단이다.

좋은 소식은 독자들에게 겁만 주는 대신, 그러한 프라이버시 결핍(어느새 규범처럼 돼버린 상황)에 대응하는 방법도 알려줄 것이라는 점이다.

이 책을 통해 독자는 다음과 같은 사항을 배우게 될 것이다.
- 이메일을 암호화해 안전하게 보내는 방법
- 효율적인 암호 관리로 데이터를 보호하는 방법
- 방문 사이트와 페이지들로부터 나의 실제 IP 주소를 숨기는 방법
- 나의 컴퓨터가 추적되지 않도록 하는 방법

- 나의 익명성을 보전하는 방법
- 이외의 여러 보안 정보들

자, 이제 디지털 은닉의 기술을 마스터해보기로 하자.

1장

암호는
뚫릴 수 있다!

아카데미 여우주연상 수상자인 제니퍼 로렌스에게 2014년 노동절 주말은 끔찍한 기억으로 남았을 것이다. 그해 주말 아침, 그녀는 본인의 의사와 무관하게 누드 사진을 비롯한 온갖 민망한 사진들이 인터넷에 공개돼버린 여러 유명 인사 중 하나가 된 사실을 깨달았기 때문이다.

잠깐 머릿속으로 컴퓨터, 스마트폰, 이메일 등에 현재 저장돼 있는 모든 이미지들을 훑어보길 바란다. 그중 대다수는 아무런 문제도 없을 것이다. 석양 풍경이나 단란한 가족 사진은 물론, 머리가 엉망인 채 찍은 셀카조차도, 설령 세상 누가 본다고 해도 별로 개의치 않을 것이다. 하지만 저장된 사진 전체를 공유한다고 해도 마음의 부담이 없을까? 사진 전체가 어느날 갑자기 온라인에 완전히 공개된다면 당신은 어떤 마음일까? 모든 사진이 외설적인 내용은 아니겠지만 그래도 사적인 순간들의 기록이라는 점은 분명하다. 따라서 그것을 다른 사람과 공유할지 말지, 공유한다면 언제, 그리고 어떻게 공유할지 본인이 결정할 수 있어야 하지만 클라우드 서비스에서는 그렇지 못한 상황이 발생하기도 한다.

제니퍼 로렌스의 이야기는 보통 빅 뉴스가 없는 2014년의 노동절 주말을 뜨겁게 달궜다. 나중에 밝혀진 바로는 '더패프닝the Fappening'이라는 이벤트의 일부로, 리아나, 케이트 업튼, 케일리 쿠오코, 에이드리언 커리 등 대부분이 여성인 300여 명에 달하는 연예인들의 휴대 전화가 원격 접속돼 누드나 반 누드 사진들이 대규모로 유출된 사건이었다. 어떤 이들은 예상대로 이들 사진을 보는 데 더 관심을 보였지만, 많은 이들은 그와 비슷한 사건이 자신들에게도 언제든 벌어질 수 있다는 점에서 경각심을 나타냈다.

그러면 어떻게 누군가가 제니퍼 로렌스와 다른 연예인들의 개인적인 이미지들에 접근할 수 있었을까?

피해 연예인 모두가 아이폰을 쓰고 있어서 처음에는 애플이 아이폰 이용자들에게 옵션으로 제공하는 클라우드 저장 서비스인 아이클라우드iCloud에서 대규모 데이터 불법 유출이 벌어진 것 아니냐는 의심이 제기됐다. 아이폰의 메모리 용량이 가득 차면 새로 추가되는 사진, 파일, 게임 등을 소정의 월 이용료를 내고 애플의 서버에 저장할 수 있다. 구글도 안드로이드 폰 이용자들에게 비슷한 서비스를 제공한다.

보안 문제에 관해서는 언론에 좀처럼 발언하는 일이 없던 애플이었지만, 이번에는 자신들에게 아무런 잘못이 없다고 적극적으로 부인했다. 언론 성명에서 애플은 문제의 사건에 대해 "사용자 이름, 암호, 그리고 보안 질문을 집중 표적으로 삼은 공격"이라면서 "우리가 조사한 사건 중 아이클라우드와 '아이폰 찾기' 기능을 비롯해 애플의 시스템 중 어딘가에 문제가 생겨 발생한 사례는 전혀 없다.[1]"라고 밝혔다.

사진들은 한 해커 포럼에 처음 나타나기 시작했다.[2] 해킹 사진들이 많다고 알려진 이 포럼에는 그런 사진을 몰래 취득하는 데 쓰는 디지털 분석 툴에 관한 토론장도 있다. 연구자, 수사관, 검찰 등은 사건을 분석할 때 이런 툴을 써서 디지털 휴대 장비나 클라우드에 저장된 데이터에 접근한다. 물론 이 툴은 다른 용도에 쓰일 수도 있다.

포럼에서 공개적으로 논의되는 툴 중 하나인 '엘컴소프트 전화 암호 해독기 EPPB'는 경찰과 정부 기관들이 아이클라우드 계정에 접속할 때 이용하는데, 일반인도 쉽게 구입할 수 있다. 여러 비슷한 툴이 있지만 EPPB는 포럼에서 가장 인기가 높은 것 같다. EPPB를 쓰기 위해서는 표적으로 삼은 아이클라우드 이용자의 ID와 암호를 먼저 알아야 한다. 하지만 이 포럼의 이용자들에게 그런 정보를 구하는 일은 그다지 어렵지 않다. 공교롭게도 2014년 노동절 주말에 누군가가 유명 온라인 코드 저장소(깃허브)에 아이브루트[iBrute]라고 불리는, 특히 아이클라우드의 ID와 암호를 뽑아내도록 디자인된 암호 해킹 메커니즘을 올렸다.

아이브루트와 EPPB를 함께 이용하면, 피해자인 척 가장해서 클라우드에 저장된 아이폰 데이터 전체를 다른 장치로 백업할 수 있다. 이런 기능은 예컨대 전화기를 업그레이드할 때 유용하다. 해커 입장에서도 피해자의 모든 정보를 볼 수 있으므로 가치가 높다. 이런 방식은 단순히 피해자의 아이클라우드 계정에 접속하는 경우보다 훨씬 더 많은 정보를 제공한다.

디지털 포렌식 컨설턴트이자 보안 연구자인 조너선 지아르스키는 IT 잡지 「와이어드」와의 인터뷰에서, 예컨대 케이트 업튼의 유출 사진들을 조사한 결과 아이브루트와 EPPB를 사용한 징후를 감지했다고 말했다. 복원된 아이폰 백업 파일에 접속한 해커는 나중에 피해자에게 협박할 만한 개인정보를 대량으로 확보할 수 있게 된다.[3]

2016년 10월, 펜실베이니아주 랭카스터에 사는 36세의 라이언 콜린스는 '문제의 정보를 취득하기 위해 보호된 컴퓨터에 공인되지 않은 접속'을 자행한 혐의로 18개월 징역형을 선고받았다. 100개가 넘는 애플과 구글의 이메일 계정에 불법 접속한 혐의였다.[4]

아이클라우드와 다른 온라인 계정을 보호하려면 강력한 암호를 설정해야 한다. 당연한 이야기다. 그럼에도 '침투 테스터(업무적으로 보수를 받고 컴퓨터 네트워크 침투를 시도해 취약점을 찾아주는 컴퓨터 전문가)'로 일한 내 경험에 따르면 많은 사람들, 심지어 대기업의 임원들조차 암호 설정에 소홀한 경우가 많다. 이를테면 소니 엔터테인먼트의 최고경영자인 마이클 린튼은 도메인 계정의 암호로 'sonyml3'를 썼다. 그의 이메일이 해킹돼 인터넷에 유포된 것은 따라서 놀라운 일이 아니었다. 해커들은 회사 내 거의 모든 시스템에 관리자 자격으로 접속할 수 있었다.

업무 관련 암호뿐 아니라 중요한 개인 계정을 보호해주는 암호도 마찬가지다. 쉽게 짐작하기 힘든 암호를 설정한다고 해서 '오씨엘해시캣^{oclHashcat}' 같은 해킹 툴의 암호 해독까지 예방할 수 있는 것은 아니지만, 적어도 해커가 좀 더 쉬운 표적으로 옮겨가게 만드는 효과는 기대할 수 있다(오씨엘해시캣은 고속 암호 해독을 위해 그래픽 처리 장치^{GPU}를 이용하는 해킹 툴의 하나다).

2015년 7월 불륜 조장 사이트인 '애슐리 매디슨'의 해킹에서 유출된 암호의 일부가 은행 계정이나 심지어 업무용 컴퓨터에도 쓰이고 있으리라는 추정은 타당하다. 온라인에 공개된 1,100만여 개의 암호 목록을 보면 가장 흔한 것은 '123456', '12345', 'password', 'DEFAULT', '123456789', 'qwerty', '12345678', 'abc123', '1234567' 등이다.[5] 그중에 당신의 암호도 들어있다면 당신도 불법 해킹에 취약하다는 뜻이다. 이런 숫자나 단어는 온라인에서 쉽게 구할 수 있는 대다수 암호 해독 툴킷들에 포함돼 있기 때문이다. 자신의 계정이 이전에 정보 유출 사고의 영향을 받은 적이 있는지 알고 싶다면 언제든지 www.haveibeenpwned.com 사이트를 통해 확인할 수 있다.

21세기에 걸맞게, 우리는 더 잘할 수 있다. 아니, '훨씬' 더 잘할 수 있다. 더 길고, 훨씬 더 복잡한 문자와 숫자의 조합으로. 어렵게 들릴지도 모르지만 자동이나 수동으로 어떻게 할 수 있는지 알려주려 한다.

가장 쉬운 접근법은 암호를 직접 만들지 않고 자동화해버리는 방식이다. 디지털 암호 관리 툴은 쉽게 구할 수 있다. 이들은 기존의 암호들을 안전하게 저장해주고 필요할 때는 단 한 번의 클릭만으로 암호에 접근할 수 있으며, 필요한 경우 각각의 사이트마다 매우 강력하고 독특한 새 암호들을 생성해주기도 한다.

하지만 여기에는 두 가지 문제가 있다는 점을 주지하길 바란다. 하나는 암호 관리 툴이 단 하나의 '마스터 암호'를 쓴다는 점이다. 만약 누군가가 당신의 컴퓨터를 암호를 훔쳐내는 멀웨어로 감염시킨 후 이용자의 모든 키보드 입력 활동을 고스란히 기록하는 키로깅을 통해 '마스터 암호'를 알아낸다면 '게임 끝'이다. 암호 관리 툴에 저장된 당신의 모든 암호가 드러날 것이기 때문이다. 침투 테스트를 진행하는 와중에 나는 암호 관리자를, '마스터 암호'를 우리에게 보내는 수정본으로 대체한다(암호 관리자가 '오픈소스'인 경우). 이것은 물론 클라이언트의 네트워크에 관리자 수준의 접근권을 얻은 후에 이뤄진다. 그 다음에 우리는 모든 비밀 암호를 확보한다. 달리 말하면 암호 관리자를 일종의 '뒷문'으로 활용해 왕국의 문을 여는 열쇠를 얻는 것이다.

또 다른 문제는 어찌 보면 자명하다. '마스터 암호'를 잃어버리면 암호 관리 툴에 저장된 모든 암호도 잃어버린다. 궁극적으로 보면, 각각의 해당 사이트에서 언제든 암호를 재설정할 수 있으므로 큰 문제는 아니지만, 계정이 많은 경우에는 꽤나 번거로울 것이다.

이런 단점을 고려하더라도, 다음과 같은 조언을 따르면 충분히 안전하게 암호를 관리할 수 있다.

첫째, 단어 대신 표현이나 문장으로 암호를 만들되 적어도 20~25자 수준으로 길어야 한다. 그런 표현이나 문장에서 몇몇 알파벳을 숫자와 부호로 바꿔주는(예를 들면 ek5iogh#skf&skd) 것이 최선이다. 불행하게도 사람의 머리는 무작위 순서는 잘 기억하지 못한다. 그러니 암호 관리 툴을 쓰라. 암호 관리 툴은 본인이 직접 암호를 고르는 것보다 훨씬 더 낫다. 나는 '패스워드 세이프 Password Safe'와 '키패스KeePass' 등과 같이 데이터를 컴퓨터에만 로컬로 저장하는 오픈소스 기반의 암호 관리 툴을 선호한다.

또 다른 바람직한 암호 관리 규칙은 다른 두 계정에 같은 암호를 결코 쓰지 않는 것이다. 어려운 주문이다. 거의 모든 경우와 상황에서 암호를 쓰는 게 요즘 현실이다. 그러므로 직접 암호를 짜내려 애쓰기보다는 암호 관리 툴을 이용해 강력하고 독특한 암호를 생성해 저장하라.

설령 강력한 암호를 만든다고 해도, 그것을 깨는 신기술이 나올 수 있다. 이를테면 '존더리퍼John the Ripper'라는 암호 추정 프로그램은 오픈소스 기반으로 누구나 무료로 다운로드할 수 있고, 사용자가 정한 설정 범주와 기준에 따라 작동한다.[6] 예를 들면, 사용자는 얼마나 많은 글자 수를 시도할지, 특수 부호를 쓸지, 외국어 세트를 포함할지 등을 지정할 수 있다. 존더리퍼와 다른 암호 해킹 툴은 암호를 깨는 데 지극히 효과적인 일련의 규칙을 이용해 암호 문자들을 다른 부호나 문자로 치환한다. 이는 암호를 밝혀낼 때까지 숫자, 문자, 부호의 모든 가능한 조합을 시도한다는 뜻이다. 다행스러운 것은 우리가 무한한 시간과 자원을 보유한 국가를 상대로 싸우는 게 아니라는 점이다. 실상은 배우자나 친척, 혹은 우리가 원한을 산 어느 개인인 경우가 대부분이므로, 문자/부호가 25개에 이르는 암호에 맞닥뜨릴 경우 그것을 성공적으로 깰 만한 시간이나 자원이 없을 공산이 크다.

소프트웨어의 힘을 빌리기보다는 본인 스스로 암호를 짓길 원하고, 그래서 매우 강력한 암호들을 선택했다고 치자. 의외로 들리겠지만 노트에 적어둬도 된다. 다만 '아메리카은행 비번: 4the1st-timein4ever*' 식으로는 메모하지 마시라. 너무 뻔하다. 대신 은행 이름을 (이를테면) '비스킷 통'(어떤 이들은 돈을 비스킷 통에 숨기기도 했으니까)과 같이 불가사의한 이름으로 바꾸고, 그 옆에 '4the1st' 정도만 적어라. 암호 전체를 적지 않았다는 점에 주목하길 바란다.

그럴 필요가 없다. 본인은 나머지 문구를 잘 알고 있다. 하지만 다른 이들은 그렇지 못할 것이다.

이처럼 불완전한 암호의 목록이 적힌 종이를 발견한 사람은 충분히 헷갈릴 법하다(적어도 처음에는). 흥미로운 예를 하나 들자. 나는 한 친구(아주 유명한 마이크로소프트 직원)의 집에 초대를 받아 저녁 식탁에서 암호의 보안성에 관해 친구의 아내, 그리고 아이와 이야기를 나누고 있었다. 어느 순간 친구의 아내가 일어나더니 냉장고로 갔다. 자신의 모든 암호를 종이 한 장에 적어 냉장고에 자석으로 붙여놓은 것이었다. 친구는 그저 절레절레 고개를 흔들었고, 나는 씨익 웃었다. 암호를 적어두는 게 완벽한 해법은 아닐지 모르지만, 강력한 암호를 설정했으나 이용할 일이 거의 없어 암호를 잊어버리고 마는 경우도 마찬가지다.

온라인 뱅킹 같은 웹사이트들은 몇 차례(보통 세 번) 암호를 잘못 입력하면 계정을 차단해버린다. 하지만 많은 사이트들은 그렇지 않다. 설령 그렇게 세 번 틀린 암호를 댄 사람을 차단한다고 해도, 그것은 악인들이 존더리퍼나 오씨엘해시캣을 이용하는 방식이 아니다(참고로 오씨엘해시캣은 다수의 GPU를 써서 해킹 프로세스를 유포하며, 존더리퍼보다 훨씬 더 강력하다). 또한 해커들은 사이트를 방문해서 모든 가능한 암호를 하나하나 실제로 시험해보는 게 아니다.

데이터 유출 사고가 났고, 유출된 데이터에 ID와 암호들이 포함됐다고 가정하자. 하지만 거기에서 뽑아낸 암호들은 무의미한 단어와 부호와 숫자의 혼합일 뿐이다.

누군가가 당신의 계정에 침투하는 데 그것이 어떻게 도움이 될까?

잠긴 랩톱을 풀기 위해서든, 온라인 서비스에 접속하기 위해서든 암호를 입력할 때마다 그 암호는 '해시 함수'라고 부르는 일방향 알고리즘을 통과한다.

이는 암호화encryption와 다르다. 암호화는 양방향이다. 당신이 키를 가진 한 암호화했다가 다시 해독할 수 있다. 해시는 일련의 부호들을 대표하는 일종의 지문이다. 이론상 일방향 알고리즘은 번복할 수 없거나, 적어도 번복이 쉽지는 않다.

우리 PC나 휴대 전화, 클라우드 등의 암호 데이터베이스에 저장된 것은 'MaryHadALittleLam123$'와 같은 형식이 아니라 그에 상응하는 해시 값, 즉 숫자와 문자의 일정한 나열이다. 그 나열 순서가 암호를 대표하는 토큰인 셈이다.[7]

컴퓨터의 보호된 메모리에 저장된 것은, 그리고 해커의 공격으로 보안망이 뚫렸을 때 유출되는 데이터는 암호 그 자체가 아니라 암호의 해시다. 이 암호 해시들을 얻고 나면 해커는 존더리퍼나 오씨엘해시캣 같은 공개 툴로 해시를 깨서 실제 암호를 뽑아내려 시도하는데, 접근 방식은 컴퓨터의 강력한 처리 능력을 활용해 온갖 가능한 단어-문자 조합을 대입하는 '완력' 식이거나, 사전에 실린 모든 단어를 시도하는 식이다. 해커는 존더리퍼와 오씨엘해시캣의 여러 선택 기능을 활용해 매우 다양한 규칙을 설정하고 그에 맞춰 단어들을 재조합할 수 있다. 예컨대 '리트스피크'라는 규칙을 적용하면 'k3v1n m17n1ck'의 경우처럼 문자를 숫자로 대체해준다. 이 규칙은 모든 암호를 다양한 '리트스피크'로 치환한다. 이런 방식의 암호 해독법은 단순히 컴퓨터의 성능에 의존하는 것보다 훨씬 더 효과적이다. 단순하고 흔한 암호가 먼저 쉽게 깨지고, 더 복잡한 암호들은 그보다 더 오랜 시간이 걸린다. 암호 해독에 소요되는 시간은 여러 변수에 따라 달라진다. 유출된 당신의 ID와 해시 암호에 암호 해독 툴을 적용하면서, 해커는 당신의 이메일 주소나 식별 정보와 연결된 다른 사이트들에도 그 암호를 시도해 하나나 그 이상의 계정에 대한 접근권을 확보하게 될 수도 있다.

일반적으로, 암호를 길게 만들수록 존더리퍼 같은 암호 추정 프로그램이 모든 가능한 변수들을 시도하는 데 더 오랜 시간이 걸린다. 컴퓨터의 성능이 향상되면서 모든 가능한 여섯 자, 혹은 여덟 자 단위 암호를 해독하는 데 드는 시간도 더욱 짧아졌다. 내가 25자나 그보다 더 긴 암호를 쓰라고 권하는 것도 그 때문이다.

강력한 암호를 만든 다음 명심할 일은 결코 다른 사람들에게 알리지 말라는 것이다. 너무나 당연한 말 같지만 런던과 다른 주요 도시들에서 벌인 여론 조사에 따르면 사람들은 펜이나 초콜릿처럼 사소한 물건을 받는 대가로 자신들의 암호를 떠벌렸다.[8]

내 친구 하나는 자신의 넷플릭스 암호를 여자 친구와 공유한 적이 있다. 당시에는 그럴 만하다고 여겨졌다. 함께 볼 영화를 여자 친구가 고를 수 있도록 배려한다는 즉각적인 만족감도 있었다. 문제는 넷플릭스의 추천 영화 섹션 중에 들어있는 '전에 이런 영화들을 봤기 때문에…'라는 코너에 과거의 여자 친구들과 본 영화들도 포함돼 있었다는 점이다. 가령 《청바지 돌려입기The Sisterhood Of The Traveling Pants》 같은 영화는 내 친구 혼자 볼 만한 성격이 아니었고, 여자 친구도 그런 점을 눈치챘을 것이다.

물론, 누구나 '과거'의 여자 친구나 남자 친구가 있다. 설령 그런 과거가 없는 사람과 사귀는 경우라도 한 번쯤 의심을 품을 만하다.

우리는 대부분 랩톱을 쓰지만 많은 이들은 여전히 데스크톱도 가지고 있다. 지금은 집에 혼자 있지만, 오늘 저녁 들이닥칠 초대 손님들은 어떻게 할 것인가? 그중 누군가가 책상에 앉아 마우스를 만지작거리다 당신의 파일과 사진, 게임 등에 아무런 제약 없이 접근할 수도 있다는 위험성을 무시해서는 안 된다. 넷플릭스와 관련된 또 다른 민망한 에피소드가 하나 있다. 넷플릭스가 온라인 서비스보다 DVD 우편 대여에 더 집중하던 시절, 내가 아는 한 부부는 친구들의 짓궂은 장난에 넘어갔다. 집에서 파티를 열었는데 깜

박 잊고 넷플릭스 계정이 열린 채로 브라우저를 방치했다. 이후 그 부부는 온갖 종류의 선정적인 B급, C급 영화들이 대여 신청 목록에 들어있는 것을 발견했지만, 그것도 그런 종류의 영화를 한 편 이상 메일로 받은 다음이었다.

사무실에서 암호로 스스로를 보호하는 것은 더더욱 중요하다. 회의에 참석하느라 책상을 비우는 경우를 생각해보라. 누군가 책상 옆을 지나가다가 다음 분기의 예산이 적힌 스프레드시트를 볼 수도 있다. 혹은 받은편지함에 담긴 모든 이메일을 볼 수도 있다. 더 심각하게는, 암호로 보호된 스크린 세이버가 컴퓨터 사용을 멈춘 지 불과 몇 초 만에 작동하도록 설정하지 않는 한, 점심 식사나 미팅으로 오랜 시간 자리를 비운 사이 누구든 당신의 책상에 앉아 당신의 이름으로 이메일을 작성해 보낼 수도 있다. 혹은 심지어 다음 분기의 예산 내역을 바꿔놓을 수도 있다.

이런 사태를 막기 위한 창의적인 새 방법도 여럿 있다. 예컨대 어떤 스크린 차단 소프트웨어는 블루투스를 이용해 당신이 실제로 컴퓨터 근처에 있는지 확인한다. 만약 당신이 화장실에 가는 바람에 모바일 폰이 컴퓨터의 블루투스 범위를 벗어나면 스크린은 즉시 잠긴다. 팔찌나 스마트 시계와 같은 블루투스 장비를 이용하는 버전도 있는데, 작동 방식은 동일하다.

온라인 계정과 서비스를 보호하기 위해 암호를 만든다고 해도, 누군가가 당신의 장비를 물리적으로 소유하게 되는 경우, 특히 온라인 계정을 열어놓은 상태라면 아무런 도움이 되지 않는다. 따라서 오직 한 가지 장비만 암호로 보호해야 한다면 그것은 잃어버리거나 도난당할 위험이 높은 모바일이어야 마땅하다. 그럼에도 「컨슈머 리포트」에 따르면 응답자의 34%는 자신의 모바일 장비에 간단한 네 자리 PIN 번호를 설정하는 수준의 보안 조처도 취하지 않았다.[9]

2014년, 캘리포니아 주 마르티네즈 시의 한 경찰관은 음주운전 용의자의 휴대 전화에서 나체 사진들을 훔쳐냈노라고 자백했는데, 이는 헌법의 권리장전 중 일부인 수정 헌법 제4조를 명백히 위반한 행위였다.[10] 구체적으로, 수정 헌법 제4조는 판사의 영장이 없는 부당한 수색과 압수를 금지하며, 경찰이나 수사 기관이 영장을 발급받기 위해서는 상당한 근거를, 예컨대 왜 특정인의 전화 통화 내역에 접근할 필요가 있는지 제시해야 한다.

만약 아직까지 휴대폰에 암호를 설정하지 않았다면 지금 당장 하길 바란다. 진심이다.

안드로이드 기반이든 애플의 iOS나 다른 운영체제든 전화를 잠그는 데는 세 가지 공통된 방법이 있다. 가장 익숙한 방식은 비밀번호로, 전화기를 열기 위해 특정한 순서로 입력하는 여러 숫자의 조합을 가리킨다. 기기가 추천하는 네 자리 수준에 안주하지 말라. 설정 메뉴로 가서 비밀번호를 더 강력하게, 가능하면 일곱 자리까지 만들어라(이를테면 어린 시절에 썼던 옛날 전화번호). 반드시 네 자리 이상을 써라.

어떤 모바일 기기는 텍스트로도 비밀번호를 만들 수 있다. 이 경우에도 최소한 일곱 자 이상을 선택하라. 요즘의 모바일 기기는 같은 스크린에 숫자와 문자를 다 보여주기 때문에 두 유형을 혼합하기가 훨씬 더 수월하다.

또 다른 잠금 옵션은 시각적이다. 2008년 이후 안드로이드 기기들은 '안드로이드 잠금 패턴[ALP]'이라 불리는 기능을 탑재하고 있다. 아홉 개의 점이 스크린에 나타나면 사용자는 어떤 식으로든 그 점들을 연결하고, 그렇게 연결된 순서는 그 기기의 비밀번호가 된다. 이런 암호 방식은 독창적이고, 가능한 연결의 다양한 조합 때문에 깨지지 않을 것처럼 보인다. 하지만 2015년의 보안 전문 콘퍼런스인 '패스워즈-컨[Passwords-Con]'에서 연구자들은 참가자들이 ALP에서 가능한 14만704가지 조합 중 불과 몇 가지 가능한 패턴만을 이용했다고 (아마도 그것이 인간의 본성일 것이다.) 보고했다.[11] 그러면 무엇이 예측 가능한 패턴이었을까? 흔히 사용자 이름의 첫 글자였다. 연구는 또 사람들이 가장자리의 네 구석보다 가운데 점들을 더 자주 이용하는 경향이 있다고 밝혔다. 다음에 ALP를 설정할 때는 그런 점을 감안하길 바란다.

마지막으로 생체 인식을 이용한 잠금 기능이다. 애플, 삼성, 그리고 여러 모바일 기기 제조사들은 지문 스캐너로 휴대 전화를 열 수 있는 선택 사항을 포함하고 있다. 이 기능도 완벽하지 않으니 조심해야 한다. '터치 아이디Touch ID' 기능이 출시된 후, 애플이 이미 시장에 나와 있는 지문 스캐너들보다 더 향상된 기능을 선보였으리라 기대했던 연구자들은, 지문 스캐너를 무용지물로 만드는 여러 기존 방식이 아이폰에서도 여전히 통한다는 사실에 놀랐다. 그중 한 가지 트릭은 베이비 파우더와 투명 접착 테이프를 이용해 깨끗한 표면에서 지문을 채취하는 것이다.

내장 카메라로 기기 소유자의 얼굴을 인식해 잠금 장치를 푸는 전화기도 있다. 이것 역시, 본인이 아닌 누구라도 소유자의 고해상도 사진을 카메라 앞에 들고 있으면 쉽게 뚫린다.

일반적으로 생체 인식 기술은 그것 하나만으로는 공격에 취약하다. 따라서 다른 인증 방식과 병행해서 쓰는 게 바람직하다. 이를테면 지문 인식이나 카메라를 통한 얼굴 인식을 거친 다음 PIN 번호나 비밀번호를 입력하는 식이다. 그 정도면 당신의 모바일 기기는 안전하다고 봐도 된다.

강력한 암호를 만들었지만 어딘가에 적어놓지 않았다면 어떨까? 비밀번호를 잊어버리는 바람에 자주 이용하지 않는 계정에 도저히 접속할 수 없을 때, 암호 초기화는 구세주다. 하지만 그 기능은 해커들이 흔히 악용하는 방법이기도 하다. 이들은 우리가 인터넷의 여러 소셜 미디어 프로필에 적어놓은 내용을 단서로 삼아, 암호를 초기화하는 방식으로 우리의 이메일과 다른 서비스들에 접속한다.

언론에 보도된 한 가지 공격 유형은 표적으로 삼은 사람의 신용카드 번호

중 마지막 네 자리를 취득한 후 서비스 제공 회사에 전화를 걸어 인가된 이메일 주소를 바꿔달라고 요구하면서 신원 증명의 근거로 이 번호를 대는 것이다. 그렇게 함으로써 해커는 진짜 소유자 몰래 암호를 초기화할 수 있다.

2008년, 테네시 대학 학생인 데이비드 커넬은 당시 부통령 후보였던 새라 페일린의 야후 개인 이메일 계정에 접근할 수 있는지 알아보기로 했다.[12] 다양한 암호를 짐작해볼 수도 있었지만, 그러면 몇 차례의 실패 후에 계정이 잠겨 버릴 수 있었다. 대신 암호 초기화 기능을 이용했는데, 커넬은 그게 '쉬운' 과정이었다고 나중에 회고했다.[13]

우리는 누구나, 친구나 동료로부터 외국의 포르노 사이트로 연결되는 링크가 담긴 수상한 이메일을 받고, 나중에야 그것이 송신자의 이메일 계정이 해킹된 바람에 벌어진 일임을 알게 된 경험이 있다. 이런 이메일 해킹은 주로 해당 계정을 보호하는 비밀번호가 충분히 강력하지 못해서 벌어진다. 누군가가 데이터의 불법 유출을 통해 그 비밀번호를 취득했거나, 해커가 암호 초기화 기능을 악용한 것이다.

이메일이나 심지어 은행 계정을 처음 개설할 때는 누구나 '보안 질문'을 설정하도록 요구받았을 것이다. 보통 세 개다. 때로는 여러 가능한 질문이 드롭다운 메뉴 형태로 제시되고 그중 하나를 선택하도록 돼 있기도 하다. 질문들은 보통 뻔하다.

출생지? 출신 고등학교는? 또는 출신 대학은? 그리고 유서 깊은 질문은 어머니의 결혼 전 이름을 묻는 것인데 적어도 1882년부터 보안 질문으로 사용돼온 것이 분명하다.[14] 다음에 논의하듯이, 기업들은 인터넷을 훑어 개인정보를 수집할 수 있고, 실제로 수집하며, 그 때문에 기본적인 보안 질문에 대답하기는 식은 죽 먹기다. 인터넷에서 어느 정도 시간을 보낸 사람이면 자신에게 주어진 모든 보안 질문들에 대답하게 될 공산이 높다.

보안 질문은 근래에 이르러서야 비로소 어느 정도 향상됐다. 예를 들면, "당신의 처남이 태어난 주는?" 같은 질문은 퍽 도드라진다. 비록 이런 '좋은' 질문들에 맞게 대답하는 경우도 그 나름의 위험을 안고 있는데, 그 이유는 곧 설명하겠다. 어쨌든 대부분의 이른바 '보안 질문'은 "아버지의 고향은?"과 같이 여전히 너무 단순하다.

기본 원칙은, 이러한 보안 질문을 설정할 때 드롭다운 메뉴에 나온 너무 뻔한 질문은 가급적 피하라는 것이다. 해당 사이트가 기본적인 보안 질문만 제공하는 경우에도 창의성을 발휘하라. 그런 질문에 반드시 솔직한 대답을 제공해야 하는 것은 아니다. 영리해질 필요가 있다. 예를 들면, 스트리밍 비디오 서비스에 관한 한 '투티-프루티'(여러 가지 과일을 잘라 넣은 아이스크림)가 당신이 새롭게 선호하는 색깔이다. 누가 예상이나 하겠는가? 그것도 한 색깔이다. 아닌가? 그것이 무엇이든 당신이 답으로 제공하는 것이 그 보안 질문의 '정확한' 대답이다.

창의적인 대답을 지어낼 때마다 질문과 대답을 반드시 적어서 안전한 장소에 보관하길 바란다(혹은 간단히 암호 관리자를 이용해 질문과 대답을 저장해두라). 나중에 서비스 제공 회사의 기술 지원 요원과 상담하게 되는 상황이 생길 수 있고, 그때 보안 질문을 받게 될지 모르기 때문이다. 바인더를 가까이 두거나 카드로 만들어 지갑 속에 간직하면(또는 아예 외워서 동일한 대답 세트로 꾸준히 쓰면) "어디에서 태어나셨습니까?"라는 질문에 "병원에서"라고 대답한 사실을 기억해내는 데 도움이 될 것이다. 이처럼 의도적으로 사안을 모호하게 만드는 '불명료화obfuscation' 기법은, 당신을 노리고 인터넷에서 개인정보를 수집해 출생지를 묻는 질문에 "콜럼버스, 오하이오"라고 더 타당한 대답을 제시하는 경우에도 보안 침해를 당하지 않게 해준다.

매우 구체적인 보안 질문에 솔직하게 대답하는 경우 프라이버시 침해라는 가외의 위험까지 따른다. 이미 인터넷에 공개된 것보다 더 많은 개인정보를 노출하는 것이다. 예를 들면, "당신의 처남이 태어난 주는?"에 대한 솔직한 대답은, 당신이 대답을 제공한 해당 사이트에 의해, 아마도 다른 연관 정보들과 한데 묶여서 다른 곳에 팔릴 수도 있다. 가령 처남에 관한 대답은 당신이 현재 혼인 상태이거나 결혼 경력이 있음을 시사하고, 당신의 배우자(혹은 전 배우자)는 당신이 알려준 주에서 태어난 남동생이나 오빠, 또는 그곳 출신의 남자와 결혼한 형제자매가 있다는 뜻이다. 단순한 대답 하나에서 꽤 많은 정보가 유출되는 셈이다. 다른 한편, 설령 처남이 없어도 그 질문에 창의적으로, 이를테면 '푸에르토리코'라고 대답할 수도 있다. 그런 대답은 당신을 노리고 정보를 수집하는 이들에게 혼동을 불러일으킨다. 더 허황한 대답을 제공할수록, 당신은 온라인에서 더 안전하게 숨을 수 있다.

이처럼 비교적 특이한 질문에 대답할 때는 언제나 해당 사이트가 당신에게 얼마나 중요한지 따져보길 바란다. 예를 들면 단골 은행의 경우는 개인정보를 더 제공할 만큼 신뢰하지만, 스트리밍 비디오 서비스는 그렇지 않을 수 있다. 해당 사이트의 개인정보 보호 정책도 살펴볼 필요가 있다. 수집한 개인정보를 제3자에게 팔 수도 있다고 말하거나 암시하는 표현이 있는지 찾아보라.

새라 페일린의 야후 이메일 계정은 암호 초기화에 필요한 개인정보로 생일과 우편번호, 그리고 "처음 남편을 만난 곳은?"이라는 보안 질문에 대한 대답을 요구했다. 페일린의 생일과 우편번호는 온라인에서 쉽게 찾을 수 있었다(당시 페일린은 알래스카 주지사였다). 보안 질문의 답을 알아내는 데는 좀 더 작업이 필요했지만 그것도 커넬이 찾아낼 만한 데 있었다. 페일린은 여러 매체와 인터뷰를 했고 그 인터뷰에서 남편과는 고교 커플이었다고 여러 번 언급했다. 그게 보안 질문에 대한 정답이었다. 바로 '고등학교'다.

페일린의 보안 질문을 알아냄으로써, 커넬은 페일린의 야후 메일 암호를 초기화한 후 그에 대한 통제권을 확보했다. 그 결과 페일린의 모든 야후 이메일을 볼 수 있었다. 페일린의 받은편지함은 한 해커 웹사이트에 게시됐다. 페일린 본인은 암호를 다시 초기화할 때까지 자신의 이메일 계정에 접근할 수 없

었다.[15]

커넬의 행위는 '컴퓨터 사기와 남용에 관한 법'을 위반한 것이었다. 구체적으로 말하면, 중죄에 해당하는 '기록물 파기에 의한 기한 전 사법 집행 방해', 그리고 경범죄인 컴퓨터 무단 접속 혐의였다. 그는 2010년 1년 하고도 하루 동안 수감된 후 3년간의 감시를 조건으로 가석방됐다.[16]

페일린의 경우처럼 당신의 이메일이 다른 누군가에게 넘어갔다면 가장 먼저 해야 할 일은 누구나 예상할 수 있듯이 암호 초기화 기능을 이용해 암호를 바꾸는 것이다. 새 암호는 위에서 내가 조언한 것처럼 더욱 강력한 것으로 바꾸라. 둘째, '보낸편지함'을 열어 당신의 이름으로 정확히 어떤 메일이 전송됐는지 점검하라. 여러 사람, 혹은 전체 연락 목록으로 스팸 메시지가 전송된 것을 보게 될 수도 있다. 이제는 왜 친구나 동료가 당신에게 난데없이 스팸을 보냈었는지 납득될 것이다. 다른 누군가가 그들의 이메일 계정을 해킹했던 것이다.

누군가가 자신을 당신의 계정에 추가했는지도 체크해보길 바란다. 앞에서 복수의 이메일 계정을 어느 한 이메일로 포워딩하는 기능을 언급한 바 있다. 당신의 이메일 서비스에 접근했던 해커는 당신의 모든 이메일을 자신의 계정으로 포워딩했을 수도 있다. 당신은 당신의 이메일을 여전히 정상적으로 볼 수 있겠지만, 해커도 그것을 볼 수 있다는 뜻이다. 만약 누군가가 자신을 당신의 계정에 더했다면 이 포워딩 이메일 주소를 즉각 삭제하라.

암호와 PIN 번호는 보안 솔루션의 일부지만 뚫릴 수 있다는 사실을 방금 확인했다. 복잡한 암호보다 훨씬 더 좋은 것은 이중 인증2FA 방식이다. 애플이 제니퍼 로렌스와 다른 연예인들의 누드 사진이 인터넷에 유출된 사고에 대응한 방식도 아이클라우드 서비스에 이중 인증 방식을 적용한 일이다.

'이중 인증'이란 무엇인가?

사용자 인증을 시도할 때, 사이트나 애플리케이션은 세 가지 요소 중 적어도 두 가지를 요구한다. 세 가지 요소는 보통 당신이 가진 어떤 것, 당신이 아는 어떤 것, 그리고 당신의 정체성과 관련된 어떤 것이다. 당신이 가진 어떤 것은 예컨대 자기 띠나 칩이 박힌 신용카드나 현금카드다. 당신이 아는 어떤 것은 주로 PIN 번호나 보안 질문에 대한 대답 같은 것이다. 그리고 당신의 정체성과 관련된 어떤 것은 생체 정보를 아우른다. 이를테면 지문 스캐닝, 얼굴 인식, 음성 인식 등등이다. 이런 정보를 더 많이 보유할수록, 당신은 해당 이용자가 진짜임을 더욱 확신할 수 있다.

이것은 신기술인 것처럼 들리지만 그렇지 않다. 적어도 40년 이상 우리들 대부분은 이중 인증 방식을, 그런 줄 모르고 이용해왔다.

이를테면 현금자동입출금기ATM를 이용할 때마다 우리는 이중 인증 과정을 거친다. 그게 어떻게 가능하냐고? 당신은 은행에서 지급한 카드('당신이 가진 어떤 것')를 소지하고, PIN 번호('당신이 아는 어떤 것')를 알고 있다. 그 둘을 한데 조합하면, 지키는 사람 하나 없는 거리의 ATM은 당신이 카드에 적시된 계정으로 접속하고 싶어 한다는 사실을 인지한다. 어떤 나라들에서는 ATM에 얼굴 인식이나 장문掌紋 같은 추가 인증 수단을 더하기도 하다. 이것은 '다중 인증'이라고 부른다.

그와 비슷한 인증은 온라인에서도 가능하다. 상용 이메일과 소셜 미디어 계정뿐 아니라 여러 금융 및 의료 서비스 기관들도 이중 인증 옵션을 제공한다. 이 경우 당신이 아는 어떤 것은 비밀번호고, 당신이 가진 어떤 것은 셀폰이다. 그 전화기를 이용해 이들 사이트에 접속하는 것은 '범위 밖out of band'으로 분류된다. 그 전화기는 당신이 사용하는 컴퓨터와 연결돼 있지 않기 때문이다. 그러나 이중 인증을 선택하면 해커는 당신의 셀폰 없이는 이중 인증으로 보호된 계정에 접속할 수 없다.

구글의 지메일을 쓴다고 가정하자. 이중 인증을 선택하면 지메일 사이트에 셀폰 번호를 넣으라는 주문이 나온다. 당신의 신원을 확인하기 위해, 구글은 그 전화번호로 여섯 자리 SMS 코드를 보낸다. 해당 코드를 지메일 사이트에 입력함으로써 당신은 그 컴퓨터와 해당 셀폰이 연결됐음을 인증하게 된다.

이후부터는 누군가가 새 컴퓨터나 디지털 기기로 당신의 계정에 접속해 비밀번호를 바꾸려 할 때마다 텍스트 메시지가 당신의 전화로 전송된다. 그렇게 받은 확인 코드를 해당 웹사이트에 정확히 입력한 경우에만 계정의 정보를 수정하고 저장할 수 있다.

여기에도 허점이 있다. 보안 회사인 시만텍의 연구자에 따르면, 당신이 본인의 신원을 확인하기 위해 SMS를 보낼 때 특별히 조심하지 않으면, 당신의 셀폰 번호를 알고 있는 누군가가 약간의 사회공학social engineering 기법을 써서 이중 인증으로 보호된 비밀번호를 초기화할 수도 있다.[17]

가령 내가 당신의 이메일 계정을 탈취하고 싶은데 비밀번호를 모른다고 치자. 그러나 구글에서 당신을 찾기는 쉽기 때문에 셀폰 번호는 알고 있다. 나는 당신의 이메일 계정의 초기화 페이지에 비밀번호 초기화를 신청할 수 있다. 그러면 이메일 서비스는 이중 인증 절차를 발동하고, SMS 코드를 당신의 전화기로 보낸다. 아직까지는 별다른 문제가 없다, 그런가? 잠깐만.

정치 활동가인 디레이 매케슨의 전화기를 표적으로 삼은 최근의 공격을 보면 악의적인 해커들이 어떻게 셀폰 회사의 상담원을 속여 'SIM'(가입자 인식 모듈) 교환을 유도하는지 잘 보여준다.[18] 다시 말해 해커는 당신의 셀폰 서비스를 가로채서 당신에게 전송된 SMS 메시지(예컨대 매케슨의 지메일 계정을 초기화하기 위해 구글이 전송한, 이중 인증으로 보호된 SMS 코드)를 알아낸다. 이것은 당신을 속여 SMS 메시지에 적힌 새 비밀번호를 대놓고 털어놓도록 유도하는 쪽보다 훨씬 더 현실적 가능성이 높다. 물론 당신이 직접 털어놓게 할 수도 있지만 거기에는 상당한 사회공학 기법이 요구된다.

이메일 서비스 업체가 당신의 전화로 보낸 확인 코드를 나는 볼 수 없으므로, 그 코드를 당신한테서 빼내기 위해서는 다른 누군가로 위장할 필요가 있다. 당신이 실제 SMS 코드를, 이를테면 구글로부터 받기 몇 초 전에, 나는 다음과 같은 내용의 일회성 SMS를 보낼 수 있다. "구글은 당신의 계정에서 비정상적인 활동을 탐지했습니다. 공인되지 않은 활동을 중지시키려면 당신의 모바일 기기로 보낸 코드로 답장을 보내주십시오."

당신은 그 메시지를 보면서 '맞다, 방금 구글에서 적법한 확인 코드를 담은 SMS 텍스트가 날아왔지.'라고 수긍하게 되고, 조심하지 않는다면 별다른 생각 없이 내가 보낸 메시지에 코드를 넣어 답장을 보내버릴 수 있다. 나는 그렇게 빼낸 확인 코드를 60초 안에 입력한다. 이제 나는 비밀번호 초기화에 필요한, 그래서 비밀번호를 바꾼 후에는 당신의 이메일 계정을(혹은 다른 누구의 계정이든) 내 것으로 탈취해버릴 수 있는 모든 정보를 얻었다.

SMS 코드는 암호화되지 않아서 방금 설명한 것처럼 도둑맞을 수 있기 때문에 그보다 더 안전하게 이중 인증을 거치는 방법은 구글 인증 앱을 구글 플레이(안드로이드용 모바일 기기)나 아이튠즈 앱 스토어(아이폰)에서 다운로드하는 것이다. 이 앱은 당신이 이중 인증을 요구하는 사이트를 방문하고자 할 때마다 앱 자체에서 독특한 접속 코드를 생성하므로 따로 전송할 SMS 코드가 없다. 앱이 생성하는 여섯 자리 코드는 해당 사이트에 대한 접속을 허가하는 데 이용되는 인증 메커니즘과 동기화된다. 그러나 구글 인증 앱은 당신의 일회성 비밀번호의 단서seed를 '이 기기만 지원This Device Only'하는 설정으로 애플의 키체인에 저장한다. 이는 예컨대 업그레이드하거나 분실한 아이폰을 대체하느라 아이폰을 백업해 '다른' 기기에서 비밀번호를 회복하고자 할 경우, 구글 인증 앱의 코드들은 옮겨지지 않으며, 이들을 초기화하기가 여간 번거롭지 않다는 뜻이다. 따라서 셀폰 자체를 바꿔야 하는 상황에 대비해 위급 코드들을 종이 위에 적어두는 것이 바람직하다. '원패스워드1Password' 같은 앱은 일회성 비밀번호의 단서를 백업하고 복구할 수 있게 해주므로 그런 문제는 없다.

일단 어떤 기기를 등록하면, 그 기기에서 해당 사이트에 지속적으로 로그인하는 한, 설령 다른 장소로 랩톱이나 전화기를 옮겨가더라도 해당 컴퓨터를 30일간 신뢰할 수 있다고 특정해서 설정하지(만약 그런 기능이 있다면) 않는다면, 새로운 접속 코드를 입력하라고 주문할 것이다. 그러나 만약 다른 기기를 이용한다면(예컨대 배우자의 컴퓨터를 빌려 쓴다면) 추가적인 인증 절차를 요구받을 것이다. 이중 인증 방식을 쓴다면 언제나 셀폰을 가까이에 두는 것이 편리하다는 점은 말할 필요도 없다.

이 모든 예방 대책들 중에서, 온라인으로 여러 형태의 금융 거래를 수행하는 이들에게 내가 어떤 조언을 하는지 궁금해하는 사람이 있을 것이다.

연 100달러 정도를 투자하면 세 대의 컴퓨터까지 안티바이러스와 방화벽의 보호를 받을 수 있다. 문제는 웹 서핑 결과 당신의 브라우저가 멀웨어를 품은 배너 광고로 가득찰 수 있다는 점이다. 혹은 이메일을 열었는데 거기에 멀웨어가 들어있을 수도 있다. 인터넷에 정기적으로 접속하는 한 당신의 컴퓨터는 이러저러한 경로로 감염될 수밖에 없는데, 안티바이러스만으로는 그것을 모두 잡지 못할 수도 있다.

그래서 나는 200달러 정도를 투자해 크롬북을 장만하라고 권한다. 아이패드도 좋지만 비싸다. 크롬북은 아이패드처럼 쓰기 쉬운 태블릿과 흡사하면서도 훨씬 더 저렴하다.

요는 재무 관련 업무만을 위한(그리고 의료 관련 정보만을 위한) 부속 기기가 필요하다는 것이다. 지메일에 먼저 등록하지 않으면 크롬북에 아무런 앱도 설치할 수 없고, 이는 브라우저를 인터넷 서핑만으로 제한하게 하는 효과가 있다.

그다음에는 진작에 하지 않았다면, 해당 사이트에서 이중 인증 절차를 시행해 사이트가 크롬북을 인식하게 하라. 온라인 뱅킹과 의료 비즈니스에 관련된 등록과 인증을 마치면 다음에 다시 가계부를 열고 재무 설계를 하거나 의사와의 진료 약속을 잡을 필요가 생길 때까지 크롬북을 닫고 제쳐두라.

번거로운 일처럼 여겨질 수도 있다. 사실 그렇다. '언제 어느 때나' 뱅킹을 할 수 있는 상황을 '거의' 언제 어느 때나 뱅킹을 할 수 있는, 다소 더 불편한 상황으로 대체하는 것이기 때문이다. 그러나 그 결과 당신은 누군가가 당신의 뱅킹 또는 신용카드 정보를 훔치거나 악용할 수 있는 위험성을 대폭 줄일 수 있다. 크롬북을 당신이 의식적으로 인스톨한 두세 가지 앱을 쓰는 데만 이용한다면, 그리고 뱅킹이나 의료 서비스 사이트를 북마크해두고 다른 사이트들은 찾아가지 않는다면, 당신의 크롬북이 트로이의 목마 바이러스나 다른 멀웨어를 끌어들이게 될 공산도 거의 없을 것이다.

우리는 강력한 암호를 만들고 이를 다른 이들과 공유해서는 안 되는 필요성에 대해 논의했다. 가능하면 언제나 이중 인증 시스템을 쓰는 것이 바람직하다는 점도 강조했다. 다음 장들에서는 어떻게 일상의 평범한 대화나 활동이 어디에서나 디지털 흔적을 남기는지, 그리고 당신의 프라이버시를 보호하기 위해 무엇을 할 수 있는지 살펴볼 것이다.

2장

다른 누가
내 이메일을
읽을까?

당신도 나와 같다면, 아침에 가장 먼저 하는 일 중 하나가 이메일 확인일 터이다. 그리고 역시 나와 같다면, 다른 누가 내 이메일을 읽었을까 궁금해할 것이다. 그것은 피해 망상에서 나온 우려가 아니다. 지메일이나 아웃룩 365 같은 웹메일을 쓴다면 그 답은 일견 뻔하면서도 무섭다.

컴퓨터나 모바일 기기에서 이메일을 읽자마자 삭제한다고 해도, 그런 삭제 행위가 반드시 콘텐츠를 지워버리는 것은 아니다. 어딘가에 여전히 복제본이 존재한다. 웹메일은 클라우드를 기반으로 하므로, 어떤 기기로든 언제 어디서나 접속할 수 있도록 하기 위해서는 여유 복제본들이 있어야 한다. 예컨대 지메일을 이용한다면, 당신이 지메일 계정을 통해 보내고 받은 모든 이메일 복제본은 세계 곳곳에 흩어져 있는 구글의 서버들에 보존된다. 만약 야후나 애플, AT&T, 컴캐스트, 마이크로소프트, 혹은 당신의 직장에서 제공되는 이메일 시스템을 이용한다면 사정은 마찬가지다. 당신이 보내는 어떤 이메일이든, 호스팅 회사에 의해 언제든 스캔될 수 있다. 명분은 이메일에 포함됐을지도 모르는 멀웨어를 걸러내기 위한 것이라지만, 현실은 제3자가 우리 이메일에 다른, 더 으스스하고 이기적인 이유로 마음대로 접근할 수 있다는 점이다.

원칙적으로는 의도한 수신자 외에 다른 누군가가 우리의 메일을 읽는다는 사실을 우리 대다수는 결코 용납하지 않을 것이다. 미국 우편서비스USPS를 통해 배달되는 우편물을 보호하는 법이 있고, 이메일 같은 저장 콘텐츠를 보호하는 법도 있다. 그럼에도 실상은 이메일이 제공하는 통신의 용이성을 이용하는 대가로 일정 수준의 타협이 있을 것임을 우리는 보통 눈치채고 대개는 용납한다. 우리는 가령 야후가 무료 웹메일 서비스를 제공하면서 대다수 매출은 광고에서 얻는다는 것도 안다. 어쩌면 우리는 이 두 가지가 정확히 어떻게 연관되고 어떻게 우리의 프라이버시에 영향을 미치는지 제대로 몰랐을 수도 있다.

북부 캘리포니아 주에 사는 스튜어트 다이아몬드는 어느날 문득 그 점을 깨달았다. 야후 메일의 오른쪽 위 구석에 뜨는 광고가 무작위가 아니라 자신이 보내고 받는 이메일의 콘텐츠와 연계된 것임을 발견한 것이다. 예를 들면, 내가 이메일에서 임박한 두바이 강연 출장을 언급하면 항공사, 호텔, 그리고 아랍 에미리트 연합국에 체류하는 동안 해볼 만한 일에 대한 광고가 이메일 주위에 나타나는 식이다.

이처럼 이메일과 광고를 연계한 비즈니스는 일반적으로 우리 대다수가 동의했지만 아마 전혀 읽어보지는 않은 서비스 약관에 주도면밀하게 설명돼 있다. 개인적인 관심사와 무관한 광고를 보고 싶어 할 사람은 없을 테니 그 자체로는 별문제가 없어 보인다. 그리고 이메일이 야후 계정 이용자들 사이에만 오가는 한, 야후가 맞춤형 광고를 뿌리고 멀웨어와 스팸 같은 악성 이메일을 차단할 목적으로 그 이메일의 콘텐츠를 스캔하는 행위는 타당해 보인다.

그러나 다이아몬드는 역시 북부 캘리포니아 출신인 데이비드 서튼과 더불어, 야후가 아닌 '외부의' 주소로 송신하거나 그런 주소로부터 수신한 이메일의 콘텐츠도 그와 함께 게시되는 광고의 내용에 영향을 끼친다는 사실을 알아챘다. 이는 야후가 자체 서버를 거치는 야후 메일뿐 아니라 '모든' 이메일을 가로채 읽는다는 뜻이었다.

그렇게 관찰한 결과를 바탕으로, 2012년 두 사람은 야후가 기본적으로 불법 도청에 상응하는 행위를 저지른다며 2억7,500만 명의 계정 소유자를 대신해 법원에 집단 소송을 제기했다.

그런 소송은 이메일 스캔 행위를 종식시켰을까? 그렇지 않다.

집단 소송의 경우, 소송 양측에 주어지는 증거 개시 절차와 소명의 기간이 있다. 이 소송에서 그런 국면은 거의 3년이나 끌었다. 2015년 6월, 캘리포니아 주 산호세의 법정에서 판사는 집단 소송을 제기할 충분한 사유가 된다면서, 다이아몬드와 서튼이 처음 소송을 낸 2011년 10월 2일 이후 야후 메일로 메시지를 보내거나 받은 사람들은 '저장 통신법Stored Communications Act'에 의거해 소송에 참여할 수 있다고 판결했다. 그에 더해, 캘리포니아 주에 거주하는 야후 메일 계정 보유자들은 주법州法인 '프라이버시 침해법Invasion of Privacy Act'에 근거해서도 소송할 수 있다. 이 소송은 아직 계류 중이다.

2014년에 제기된 또 다른 이메일 스캔 소송에서, 피고 측인 구글은 법원 심리에서 자사의 입장을 변호하던 중 구글의 이메일 스캔 과정에 대한 정보를 실수로 공개한 후, 해당 정보를 가리거나 삭제하려다 실패한 일이 있었다. 구글이 정확히 무엇을 스캔하거나 읽는지 규명하려는 소송이었다. 「유에스에이투데이」의 소유주를 비롯해 여러 대규모 미디어 기업들이 포함된 원고 측에 따르면, 구글은 어느 시점에 받은편지함의 콘텐츠만 스캔함으로써 잠재적으로 유용한 콘텐츠의 상당 부분을 놓치고 있다는 사실을 깨달았다. 이 소송은 구글이 구글 서버에 보존된 이메일만 스캔하던 수준에서, 그것이 아이폰에서 보낸 것이든 또는 이용자가 스타벅스에 앉아 랩톱에서 보낸 것이든 아직 이동 중인 모든 지메일을 스캔하는 수준으로 확대했다고 주장했다.

때때로 기업들은 그 나름의 목적을 위해 비밀리에 스캔하려 시도하기도 했다. 그중 한 가지 유명한 사례는 마이크로소프트에서 벌어졌는데, 자사 소프트웨어의 불법 복제본을 소유했다고 의심되는 어느 핫메일 이용자의 받은편지함을 스캔한 사실이 드러나면서 엄청난 반발을 불러일으켰다. 그런 폭로가 밝혀진 후, 마이크로소프트는 앞으로 그러한 조사는 법 집행 기관에 맡기겠다고 밝혔다.

이러한 관행은 당신의 사적인 이메일에만 국한되지 않는다. 이메일을 직장의 네트워크로 보내는 경우 회사의 IT 부서에서 그 메일을 스캔하고 보존할 수도 있다. 회사의 서버와 네트워크를 거치는 수상한 이메일을 그대로 둘지 아니면 법 집행 기관에 고지할지는 해당 회사의 IT 직원이나 관리자들에게 달렸다. '수상한' 이메일은 영업 기밀이나 포르노 같은 부적절한 정보를 담은 것들이다. 멀웨어가 포함됐는지도 스캔한다. IT 직원이 당신의 이메일을 스캔하고 보존하는 경우라면, 당신이 회사의 컴퓨터를 켜서 로그인할 때마다 회사는 그러한 정책을 고지해야 하지만 그런 경우는 드물다.

우리는 대부분 멀웨어 탐지를 목적으로 한 이메일 스캔은 용납할 수 있고, 사람에 따라서는 심지어 맞춤형 광고를 띄우기 위한 목적의 스캔까지도 받아들일 수 있지만, 제3자가 우리 이메일을 읽고 특정한 이메일에서 발견된 특정한 콘텐츠에 대해 어떤 조처를 취한다는 발상은 더없이 심란하다(아동 포르노그라피의 경우는 물론 예외로 치고).[1]

따라서 앞으로 이메일을 쓸 때마다 아무리 사소한 내용이라도, 그리고 그것을 받은편지함에서 지운 경우라도, 거기에 담긴 글과 이미지의 복제본은 스캔돼 영원히는 아니더라도 꽤 오랫동안 어딘가에 남아있을 가능성이 높다는 점을 명심하길 바란다(기업에 따라 단기간 보유 정책을 채택할 수도 있지만 대다수 기업은 이메일을 오랫동안 보존한다고 추정하는 게 안전하다).

이제 정부와 기업이 당신의 이메일을 읽는다는 사실을 알았으니, 그런 침해 행위가 더 어렵도록 당신이 할 수 있는 최소한의 대응은 무엇인지 알아보자.

대다수 웹메일 서비스는 이동 중인 이메일을 암호화한다. 그러나 일부 서비스는 메일 전송 에이전트[MTA, Mail Transfer Agent]들 사이에서는 암호화하지 않은 채 메일을 주고받고 이때 당신의 메시지는 위험에 노출된다. 예를 들면, 당신의 직장 상사는 회사의 이메일 시스템에 접속할 수 있을지도 모른다. 거기에서 노출되지 않으려면 메시지를 암호화해야 한다. 메일을 잠금으로써 지정된 수신인만이 풀고 읽을 수 있도록 하는 것이다. 무엇이 암호화인가? 그것은 일종의 코드다.

매우 간단한 암호화의 사례(가령 시저 암호[Caesar cipher])는 각 문자를 알파벳에서 일정 숫자만큼 떨어진 다른 문자로 대체하는 것이다. 예컨대 그 숫자가 2라면, 시저 암호를 쓸 경우 a는 c가 되고, c는 e가, z는 b가 되는 식이다. 이렇게 두 자리씩 띄우는 암호화 방식을 적용하면 내 이름인 'Kevin Mitnick'은 'Mgxkp Okvpkem'이 된다.[2]

요즘 이용되는 대다수 암호화 시스템은, 물론 어떤 기본적인 시저 암호보다도 훨씬 더 강력하다. 따라서 깨기가 더욱더 어렵다. 모든 암호 유형에 공통된 특징 하나는 암호화된 메시지를 잠그고 여는 비밀번호에 해당하는 '열쇠[key]'를 요구한다는 점이다. 대칭형 암호화는 암호화된 메시지를 잠글 때와 풀 때 동일한 키가 쓰인다는 뜻이다. 그러나 대칭형 키들은 양측이 서로를 모르거나 인터넷으로 연결돼 있을 뿐 물리적으로는 멀리 떨어진 경우 공유하기가 어렵다.

대다수 이메일 암호화는 실상 '비대칭형 암호화'라고 불리는 기법을 쓴다. 이는 암호를 거는 쪽에서 키를 두 개 생성한다는 뜻이다. 하나는 내 기기에 머무르고 다른 누구와도 공유하지 않는 '개인 키[private key]'고, 다른 하나는 인터넷에 자유롭게 공개하는 '공공 키[public key]'다. 두 키는 다르지만 수학적으로 연관돼 있다.

예를 들자. 밥은 앨리스에게 기밀 이메일을 보내려고 한다. 밥은 인터넷에서 앨리스의 공공 키를 찾아내거나 본인으로부터 직접 구한 후, 메시지를 그 키로 암호화한다. 이 메시지는 앨리스가(오직 앨리스만이) 비밀 문장을 써서 개인 키를 푼 후, 그 개인 키로 암호화된 메시지를 풀 때까지 암호화된 상태로 유지된다.

그러면 이메일 콘텐츠의 암호화는 어떻게 작동할까?

가장 유명한 이메일 암호화의 기법은 '꽤 좋은 프라이버시Pretty Good Privacy'라는 뜻의 두문자를 딴 PGP다. 공짜는 아니며, 보안 회사인 시만텍의 제품이다. 하지만 최초 개발자인 필 지머만은 오픈소스 버전인 '오픈 PGP'도 만들었는데, 이것은 공짜다. 그리고 세 번째 대안인 GPU(GNU 프라이버시 가드의 줄임말)는 베르너 코흐의 작품인데, 이것도 공짜다. 희소식은 이 세 기법이 다 서로 호환된다는 점이다. 어떤 PGP 버전을 쓰든 기본 기능은 동일하다는 뜻이다.

에드워드 스노든이 국가안보국NSA에서 복제한 기밀 데이터를 공개하기로 처음 결심했을 때, 그는 세계 곳곳에 흩어져 있는 그와 같은 생각을 가진 사람들의 도움이 필요했다. 역설적이게도, 인터넷에서 여전히 적극적으로 활동하는 동안 그는 그런 실상을 숨겨야 했다. 인터넷의 투명 인간이 될 필요가 있었다.

설령 세상에 공개할 국가 기밀이 없더라도, 평소에 이메일의 비밀을 유지하는 게 현명하다. 스노든과 다른 이들의 사례는, 그러기가 쉽지는 않지만 적절한 근면성을 발휘하면 가능하다는 사실을 잘 보여준다.

스노든은 라바비트Lavabit라는 회사를 통해 개인 계정을 만들어 다른 사람들과 통신했다. 그러나 이메일은 송신자의 서버에서 수신자의 서버로 단순 이동하는 게 아니라 전 세계의 여러 서버를 거쳐 지정된 수신자의 받은편지함에 닿는다. 스노든은 그런 과정에서 자신의 이메일을 누구든 가로채 읽을 수 있다는 사실을 알았다.

그래서 스노든은 프라이버시 운동가이자 영화 제작자인 로라 포이트라스

와 확실히 안전하고 철저히 암호화된 익명의 통신 수단을 구축하기 위해 용의
주도한 수단을 강구했다. 포이트라스는 내부고발자들의 삶을 다룬 다큐멘터
리의 제작을 막 끝낸 시점이었고, 스노든은 그런 포이트라스와 암호화된 통신
채널을 만들고 싶었지만 오직 소수만이 그녀의 공공 키를 알고 있었다. 공공
키를 널리 공개하지 않았던 것이다.

포이트라스의 공공 키를 알아내기 위해 스노든은 제3자를 접촉했다. 온라
인 프라이버시 옹호 단체인 EFF의 마이카 리였다. 리의 공공 키는 온라인에서
쉽게 찾을 수 있었고, 온라인 매체인 「인터셉트」가 보도한 내용에 따르면, 리
는 포이트라스의 공공 키를 갖고 있었지만 다른 사람에게 알려줘도 좋은지 먼
저 본인에게 확인해볼 필요가 있었다. 포이트라스는 좋다고 허락했다.[3]

이 시점까지는 리도 포이트라스도 공공 키를 찾는 이가 누구인지 전혀 몰랐
다. 그런 사람이 있다는 사실만 알았을 뿐이다. 스노든은 개인 이메일 계정이
아닌 다른 계정을 써서 포이트라스에게 접촉했다. 그러나 PGP를 자주 쓰지 않
으면 중요한 이메일에 PGP 키를 넣는 것을 잊어버리곤 하는데 스노든이 바로
그런 경우였다. 리가 자신에게 답장을 보낼 수 있도록 공공 키를 넣어야 하는
데 잊어버린 것이다.

이 수수께끼의 인물을 접촉할 안전한 방법이 없었으므로 리는 어쩔 수 없이
암호화되지 않은 텍스트 이메일로 스노든에게 공공 키를 물었고, 스노든은 그
정보를 보냈다.

이 상황에서, 신뢰받는 제3자인 리를 다시 한 번 바라볼 필요가 있다. 내 개
인적 경험에 따르더라도, 당신이 견고한 보안 환경에서 통신하는 상대의 정체
를, 가능하다면 둘다 아는 친구를 통해 분명히 확인해서, 신분을 위장한 엉뚱
한 인물이 아니라 진짜 그 친구와 소통하는 일은 매우 중요하다.

이것이 얼마나 중요한지 아는 것은 나도 과거에, 상대편이 나의 진짜 정체
나 내가 보낸 공공 키에 대해 아무런 의문도 품지 않는다는 점을 이용해 다른

사람인 척 위장한 적이 있기 때문이다. 한 번은, 영국 리즈 대학의 유기화학 대학원생으로, DEC의 VMS 운영체제의 보안 약점을 찾아내는 데 매우 유능했던 닐 클리프트와의 통신을 원했다. 나는 클리프트로 하여금 그가 DEC에 보고한 모든 보안 취약점을 나에게 보내도록 만들고 싶었다. 그러자면 내가 DEC에서 실제로 일한다고 그가 믿게 해야 했다.

나는 데이브 허친스라는 인물로 행세하면서 클리프트에게 가짜 메시지를 보내기 시작했다. 나는 그 전에 VMS 엔지니어링 분야에서 일하는 데럴 파이퍼로 위장하고 클리프트에게 전화를 걸었다. 그리고 허친스 명의로 파이퍼가 클리프트와 모종의 프로젝트에 관해 이메일을 교환하고 싶어 한다고 내 이메일에 썼다. DEC의 이메일 시스템을 통해 나는 클리프트가 진짜 파이퍼와 서로 이메일을 주고받은 적이 있음을 알고 있었기 때문에, 이 새로운 요청이 별로 이상하게 여겨지지 않을 것이라고 짐작했다. 그다음에 나는 파이퍼의 진짜 이메일 주소로 꾸민 이메일을 클리프트에게 보냈다.

이것이 회사에서 중시하는 프로젝트임을 클리프트에게 더 확신시키기 위해 나는 그에게 PGP 암호화 기법을 써서 케빈 미트닉 같은 해커가 이메일을 읽지 못하게 해야 한다는 말까지 덧붙였다. 곧 클리프트와 '파이퍼'는 공공 키를 교환하고 암호화된 통신(그러나 사실은 파이퍼로 위장한 내가 읽을 수 있는 통신)을 주고받았다. 클리프트의 실수는 파이퍼의 정체에 의문을 제기하지 않은 점이었다. 그와 비슷하게, 당신의 사회보장번호나 계정 정보를 묻는 전화를 은행에서 받는다면, 전화 통화나 이메일 통신의 다른 쪽에 누가 있는지는 아무도 모르는 일이기 때문에 언제나 전화를 끊고 당신이 직접 은행에 전화를 걸어봐야 한다.

스노든과 포이트라스가 공유하게 될 비밀의 중요성을 고려할 때 일반 이메일 주소는 쓸 수가 없었다. 왜냐고? 개인 이메일 계정들에는 해당 이용자만의 관련 정보(특정한 관심사나 연락처 목록)가 담겨 있어서 서로의 정체를 알아낼 수가 있었기 때문이다. 대신 스노든과 포이트라스는 각자 새로운 이메일 주소를 만들기로 했다.

한 가지 문제는 어떻게 서로 각자의 새 이메일 주소를 알아내느냐 하는 점이었다. 달리 말해, 양측 모두 완전히 익명이라면 어떻게 누가 누구인지, 그리고 누구를 신뢰할지 알 수 있을까? 어떻게 스노든은, 이를테면 NSA나 다른 누가 포이트라스의 이메일 계정인 척 행세할 수도 있다는 가능성을 배제할 수 있을까? 공공 키는 길기 때문에 수화기를 들어 상대에게 문자와 숫자를 읽어 줄 수가 없다. 안전한 이메일 교환이 필요한 것이다.

스노든과 포이트라스는 익명의 이메일 계정을 새로 셋업하면서 마이카 리를 다시 한 번 끌어들여 양측이 신뢰하는 근거로 삼았다. 포이트라스는 자신의 새 공공 키를 리와 먼저 공유했다. 하지만 PGP 암호화 키들은 그 자체로 긴 편인 데다(파이(π)의 숫자만큼은 아니지만 꽤 길다.), 그리고 이번에도 만약 누군가가 자신의 이메일을 훔쳐보면 어떻게 할까? 그래서 리는 실제 키를 쓰지 않고 대신 포이트라스 공공 키의 40자 축약본(혹은 지문)을 썼다. 이것을 공개 사이트인 트위터에 올렸다.

제대로 은폐하기 위해 때로는 훤히 드러나는 수단도 쓸 필요가 있다.

이제 스노든은 익명인 채로 리가 트윗한 축약 키를 보고 그것을 자신이 받은 메시지와 비교할 수 있었다. 만약 둘이 일치하지 않으면 스노든은 문제의 이메일을 믿어서는 안 된다는 점을 알 것이다. 해당 메시지는 해킹을 당했을 수도 있다. 혹은 포이트라스가 아니라 NSA와 교신하는 것일 수도 있다.

이 경우, 둘은 일치했다.

이제 여러 장벽이 제거돼 스노든과 포이트라스는 안전한 익명의 이메일 통신을 시작할 준비가 거의 다 끝났다. 스노든은 마침내 포이트라스에게 자신을 '시티즌포Citizenfour'라고만 밝힌 암호화된 이메일을 보냈다. 이 ID는 스노든의 프라이버시 권리 캠페인을 다룬 포이트라스의 아카데미상 수상 다큐멘터리의 제목이 됐다.

이제 두 사람은 암호화된 이메일로 안전하게 교신할 수 있었으므로, 그것은 마치 끝인 듯 보였지만 그렇지 않았다. 사실은 시작에 불과했다.

2015년 파리에서 벌어진 테러리스트 공격을 계기로 여러 정부들에서, 해외 테러리스트들이 보낸 것으로 추정되는 암호화된 이메일, 텍스트, 전화 메시지 등을 정부 기관이 해독할 수 있도록 뒷문이나 다른 복호화 경로를 만들자는 논의가 나왔다. 그렇게 될 경우, 당연히 암호화의 목적이 무의미해질 터였다. 그러나 정부들은 사실 우리가 누구와, 얼마나 자주 교신하는지 파악하기 위해 우리 이메일의 암호화된 콘텐츠를 굳이 볼 필요가 없다는 사실을 뒤에서 보게 될 것이다.

앞에서 언급했다시피, 암호화의 목적은 메시지를 부호화해서 정확한 키를 가진 사람만이 나중에 이를 복호화할 수 있도록 하는 것이다. 키를 갖지 않은 누군가가 당신의 부호를 얼마나 쉽게 깰 수 있는가는 부호화에 가미되는 수리적 연산의 강도와 암호화 키의 길이에 따라 달라진다.

현재 사용되는 암호화 알고리즘은 공개돼 있다. 그것을 쓰라.[4] 공개되지 않은, 특정 기업이나 기관이 독점권을 가진 암호화 알고리즘은 주의할 필요가 있다. 공개된 알고리즘은 약점이 잘 알려지고 분석됐다. 사람들이 그 알고리즘을 깨려 의도적으로 노력해왔기 때문이다. 공개 알고리즘들 중 어느 하나가 약화되거나 뚫리면 그것은 역사 속으로 사라지고 더 새롭고 강력한 알고리즘이 대신 이용된다. 여전히 존재하는 더 오래된 알고리즘일수록 그에 대한 이용은 더욱더 권장되지 않는다.

키는 (대체로) 이용자의 통제 아래에 있으므로, 추측할 수 있다시피 키 관리가 매우 중요하다. 내가 만약 암호화 키를 하나 만들었다면 다름 아닌 내가 내기기에 저장된 키를 하나 갖게 된다는 뜻이다. 회사가, 이를테면 클라우드 환경에서 암호화를 수행한다면 당신뿐 아니라 회사도 키를 보유할 수 있다. 이 경우 가장 우려되는 대목은 해당 키를 법 집행 기관이나 정부 기관과 공유하라는 법원의 명령을 (영장 발부 여부와는 상관없이) 따라야 한다는 점이다. 암호화에 이용하는 각 서비스의 프라이버시 정책을 읽고 누가 키를 소유하는지 분명히 이해할 필요가 있다.

메시지(이메일, 텍스트, 또는 전화 통화)를 암호화할 때는 처음부터 끝까지 암호화가 유지되는 '시종始終, end-to-end' 암호화 방식을 이용하라. 이는 당신의 메시지가 의도한 수신자에게 가닿을 때까지 아무도 읽을 수 없는 상태로 유지된다는 뜻이다. 시종 암호화의 경우, 송신자인 당신과 수신자만이 메시지를 해독할 수 있는 키를 보유한다. 통신 서비스 회사, 웹사이트 소유자, 또는 앱 개발자 등 법 집행 기관이나 정부로부터 당신에 관한 정보를 넘기라는 요구를 받을 수 있는 제3자는 키를 보유할 수 없다. 사용하는 암호화 서비스가 시종 암호화 방식인지 어떻게 아느냐고? 구글에서 '시종 암호화 음성 통화end-to-end encryption voice call'를 검색해보라. 해당 앱이나 서비스가 시종 암호화를 사용하지 않는다면 다른 것을 선택하라.

이 모든 것이 복잡하게 들린다면, 실제로도 그렇기 때문이다. 그러나 암호화하기 쉬운 크롬과 파이어폭스용 PGP 플러그인이 나와 있다. 그중 하나인 메일벨로프Mailvelope는 PGP의 공공 키, 개인 키를 깔끔하게 관리해준다. 비밀 문구passphrase를 입력하면 그에 따라 공공 키와 개인 키를 생성한다. 이후에는 웹메일을 쓸 때마다, 선택한 수신자가 공공 키를 가진 경우 그에게 암호화된 메시지를 보낼 수 있는 옵션을 갖게 된다.[5]

이메일 메시지를 PGP로 암호화한다고 해도, 그 메시지에 딸린 작지만 풍부한 정보는 여전히 누구에게든 읽힐 수 있다. 스노든의 폭로에 대응하는 과정에서 미 정부는 이메일의 실제 내용은 가로채지 않았다고 거듭 밝혔다. PGP로 암호화된 상태여서 어차피 읽을 수도 없었다. 대신, 정부는 이메일의 메타데이터Metadata만을 수집했다고 말했다.

이메일의 메타데이터란 무엇인가? 이메일이 송신돼 수신자에게 다다를 때까지 이메일이 거친 여러 서버의 IP 주소, 그리고 받는 사람To과 보내는 사람From 항목에 담긴 정보다. 여기에는 제목 항목도 포함되는데, 여기에 적힌 내용은 때로 암호화된 메시지의 본 내용을 여실히 드러낼 수 있다. 메타데이터는 초기 인터넷 시절의 한 유산으로, 주고받는 모든 이메일에 여전히 포함돼 있지만, 요즘 이메일 프로그램들은 이 정보를 드러내지 않고 숨긴다.[6]

PGP는 어떤 '취향'을 택하든 메타데이터(받는 사람, 보내는 사람 항목, 제목, 그리고 시간 정보)는 암호화하지 않으며, 눈에 보이든 보이지 않든 순수한 텍스트 형태로 유지된다. 제3자들은 키가 없어도 암호화된 메시지의 메타데이터를 볼 수 있으므로, 당신이 몇 월 며칠에 누군가에게 이메일을 보냈고, 이틀 후에 다른 이메일을 동일인에게 보냈고 등등의 사실을 알 수 있다.

제3자가 실제 이메일 메시지를 읽는 것이 아니므로, 그 정도는 별문제가 없어 보인다. 이메일이 어떤 식으로 이동하는지, 그 과정에서 어떻게 다양한 서버 주소와 시간 기록을 메타데이터로 축적하는지와 같은 기술적 내용쯤은 몰라도 그다지 상관없을 것 같다. 하지만 이메일의 여행 경로와 빈도만으로 얼마나 많은 정보를 얻어낼 수 있는지 알면 놀랄 것이다.

1990년대, 아직 FBI의 수배를 받기 전에 나는 다양한 전화 기록에 대해 이른바 '메타데이터 분석'을 수행했다. 그런 작업의 시작은 LA의 무선 전화 서비스 회사 중 하나인 팩텔 셀룰러를 해킹하고 FBI가 나의 활동 정보를 취득하기 위해 이용한 정보 제공자에게 전화한 이들의 '통화 내역 기록CDR'을 뽑아내는 일이었다.

CDR은 내가 여기서 말하는 메타데이터와 매우 흡사해 전화 통화가 이뤄진 시간, 전화번호, 통화 시간, 그리고 해당 번호로 전화가 걸린 횟수 등을 보여주는 데 모두 매우 유용한 정보다.

팩텔 셀룰러를 통해 정보 제공자의 유선 전화로 건 통화 내역을 뒤져, 나는 그에게 전화한 사람들의 셀폰 번호 목록을 뽑아낼 수 있었다. 전화한 사람들의 요금 고지 기록을 분석한 끝에 나는 이들이 LA에서 활동하는 FBI의 화이트 칼라 범죄 수사대 소속임을 알아냈다. 아니나 다를까, 각 요원이 전화한 번호들에 FBI의 LA 사무실, 미 법무부 사무실, 그리고 기타 정부 사무실의 번호가 들어있었다. 그중 일부 통화는 꽤 길었다. 그리고 퍽 잦았다.

요원들이 문제의 정보 제공자를 새로운 은신처로 옮길 때마다, 요원들은 먼저 무선 호출기로 정보 제공자에게 연락을 시도한 후 새 전화번호로 걸곤 했기 때문에, 나는 그 은신처의 유선 전화번호를 알아낼 수 있었다. 일단 정보 제공자의 유선 전화번호를 취득하면, 나는 사회공학을 통해(이를테면 은신처에 서비스를 제공하는 통신 서비스 회사인 퍼시픽 벨의 직원을 사칭하는 방식으로) 은신처의 물리적 주소까지 파악할 수 있었다.

사회공학은 조작, 기만, 영향력 등을 행사해 표적으로 삼은 인물이 주요 정보를 공개하도록 하는 해킹 기법이다. 자주 사람들은 속아서 민감 정보를 폭로하곤 한다. 이 경우, 나는 전화 회사의 내부 전화번호들을 알고 있었으므로 현장 테크니션을 가장해 그럴듯한 용어와 전문어를 들먹였는데, 이는 민감 정보를 끌어내는 데 필수적이었다.

이메일의 메타데이터를 기록하는 것이 실제 콘텐츠를 가로채는 것과 같지는 않다고 하더라도, 프라이버시의 관점에서 보면 여전히 침입적이다.

근래 보낸 어떤 이메일이든 열어 메타데이터를 살펴본다면, 의도한 수신자에게 닿기 전에 거친 전 세계 서버들의 IP 주소를 일별할 수 있을 것이다. 각 서버는 (마치 인터넷에 접속하는 각 개인과 마찬가지로) 저마다 독특한 IP 주소를 갖는데, 이는 당신이 물리적으로 위치한 나라와 이용하는 나라와 이용하는 인터넷 서비스 기업에 근거해 계산된 일련의 숫자들이다. IP 주소의 블록들은 나라별로 고유하게 설정돼 있고, 각각의 인터넷 서비스 기업들은 저마다 독특한 하위 블록을 배정받으며, 이는 다이얼업, 케이블, 모바일 등 서비스의 유형에 따라 더 세부적으로 구분된다. 만약 고정된 IP 주소를 구매한다면 당신의 가입자 계정과 주소가 반영되고, 동적인 IP 주소를 쓰는 경우에는 당신의 인터넷 서비스 제공업체에게 할당된 주소 그룹 중 하나가 자동으로 생성될 것이다. 예를 들면, 당신에게 이메일을 보내는 누군가가 27.126.148.104라는 IP 주소를 가졌다면 이는 호주 빅토리아에 위치하고 있다는 뜻이다.

혹은 175.45.176.0일 수도 있는데, 이는 북한의 IP 주소 중 하나다. 후자의 경우라면 당신의 이메일 계정은 정부 기관의 심층 분석을 필요로 하는 계정으로 분류될지 모른다. 이들은 설령 이메일의 제목이 '생일을 축하합니다'라고 돼 있더라도, 왜 당신이 북한의 누군가와 통신하는지 알고 싶을 것이다.

그럼에도 여전히, 서버 주소 그 자체로는 별로 흥미로울 게 없다고 치부할 수 있다. 그러나 접촉 빈도는 많은 점을 시사한다. 그에 더해 송신자와 수신자, 두 사람의 물리적 위치 같은 개별 요소까지 파악하게 되면 무슨 일이 진행되는지 추정할 수 있다. 예컨대 전화 통화와 관련된 메타데이터(통화 시간, 전화를 건 시간 등)는 그 사람의 정신 건강에 대해 많은 내용을 시사한다. 밤 10시에 가정 폭력 핫라인으로 걸려와 10분간 이어진 통화나 브루클린 다리에서 자살 예방 핫라인으로 걸려와 20분간 지속된 통화는 매우 많은 정보를 노출한다. 다트머스 대학에서 개발된 한 앱은 이용자의 데이터에 포함된 스트레스, 우울증, 그리고 외로움의 패턴을 찾아낸다. 이용자의 이런 활동은 학교 성적과도 연관성을 보이는 것으로 드러났다.[7]

이메일 메타데이터의 노출이 지닌 위험성이 아직도 의심스러운가? MIT에서 만든 '이머전Immersion'이라는 프로그램은 당신의 계정에 저장된 모든 이메일의 메타데이터만을 분석해서 송신자와 수신자 간의 관계를 지도 형태로 보여준다. 이 프로그램은 당신에게 누가 가장 중요한 사람인지 시각적으로 계량화해주는 한 방법이기도 하다. 여기에는 시간에 따른 분석 기능도 들어있어서, 관계의 중요도가 시간에 따라 얼마나 올라가거나 내려가는지도 파악할 수 있다. 자신의 대인 관계를 잘 안다고 생각해온 사람도 그래픽 형태로 표현되는 관계망의 양상에서 뜻밖의 발견이나 통찰을 얻을 수도 있다. 그리 친하지 않은 사람에게 자신이 얼마나 자주 이메일을 보내는지, 혹은 매우 잘 아는 사이임에도 얼마나 드물게 연락하는지 미처 깨닫지 못할 수 있다. 이머전 툴에 해당 데이터를 올릴지 선택할 수 있고, 그렇게 올린 데이터가 그래프로 변환되고 나면 정보를 삭제할 수도 있다.[8]

스노든에 따르면, NSA와 다른 정부 기관들은 우리의 이메일, 문자 메시지, 전화 등의 메타데이터를 수집한다. 그러나 정부는 모든 사람들의 메타데이터를 수집할 수는 없다. 아니, 수집할 수 있을까? 기술적으로는 수집할 수 없다. 하지만 2001년 이후 '합법적인legal' 수집이 급증했다.

1978년 발효된 미국의 해외첩보감시법FISA에 따라 미국 해외첩보감시 법원 ('FISC' 또는 'FISA 법원'으로 불린다.)은 미국 내 거주 외국인에 대한 모든 감시 영장 청구를 심사한다. 겉보기에는 법 집행 기관과 개인 사이에 법원 명령이 자리잡고 있어서 적절한 장치처럼 여겨진다. 그러나 실상은 좀 다르다. 2012년 한 해에만 1,856건의 영장이 청구됐고, 1,856건의 청구가 승인을 얻었다. 그런 절차가 대체로 미국 정부를 위한 고무 도장 승인 업무에 지나지 않음을 시사하는 대목이다.[9] FISA 법원이 영장을 허가하면, 법 집행 기관은 사기업들로 하여금 그들이 보유한 해당 인사에 관한 모든 데이터를 제공하도록 강제할 수 있다. 기업이 알아서 이미 제공하지 않은 경우라면 말이다.

디지털 세상에서 정말로 눈에 띄지 않으려면 메시지 암호화 말고도 여러 대책을 강구해야 한다. 다음과 같은 사항이다.

진짜 IP 주소를 제거하라. IP 주소는 당신이 인터넷과 연결되는 지점이자 지문이다. 이것은 당신이 어디에 있는지(물리적 주소 수준) 그리고 어떤 서비스 제공 기관을 이용하는지 보여줄 수 있다.

사용하는 하드웨어와 소프트웨어를 위장하라. 웹사이트에 접속할 때, 당신이 사용하는 하드웨어와 소프트웨어에 관한 정보가 해당 사이트에 의해 수집될 수 있다. 당신이, 이를테면 어도비 플래시 같은 특정 소프트웨어를 깔았는지 파악하는 데 활용되는 트릭이 존재한다. 이 브라우저 소프트웨어는 당신이 쓰는 운영체제, 그 운영체제의 버전, 그리고 때로는 데스크톱에서 돌아가는 다른 소프트웨어들에 대한 정보를 웹사이트에 전달한다.

익명 상태를 유지하라. 온라인에서 정체성을 파악하기는 어렵다. 어떤 사건이 벌어졌을 때 키보드 앞에 앉아있었음을 증명하기는 어렵다. 그러나 스타벅스에서 온라인에 접속하기 전에 감시 카메라 앞을 지나가거나 방금 스타벅스에서 신용카드로 라떼를 샀다면, 이런 행위는 얼마 후에 발생한 당신의 온라인 접속과 연계될 수 있다.

익히 알게 된 것처럼, 우리가 인터넷에 접속할 때마다 그 접속과 연계된 IP 주소가 나온다.[10] 이것은 온라인에서 눈에 띄지 않으려 할 때 문제가 된다. 가명을 써도(혹은 아예 이름을 공개하지 않아도), IP 주소는 여전히 당신이 어느 나라에 있는지, 어떤 서비스 제공업체를 이용하는지, 그리고 서비스 이용료를 지불하는 사람의 신원(그는 당신일 수도 있고 아닐 수도 있다.)을 드러내기 때문이다. 이 모든 정보 요소들은 이메일의 메타데이터에 포함돼 있고, 나중에 당신을 정확히 분별하는 데 이용될 수 있다. 어떤 통신이든(그것이 이메일이든 아니든) 집이나 직장, 혹은 친구의 집에서 사용하는 라우터에 할당된 IP 주소에 기반해 당신의 신원을 파악하는 데 이용될 수 있다.

물론 이메일의 IP 주소는 조작될 수 있다. 프록시 주소(본인의 진짜 IP 주소가 아닌 다른 누군가의 주소)를 이용해 이메일이 다른 위치에서 발송된 것처럼 보이게 할 수 있다. 프록시는 외국어 번역자와 같아서(당신은 번역자에게 말하고, 번역자는 외국어 상대자에게 말하고) 메시지만이 동일하게 유지된다. 여기에서 논점은 누군가가, 실제로는 북한에서 날아온 이메일이 탐지되는 것을 피하기 위해 중국이나 심지어 독일발 프록시를 쓸 수도 있다는 것이다.

자체 프록시를 쓰는 대신, 이메일의 진짜 IP 주소를 은폐해주는 '익명의 리메일러' 서비스를 쓸 수 있다. 익명의 리메일러는 해당 메시지를 수신자에게 보내기 전에 송신자의 이메일 주소를 바꿔준다. 수신자도 리메일러를 통해 응답할 수 있다. 이게 가장 단순한 형태다.

변주도 있다. 몇몇 I형, II형 리메일러들은 이메일 응답을 허용하지 않는다. 단순히 일방형 통신인 셈이다. 그에 비해 III형, 혹은 믹스미니언Mixminion 리메일러들은 답장 쓰기, 전달하기, 암호화 등 종합 서비스를 제공한다. 이런 익명 통신 방식을 쓰기로 했다면 선택한 리메일러가 어떤 서비스를 제공하는지 확인해볼 필요가 있다.

IP 주소를 은폐하는 또 다른 방법은 스노든과 포이트라스가 이용한 양파식 라우터인 토르Tor를 쓰는 것이다.

토르 오픈소스 프로그램은 2004년 군 요원들이 물리적 위치를 노출시키지 않고 수색 작업을 벌일 수 있도록 미 해군연구소NRL에 의해 개발된 이후 그 폭을 크게 넓혔다. 토르는 엄혹한 정권 치하에 사는 사람들이 대중 언론과 서비스에 대한 검열을 피하고, 인터넷에 입력하는 검색어가 추적되는 것을 막을 수 있도록 설계됐다. 토르는 무료고 누구든, 어디서나 쓸 수 있다(심지어 당신도 이용할 수 있다).

토르는 어떻게 작동할까? 토르는 웹사이트에 접속하는 일반적인 방식을 뒤집는다.

보통은 온라인에서 인터넷 브라우저를 열고 방문하려는 사이트의 주소를 입력한다. 그런 요청은 사이트로 전달되고, 응답은 몇 밀리세컨드* 후에 해당 웹사이트의 페이지가 브라우저에 뜨는 형태로 나타난다. 해당 웹사이트는 (IP 주소를 근거로) 서비스 제공 기업이 어디인지 알고, 그 기업의 위치를 근거로, 또는 당신의 컴퓨터에서 해당 사이트에 접속하기까지의 지연 속도latency를 기반으로 당신의 물리적 위치까지 파악한다.** 예컨대 당신의 기기는 미국에 있다는 정보를 보내는데, 당신이 요청한 주소가 실제 사이트에 닿기까지 걸린 시간과 릴레이된 서버의 숫자는 당신이 미국이 아닌 다른 장소에 있음을 시사한다면, 어떤 사이트들은(특히 게임 사이트들은) 그것을 잠재적 사기로 감지한다.

토르를 이용하면 당신과 접속 사이트 간의 직접적인 연결 관계는 추가된 노드node들에 의해 은폐되고, 그 노드들조차 매 10초마다 바뀌지만 연결이 끊기는 일은 없다. 당신과 사이트를 연결하는 여러 노드들은 마치 양파 안에 겹겹이 쌓인 껍질 같다. 달리 말하면, 누군가가 당신의 신원을 파악하기 위해 접속 사이트로부터 역추적을 시도해도 연결 경로가 끊임없이 변하기 때문에 찾아낼 수 없다는 뜻이다. 진입점과 출구점이 어떤 식으로든 연계되지 않는 한, 당신의 연결 상황은 익명이 보장되는 셈이다.

토르를 이용하면 어떤 페이지(이를테면 mitnicksecurity.com)를 열라는 당신의 요청은 해당 서버로 직접 전달되지 않고 토르의 노드 중 하나로 먼저 연결된다. 그리고 그 노드는 추적이 더 어렵도록 또 다른 노드로 요청을 전달하고, 이 노드는 마침내 mitnicksecurity.com으로 연결된다. 여기에는 진입 노드, 중간 노드, 그리고 출구 노드가 존재한다. 사이트의 관리자가 사이트 방문자를 확인하는 경우에도, 그가 볼 수 있는 것은 연결 고리의 맨 마지막인 출구 노드

---

* 1,000분의 1초 – 옮긴이

** 네트워크에서의 지연 속도는 하나의 데이터 패킷을 한 지점에서 다른 지점으로 보내는 데 걸리는 시간을 말한다. – 옮긴이

의 IP 주소와 정보뿐이며 최초 진입 노드는 알 수 없다. 토르가 스페인 같은 특정 국가에 위치한 출구 노드들이나 심지어 더욱 특정한, 이를테면 호놀룰루의 출구 노드를 쓰도록 설정할 수도 있다.

토르를 쓰기 위해서는 토르 사이트(torproject.org)에서 개조한 파이어폭스 브라우저가 필요하다. 언제나 토르 프로젝트 사이트에서 당신의 운영체제에 맞는 정품 토르 브라우저를 찾아보라. 다른 사이트는 쓰지 말길 바란다. 안드로이드 운영체제의 경우 '구글 플레이'에서 구할 수 있는 오르봇Orbot이 정품 토르 앱으로, 트래픽을 암호화할 뿐 아니라 IP 주소도 위장해준다.[11] 애플의 iOS 기기들(아이패드, 아이폰)에는 정품 앱인 어니언Onion 브라우저를 아이튠즈 앱 스토어에서 설치하라.

토르 안에 아예 이메일 서버를 만들면 좋지 않을까 생각할 수 있다. 누군가가 실제로 그렇게 구현했다. 토르 메일Tor Mail은 토르 브라우저로만 접속 가능한 사이트에 호스팅된 서비스다. 그러나 미 연방수사국FBI은 무관한 사건을 수사하는 과정에서 그 서버를 압수했고 그 결과 토르 메일에 저장된 모든 암호화된 이메일에 접근할 수 있었다. 이는 아무리 정보가 안전하고 실패할 염려가 없어 보여도, 실상은 그렇지 않을 수 있음을 보여주는 교훈 사례다.[12]

토르가 특별한 네트워크를 쓰더라도 인터넷 접속은 여전히 가능하지만 로딩 속도는 훨씬 느리다. 그러나 토르는 검색 가능한 여느 인터넷뿐 아니라 보통은 검색되지 않는, 이른바 '다크 웹Dark Web'의 세계에도 접근할 수 있게 해준다. 이들은 가령 'Google.com' 같은 일반 이름 형태가 아니라 '.onion'이라는 확장자로 끝난다. 이들 숨은 사이트 중 몇몇은 불법 아이템과 서비스를 제안하거나 팔거나 제공한다. 그중에는 정부 탄압에 시달리는 사람들이 운영하는 적법 사이트도 있다.

하지만 토르가 지닌 몇 가지 약점을 지적해둘 필요가 있다.

- 이용자가 출구 노드를 설정할 수 없어서, 정부나 법 집행 기관이 관리하는 곳이 출구 노드로 쓰일 가능성도 있다.[13]
- 토르를 써도 당신의 전반적인 특징이 포착될 수 있고 심지어 신원이 밝혀질 수도 있다.[14]
- 매우 느리다.

그런 단점에도 불구하고 토르를 쓰기로 결정했다면, 일반적인 브라우징 용도로 쓰는 디지털 기기에서 토르를 써서는 안 된다. 다시 말해, 웹 브라우징 용도의 랩톱과 별도로, 토르 전용 기기(이를테면 토르 소프트웨어를 돌리는 '라즈베리 파이' 미니 컴퓨터)를 갖추라는 것이다. 이는 설령 누군가가 당신의 랩톱을 해킹했더라도 토르의 이동 레이어는 별도의 물리적 박스에서 돌아가므로 벗겨낼 수 없을 것이라는 발상에서다.[15]

스노든과 포이트라스의 경우, 앞에 언급했다시피 암호화된 이메일을 통해 서로 연결되는 것만으로는 충분하지 않았다. 포이트라스는 새로 만든 자신의 이메일 계정용 공공 키를 스노든의 과거 이메일 주소로 보낼 수도 있었지만, 만약 누군가가 그 계정을 지켜보고 있었다면 포이트라스의 새로운 ID는 노출됐을 것이다. 익명 계정을 본인의 진짜 신분을 노출할 수 있는 어떤 정보와도 완전히 분리 보관해야 한다는 점은 매우 기본적인 규칙 중 하나다.

온라인에서 눈에 띄지 않으려면 안전한 연결망을 새로 구축할 때마다 완전히 깨끗한 상태로 시작해야 한다. 기존의 이메일 계정은 친구, 취미, 업무 등 일상의 다른 부분과 어떤 식으로든 연계돼 있을 수 있다. 비밀리에 소통하기 위해서는 토르를 이용해 이메일을 새로 만들어서, 만들 당시의 IP 주소가 본인의 진짜 신원과 어떤 식으로도 연결되지 않도록 해야 한다.

익명의 이메일 주소를 만드는 것은 어렵긴 하지만 가능하다.

이용할 만한 비밀 이메일 서비스들도 있다. 하지만 그런 서비스를 유료로 이용할 경우 흔적을 남길 수밖에 없기 때문에 무료 웹 서비스를 이용하는 쪽이 더 낫다. 한 가지 작은 골칫거리는 지메일, 마이크로소프트, 야후 등의 웹메일 서비스가 본인 인증을 위해 전화번호를 요구한다는 점이다. 진짜 셀폰 번호는 본인의 실제 이름, 실제 주소와 연결되므로 이를 제공할 수 없다는 점은 분명하다. SMS 인증 대신 음성 인증이 지원된다면 스카이프 전화번호를 설정할 수도 있겠지만 이 경우에도 기존의 이메일 계정과 선불 선물 카드가 필요하다.[16] 한편 선불 휴대 전화를 쓰면 익명성을 보호받을 수 있을 것이라고 생각한다면 오산이다. 선불 휴대 전화로 본인의 진짜 신원과 연관된 전화로 걸어본 적이 있다면, 당신의 정체를 파악하는 것은 어린이 장난만큼이나 쉽다.

가장 안전한 방법은 '대포폰'을 쓰는 것이다. 어떤 이들은 대포폰이 테러리스트나 매춘 알선 업자, 마약상들이나 쓰는 장비라고 생각하지만, 완벽하게 적법한 용도도 많다. 예를 들면, 한 경제 전문 기자는 휴렛팩커드에 고용된 사설 탐정들이 중요한 이사회 정보의 유출자를 색출하려는 과정에서 자신의 쓰레기통을 뒤진 사실을 알게 된 후 대포폰으로 바꿔 자신의 통화를 가려내기 어렵게 만들었다. 이후 그 기자는 자신의 정보원과 대포폰으로만 통화했다.[17]

전 남편의 스토킹이나 괴롭힘을 피해 마음 편히 전화를 쓰고 싶은 여성도 별도의 계약이나, 일삼아 구글 또는 애플의 계정을 만들지 않아도 되는 대포폰을 활용할 수 있다. 대포폰은 보통 인터넷 접속 기능이 아예 없거나 매우 제한적이다. 대포폰은 주로 음성, 문자, 이메일 서비스를 제공하며, 어떤 이들에게는 그 정도면 충분하다. 하지만 우리의 경우에는 데이터도 받아야 대포폰을 테더링*해 랩톱과 연결함으로써 인터넷을 쓸 수 있다(뒤에서 랩톱에 담긴 미디어

---

* 휴대 전화를 모뎀처럼 사용하는 기능. MAC은 랜카드, 모뎀 등 네트워크 장비에 있는 고유 번호를 가리킨다. PC 랜카드나 스마트폰의 와이파이 모듈에도 MAC 주소가 할당돼 있다. - 옮긴이

접근 제어MAC 주소를 바꿈으로써 대포폰으로 테더링을 할 때마다 마치 그 랩톱이 새로운 장비인 것처럼 보이게 하는 방법을 설명하겠다).

그러나 대포폰을 익명으로 구입하기는 쉽지 않다. 실제 세계에서 취한 행위는 가상 세계에서 당신을 식별하는 데 이용될 수 있다. 물론 월마트에 걸어 들어가 대포폰과 100분의 통화 시간을 현금으로 살 수도 있다. 누가 나를 알아보랴? 그런데 많은 이들이 알아볼 수 있다.

첫째, 어떻게 월마트에 갔는가? 우버를 이용했는가? 택시를 탔는가? 이런 기록은 모두 법원에 제출될 수 있다.

직접 운전해 갈 수도 있지만, 경찰은 대형 공용 주차장을 돌며 '자동 번호판 인식 기술ALPR'을 써서 영장 불응자뿐 아니라 분실, 도난 차량을 찾곤 한다. ALPR 기록도 법원에 제출될 수 있다.

걸어서 월마트에 간 경우에도, 일단 매장으로 들어가면 내 얼굴은 매장에 설치된 여러 감시 카메라들에 잡힐 수 있고, 그런 비디오 기록 또한 법원에서 요구할 수 있는 내용이다.

그러면 다른 누군가를(즉석에서 낯선 홈리스를 고용해) 매장에 보낸다고 치자. 그 사람은 상점에 들어가 대포폰과 여러 데이터 리필 카드를 현금으로 구매한다. 그게 가장 안전한 방식일 것이다. 나중에 이 사람을 매장 근처에서 만나기로 약속할 수 있다. 이는 실제 구매 행위와 당신 자신을 물리적으로 떨어뜨리는 데 도움이 될 것이다. 이 경우 가장 약한 고리는 여전히 당신이 심부름을 보낸 사람이다(그는 얼마나 믿을 만한가?). 만약 그에게 전화기 비용보다 더 많은 금액을 지불한다면 그는 기꺼이 약속대로 전화기를 전달할 것이다.

선불 휴대 전화를 처음 작동시키기 위해서는 무선 통신 회사의 고객 서비스 부서에 전화를 걸거나 해당 회사의 웹사이트를 통해 활성화해야 한다. '품질 확인' 절차의 일환으로 내 목소리가 녹음되는 것을 피하기 위해, 웹을 통해 서비스를 활성화하는 게 더 안전하다. MAC 주소를 바꾼 다음, 개방된 무선 네트워크 대신 토르를 사용하는 것은 최소한의 안전 대책이다. 웹사이트에 입력하는 모든 가입자 정보는 가짜로 꾸며대야 한다. 주소는 구글로 아무 유명 호텔이나 검색해서 그 주소를 이용하라. 생일과 PIN 번호도 지어내되, 나중에 고객서비스에 연락해야 할 경우를 생각해서 기억해두는 게 좋다.

인증을 요구하지 않는 이메일 서비스들도 있다. 정부의 규제를 염려할 필요가 없다면, 구글 계정 등록이나 그와 비슷한 절차에는 스카이프 번호로 충분하지만, 실례를 보여주는 차원에서 토르를 이용해 무작위 IP 주소를 만든 다음, 그리고 본인의 실제 전화번호와는 무관한 지메일 계정을 만든 다음, 구글은 당신의 전화로 인증 코드나 음성 메시지를 보낸다고 치자. 이제 당신은 사실상 추적 불가능한 지메일 계정을 만들었다.

우리는 낯익고 보편적인 서비스들을 이용해 익명의 이메일 주소를 만들었다. 토르 덕분에 IP 주소가 익명인(비록 출구 노드에 대한 제어 권한은 없지만), 대체로 안전한 이메일을 작성할 수 있고, 그 콘텐츠는 PGP 덕분에 의도한 수신자 외에는 누구도 읽을 수 없다.

이 계정을 익명으로 유지하기 위해서는 토르 안에서만 해당 계정에 접속해 당신의 IP 주소가 해당 계정과 결코 연계되지 않도록 해야 한다는 점에 주목하길 바란다. 더 나아가, 익명의 지메일 계정에 로그인된 상태에서는 아무런 인터넷 검색도 수행해서는 안 된다. 본인의 진짜 신원과 연관된 내용을 무심코 검색할 수도 있기 때문이다. 기상 정보를 찾는 일조차 당신의 위치를 노출할 수 있다.[18]

앞에서 본 것처럼 온라인에서 눈에 띄지 않으려면, 그리고 그런 상태를 계속 유지하려면 엄청난 규율과 끊임없는 근면이 요구된다. 하지만 온라인에서 제대로 숨기 위해서는 해볼 만한 일이다.

여기에서 얻을 수 있는 교훈은 다음 몇 가지다. 첫째, 누군가가 당신의 신원을 파악할 수 있는 모든 방법들을 인지하라. 설령 내가 알려준 모든 주의 사항

중 일부밖에 실제로 이행하지 못한다고 해도, 다른 신원 파악 방식을 알아두는 것은 큰 도움이 된다. 그리고 이 모든 주의 사항을 실천하는 경우에도, 익명의 계정을 이용할 때마다 늘 적절한 조처를 취해야 한다는 점을 명심하라. 예외는 없다.

처음부터 끝까지, 시종 암호화(당신의 메시지가 최종 수신자에게 닿을 때까지 다른 누구도 읽을 수 없도록 보안을 유지하는 것)가 매우 중요하다는 점은 새삼 강조할 가치가 있다. 시종 암호화는 암호화된 전화 통화와 인스턴트 메신저 등 다른 목적에도 이용될 수 있는데, 이는 다음 두 장에서 논의할 것이다.

3장

도청 101

우리는 매일 헤아릴 수 없이 많은 시간을 채팅과 문자 메시지, 인터넷 서핑을 이용하면서 보낸다. 하지만 얼마나 많은 이들이 셀폰의 작동 방식을 제대로 알고 있을까?

우리가 모바일 기기에서 쓰는 이동 전화 서비스는 무선이고, 이동 전화 타워, 혹은 기지국들에 의존한다. 연결 상태를 유지하기 위해 셀폰은 가장 가까이 위치한 타워, 혹은 타워들에 '비컨'이라 불리는 작은 신호를 끊임없이 보낸다. 그에 대응해 타워들에서 날아오는 감응 신호의 강도는 휴대 전화에 표시되는 막대 그래프의 숫자로 표시된다. 막대기가 없으면 신호도 없다는 뜻이다.

셀폰에서 나오는 이들 비컨은 이용자의 신원을 어느 정도 보호하기 위해 '국제모바일가입자정보IMSI'를 사용하는데, 이는 SIM 카드마다 독특하게 할당된 번호다. 이것은 본래 기지국에서 사용자가 언제 해당 기지국에 있는지, 그리고 언제 (다른 통신 회사의 기지국을 이용해) 로밍을 하는지 알 필요가 있던 시절에 나온 것이다. IMSI 코드의 첫 부분은 모바일 네트워크 회사를 식별하고, 나머지 부분은 사용자의 모바일 기기에 할당된 고유 번호다.

정부의 수사 기관들은 기지국으로 가장할 수 있는 장비를 만들었다. 음성과 문자 메시지를 가로채기 위해 설계된 장비들이다.

미국에서 경찰과 첩보 기관들은 다른 장비를 써서 IMSI를 잡아내기도 한다. IMSI는 채 1초도 안 되는 짧은 시간에, 아무런 경고 없이 즉각 포착된다. IMSI 포착 장비는 보통 대규모 집회에 사용돼 나중에 수사 기관에서 누가 참가했는지 파악할 수 있게 해준다. 특히 그들이 열심히 전화를 걸어 다른 사람들의 참여를 독려한 경우 IMSI는 중요한 단서가 된다.

이런 장비는 통근 서비스와 교통 상황을 알려주는 앱에도 이용될 수 있다. 이 경우 실제 계정 번호나 IMSI는 중요하지 않으며, 해당 셀폰이 한 기지국에서 다른 기지국으로, 또는 한 지역에서 다른 지역으로 얼마나 빠르게 움직이는지만이 중요하다. 그렇게 한 셀폰이 각 기지국을 통과하는 데 소요된 시간은 교통 상황이 정체인지 지체인지, 아니면 원활인지 결정한다.[1]

모바일 기기는 전원이 켜질 때마다 일련의 기지국들에 접속한다. 가장 가까이 있는 기지국에서 해당 모바일의 통화, 문자, 또는 인터넷 세션을 다룬다. 모바일 이용자가 움직이면 전화기는 가장 가까운 기지국으로 신호를 보내고, 필요한 경우 해당 전화의 통화는 일정한 통화 품질을 유지하기 위해 한 기지국에서 다른 기지국으로 이전된다. 다른 근처 기지국들은 모두 준비 상태를 유지하다가 이용자가 A 지점에서 B 지점으로 이동하면 가까운 지점의 다른 기지국이 신호를 넘겨받는데, 그런 이전 과정은 대체로 자연스럽고 통화가 끊기는 일도 거의 없다.

모바일 기기는 저마다 독특한 시퀀스를 발산하고, 이는 수많은 개별 기지국들에 기록된다는 점은 언급해둘 만하다. 따라서 어느 특정 기지국의 로그 기록을 검토하는 사람은 해당 기지국의 범위 안에 있는 모든 사람들의 '임시 모바일 가입자 정보[TMSI]'를 그들이 전화를 걸었든, 걸지 않았든 보게 될 것이다. 수사 기관은 기지국에 이런 정보는 물론 특정 이용자의 백엔드(사용자가 아니라 프로그램에 의해 이용되는) 계정 정보까지 청구할 수 있다.

어느 한 기지국의 기록만 본다면 해당 데이터는 누군가가 근처를 지나갔는지, 대기 상태인 다음 기지국은 어디인지 정도만 보여줄 가능성이 높다. 만약 실제 통화가 일어났거나 데이터가 교환됐다면 그런 사실과 통화 지속 시간에 대한 기록이 남아있을 것이다.

하지만 여러 기지국들에서 데이터를 취합하면 해당 이용자의 지리적 위치를 정확히 찾아낼 수 있다. 대다수 모바일 기기는 한 번에 세 개 이상의 기지국에 신호를 보낸다. 그런 신호들의 상대적 강도를 근거로 세 기지국을 연결해 삼각형을 만들면, 전화기 이용자의 위치를 매우 정확히 파악할 수 있다. 따라서 당신이 매일 휴대하는 전화기는 기본적으로 추적 장비인 셈이다.

어떻게 하면 그런 추적을 피할 수 있을까?

휴대 전화 회사와 계약할 때 요구되는 것은 이름, 주소, 그리고 사회보장번호다. 추가로, 매달 전화비 지불 능력을 확인하는 신용 조회가 있다. 이는 영리 통신 회사를 이용할 경우 피할 수 없는 절차다.

대포폰은 타당한 대안인 것 같다. 이는 선불 휴대 전화기로, 통화 흔적을 최소화하기 위해 빈번하게(이를테면 매주, 혹은 매달) 바꾸는 방식이다. 이 경우 사용자의 IMSI는 기지국 기록에 나타났다가 사라져버린다. 전화기를 몰래 구입한다면 가입자의 계정은 추적되지 않을 수도 있다. 선불 휴대 전화 서비스도 가입자 계정이므로, 저마다 독특한 IMSI가 할당돼 있다. 따라서 한 사람의 익명성 여부는 대포폰을 어떻게 취득하느냐에 달려 있다.

논의를 이어가기 위해, 자신의 신원을 드러내지 않고 대포폰을 성공적으로 구입했다고 가정하자. 앞에서 예로 든 것처럼 낯선 사람에게 부탁해 현금을 주고 전화기를 장만했다. 이 대포폰을 쓰면 추적당하지 않을까? 짧은 대답은 '노'다.

경계로 삼을 만한 사례를 하나 소개한다. 2007년 어느날 오후, 호주 멜버른의 한 항구에서 마약 엑스터시를 담은 5억 달러 규모의 컨테이너가 실종됐다. 해당 컨테이너의 소유주이자 유명 마약상인 팻 바바로는 주머니에서 자신이 소유한 대포폰 12개 중 하나를 꺼내어 지역 언론인인 닉 매켄지에게 전화를 걸었다. 매켄지는 발신자를 '스탠'이라는 이름으로만 알고 있었다. 바바로는 이어 다른 대포폰으로 매켄지에게 문자 메시지를 보냈다. 탐사 기자인 매켄지로부터 실종된 컨테이너에 관한 정보를 익명으로 얻으려는 시도였다. 앞으로 보게 되듯이, 이런 방법은 통하지 않았다.

대포폰은 많은 이들의 생각과 달리 완전한 익명성을 보장해주지 않는다. 미국에서는 '수사 목적의 감청 통신 지원법^{CALEA}'에 따라, 주요 통신 회사들과 정식 계약 관계인 가입자들의 경우뿐 아니라 대포폰과 연결된 IMSI도 모두 보고된다. 달리 말해, 수사관은 로그 파일을 통해 공식 등록된 전화기만큼이나 손쉽게 대포폰의 위치를 알아낼 수 있다. IMSI는 해당 전화기의 소유자까지 식별하지는 못해도 이용 패턴은 파악하게 해준다.

호주는 감청통신지원법이 없지만 수사 기관은 전통적인 방식으로 바바로의 여러 전화기들을 지속적으로 도청할 수 있었다. 예를 들면, 이들은 바바로의 개인 전화기에서 통화가 일어난 지 몇 초 지나지 않아 같은 장소에서, 그의 여러 대포폰 중 하나로부터 또 다른 통화나 문자 메시지가 나온 것을 인지했을 것이다. 그 후에도 지속적으로 이들 IMSI가 자주 동일한 기지국 범위에서 함께 나타난다는 사실은 그 전화기들이 한 사람 소유라는 점을 시사했다.

바바로는 여러 대의 휴대 전화기를 소유하고 있었지만 문제는 그가 어떤 전화기를 쓰든 (정식 전화기든, 대포폰이든) 동일한 장소에서 이들을 사용하는 한, 거기에서 나오는 신호는 같은 기지국을 거칠 수밖에 없다는 점이었다. 문제의 대포폰 통화는 항상 그의 공식 전화기 통화 근처에서 나타났다. 통신 서비스 회사와 그의 이름이 함께 나오는 등록 전화기는 전적으로 추적 가능했으므로 수사 기관은 그의 신원을 어렵지 않게 파악할 수 있었다. 이런 패턴은, 특히 다른 위치들에서도 되풀이됐기 때문에 그의 유죄를 입증하는 유력한 증거가 됐다. 이를 근거로 호주 당국은 바바로를 호주 역사상 최대 규모의 엑스터시 밀수 혐의로 기소했다.

탐사 저널리스트인 매켄지는 "그날 내 주머니의 전화기가 울리고 '스탠'이라는 이름이 잠시 내 삶 속으로 들어온 이후, 나는 어떻게 한 사람의 통신이 아무리 신중을 기한다고 해도 흔적을 남길 수밖에 없는지 절실히 깨닫게 됐다."라고 술회했다.[2]

물론 공식 전화기 하나 없이 대포폰만 쓸 수도 있다. 이는 종종 익명으로 선불 카드나 비트코인을 이용해 추가 통화 시간을 구매해야 한다는 뜻이다. 익명 구매는 무선 카드에 할당된 미디어 접근 제어[MAC] 주소를 바꾼 후 공개 와이파이를 통하되 감시 카메라를 피하면 가능하다. 혹은 앞 장에서 설명했듯이, 일면식도 없는 사람을 기용해 매점에서 선불 전화기와 여러 장의 충전 카드를 구매할 수도 있다.[3] 추가 비용이 들고 불편하기도 하지만, 어쨌든 익명으로 쓸 수 있는 전화기는 장만하게 된다.

무선 통신 기술은 언뜻 보기에 매우 새로운 것 같지만 실상은 40년 이상 된 기술이고, 유선 전화기 시스템과 마찬가지로, 프라이버시 보호가 취약한 구시대 기술 요소도 포함하고 있다.

휴대 전화 기술의 세대가 거듭될수록, 대개는 더 많은 데이터를 더 효율적으로 교환할 수 있게 해주는 새로운 기능이 추가된다. 1세대, 혹은 1G 전화기는 1980년대에 이용된 전화기 기술을 갖고 있었다. 초기 1G 네트워크와 단말기는 아날로그 기반이었고, 지금은 폐기된 여러 모바일 표준을 사용했다. 1991년, 2세대[2G] 디지털 네트워크가 나왔다. 이 2G 네트워크는 '글로벌 무선 통신시스템[GSM]'과 '코드 분할 다중접속[CDMA]'이라는 두 가지 표준을 제안했다. 단문 서비스[SMS], 비구조적 보조 서비스 데이터[USSD], 그리고 다른 여러 통신 프로토콜 등 지금까지 쓰이는 기능도 이때 나왔다. 우리는 현재 4G/LTE 단계에 있고 5G로 발전하는 중이다.

통신 서비스 회사가 어느 세대를 쓰든(2G, 3G, 4G, 혹은 4G/LTE), 그 기반에는 '신호 처리 시스템'으로 알려진 국제 신호 프로토콜이 자리잡고 있다. 이 신호 처리 프로토콜(현재는 버전 7)의 기능 중 하나는 이용자가 고속도로에서 운전하며 기지국을 바꿀 때도 계속해서 모바일 통화가 지속될 수 있게 해준다. 이는 감시에도 이용될 수 있다. 신호 처리 시스템 7[SS7]은 기본적으로 원활한 통화에 필요한 모든 요구 조건을 수행한다. 이를테면 다음과 같은 것들이다.

- 통화에 필요한 새 접속 환경의 설정
- 통화 종료 후 연결망 해제
- 송화자에 대한 적절한 요금 청구
- 통화 전환, 발신자 및 발신 번호 표시, 다중 통화, 기타 지능망[IN] 서비스 등 부가 서비스 관리
- 유료(900) 및 수신자 부담(800, 888) 통화
- 가입자 식별, 통신 회사, 모바일 로밍을 비롯한 무선 서비스

모바일 보안 서비스 회사인 슈테른라우트[Sternraute]의 설립자인 토비아스 엥겔과 시큐리티 리서치 랩의 수석 과학자인 카르스텐 놀은 독일 베를린의 연례 컴퓨터 해커 콘퍼런스인 '카오스 커뮤니케이션 콩그레스'에서 셀폰 통화자가 세계 어디에 있든 그 위치를 파악할 수 있을 뿐 아니라, 통화 내용까지 엿들을 수 있다고 설명했다. 그리고 설령 실시간으로 들을 수 없는 경우라도 나중에 해독할 수 있도록 암호화된 통화와 문자를 녹음하는 것이 가능하다고 주장했다.

아무리 견고해 보이는 보안도 그 실제 수준은 가장 약한 연결고리의 수준과 동일하다. 엥겔과 놀이 발견한 사실은 미국과 유럽의 선진국들은 수십억 달러를 들여 상대적으로 안전하고 사적인 3G와 4G 네트워크를 만들었지만 이들

네트워크도 여전히 SS7을 기반 프로토콜로 써야 한다는 점이다.

SS7은 호출 설정, 요금 청구, 통신 경로 설정, 정보 교환 기능 등의 프로세스를 담당한다. 이는 SS7에 접근할 수 있다면 통화를 조작할 수 있다는 뜻이다. SS7은 공격자가, 이를테면 나이지리아에 있는 소규모 통신 회사를 이용해 유럽이나 미국에서 이뤄진 통화에 접근하는 것을 허용한다. "이는 집 현관문은 잠그면서 뒷문은 활짝 열어놓은 꼴"이라고 엥겔은 말했다.

두 연구자는 공격자가 전화기의 통화 전환 기능과 SS7을 이용해 표적으로 삼은 사람의 발신 전화를 가로챔으로써 의도된 수신자와 3자 간 통화가 되게 하는 방식을 시험했다. 이런 관계가 성립되면 공격자는 표적으로 삼은 사람이 지구상 어디에서 전화를 걸든 모든 통화를 엿들을 수 있다.

또 다른 전략은 공격자가 라디오 안테나를 설치해 주어진 지역 안에서 발생하는 모든 무선 통화와 문자 메시지를 수집하는 방식이다. 3G 통화가 암호화된 경우, 공격자는 SS7에 적절한 해독 키를 제공하라고 주문할 수 있다.

"버튼 하나만 누르면 모든 게 자동이다."라고 놀은 말했다. "사실상 어떤 네트워크든 녹음하고 해독할 수 있다는 점에서 완벽한 스파이 활동 능력을 가졌다. 우리가 시험한 모든 네트워크들에서 이 방법은 통했다.[4]" 그는 이어, 모두 스무 개 남짓한, 북미와 유럽의 거의 모든 주요 통신 서비스들을 열거했다.

놀과 엥겔은 '상시 정보 질의anytime interrogation query'라고 불리는 SS7 기능을 이용해 어떤 휴대 전화 이용자든 그 위치를 파악할 수 있다는 사실도 발견했다. 부연하면, 2015년 초 그 기능이 폐지되기 전까지는 가능했다는 이야기다. 그러나 모든 통신 서비스 회사들은 서비스를 제공하기 위해 가입자들을 추적해야 하기 때문에, SS7은 일부 원격 감시가 가능한 다른 기능을 여전히 제공한다. 놀과 엥겔이 찾아낸 구체적인 오류들은 그들의 연구 결과가 공개된 이후 일선 통신 회사들에 의해 대부분 수정됐다는 점은 짚고 넘어가야 마땅하다.

암호화 하나만으로도 휴대 전화 통화의 비밀을 유지하는 데 도움이 된다고 믿기 쉽다. 2G 시절부터 GSM 기반의 전화 통화는 암호화돼 왔다. 그러나 2G 통신을 암호화하는 데 사용된 초기 방법은 허약했고 결국 뚫리고 말았다. 불행하게도 휴대 전화 네트워크를 3G로 업그레이드하는 데 드는 비용은 여러 통신 회사들 입장에서 너무 컸고, 그 때문에 취약한 2G는 2010년 무렵까지 계속 이용됐다.

2010년 여름, 놀이 이끄는 연구 팀은 2G GSM 네트워크에서 이용되는 모든 가능한 암호화 키들의 숫자를 분석해 '무지개 표'라고 불리는, 미리 계산된 키, 즉 암호들의 목록을 만들었다. 연구 팀은 GSM을 이용한 2G 암호화가 얼마나 취약한지 통신 서비스 회사들에 보여주기 위해 이 표를 공개했다. 2G GSM을 통해 전송되는 음성, 문자, 혹은 데이터의 각 패킷(또는 출발지와 목적지 간의 데이터 단위)은, 이들이 발표한 '무지개 표'를 이용하면 불과 몇 분 만에 해독할 수 있었다.[5] 이것은 극단적인 사례였지만, 연구 팀은 필요한 작업이라고 생각했다. 놀과 동료들은 이전에 그들의 발견 내용을 통신 회사들에 알렸지만, 그들의 경고는 소 귀에 경 읽기였다. 2G GSM 암호를 어떻게 깰 수 있는지 증명해 보임으로써, 그들은 겨우 통신 회사들이 변화를 꾀할 수밖에 없도록 만들었다.

2G는 지금도 존재한다는 사실에 주목할 필요가 있다. 통신 회사들은 2G 네트워크에 대한 접속권을, 간헐적인 데이터 송수신 정도만 요구되는 '사물 인터넷IoT, Internet of Things' 장비들(TV와 냉장고처럼, 인터넷에 접속된 컴퓨터 이외의 장비들)의 조종 용도로 판매할 것을 고려 중이다. 만약 이런 일이 벌어진다면, 2G 자체만으로는 충분히 강력한 암호화가 제공되지 않을 것이기 때문에 IoT 장비들 자체에 시종始終 암호화 기능이 내장되도록 해야 할 것이다.

물론 도청은 모바일 기기가 대중화되기 전부터 존재해왔다. 아니타 부시에게 악몽은 2002년 6월 20일 아침, 이웃의 다급한 노크 소리에 잠이 깨면서부터 시작됐다. 집 앞에 세워둔 자신의 차 유리창에 누군가가 총알 구멍을 남긴 것이다. 그뿐 아니라 범인은 장미 한 송이, 죽은 물고기 한 마리, 그리고 한 마디 메모('멈춰')를 승용차의 보닛에 올려놓았다.[6] 나중에 부시는 자신의 전화기가 정부 수사 기관이 아닌 다른 누군가에게 도청됐다는 사실을 알았다.

총알 구멍과 죽은 물고기의 조합이 3류 할리우드 갱 영화를 연상시킨다는 점은 결과적으로 타당했나. 베테랑 기자인 부시는 당시 「LA타임즈」의 위촉으로 할리우드에 미치는 범죄 조직의 영향력이 점점 커진다는 내용의 기획 기사를 취재하기 시작한 지 불과 몇 주밖에 지나지 않은 시점이었다. 부시는 스티븐 시갈과, 그의 과거 비즈니스 파트너로서 시갈로부터 돈을 갈취하기 위해 뉴욕 마피아와 공모한 혐의로 기소된 줄리어스 R. 나소를 취재하던 중이었다.[7]

차에서 그런 메모를 본 후에 이어진 것은 일련의 전화 메시지였다. 전화를 건 사람은 시갈에 관한 정보를 나누고 싶어 하는 듯했다. 오랜 뒤에 부시는 전화를 건 사람이 앤서니 펠리카노에 의해 고용된 사실을 알았다. 펠리카노는 LA의 유명한 전직 사립 탐정으로, 부시의 차가 훼손됐던 무렵 이미 불법 도청, 뇌물 수수, 신원 도용, 사법 방해 등의 혐의로 FBI의 의심을 받고 있었다. 펠리카노는 부시의 유선 전화를 도청해, 그녀가 자기 클라이언트들에 관한 기사를 쓰고 있다는 사실을 알았다. 차에 얹어 놓은 물고기 머리는 부시를 겁박해 취재를 중단시키려는 시도였다.

보통 도청은 전화 통화만 해당되지만 미국의 반도청 법들은 이메일과 인스턴트 메시지를 훔쳐보는 것도 포함한다. 일단 나는 동축 유선 전화에 적용되는 전통적인 도청에 초점을 맞추려 한다.

유선 전화는 가정과 직장의 전화기와 동선銅線으로 연결돼 있고, 도청은 말 그대로 그 전화선에 도청 장치를 붙이는 행위다. 유선 전화가 주를 이루던 시절, 전화 회사들은 저마다 스위치들을 한데 모은 물리적 시설을 갖추고 있었는데, 이곳에서 일종의 도청이 진행됐다. 다시 말해, 전화 회사는 중앙 사무실의 메인프레임에 저장된 표적 전화번호와 연결하는 특별한 장치를 보유하고 있었다는 의미다. 이 장치로 전화를 거는 추가적인 도청 장비가 있고, 이는 표적을 감시하는 데 사용된다. 그런 도청 방식은 이제 사라졌다. 전화 회사들은 모두 '수사 목적의 감청 통신 지원법'에서 의무화한 기술적 요구 사항들을 시행해야 하기 때문이다.

나날이 더 많은 사람들이 모바일 전화로 옮겨가고 있지만, 아직도 많은 이들은 동선의 안정성 때문에 유선 전화를 계속 유지한다. 다른 이들은 '인터넷 프로토콜을 이용한 음성 통화VoIP' 기술을 쓰기도 하는데, 이는 말 그대로 인터넷을 이용한 전화며 보통 케이블이나 인터넷 서비스와 번들로 제공된다. 그것이 전화 회사의 물리적 스위치든, 또는 디지털 스위치든, 수사 기관들은 통화 내용을 도청할 수 있는 능력을 보유하고 있다.

1994년부터 시행된 '수사 목적의 감청 통신 지원법'은 통신 장비 제조사와 서비스 회사들로 하여금, 수사 목적의 도청이 가능하도록 해당 장비와 시설을 일정 부분 수정하도록 요구한다. 그러므로 해당 법 아래에서는 미국의 어떤 유선 통화도 이론상 도청의 대상이 될 수 있다. 그리고 해당 법에 따라 모든 수사 기관의 접근은 '타이틀 III' 영장을 요구한다. 그런 상황이라고 해도, 앤서니 펠리카노가 아니타 부시와 다른 사람들을 몰래 감시하기 위해 자행한 것과 같은 일반 시민의 도청 행위는 여전히 불법이다. 펠리카노의 도청 피해자 중에는 실베스터 스탤론, 데이비드 캐러다인, 케빈 닐런 등 유명 연예인도 있었다.

그의 도청 피해자 목록에는 내 친구인 에린 핀도 있었는데, 전 남친이 에린에게 집착한 나머지 그녀의 일거수일투족을 추적하려 했기 때문이다. 에린의 전화선에 도청 장치가 설치됐으므로 내가 전화할 때는 나도 감시를 당했다. 이 사건에서 가장 만족스러웠던 대목은, 내가 핀에게 건 전화도 펠리카노의 도청에 포함된 바람에, 전화 회사인 AT&T가 집단 소송 합의의 일환으로 나에게 수천 달러를 지급한 일이다. 이것이 퍽 역설적이었던 것은 다른 상황에서는 내가 도청 행위의 당사자였기 때문이다. 펠리카노의 도청 목적은 내 경우보다 악의적이었다고 볼 수 있다. 목격자들로 하여금 증언을 못하게 하거나 미리 짜놓은 내용으로 증언하도록 위협하려 했기 때문이다.

1990년대 중반만 해도, 도청 장비를 설치하는 일은 기술자의 몫이었다. 그래서 펠리카노는, 또는 그의 공모자들 중 한 사람은 부시와 핀의 전화선을 도청하기 위해 팩벨PacBell에서 일하는 누군가를 고용해야 했다. 해당 기술자들은 표적 전화들의 연장 라인을 베버리힐즈에 있는 펠리카노의 사무실에 설치할 수 있었다. 이 경우 케이블을 접속을 위해 그 사이에 넣는 접합 상자나 집이나 아파트 쪽 터미널에는 도청 장치를 달 수도 있었지만 그러지 않았다.[8]

나의 전작 『네트워크 속의 유령』을 읽은 독자는 기억하겠지만, 나는 사망한 형 애덤의 친구인 켄트의 전화선에 도청 장치를 설치하기 위해 칼라바사스에 있는 내 아버지의 아파트에서 롱 비치까지 운전을 해간 적이 있다. 약물 과용으로 인한 형의 죽음에는 여러 의문이 있었고, 나는 켄트가 거기에 일정 부분 기여했다고 믿었다. 비록 나중에 그렇지 않다는 사실을 알았지만. 켄트가 사는 아파트 단지 안에 있는 전화 설비 시설에서, 나는 사회공학 기술을 이용해 전화 회사인 GTE의 특정 부서에 전화를 거는 테크니션으로 가장하고 켄트의 전화에 배정된 케이블을 찾았다. 알고 보니 켄트의 전화선은 완전히 별개인 아파트 빌딩을 통해 연결돼 있었다. 그래서 두 번째 전화 설비 공간으로 옮겨 음성을 인식해 작동되는 초소형 카세트 테이프 녹음기를 터미널 박스(전화 회사 테크니션들이 전화선을 각 아파트로 연결하는 장소)에 있는 그의 전화선에 설치할 수 있었다.

그렇게 설치한 이후, 켄트가 전화를 걸 때마다 나는 그의 통화 내용을 녹음할 수 있었다. 여기에서 주목할 것은, 그의 통화는 실시간으로 녹음됐지만 녹음된 내용을 듣는 것은 그렇지 않았다는 점이다. 도청 장치를 설치한 이후 열흘간 매일 나는 켄트의 아파트까지 한 시간가량 운전해 가서, 통화 내용에 형이 언급됐는지 확인하기 위해 녹음 테이프를 들었다. 불행하게도, 아무런 단서도 나오지 않았다. 여러 해가 지난 다음에야 나는 삼촌이 형의 죽음에 책임이 있었으리라는 사실을 알았다.

펠리카노와 내가 사적인 전화 통화를 도청하기가 얼마나 쉬웠는지 감안하면, 명백히 감시에 노출된 동선 유선 전화 환경에서 어떻게 기밀을 유지할 수 있을까 의아해할 것이다. 유지할 수 없다. 특별한 장비를 갖추지 않으면. 도청에 대한 두려움이 특히 큰 사람이라면 동선을 통한 모든 음성 통화를 암호화하는 유선 전화기를 구입할 수 있다.[9] 이 전화기들은 사적인 통화의 도청 문제를 해결해줄 수 있지만 통화 당사자 양쪽이 모두 암호화 기술을 적용해야 한다는 전제가 따른다. 그렇지 않으면 쉽게 감시당할 수 있다.[10] 평범한 사람들의 경우, 기본적인 몇 가지 선택으로 통화가 도청되는 것을 피할 수 있다.

전화 기술이 디지털로 전환되면서 감시는 더 어려워진 게 아니라 더 쉬워졌다. 컴퓨터 스위칭만으로 또 하나의 데이터 흐름을 평행으로 만들며, 아무런 가외의 감시 장비도 필요치 않다. 주어진 회선이 도청됐는지 파악하기도 훨씬 더 어렵다. 그리고 그런 도청 사실이 발견되는 경우는 대부분 우연의 결과다.

그리스가 2004년 하계 올림픽을 치른 직후, 보다폰-파나폰의 엔지니어들은 회사의 무선 네트워크에서 1년 이상 은밀히 설치돼 작동돼온 일부 악성 소프트웨어들을 제거했다. 실질적으로, 수사 기관은 '원격 조종 장치 하부시스템 RES'이라고 불리는 원격 조종 시스템을 이용해 무선 네트워크로 전송되는 모든 음성과 문자 데이터를 가로챌 수 있는데, RES는 아날로그 도청 장치의 디지털 버전이라고 할 수 있다. 감시 대상이 모바일 기기로 전화를 걸면 RES는 이를 복제해 수사관에게 직접 제공되는 2차 데이터 흐름을 만들어낸다.

그리스에서 발견된 악성 소프트웨어는 보다폰의 RES에 연결돼 있었다. 적법한 수사관 외의 누군가가 무선 네트워크로 교환되는 대화를 엿듣고 있었다는 뜻인데, 이 경우 도청자는 정부 관료들에게 관심이 있었다. 올림픽 기간 동안, 미국과 러시아 등 일부 국가들은 국가 차원의 대화에는 자체 비밀 통신 시스템을 제공했다. 그 밖의 다른 국가 수반과 기업 간부들은 디지털 도청이 벌어진 보다폰의 시스템을 이용했다.

수사 결과 그리스 수상과 부인(아테네 시장, 그리스의 EU 위원, 국방부, 외교부, 수산부, 그리고 법무부의 고위 관료들뿐 아니라)도 올림픽 기간 동안 감시를 받은 것으로 밝혀졌다. 평화운동가들과 아테네 주재 미국 대사관 직원들을 비롯해 인권 단체, 반세계화 그룹, 집권 신민주당, 그리스 해군 장성 스태프도 도청의 대상이었다.[11]

보다폰이 RES 시스템 문제로 하드웨어 제조업체인 에릭슨에 연락하지 않았다면 문제의 감시는 더 오래 지속됐을 것이다. 보다폰이 에릭슨에 연락을 취한 것은 별개의 불만 문제(문자 메시지의 통신 실패율이 정상 수준보다 더 높다는)를 수사하는 과정이었다. 에릭슨은 문제점을 진단하는 과정에서 악성 소프트웨어를 발견했다고 보다폰에 알렸다.

불행하게도, 그런 사건이 벌어진 지 10년이 넘게 지난 지금도 우리는 누가 이런 짓을 했는지 모른다. 왜 그랬는지, 혹은 이런 활동이 얼마나 일반적인지도. 설상가상으로, 보다폰은 명백히 수사를 그르쳤다.[12] 무엇보다 해당 사건을 기록한 핵심 로그 파일을 잃어버렸다. 그리고 악성 프로그램을 발견한 후 한동안 그대로 두고 관찰하는 컴퓨터 범죄 수사의 통상적인 관행 대신 보다폰은 그것을 돌연 제거해버렸고, 이는 범행이 발각된 것을 알린 꼴이 돼 범인이 흔적을 지우도록 허용하는 결과로 이어졌다.

보다폰 사건은 휴대 전화가 도청에 얼마나 취약한지 알려주는 심란한 사례다. 하지만 그런 디지털 전화기로도 여전히 비밀을 유지할 수 있는 여러 방법이 있다.

휴대 전화와 구식 유선 전화 외에 세 번째 옵션은 앞에서 언급했듯이, '인터넷 프로토콜을 이용한 음성 통화VoIP'다. VoIP는 이를테면 애플 아이팟 터치처럼 전화기 기능이 없는 무선 기기들에 제격인데, 전화를 건다는 느낌보다는 인터넷을 서핑하는 쪽에 더 가깝다. 유선 전화는 동선이 있어야 한다. 모바일 전화기는 기지국들을 이용한다. VoIP는 단순히 목소리를 유선이나 무선 인터넷 서비스를 이용해 전송하는 것이다. VoIP는 또 랩톱과 태블릿 같은 모바일 기기에서, 거기에 무선 전화 서비스가 들어있든 들어있지 않든 상관없이 작동한다.

비용 절약 차원에서, 많은 가정과 사무실은 새로운 서비스 제공 회사나 기존의 케이블 회사들이 제공하는 VoIP 시스템으로 전환했다. VoIP는 스트리밍 비디오와 고속 인터넷을 가정으로 연결하는 동일한 동축同軸 케이블을 사용한다.

좋은 소식은 VoIP 전화 시스템이 암호화 기술, 특히 '세션 기술記述 프로토콜 보안 기술', 혹은 SDES라고 불리는 기술을 쓴다는 점이다. 나쁜 소식은 그 자체만으로는 SDES의 보안성이 그다지 우수하지 못하다는 점이다.

SDES의 문제 중 하나는 암호화 키가 보안성 높은 SSL/TLS(보안을 보장하는 네트워크의 암호화 프로토콜)를 통해 공유되지 않는다는 점이다. 그러나 만약 판매 회사가 SSL/TLS를 사용하지 않는다면, 키는 훤히 공개된 채로 전송된다. SDES는 비대칭형 암호화 대신 대칭형 암호화 기술을 쓴다. 이는 송신자가 생성한 키가 어떤 식으로든 수신자에게 전달돼야만 통화가 해독될 수 있다는 뜻이다.

예를 들어 밥이 중국에 있는 앨리스에게 보안 통화를 하고 싶어 한다고 치자. SDES로 암호화된 밥의 VoIP 전화는 해당 통화를 위한 새로운 키를 생성한다. 어떤 식으로든 밥은 그 키를 앨리스에게 전달해야만 그녀의 VoIP 장비가 자신의 전화 통화를 해독해 대화를 나눌 수 있다. SDES가 제시하는 솔루션은 키를 밥의 통신 서비스 회사에 보내고, 회사는 그 키를 앨리스의 통신 서비스 회사에 전달하면 회사가 앨리스와 키를 공유하게 된다는 것이다.

이 과정의 오류가 보이는가? 앞 장에서 처음부터 끝까지 암호화를 유지하는 '시종 암호화'에 관해 논의한 내용을 기억하는가? 그런 방식일 때만 대화는 수신자가 다른 말단에서 대화 내용을 열 때까지 보안성이 보장된다. 그러나 SDES는 밥의 키를 밥의 통신 회사와 공유하고, 만약 앨리스의 통신 회사가 다르다면 해당 통화는 암호화돼 앨리스의 통신 회사에서 앨리스에게 전달된다. 그런 과정의 보안상 허점이 얼마나 심각한지는 논란의 여지가 있다. 이와 비슷한 문제는 스카이프와 구글 보이스에서도 벌어진다. 통화가 시작될 때마다 새로운 키가 생성되지만, 그 키들은 마이크로소프트와 구글에 전송된다. 사적인 대화를 보장받기에는 턱없이 허점이 많은 방식이다.

다행히 모바일 VoIP를 시작부터 끝까지 암호화할 수 있는 방법이 있다.

오픈 위스퍼 시스템즈에서 나온 '시그널'이라는 프로그램은 모바일 전화기를 위한 오픈소스 기반의 공짜 VoIP 시스템으로, 아이폰과 안드로이드 운영체제에서 쓸 수 있는 '시종 암호화 기술'을 제공한다.[13]

시그널의 최대 이점은 암호화 키가 다른 제3자가 아닌 통화 당사자들에 의해 관리된다는 점이다. 이는 SDES의 경우처럼 각 통화마다 새로운 키가 생성되지만 그 키의 복제본들은 이용자들의 기기에만 저장된다는 뜻이다. '수사 목적의 감청 통신 지원법CALEA'에 따라 어떤 통화 기록에든 수사 기관이 접근할 수 있지만, 이 경우 그들이 볼 수 있는 것은 모바일 통신 회선을 오간 암호화된 트래픽일 뿐이다. 이는 해독 불능이다. 그리고 시그널을 만든 비영리 기관인 오픈 위스퍼 시스템즈는 정작 아무런 키도 갖고 있지 않으므로 영장은 무용지물이다. 키는 통화의 양쪽 당사자들이 가진 모바일 기기에만 존재한다. 그리고 통화가 끝나면 그에 따른 세션 키는 지워져버린다.

현재 CALEA는 말단 이용자나 그들의 단말기까지는 적용되지 않는다.

휴대 전화에 암호화 기능을 더하면 배터리가 빨리 소모될 것이라고 생각할 수 있다. 그렇기는 하지만 심각한 수준은 아니다. 시그널은 왓츠앱과 텔레그램 같은 앱과 마찬가지로 밀어내기형 공지를 사용한다. 따라서 이용자는 전화가 걸려올 때만 보게 되고, 새 통화 내용을 듣는 동안에만 배터리가 좀 더 빨리 소모된다. 안드로이드와 애플 iOS 앱들은 모바일 네트워크에 특화된 오디오 코덱과 버퍼 알고리즘도 사용한다. 부연컨대, 전화를 받거나 걸 때 진행되는 암호화가 엄청나게 배터리를 소모시키지는 않는다.

시종 암호화 외에도, 시그널은 '완전 순방향 비밀성完全順方向秘密性, PFS' 기능을 사용한다. PFS란 무엇인가? 매 통화마다 조금씩 다른 암호화 키를 사용함으로써, 설령 누군가가 당신의 암호화된 전화 통화와 그 통화를 암호화하는 데 사용된 키를 가로챘다고 해도, 당신의 다른 통화들은 여전히 안전하다는 뜻이다. 모든 PFS 키는 단일한 오리지널 키에 기반을 두지만, 중요한 것은 누군가가 어느 한 키를 해독한다고 해도, 각각의 키들이 저마다 조금씩 달라서 다른 통화 내용들에는 접근할 수 없다는 점이다.

4장

암호화하지 않으면
위험하다

만약 누군가가 당신의 잠겨 있지 않은 휴대 전화를 지금 집어든다면, 그는 당신의 이메일, 페이스북 계정, 그리고 심지어 아마존 계정에도 접속할 수 있을 것이다. 모바일 기기에서, 우리는 더 이상 랩톱이나 데스크톱에서 하듯 개별적으로 서비스에 로그인하지 않는다. 모바일 앱들은 일단 로그인되면 열린 채로 유지된다. 사진과 음악 외에 셀폰에는 다른 기능들, 가령 SMS 텍스트 메시지 같은 게 들어있다. 누군가가 당신의 잠겨 있지 않은 모바일 기기에 접근한다면 이런 내용도 노출될 것이다.

사례를 하나 들자. 2009년 워싱턴 주 롱뷰에 거주하는 대니얼 리는 마약 판매 혐의로 체포됐다.[1] 체포된 동안 경찰은 아무런 암호도 걸려 있지 않은 그의 셀폰을 뒤졌고 곧바로 마약 관련 텍스트 메시지를 여럿 발견했다. 그중 하나는 '지-존Z-Jon'이라는 인물로부터 온 것이었다.

메시지는 이런 내용이었다. "어젯밤 거래에서 빚진 160 중 130 준비됨." 법정 증언에 따르면 롱뷰 경찰은 지-존의 메시지를 리에게 읽어준 데 그치지 않고 경찰 차원의 마약 거래를 주선하는 적극 대응으로 나갔다. 경찰은 리로 가장하고 지-존에게 문자 메시지로 (마약이) "더 필요하냐?"라고 답장을 보냈다.

지-존은 "더 있으면 좋겠죠."라고 대답했다. 롱뷰 경찰은 약속 장소에 나타난 지-존(실명은 조녀선 로든)을 헤로인 소지를 시도한 혐의로 체포했다.

경찰은 리의 전화기에서 또 다른 문자 메시지의 흐름도 찾아내어 숀 대니얼 힌튼을 비슷한 정황으로 체포했다.[2]

2004년, 두 사람은 인권 옹호 단체인 미국시민권연맹ACLU의 도움을 받아 법원에 항소했고, 워싱턴 주 대법원은 경찰이 프라이버시에 대한 변호인들의 기대를 위배했다며 로든과 힌튼에 대한 하급 법원의 유죄 판결을 뒤집었다.

워싱턴 주 대법원의 판사들은, 만약 리가 로든과 힌튼으로부터 온 메시지를 먼저 봤거나, 경찰에게 "대니얼은 부재중"이라고 응답하도록 부탁했다면 두 재판의 기본 성격부터 달랐을 것이라고 말했다. "문자 메시지는 역사적으로 워싱턴 주 법의 강력한 보호를 받아온 전화 통화, 밀봉된 편지, 그리고 다른 전통적인 형식의 커뮤니케이션과 마찬가지로 은밀한 내용을 아우른다."라고 스티븐 곤잘레즈 판사는 힌튼의 재판에서 말했다.[3]

판사들은 프라이버시에 대한 기대는 종이 편지의 시대를 넘어 디지털 시대로 연장돼야 한다고 판결했다. 미국에서 수사 기관은 수신자의 허락 없이 밀봉된 편지를 개봉하는 것이 허락되지 않는다. 프라이버시에 대한 기대는 일종의 법률적 테스트다. 그것은 미국 수정 헌법 제4조에 의해 보장되는 프라이버시 보호 조항이 적용되는지 결정하는 데 이용된다. 법원들이 미래의 비슷한 소송들에서 어떤 판단을 내릴지, 이 법률적 테스트를 포함시킬지는 아직 두고 볼 일이다.

단문 메시지 서비스SMS로 알려진 문자 테크놀로지는 1992년 이후 활용돼왔다. 셀폰, 심지어 '피처 폰(스마트폰 이전의 무선 전화기)'으로도 짧은 문자 메시지를 보낼 수 있다. 문자 메시지는 반드시 한 지점에서 다른 지점으로 직송되는 것은 아니다. 달리 말하면, 문자 메시지는 한 전화기에서 다른 전화기로 직접 전달되는 게 아니다. 이메일의 경우처럼, 셀폰에서 타이핑한 메시지는 암호화되지 않은 채 평문 그대로 '단문 서비스 센터^{SMSC}'로 날아가는데, SMSC는 SMS를 저장하고 전달하고 (때로는 몇 시간 후에) 배달할 목적으로 설계된 모바일 네트워크의 한 부분이다.

앱이 아닌 전화기 자체에서 보낸 '네이티브' 모바일 문자 메시지는 통신 회사의 SMSC를 통과하는데, 메시지는 이곳에 저장될 수도 저장되지 않을 수도 있다. 통신 회사들은 문자 메시지를 불과 며칠 동안만 유지한다고 말한다. 통신 회사들에 따르면, 그 기간이 만료될 경우 문자 메시지는 그것을 보내고 받은 전화기에만 남는다. 이런 주장에도 불구하고, 나는 미국의 모든 모바일 통신 회사들은 공식 입장과 상관없이 문자 메시지를 계속 유지하고 있다고 생각한다.[4]

통신 회사들의 이런 주장은 여러모로 의심스럽다. 에드워드 스노든이 폭로한 문서들은 NSA와 여러 통신 회사들 중 적어도 하나(AT&T)가 긴밀한 관계임을 시사한다. 「와이어드」에 따르면, 2002년 초(9.11 테러 직후) NSA는 AT&T에 접근해 회사 시설의 일부에 비밀 방들을 짓기 시작하라고 요청했다. 하나는 미주리 주 브리지턴에, 다른 하나는 샌프란시스코 다운타운의 폴섬 가에 지을 예정이었다. 나중에 시애틀, 산호세, 로스앤젤레스, 샌디에이고 등 다른 도시도 추가됐다. 이 비밀 방들의 목적은 모든 인터넷, 이메일, 전화 트래픽을 돌린 후 특수 필터를 써서 키워드를 찾기 위한 것이었다. 문자 메시지도 여기에 포함됐는지는 분명하지 않지만 그랬을 것이라고 보는 게 타당하다. 스노든의 폭로 후에도 이런 검열이 아직 AT&T나 다른 통신 회사들에서 진행되는지도 불분명하다.[5]

한 가지 단서는 이런 관행이 더 이상 지속되지 않음을 시사한다.

슈퍼볼 진출 팀을 가리는 2015년의 AFC 챔피언십 게임에서 뉴잉글랜드 패트리어츠는 인디애나폴리스 콜츠에 45-7로 대승했다. 그런데 이 경기는 논란을 불러일으켰다. 논란의 핵심은 뉴잉글랜드 팀이 일부러 경기용 공에 바람을 덜 넣었는지 여부였다. 공을 적정 수준으로 부풀리는 데 엄격한 규칙을 적용하는 미식축구리그NFL는 플레이오프 경기 후 뉴잉글랜드 팀이 제공한 공들은 그런 규칙의 요구 사항들을 만족시키지 못했다고 판단했다. 사건 조사의 핵심은 패트리어츠의 스타 쿼터백인 톰 브래디가 보낸 문자 메시지였다.

공식적으로 브래디는 연루 사실을 부인했다. 경기 전과 도중에 자신이 보내고 받은 문자 메시지를 NFL 조사관들에게 보여주면서 그런 부인을 뒷받침했다면 아마도 사태는 해결됐을 것이다. 불행하게도, 주요 조사관들을 만나기로 한 날, 브래디는 돌연 셀폰을 바꾸었다. 2014년 11월과 2015년 3월 6일경 사이에 사용한 셀폰을 버리고 새 전화기를 장만한 것이다. 브래디는 나중에 자신의 원래 전화기와 거기에 저장된 문자 메시지를 포함한 데이터 전체를 없애버렸다고 위원회에 증언했다. 그 결과 브래디는 NFL로부터 네 경기 출장 정지 처분을 받았지만, 이는 법원 명령으로 번복됐다.[6]

"문제의 셀폰을 쓰던 4개월 동안 브래디는 거의 1만 개에 이르는 문자 메시지를 교환했지만 그중 단 하나도 해당 기기에서 찾아낼 수 없었다."라고 NFL은 밝혔다. "항고 청문회 후에 브래디의 변호인단은 폐기된 셀폰을 통해 보내고 받은 문자 메시지들은 더 이상 복구할 수 없다는 해당 통신 회사의 공식 확인 편지를 제출했다.[7]"

따라서 만약 톰 브래디가 그의 문자 메시지가 모두 삭제됐다는 통신 회사의 확인서를 받았고, 통신 회사들도 그런 메시지를 더 이상 유지하지 않는 게 확실하다면, 문자 메시지의 생명을 연장할 수 있는 유일한 방법은 모바일 기기의 데이터를 클라우드에 백업하는 것이다. 통신 회사의 클라우드 서비스를 이용하거나, 심지어 구글이나 애플의 서비스를 이용한다면, 그 회사들도 사용자의 문자 메시지에 접근했을 가능성이 높다. 그런 정황을 감안하면, 톰 브래디는 급히 전화기를 바꾸기 전에 옛 전화기의 콘텐츠를 백업할 시간이 없었던 모양이다.

미국 의회는 전반적인 차원의 데이터 유지 문제에 관해, 특히 모바일 전화기에 관해, 아직 구체적인 방안을 내놓지 못하고 있다. 근래 몇 년간 의회는 모든 모바일 통신 서비스 회사들로 하여금 문자 메시지를 2년간 보관하도록 요구할지 여부를 놓고 논의를 거듭해왔다. 호주는 그런 결정을 2015년에 내렸다. 미국에서도 그런 요구 사항이 통할지는 아직 두고 볼 일이다.

　　　　그렇다면 어떻게 문자 메시지를 비밀로 유지할 수 있을까? 무엇보다 먼저, 무선 통신 회사를 거치도록 돼 있는 전화 단말기 자체로 보내는 '네이티브' 문자 메시지 기능은 쓰지 말라. 대신 제3자의 앱을 쓰라. 하지만 어떤 앱을 써야 할까?

우리의 온라인 신원을 숨기자면(인터넷을 익명으로 즐기자면) 우리는 '특정한' 소프트웨어와 소프트웨어 서비스는 신뢰할 필요가 있다. 그런 신뢰는 인증하기 어렵다. 일반적으로 오픈소스와 비영리 기관들이 아마도 가장 보안성이 좋은 소프트웨어와 서비스를 제공할 텐데, 이는 말 그대로 수천 개의 눈이 코드를 검토하고 그중 미심쩍거나 취약해 보이는 것들을 잡아내기 때문일 것이다. 독점적인 사유 소프트웨어를 쓰는 경우, 사용자는 대개 제조업체의 말을 믿을 수밖에 없다.

소프트웨어 리뷰도 그 특성상, 이를테면 어떤 인터페이스 기능이 제대로 작동한다는 식으로, 제한적일 수밖에 없다. 리뷰어는 해당 소프트웨어를 며칠 써보고 사용 후기를 쓴다. 그들은 해당 소프트웨어를 실제로 사용하는 것도 아니고, 오랜 기간 쓰면서 발생하는 문제를 보고할 수도 없다. 그저 초기의 느낌만을 기록할 뿐이다.

더욱이, 리뷰어들은 해당 소프트웨어를 신뢰할 수 있는지에 대해 말해주지 않는다. 리뷰 제품의 보안과 프라이버시 요소는 면밀히 검토하지 않는다. 유명 브랜드에서 만든 제품이라고 보안성이 뛰어나다는 뜻도 아니다. 사실은 그처럼 유명 브랜드여서 보안성도 뛰어날 것이라는 오해를 경계해야 한다. 제조 회사의 말을 곧이곧대로 믿어서는 안 된다.

1990년대만 해도, 윈도우 95가 설치된 랩톱을 암호화해야 하는 경우 나는 지금은 단종된 노턴의 '노턴 디스크리트Norton Diskreet'를 선택했다. 피터 노턴은 천재다. 그의 첫 번째 컴퓨터 유틸리티는 지워진 파일을 자동으로 다시 복구하는undeleting 것이었다. '관리자 명령 프롬프트'를 이해하는 사람이 거의 없던 1980년대에 그는 뛰어난 시스템 유틸리티 프로그램을 여럿 만들었다. 하지만 회사를 시만텍에 팔았고, 다른 사람들이 그의 이름으로 소프트웨어를 만들기 시작했다.

내가 디스크리트를 구입했을 당시만 해도 56비트 DES 암호화(DES는 '데이터 암호화 표준'의 약자)는 대단한 것이었고, 바랄 수 있는 최강의 암호화 수준이었다. 이해를 돕기 위해 덧붙이자면, 요즘 우리는 AES 256비트 암호화(AES는 '고급 암호화 표준'의 약자)를 사용한다. 비트가 추가될수록 암호화 키는 기하급수적으로 증가하고, 따라서 더 높은 보안성을 지니게 된다. DES 56비트 암호화는 1998년 암호가 뚫릴 때까지 최첨단 수준의 보안 대책으로 여겨졌다.[8]

아무튼, 나는 디스크리트 프로그램이 내 데이터를 숨기기에 충분할 만큼 강력한지 확인해보고 싶었다. 또 내 컴퓨터가 압수되는 경우 FBI가 숨겨놓은 데이터를 찾아낼 수 있는지 알고 싶었다. 해당 프로그램을 구입한 후 나는 시만텍을 해킹해 프로그램의 소스 코드를 찾아냈다.[9] 그것이 어떤 기능을 가졌고, 그런 기능을 어떻게 수행하는지 분석한 결과, 디스크리트는 56비트 키 중 30비트만 사용하고 나머지는 '0'으로 채운다는 사실을 알아냈다.[10] 그것은 미국 외로 수출이 허용된 40비트보다도 더 못한 보안 수준이었다.

이를 좀 더 알기 쉽게 설명하면 디스크리트는 실상은 56비트 암호화를 쓰지 않았기 때문에, 누군가(NSA, 수사관, 혹은 매우 빠른 컴퓨터를 가진 적) 그 제품을 그것이 광고된 수준보다 훨씬 더 수월하게 뚫을 수 있다는 뜻이다. 그럼에도 시만텍은 해당 제품이 56비트 암호화를 쓴다고 광고했다. 나는 다른 제품을 쓰기로 했다.

일반 대중이 이런 실상을 어떻게 알겠는가? 알 도리가 없다.

이용자에게 적합한 이웃과 학교를 찾아주는 사이트인 니치닷컴Niche.com에 따르면, 비록 페이스북, 스냅챗, 인스타그램 같은 소셜 네트워크가 10대들 사이에서 높은 인기를 누리지만 텍스팅에는 못 미친다.[11] 2015년의 한 연구에 따르면 10대 청소년 응답자의 87%가 매일 텍스팅을 한다고 대납한 네 견줘, 그다음으로 인기 있는 페이스북은 61%에 머물렀다. 이에 따르면 10대 여성은 매달 평균 3,952번, 남성은 2,815번 텍스팅을 날렸다.[12]

좋은 소식은 인기 있는 메시지 앱들이 텍스트를 보내고 받을 때 일정한 형태의 암호화 서비스를 제공한다는(다시 말해 '이동 중인 데이터'를 보호해준다는) 점이다. 나쁜 소식은 그렇게 적용되는 암호화가 모두 강력한 게 아니라는 점이다. 2014년, 사이버 보안 회사인 프러토리언Praetorian의 연구원인 폴 하우러기Paul Jauregui는 왓츠앱이 적용하는 암호화를 우회해 표적 대상과 그 수신자 간의 메시지를 가로채는 '중간자 공격man-in-the-middle attack'이 가능하다는 사실을 발견했다. "이것은 NSA에서 좋아할 유형의 허점"이라고 하우러기는 논평했다.[13] 이 글을 쓰는 현재, 왓츠앱은 암호화 기법을 업데이트해 iOS와 안드로이드 기반 기기들에 시종 암호화를 적용했다. 그리고 왓츠앱의 모회사인 페이스북은 9억 명의 메신저 이용자들에게도 암호화 기술을 추가했다. 하지만 이를 이용하자면 '옵트-인'을, 다시 말해 '비밀 대화'가 작동하도록 설정해줘야 한다.[14]

그보다 더 나쁜 뉴스는 보관된, 즉 '유휴 상태의 데이터'에 벌어지는 일이다. 대다수 모바일 문자 앱들은 사용자의 기기에, 혹은 제3자 시스템에 보관돼 있는 데이터는 암호화하지 않는다. AIM, 블랙베리 메신저, 스카이프 같은 앱들은 모두 사용자의 메시지를 암호화하지 않은 채 저장한다. 이는 서비스 제공사가 콘텐츠를 읽을 수 있고(그것이 클라우드에 저장돼 있다면), 이를 광고에 활용할 수 있다는 뜻이다. 수사 기관(혹은 악의적인 해커들)이 기기를 손에 넣었을 경우 그런 메시지를 읽을 수 있다는 뜻이기도 하다.

또 다른 문제는 앞에서도 언급한 데이터 보유 기간이다(유휴 상태의 데이터를 얼마나 오랫동안 보관해야 할까?). AIM이나 스카이프 같은 앱들이 이용자들의 메시지를 암호화하지 않은 채 보관한다면 얼마나 오래 보유하는가? 스카이프의 모회사인 마이크로소프트는 "스카이프는 자동화된 스캐닝을 통해 인스턴트 메시지와 SMS 내에서 (a) 스팸으로 의심되는 메시지와, (b) 이전에 스팸, 사기, 혹은 피싱 링크로 판명난 불량 메시지를 가려낸다."라고 밝힌 바 있다. 여기까지는 기업들이 우리 이메일에 대해 수행하는 안티멀웨어 스캐닝 행위처럼 들린다. 그러나 프라이버시 정책은 이렇게 언급한다. "스카이프는 당신의 정보를 (1) (프라이버시 정책의 제2조에 정의된) 목적들을 충족시키기 위해, 또는 (2) 해당 법률, 규제상의 요구, 그리고 법원의 명령을 준수하기 위해 필요한 한 계속 보유할 것입니다.[15]"

이것은 바람직하게 들리지 않는다. 얼마의 기간이 '필요한 한'인가?

아메리카온라인AOL의 인스턴트 메신저인 AIM은 최초의 인스턴트 메시지 서비스다. 그만큼 오랫동안 존재해왔다. 데스크톱이나 일반 PC용으로 설계된 AIM은 본래 데스크톱의 오른쪽 아래에 뜨는 작은 팝업 윈도우의 형태였다. 지금은 모바일 앱도 나온다. 그러나 프라이버시의 관점에서 AIM은 몇 가지 우려를 제기한다. 첫째, AIM은 자체 서비스를 통해 전송된 모든 메시지를 보관한다. 그리고 스카이프처럼, 그 메시지들의 콘텐츠를 스캔한다. 세 번째 우려는 이용자가 자신의 채팅 기록에, 마지막 세션 때 사용한 기기와는 다른 터미널이나 장비를 통해 접근하고 싶어 할 경우를 대비해 AOL이 그 메시지들의 기록을 클라우드에 보관한다는 점이다.[16]

AOL의 채팅 데이터는 암호화되지 않고 클라우드에 보관돼 아무 터미널에서나 접근 가능하므로 수사 기관이나 악의적 해커들이 복제본을 취득하기도 쉽다. 예를 들면, 내 AOL 계정은 '바이러스'라는 온라인 이름을 가진(그의 실명은 마이클 니브스다.) '스크립트 키드'(초보 수준의 해커)에 의해 해킹을 당했다.[17] 그는 사회공학 기법으로 (다시 말하면 전화를 걸어 그럴듯한 말로 속이는 수법으로) AOL의 담당자를 속여 '멀린Merlin'으로 불리는 내부의 고객 데이터베이스 시스템에 대한 접근권을 얻은 후, 내 이메일 주소를 자신이 관리하는 별개의 계정과 연결된 주소로 바꿔놓았다. 일단 그렇게 하자 그는 내 비밀번호를 초기화하고 내 모든 과거 메시지들에 접근할 수 있었다. 2007년 니브스는, 공식으로 접수된 불만에 따르면 '내부의 AOL 컴퓨터 네트워크, 그리고 고객 요금 청구 기록, 주소, 신용카드 정보를 포함한 고객 데이터베이스를 해킹'한 혐의로 네 가지 중범죄와 한 가지 경범죄로 기소됐다.

온라인 인권 단체인 EFF가 표현한 대로, '좋은 로그는 없다no logs are good logs.' 서버나 시스템에 기록되는 로그에 민감한 정보가 포함되는 경우가 많아 위험하다는 뜻이다. AOL이 그런 경우였다.

* * *

전화기에 본래부터 포함되지 않은 문자 앱들은 암호화 기술을 적용하기도 하지만 기대한 만큼 바람직하거나 강력하지 못할 수 있다. 어떤 앱을 찾아야 할까? 처음부터 끝까지 시종 암호화를 제공하는, 따라서 제3자는 암호화 키에 접근할 수 없는 문자 앱이다. 암호화 키들은 각 기기에만 존재해야 한다. 송신 기기와 수신 기기 중 어느 하나가 멀웨어에 감염되면 어떤 유형의 암호화도 무의미해진다는 사실을 주목하라.

문자 앱들에는 세 가지 기본 유형이 있다.

- 암호화를 전혀 제공하지 않는 경우: 누구든 이용자의 문자 메시지를 읽을 수 있다는 뜻이다.
- 암호화를 제공하지만 처음부터 끝까지는 아닌 경우: 통신 내용은 제3자에 의해, 이를테면 암호화 키를 알고 있는 서비스 제공사에 의해 포집될 수 있다는 뜻이다.
- 처음부터 끝까지 시종 암호화를 제공하는 경우: 키는 메시지를 주고받는 당사자들의 기기에만 저장돼 있기 때문에 다른 누구도 통신 내용을 훔쳐볼 수 없다는 뜻이다.

불행하게도 인기 있는 텍스팅 앱들(이를테면 AIM)은 별로 안전하지 못하다. 심지어 '위스퍼Whisper'와 '시크릿Secret' 같은 앱도 생각만큼 완전한 비밀을 보장해주지는 못한다. 수백만 명이 이용하는 위스퍼는 스스로 익명성을 보장한다고 자랑하지만 보안 분야의 연구자들은 이런 주장의 여러 허점을 짚어냈다. 위스퍼는 이용자들을 추적하며, 시크릿의 경우 그 이용자들의 신원이 드러나기도 한다.

텔레그램Telegram은 암호화 기술을 적용하는 또 다른 메신저 앱으로 왓츠앱의 인기 있는 대안이며, 안드로이드와 iOS, 그리고 윈도우 운영체제의 기기들에서 작동한다. 그러나 연구자들은 해커들이 텔레그램의 서버에 침투해 기밀 데이터에 접근할 수 있다는 사실을 발견했다.[18] 그리고 암호화된 텔레그램의 메시지를, 심지어 해당 기기에서 삭제된 후에도 쉽게 추출해낼 수 있다는 점도 발견했다.[19]

몇몇 인기 있는 앱들을 탈락시켰으니 다른 무엇이 남았느냐고?

충분하다. 앱 스토어나 구글 플레이에 가서 '오프 더 레코딩' 텍스팅, 혹은 'OTR'이라고 불리는 기능을 이용하는 앱을 찾아보길 바란다. OTR은 텍스팅에 적용되는 더 높은 수준의 시종 암호화 프로토콜인데, 많은 앱들이 이 기능

을 제공한다.[20]

바람직한 텍스팅 앱은 '완전 순방향 비밀성PFS' 기능도 포함해야 한다. 이 기능은 무작위로 생성된 세션 키를 사용하는데, 이는 미래에도 보안성이 충분히 유지될 수 있도록 설계된 기술이다. 이는 한 키가 해독되더라도 다른 문자 메시지들은 저마다 다른 키를 쓰기 때문에 여전히 비밀이 유지된다는 뜻이다.

OTR과 PFS 기능을 모두 갖춘 앱은 여럿 있다.

'챗시큐어ChatSecure'는 안드로이드 폰과 아이폰 양쪽에서 모두 작동하는 보안성 높은 텍스팅 앱이다.[21] 이 앱은 '인증서 고정certificate pinning'이라는 기술도 제공한다. 이는 해당 기기에 저장된 '신원 증명 인증서'를 포함하고 있다는 뜻이다. 챗시큐어의 서버와 접촉할 때마다 이용자의 기기에 깔린 앱에 포함된 인증서는 서버에 저장된 인증서와 비교된다. 만약 저장된 인증서가 일치하지 않으면 해당 세션은 중단된다. 또 하나 내세울 만한 장점은 챗시큐어가 기기에 저장된 대화 기록(유휴 상태의 데이터)도 암호화한다는 점이다.[22]

아마 최선의 오픈소스 대안은 오픈 위스퍼 시스템즈에서 내놓은 '시그널'로 iOS와 안드로이드 양쪽에서 작동한다.

고려해볼 만한 또 다른 텍스팅 앱은 '크립토캣Cryptocat'이다. 아이폰용이 나와 있고, 일반 PC의 대다수 브라우저에서 작동한다. 하지만 안드로이드용 앱은 아직 나오지 않았다.[23]

그리고 이 글을 쓰는 현재, 토르Tor 브라우저를 관리하는 '토르 프로젝트'가 막 '토르 메신저'를 선보였다. 토르 브라우저와 마찬가지로, 이 앱은 이용자의 IP 주소를 암호화해 메시지 추적을 어렵게 만든다(하지만 토르 브라우저가 그런 것처럼, 출구 노드는 기본적으로 이용자의 권한 밖이라는 점에 주목할 필요가 있다). 인스턴트 메시지는 시종 암호화 기법으로 암호화된다. 토르의 경우처럼 처음 쓰는 사람에게는 다소 어렵지만 일단 익숙해지면 확실한 비밀 텍스팅을 보장받을 수 있다.[24]

시종 암호화를 제공하는 상용 앱들도 있다. 한 가지 문제는 그 소프트웨어가 특정 기업의 전유물이기 때문에 객관적인 리뷰 없이는 해당 앱의 실제 보안 수준과 무결성을 확인받을 수 없다는 점이다. '사일런트 폰'은 시종 암호화를 적용한 텍스팅 서비스를 제공한다. 암호화 키들은 말단 기기에 저장된다. 단말기에 키가 저장된다는 것은 정부나 수사 기관이 그 제조사인 '사일런트 서클'로부터 가입자의 암호화 키를 받아낼 수 없다는 뜻이다.

우리는 지금까지 시종 암호화, PFS, OTR을 비롯해 이동 중인 데이터와 유휴 상태의 데이터에 대한 암호화를 논의했다. 그렇다면 웹메일 같은 앱 기반 서비스가 아닌 경우는 어떨까? 암호는?

5장

검색 엔진들과의
숨바꼭질

2013년 4월, 매사추세츠 주 퀸시 출신의 택시 운전사로 당시 스물두 살이던 카이룰로존 마타노프는 친구 둘(그 둘은 형제 사이였다.)과 함께 저녁을 먹으러 갔다. 이런저런 이야기를 나누던 중 세 사람은 그날 보스턴 마라톤의 결승선 부근에서 벌어진, 누군가가 못과 화약과 타이머가 든 압력밥솥을 설치한 사건에 대해 이야기를 나눴다. 압력밥솥의 폭발은 세 사람의 목숨을 앗아갔고 200여 명에게 부상을 입혔다. 마타노프의 테이블에 동석했던 타메를란과 조하르 차르나예프 형제는 후에 유력한 용의자들로 확인됐다.

　마타노프는 나중에 테러 공격을 사전에 알지 못했다고 말했지만, 테러 직후 수사관의 조사를 받은 다음 자신의 PC에서 브라우저 방문 기록을 즉각 지운 혐의를 받았다. 랩톱의 브라우저 방문 기록을 지운 그 단순한 행위는 그에 대한 기소로 이어졌다.[1]

　브라우저의 방문 기록을 삭제한 행위는 새라 페일린의 이메일 계정을 해킹했던 대학생 데이비드 커널의 기소 내용 중 하나이기도 했다. 섬뜩한 사실은 커널이 자신의 브라우저 기록을 지울 때 디스크 조각 모음을 실행하고 다운로드한 페일린의 사진들을 삭제했는데 당시는 아직 수사도 받기 전이었다는 사실이다. 여기에서 얻을 수 있는 교훈은 미국에서는 개인 컴퓨터에서조차 아무 것도 지우는 것이 허락되지 않는다는 점이다. 검사들은 당신의 브라우저 방문 기록 전체를 보고 싶어 한다.

마타노프와 커넬에 대한 기소는 제정된 지 거의 15년이 지난 '상장회사 회계 개선과 투자자 보호법'(상원에서 부르는 이름), 혹은 '법인과 회계 감사 책임법'(하원에서 부르는 이름), 더 흔하게는 '2002년의 사베인스-옥슬리 법'으로 알려진 법에서 비롯한다. 이 법은 천연가스 회사인 엔론이 대규모 회계 부정으로 투자자들과 정부를 속인 직접적인 결과였다. 엔론 스캔들의 수사관들은 회사 내에서 정확히 어떤 일이 벌어졌는지 검사들이 제대로 파악할 수 없도록 방대한 양의 데이터가 수사 초기에 삭제된 사실을 발견했다. 그 사건 이후 메릴랜드 주의 민주당 소속 상원의원인 폴 사베인스와 오하이오 주의 공화당 소속 하원의원인 마이클 G. 옥슬리는 데이터 보존에 필요한 여러 의무 조항을 강제하는 법률을 입안했다. 그 조항 중 하나는 브라우저의 기록을 보존해야 한다는 것이었다.

대배심의 기소 내용에 따르면, 마타노프는 구글 크롬 브라우저의 방문 기록을 선별적으로 삭제하고, 2013년 4월 15일이 포함된 주의 특정일 기록만 남겨놓았다.[2] 공식적으로 그는 두 가지 죄목으로 기소됐다. '(1) 연방 수사의 대상인 기록, 문서, 그리고 유형의 사물을 파기하고, 변경하고, 위조한 혐의, 그리고 (2) 국제와 국내 테러리즘이 연계된 연방 수사 과정에서 현저히 틀리고 허위인 사기성 진술을 한 혐의.[3]' 그는 30개월 징역형을 선고받았다.

최근까지 사베인스-옥슬리 법의 브라우저 기록 조항은 기업에 대해서든 혹은 개인에 대해서든 적용된 적이 거의 없다. 그리고 맞다. 마타노프의 소송은 예외적인 경우로, 높은 관심을 모은 국가 안보가 연루된 소송이었다. 하지만 이 소송을 계기로 검찰은 그 잠재력을 인지하게 됐고, 그 조항을 더 자주 적용하기 시작했다.

누군가 당신의 이메일, 전화 통화, 문자 메시지를 감시하는 것을 막을 수 없고, 브라우저의 방문 기록을 합법적으로 삭제할 수 없다면 어떻게 해야 할까? 애초부터 그런 기록이 수집되지 않도록 할 수 있다.

모질라 파이어폭스, 구글 크롬, 애플 사파리, 마이크로소프트의 인터넷 익스플로러와 엣지는 모두 PC를 사용하든 모바일 기기를 쓰든 익명으로 검색할 수 있게 해주는 기능을 내장하고 있다. 그런 기능을 선택할 때마다 브라우저는 새 창을 열고, 그 안에서 검색하거나 브라우징한 내용은 기록되지 않는다. '프라이빗' 브라우저의 창을 닫으면 당신이 방문한 사이트들의 모든 흔적은 해당 PC나 모바일 기기에서 사라져버린다. 그렇게 하면 프라이버시는 보호되지만 북마크를 해두지 않는 한 기록이 남지 않으므로 비밀 브라우징 때 방문한 사이트나 페이지로는 다시 돌아갈 수 없다. 적어도 해당 기기로는 말이다.

파이어폭스의 '프라이빗' 윈도우나 크롬의 '인코그니토' 모드를 이용하면서 천하무적인 듯한 쾌감을 느낄 수도 있지만, 당신의 은밀한 웹사이트 접근 요청은 이메일과 마찬가지로, 여전히 당신이 이용하는 ISP(당신이 인터넷이나 휴대 전화 서비스를 받는 대가로 비용을 지불하는 인터넷 서비스 제공 회사)를 통할 수밖에 없고, 그 ISP는 암호화되지 않은 채 전송되는 어떤 정보든 가로챌 수 있다. 암호화 기술을 적용한 웹사이트에 접속하는 경우, ISP는 메타데이터(당신이 어느 날짜와 시간에 이러저러한 사이트를 방문했다는 기록)를 취득할 수 있다.

PC나 모바일 기기의 인터넷 브라우저는 웹사이트와 연결될 때 먼저 해당 사이트가 암호화됐는지 확인하고, 그런 경우 어떤 종류인지 파악한다. 웹 통신용 프로토콜은 'http'로 알려져 있다. 이 프로토콜은 주소 앞에 표시돼, 전형적인 URL은 http://www.mitnicksecurity.com과 같은 형식을 보여준다. 어떤 경우에는 'www'가 불필요하다.

암호화된 사이트에 접속할 때는 프로토콜이 미묘하게 변한다. 'http' 대신 'https'다. 이제 위 주소는 https://www.mitnicksecurity.com과 같이 된다.

이 https 연결은 더 안전하다. 그 사이트 자체에 직접 접속된 경우에 국한되기는 하지만, 시작부터 끝까지 암호화가 적용된다. 고객이 어디에 있든 가능한 한 더 신속하게 콘텐츠를 제공하기 위해 자주 이용되는 웹사이트와 페이지들을 캐시로 임시 보관해두는 '콘텐츠 전송 네트워크CDN'도 많다.

당신의 구글, 야후, 혹은 마이크로소프트 계정에 로그인하는 경우, 이들 계정은 PC나 모바일 기기의 웹 트래픽을 기록하는데, 이는 당신의 온라인 행태 프로필을 만들어 당신의 취향에 더 잘 맞는 광고를 노출시키기 위한 목적이라는 점을 명심하라. 이를 피하는 한 가지 방법은 구글, 야후, 혹은 마이크로소프트의 서비스를 이용하고 난 후 항상 로그아웃하는 것이다. 다음에 필요하면 다시 로그인하면 그만이다.

또 하나, 모바일 기기들에는 기본 브라우저들이 내장돼 있다. 이들은 좋은 브라우저가 아니다. 데스크톱과 랩톱 브라우저의 보안 및 프라이버시 보호 기능이 빠진 조잡한 미니 버전에 불과하기 때문이다. 예를 들면 아이폰은 사파리를 기본으로 내장하고 있지만, 온라인 애플 스토어에 가서 모바일 환경에 특화된 크롬이나 파이어폭스의 모바일 버전을 다운로드하는 게 바람직하다. 최신 안드로이드 제품은 크롬을 기본으로 깔고 있다. 모든 모바일 브라우저들은 적어도 '프라이빗' 브라우징 기능을 지원한다.

그리고 킨들 파이어를 쓰는 경우, 파이어폭스나 크롬을 아마존에서 다운로드할 수 없다. 대신 몇 가지 트릭을 써서 아마존의 '실크' 브라우저를 통해 모질라의 파이어폭스나 크롬을 설치해야 한다. 킨들 파이어에서 파이어폭스를 설치하려면, 실크 브라우저를 열고 모질라의 FTP 사이트로 가라. 'Go'를 선택한 후 '.apk' 실행자를 가진 파일을 다운로드하라.

'프라이빗' 브라우징은 임시 파일을 생성하지 않으므로, 이용자의 브라우징 기록을 랩톱이나 모바일 기기에 남기지 않는다. 그럼에도 제

3자가 여전히 당신과 웹사이트 간의 상호작용을 볼 수 있을까? 그 상호작용이 먼저 암호화되지 않는다면 그렇다. 그 때문에 온라인 인권 단체인 EFF는 'HTTPS 에브리웨어'라고 불리는 브라우저용 플러그인을 만들었다.[4] 일반 PC의 경우 파이어폭스, 크롬, 오페라 브라우저에 설치할 수 있고, 안드로이드 기기는 파이어폭스에 쓸 수 있다. 이 글을 쓰는 현재 iOS 버전은 아직 나오지 않았다. 그러나 HTTPS 에브리웨어는 확실한 이점을 안겨준다. 연결 순간의 첫 몇 초 동안, 브라우저와 사이트는 어떤 유형의 보안 대책을 이용할지 절충한다. 앞 장에서 설명한 '완전 순방향 비밀성[PFS]' 기능을 쓰고 싶겠지만, 모든 사이트가 PFS를 쓰지는 않는다. 따라서 설령 ⏄ 기술이 제시되더라도 모든 절충이 PFS로 귀착되는 것은 아니다. HTTPS 에브리웨어는 심지어 PFS가 쓰이지 않는 경우에도 가능할 때는 언제나 https를 쓰도록 강제한다.

안전한 접속에 필요한 또 한 가지 범주를 소개한다. 모든 웹사이트는 제3자가 보증하는, 이를테면 '뱅크 오브 아메리카'의 웹사이트는 허위 사이트가 아니라 과연 뱅크 오브 아메리카의 사이트가 맞는지 확인 가능한 인증서를 가지고 있어야 한다. 최신 브라우저들은 '인증 기관'으로 알려진 제3의 기업들과 협력해 그처럼 신뢰할 만한 사이트의 목록을 계속 업데이트한다. 그 결과 적절히 인증되지 않은 사이트를 방문할 경우 브라우저는 이용자에게 해당 사이트에 계속 접속할 만큼 신뢰하는지 묻는 경고 메시지를 보낸다. 예외 설정은 이용자의 몫이다. 일반적으로, 해당 사이트를 잘 모른다면 예외로 설정하지 말라.

또 인터넷에는 한 가지 유형의 인증서만 있는 게 아니라 여러 단계의 인증서들이 있다. 가장 흔한 인증서로 이용자가 늘 보는 것은, 도메인 이름이 인증서를 요청한 사람의 것임을 이메일을 통해 증명해주는 형태다. 전혀 엉뚱한 사람일 수도 있지만 그것은 문제가 되지 않는다(해당 사이트에 당신의 브라우저가 인식하는 인증서가 있다는 게 중요할 뿐이다). 두 번째 유형의 인증서인 기관 인증서도 마찬가지다. 이것은 해당 사이트가 자체 인증서를 같은 도메인에 연계된 다른 사이트들과 공유한다는 뜻이다. 달리 말하면, mitnicksecurity.com의 모든 하위 도메인들은 같은 인증서를 공유한다.

그러나 가장 엄격한 인증서 증명 수준은 '상세 조회 인증서extended verification certificate'라고 불리는 것이다. 상세 조회 인증서가 발급된 경우, 해당 URL의 어떤 부분은 모든 브라우저에서 녹색으로 바뀐다(URL의 나머지가 그렇듯이 보통은 회색이다). 해당 주소(https:www.mitnicksecurity.com)를 클릭하면 인증서와 그 소유자에 관한 추가 정보, 보통은 해당 웹사이트를 제공하는 서버가 소재한 도시와 주州 정보가 나타난다. 이 같은 물리적 주소 정보는 해당 URL을 소유한 기업이 적법하다는 점을 신뢰할 만한 제3의 인증 기관으로부터 확인받았다는 뜻이다.

모바일 기기의 브라우저는 이용자의 위치를 추적한다고 짐작하면서도, 일반 PC의 브라우저도 그렇다고 하면 놀라는 사람이 적지 않다. 일반 PC의 브라우저도 이용자의 위치를 추적한다. 어떻게?

이메일의 메타데이터가 해당 이메일이 수신자에게 닿을 때까지 거친 모든 서버들의 IP 주소를 포함한다고 설명한 것을 기억하는가? 다시 말하건대, 당신의 브라우저에 기록된 IP 주소는 어떤 ISP를 이용하는지 알려주므로 당신의 지리적 위치도 짐작하게 해준다.

이용자의 위치 데이터를 명시적으로 요청하는 사이트에(이를테면 날씨 사이트) 처음 접속하는 경우, 브라우저는 이용자에게 허용 여부를 물어야 한다. 허용할 경우의 이점은 해당 사이트가 이용자에 맞춰 정보를 조정할 수 있다는 점이다. 예를 들면, 「워싱턴포스트」의 사이트에 접속하는 경우 워싱턴 DC 지역보다는 당신이 사는 지역의 기업이나 서비스 광고를 보게 된다는 이야기다.

브라우저의 그런 질문에 대답한 적이 있는지 잘 기억나지 않는가? 그렇다면 브라우저 위치 테스트 페이지(http://benwerd.com/lab/geo.php)를 써보

라. 이것은 브라우저가 이용자의 위치를 공개하는지 공개하지 않는지 알려주는 여러 시험 사이트들 중 하나다. 만약 당신의 브라우저가 이미 위치정보를 공개해왔지만 이를 비공개로 바꾸고 싶다면 관련 기능을 비활성화하라. 다행히 브라우저의 위치 추적 기능은 쉽게 끌 수 있다. 파이어폭스의 경우, 주소 창에 'about: config'를 입력하라. 브라우저에 나타난 리스트를 스크롤해 'geo'를 찾아낸 후 설정을 **비활성화**^{disable}로 바꾸라. 그리고 변화된 설정을 저장하라. 크롬 브라우저의 경우 **설정**^{Settings} ❯ **고급 설정 보기**^{Show advanced settings} ❯ **프라이버시** 섹션에서 **콘텐츠 설정**^{Content settings}을 클릭한 후 대화창에서 **위치**^{Location} 섹션을 선택한다. 여기에서 '어떤 사이드도 나의 물리적 위치를 추적하는 것을 허용하지 말 것'을 선택하면 크롬의 위치 추적 기능이 비활성화된다. 다른 브라우저들도 비슷한 설정 기능을 제공한다.

어쩌면 그저 재미 삼아 당신의 위치를 거짓으로 꾸미고 싶어질 수도 있다. 파이어폭스에서 허위 좌표(이를테면 백악관의 위치 좌표)를 보내고 싶다면 '지오로케이터'라는 브라우저 플러그인을 설치하면 된다. 구글 크롬에서는 플러그인에 커맨드 내장된 **위치 좌표 모방** 설정을 체크하라. 크롬 브라우저상에서 윈도우의 경우 컨트롤+쉬프트+알파벳 'I'(Ctrl+Shift+I) 키를, 맥의 경우 커맨드+옵션+알파벳 'I'(Cmd+Option+I) 키를 동시에 누르면 '크롬 개발자 툴'이 열린다. 콘솔 창이 열리면, 창의 오른쪽 최상단에 있는 세 개의 수직점을 클릭해 풀다운 메뉴를 열고 그중 **더 많은 도구**^{More tools} ❯ **센서**^{Sensors}를 선택한다. 센서 탭이 열릴 것이다. 이를 통해 당신은 정확한 위도와 경도를 원하는 대로 입력할 수 있다. 유명한 지형지물의 위치 좌표를 이용할 수도 있고, 어느 대양의 한 가운데 좌표를 고를 수도 있다. 어느 쪽이든, 웹사이트는 당신의 실제 위치를 알지 못할 것이다.

물리적 위치뿐 아니라 온라인의 IP 주소도 추적하기 어렵게 만들 수 있다. 앞에서 나는 방문한 웹사이트에 당신의 IP 주소를 무작위로 생성해 보여주는 토르를 언급한 바 있다. 하지만 모든 사이트가 토르의 트래픽을 받아들이는 것은 아니다. 최근까지 페이스북이 그랬다. 토르를 이용한 연결을 받아들이지 않는 사이트들의 경우에는 프록시를 쓰면 된다.

공개 프록시는 이용자와 인터넷 사이에 놓이는 서버다. 앞에서 나는 프록시란 외국어 통역자와 같다고 설명했다. 당신은 통역자에게 말하고, 통역자는 외국인에게 내 말을 전하지만 메시지는 정확히 그대로 유지되는 상황. 나는 그 용어를, 적성국의 누군가가 마치 우호적인 회사에서 보내는 양 가장하고 당신에게 이메일을 보내는 상황을 설명하기 위해 썼다.

지리적으로 제한된 웹사이트들(예컨대 구글 접속을 제한하는 나라에 사는 경우)에 접속하기 위해 프록시를 쓸 수도 있다. 또는 비트토렌트를 통해 불법이거나 저작권 보호를 받는 콘텐츠를 다운로드하기 위해 자신의 정체를 숨겨야 할 경우도 있다.

그러나 프록시는 만능이 아니다. 프록시를 사용할 때, 해당 프록시 서비스에 접속되는 각 브라우저의 위치는 수동으로 설정해야 한다. 그리고 상대적으로 안전하다고 여겨지는 프록시 사이트들조차, 용의주도한 플래시나 자바스크립트 트릭은 여전히 당신의 기반 IP 주소(해당 프록시에 접속하기 위해 사용하는 IP 주소)를 탐지해낼 수 있다고 인정한다. 그런 트릭의 효과는 브라우저에서 플래시와 자바스크립트를 차단하거나 이용을 제한함으로써 어느 정도 낮출 수 있다. 그러나 브라우저를 통해 당신을 감시하는 자바스크립트 주입을 예방하는 최선의 방법은 'HTTPS 에브리웨어' 플러그인을 쓰는 것이다.

많은 상업용 프록시 서비스가 있다. 하지만 어떤 서비스를 선택하든 프라이버시 정책을 반드시 읽어보길 바란다. 이동 중인 데이터의 암호화는 어떤지, 수사 기관과 정부의 정보 요구에 어떻게 대응하겠다고 하는지 꼼꼼히 따져보라.

공짜 프록시 서비스도 있지만 그 대가로 쓸데없는 광고의 홍수와 씨름하지 않으면 안 된다. 내 조언은 공짜 프록시들을 조심하라는 것이다. 내 친구이자 보안 전문가인 체마 알론조는 보안 관련 콘퍼런스인 '데프콘 20'에서 프록시를 설정해 실험한 사례를 발표했다. 그는 악당을 프록시로 끌어들이고 싶었고, 그래서 자신의 IP 주소를 xroxy.com에 광고했다. 며칠 후 5,000명 이상이 그가 설정한 '익명의' 공짜 프록시를 이용했다. 불행하게도 그중 대부분은 다른 사람을 속이기 위한 사기 목적이었다.

하지만 다른 한편, 알론조는 공짜 프록시를 이용해 손쉽게 멀웨어를 악당의 브라우저에 심어 그들의 행태를 감시할 수 있었다. 그가 사용한 것은 BeEF 후크라고 불리는 것으로, 브라우저의 보안상 허점을 이용하는 툴의 일종이다 (BeEF는 'Browser Exploitation Framework'의 약자). 그는 '최종 사용자 라이선스 계약^{EULA}'을 이용해 프록시의 이용자들이 자신의 요구 조건을 수용하도록 만들었다. 그가 프록시를 통해 전송되는 이메일을 읽고, 프록시를 통한 트래픽이 범죄 행위와 연관됐음을 알 수 있었던 것도 그 때문이었다. 여기서 얻을 수 있는 교훈은 공짜인 경우에도 그에 따른 대가를 치러야 한다는 점이다.

Https 프로토콜로 프록시를 쓰는 경우 수사 기관이나 정부는 프록시의 IP 주소만 볼 수 있을 뿐, 당신이 방문한 웹사이트에서의 활동 정보는 볼 수 없다. 그 부분은 암호화돼 있기 때문이다.

앞에서 언급했듯이 보통의 http 인터넷 트래픽은 암호화돼 있지 않으므로 'HTTPS 에브리웨어'를 이용해야만 한다(그리고 이것이 브라우저에서 자신의 존재를 숨기는 최선의 방책이다).

편의성을 이유로, 사람들은 소유한 여러 기기들 간에 브라우저 설정을 동기화하곤 한다. 이를테면 크롬 브라우저나 크롬북에 로그인하면 당신의 북마크, 탭, 방문 기록, 기타 브라우저의 설정이 구글 계정을 통해 모두 동기화된다. 이 설정은 일반 PC에서든, 혹은 모바일 기기에서든 크롬을 이용할 때마다 자동으로 적용된다. 어떤 정보를 동기화할지 선택하려면 크롬 브라우저의 설정으로 가라. 동기화된 정보를 계정에서 지우고 싶은 경우 '구글 대시보드'는 이용자에게 완전한 통제권을 제공한다. 민감 정보가 자동으로 동기화되지 않도록 주의하라. 모질라의 파이어폭스도 동기화 기능이 있다.

이런 동기화 기능의 단점은, 악의적인 해커는 이용자가 크롬이나 파이어폭스 브라우저에서 구글 계정에 로그인하도록 유도하기만 하면 된다는 점이다. 그러면 이용자의 모든 검색 기록은 그들의 기기에 로딩될 것이다. 친구가 당신의 컴퓨터를 써서 브라우저에 로그인하는 경우를 상상해보라. 친구의 방문 기록, 북마크 등이 동기화될 것이다. 이는 친구의 브라우저 기록을 비롯한 여러 정보를 당신의 컴퓨터에서 볼 수 있다는 뜻이다. 더 나아가, 만약 공용 컴퓨터를 써서 동기화된 브라우저 계정에 로그인했다가 깜박 잊고 로그아웃하지 않으면 당신의 모든 북마크와 방문 기록은 다음 이용자에게 고스란히 전달될 것이다. 구글 크롬에 로그인하면 구글 캘린더, 유튜브, 그리고 구글 계정의 다른 정보도 노출된다. 공용 컴퓨터를 쓸 수밖에 없는 상황이라면 떠나기 전에 로그아웃하는 것을 잊지 말길 바란다.

동기화의 또 다른 단점은 서로 연결된 모든 기기가 동일한 콘텐츠를 보여준다는 점이다. 혼자 사는 경우라면 문제 될 게 없다. 그러나 만약 아이클라우드 계정을 공유하는 경우라면 유감스러운 사태가 벌어질 수 있다. 예컨대 자녀가 가족용 아이패드를 쓰도록 허락하는 부모의 경우, 뜻하지 않게 성인용 콘텐츠를 노출하게 될지 모른다.[5]

콜로라도 주 덴버의 한 애플 스토어에서 지역 회계 법인의 중역인 엘리어트 로드리게즈는 자신의 새 태블릿을 기본 아이클라우드 계정에 등록했다. 즉각 모든 사진, 문자, 음악, 그리고 비디오를 새 태블릿에서 볼 수 있게 됐다. 이런 편의성은 시간 절약에 도움이 됐다. 그는 모든 정보를 복수의 기기들에 일일이 복사하고 저장할 필요가 없었다. 어떤 기기를 선택하든 상관없이 자신의 정보에 접근할 수 있었다.

얼마 후 엘리어트는 자신의 구형 태블릿을 여덟 살바기 딸에게 주기로 했다. 딸이 자신의 기기와 연결돼 있다는 사실은 단기적으로 유익해 보였다. 이 따금씩 엘리어트는 자신의 태블릿에서 딸이 새로 다운로드한 앱을 인식하곤 했다. 이들은 가끔 가족 사진들을 공유하기도 했다. 어느날 엘리어트는 뉴욕시로 업무 목적의 출장을 떠났다.

무심코, 엘리어트는 자신의 아이폰을 꺼내어 뉴욕의 내연녀와 여러 사진을 찍었고 그중 몇몇은 무척 '친밀한' 포즈였다. 아이폰의 사진들은 자동으로 콜로라도에 있는 딸의 아이패드와 동기화됐다. 사진을 본 딸은 당연히 아빠와 함께 있는 여성이 누구냐고 엄마에게 물었다. 출장에서 돌아온 엘리어트에게 심각하게 해명해야 할 일이 생긴 것은 말할 필요도 없다.

또 하나 언급할 만한 사례는 생일 선물 문제다. 기기나 동기화 계정들을 공유하는 경우, 당신의 브라우저 방문 기록은 다른 사람으로 하여금 어떤 종류의 생일 선물을 받게 될지 본의 아니게 힌트를 줄 수 있다. 더 나쁘게는 구체적으로 어떤 선물이 될지 알려주게 될 수도 있다. 가족용 PC나 태블릿의 공유가 프라이버시 문제를 야기할 수 있는 또 한 가지 이유다.

이런 문제를 피하는 한 가지 방법은 다른 이용자들을 만드는 것으로, 윈도우에서 비교적 쉽게 설정할 수 있다. 특정 소프트웨어를 시스템에 추가하거나 변경하는 관리자의 권한은 본인에게만 제한하고, 가족 구성원들은 각자의 계정으로 가입하도록 한다. 모든 이용자는 각자의 암호로 로그인하고 각자의 콘텐츠와 브라우저 북마크, 방문 기록에만 접속할 수 있다.

애플도 OSX 운영체제 안에 비슷한 구획을 지을 수 있도록 허용한다. 그러나 실제로 아이클라우드 안에 구획을 짓는 사람은 별로 많지 않다. 그리고 때때로, 우리 자신에게 아무런 잘못이 없음에도 신기술이 우리를 저버리기도 한다.

LA의 TV 프로듀서인 딜런 먼로는 여러 해 동안 여러 여성을 사귄 끝에 마침내 '운명의 여성'을 찾아 정착하기로 마음먹었다. 그는 약혼녀와 동거를 시작했고, 새로운 삶을 함께한다는 생각에 약혼녀를 자신의 아이클라우드 계정에 연결했다.

새로운 가정을 꾸리고자 할 때 모든 것을 한 계정으로 연결하는 것은 당연한 일처럼 여겨진다. 그렇게 함으로써 모든 비디오와 문자, 음악을 사랑하는 사람과 공유할 수 있다. '사랑하는'이 현재 시제라는 점에 주목할 필요가 있다. 그러면 '사랑했던' 사람과 공유했던 디지털 과거는 어떻게 될까?

아이클라우드처럼 자동으로 백업되는 서비스를 갖고 있다는 것은, 우리가 여러 해 분량의 사진과 문자, 음악을 축적했고, 그중 일부는 마치 다락에 보관해둔 오래된 상자들의 내용물처럼 까맣게 잊어버린 내용일 수도 있다는 뜻이다.

사진은 우리의 기억과 가장 근접한 사물이다. 그리고 맞다, 배우자들은 여러 세대에 걸쳐, 우연히 신발 상자 속에 보관해둔 옛 편지와 사진들에 맞닥뜨리곤 했다. 그러나 디지털 매체는 그저 몇 장이 아니라 수천 장의 고해상도 사진들을 별다른 어려움 없이 찍을 수 있게 해주고, 그래서 새로운 문제를 야기한다. 돌연 딜런의 옛 기억들(그중 일부는 매우 사적인)은 사진의 형태로 약혼녀의 아이폰과 아이패드에 재현돼 곤혹스러운 상황을 초래했다.

소파, 테이블, 침대 등 몇몇 가구는 그가 다른 여성들과 은밀한 행위를 연출했다는 이유로 제거하지 않을 수 없었다. 약혼녀는 또 다른 여성들과 함께 그곳에서 찍은 사진들을 봤다며 몇몇 레스토랑이나 창가 테이블, 혹은 코너 부스에는 가지 않겠다고 거부했다.

딜런은 약혼녀의 요구에, 심지어 결혼하면 집을 팔고 다른 데로 이사하자는 궁극의 희생 요구에도 기꺼이 응했다. 그 모든 것이 자신의 아이폰을 약혼녀의 아이폰과 연결한 탓이었다.

클라우드는 또 다른 흥미로운 문제를 야기한다. 데스크톱,

랩톱, 혹은 모바일 기기에서 브라우저의 방문 기록을 삭제해도, 검색 기록의 복제본은 클라우드에 여전히 남는다는 사실이다. 검색 엔진 회사의 서버에 저장된 당신의 기록은 삭제하기가 더 어렵고, 아예 처음부터 저장되지 않도록 하기는 더 어렵다. 이것은 어떻게 타당한 맥락 없이 진행되는 은밀한 데이터 수집이 나중에 쉽사리 오독될 수 있는지 보여주는 한 가지 사례에 불과하다. 무해한 검색 기록이 어떻게 왜곡될 수 있는지 확인하기는 쉽다.

보스턴 마라톤 테러가 벌어진 지 불과 몇 주 후인 2013년 늦여름의 어느날 아침, 미셸 카탈라노의 남편은 검은색 SUV 두 대가 롱아일랜드에 있는 자신의 집앞에 서는 것을 봤다. 밖으로 나가 인사를 하자 수사관들은 그의 신원을 묻고 집 수색을 허락해달라고 요청했다. 그들이 왜 거기에 나타났는지 몰랐지만 아무것도 숨길 게 없다고 판단한 그는 수사관들의 요청을 받아들였다. 집안의 방들을 건성으로 훑어본 후, 연방 수사관들은 본론에 들어갔다.

"이 집에 거주하는 사람 중 누군가가 압력밥솥에 관한 정보를 검색한 적이 있습니까?"

"이 집에 거주하는 사람 중 누군가가 백팩에 관한 정보를 검색한 적이 있습니까?"

카탈라노 가족의 구글 검색이 국토안보부로 하여금 예방적 수사에 나서도록 촉발한 것이 분명했다. 카탈라노 가족이 왜 그런 검색어들을 썼는지 그 맥락을 모른 상태에서, 불과 몇 주 전에 벌어진 보스턴 마라톤 테러와 특정한 온라인 검색이 우연히 연계돼 테러의 가능성을 시사했고, 그 때문에 연방 수사기관이 주목하게 된 것이었다. 두 시간여 만에 카탈라노 가족은 잠재적 범행 혐의에서 벗어났다. 미셸은 나중에 그 경험을 온라인 매체인 「미디엄」에 썼다. 그것은 오늘 검색하는 내용이 내일 심각한 문제나 위험으로 돌아올 수도 있다는 일종의 경고라고 할 만했다.[6]

해당 기사에서, 카탈라노는 수사관들은 "퀴노아*로 대체 뭘 하지?"와 "에이라드**는 아직도 출장 정지되지 않았나?"라는 자신의 검색 행위는 무시한 게 분명하다고 지적했다. 압력밥솥 검색은 퀴노아를 만들 목적 이상은 전혀 아니었다고 카탈라노는 말했다. 백팩 검색? 남편이 백팩을 사고 싶어 했기 때문이었다.

적어도 한 검색 엔진 회사(구글)는 이용자가 계속 보관해도 상관없는 정보를 특정할 수 있도록 여러 프라이버시 툴을 만들었다.[7] 예를 들면, 구글 이용자는 개인화된 광고 추적 기능을 끌 수 있어서, 파타고니아(남미의 한 지역)를 검색해도 남미의 여행 관련 광고가 뜨는 일이 없게 만들 수 있다. 검색 기록이 남지 않도록 완전히 끌 수도 있다. 그러면 검색하는 동안 이용자는 자신의 지메일, 유튜브, 혹은 어떤 구글 계정에도 로그인할 수 없다.

마이크로소프트, 야후, 혹은 구글 계정에 로그인하지 않은 상태에서도 당신의 IP 주소는 여전히 각 검색 요청과 연계된다. 이런 1 대 1 매치를 피하는 한 가지 방법은 구글-프록시인 startpage.com이나 덕덕고DuckDuckGo라는 검색 엔진을 대신 쓰는 것이다.

덕덕고는 이미 파이어폭스와 사파리 브라우저의 기본 옵션으로 자리잡고 있다. 구글, 야후, 마이크로소프트 등과 달리, 덕덕고는 이용자 계정을 만들라고 요구하지 않으며, 기본적으로 IP 주소도 기록하지 않는다. 또 그 자체의 '토르 출구 릴레이Tor exit relay'를 갖추고 있어서 별다른 퍼포먼스 지연 없이 토르를 이용해 덕덕고를 검색할 수 있다.[8]

덕덕고는 이용자의 검색 행위를 추적하지 않으므로 검색 결과도 그 이용자의 과거 검색 행위에 근거해 걸러지지 않는다. 대다수 이용자들은 미처 깨닫

---

* 고대 잉카 문명 시절부터 재배된 고단백·고영양 식품으로, 남아메리카 안데스산맥 지역에서 주로 생산되는 명아줏과 작물 – 옮긴이

** 에이라드(A-Rod). MLB 스타 선수인 알렉스 로드리게즈의 별칭 – 옮긴이

지 못하지만 구글, 야후, 빙 등에서 보는 결과들은 그 이용자가 과거에 해당 검색 사이트들에서 찾았던 내용들에 근거해 걸러낸 내용이다. 예를 들면, 만약 검색 엔진이 이용자가 건강 문제와 관련된 사이트들을 찾는다는 사실을 알면 이후부터 검색 결과를 걸러내기 시작해 건강 문제와 관련된 결과들을 먼저 보여준다. 왜냐고? 두 번째 페이지까지 검색 결과를 살펴보는 사람은 거의 없기 때문이다. 시체를 묻기에 가장 좋은 장소를 알고 싶다면 검색 결과의 두 번째 페이지를 살펴보라는 인터넷 농담이 있을 정도다.

어떤 이들은 별 연관성이 없어 보이는 결과들을 일일이 스크롤할 필요가 없는 편의성을 좋아할 수도 있지만, 그것은 동시에 검색 엔진이 각 이용자의 취향을 주제넘게 결정해버리는 현상일 수도 있다. 거의 어느 모로 보나 이것은 검열 행위다. 덕덕고도 연관된 검색 결과를 보여주지만 각 이용자의 과거 검색 기록에 근거한 것이 아니라 주제별로 정리한 결과다.

다음 장에서는 웹사이트들이 어떻게 방문자의 은밀한 이용을 어렵게 만드는지, 하지만 어떻게 하면 익명성을 유지하면서 웹을 이용할 수 있는지 논의하겠다.

6장

마우스 클릭마다
우리는 감시당한다

인터넷 검색을 조심하라. 우리의 온라인 행태를 추적하는 것은 검색 엔진들만이 아니다. 우리가 방문하는 모든 웹사이트도 마찬가지다. 그 중 어떤 사이트는 다른 곳보다 우리의 사적인 정보를 더 잘 보호해줄 것이라고 믿을지 모른다. 상황은 그렇게 밝지 못하다. 일례로, 2015년의 한 보고서는 '건강 관련 사이트 주소의 70%가 특정한 병증이나 진료, 질병을 노출하는 정보를 담고 있다.'는 사실을 발견했다.[1]

달리 말하면, 만약 내가 웹엠디WebMD 사이트에 가서 '무좀athlete's foot'을 검색하면 그 암호화되지 않은 '무좀'이라는 단어는 내 브라우저의 주소 창에 훤히 드러난다는 말이다. 이는 누구든(내 브라우저, 내 ISP, 내 무선 통신 회사) 내가 무좀에 관한 정보를 찾고 있음을 볼 수 있다는 뜻이다. 'HTTPS 에브리웨어'를 브라우저에서 활성화하면 당신이 방문하는 사이트의 콘텐츠를 암호화하겠지만(해당 사이트가 https를 지원한다면), 인터넷 주소(URL)를 암호화하지는 않는다. 플러그인을 만든 EFF도 https는 당신이 방문하는 사이트들의 정체를 숨길 목적으로 설계되지 않았다고 인정한다.

추가로, 앞에 언급한 보고서는 건강 관련 사이트의 91%가 다른 사이트들에 요청을 보낸다고 밝혔다. 이런 요청들은 페이지들 자체에 내장돼 있고, 아주 작은 이미지들을 요청하는데(그 이미지들은 브라우저 페이지를 통해 보일 수도 있고, 보이지 않을 수도 있다.), 그때마다 다른 사이트들에 당신이 특정한 페이지를 방문하고 있다고 알려준다. '무좀'이라는 단어를 검색하면 검색 결과가 뜨자마자 스무 개에 가까운 다른 기업들에(제약 회사들부터 페이스북, 핀터레스트, 트위터, 구글 등) 연락이 닿는다. 이제 그 모든 기업들이, 당신이 무좀에 관한 정보를 찾고 있음을 알게 됐다.[2]

이들 제3의 기업들은 당신을 표적으로 삼아 온라인 광고를 보내기 위해 이 정보를 이용한다. 더 나아가, 해당 의료 사이트에 로그인했다면, 이들은 당신의 이메일 주소를 취득했을지도 모른다. 다행히 나는 이런 기업들이 당신의 정보를 빼가지 못하게 도와줄 수 있다.

2015년에 분석된 의료 사이트들에서 가장 자주 나타난 제3의 기업 톱 10은 구글, 컴스코어, 페이스북, 앱넥서스AppNexus, 애드디스AddThis, 트위터, 콴트캐스트Quantcast, 아마존, 어도비, 그리고 야후였다. 몇몇 경우는 (컴스코어, 앱넥서스, 콴트캐스트) 구글처럼 웹 트래픽을 측정한다. 위에 열거한 기업들 중 구글, 페이스북, 트위터, 아마존, 어도비, 야후 등은 상업적인 이유로, 이를테면 나중 검색 때 무좀과 관련된 광고를 띄울 수 있도록 이용자의 활동을 훔쳐본다.

위 조사에서 엑스퍼리안Experian과 액시엄Axiom 같은 기업도 언급됐는데, 이들은 가능한 한 많은 개인정보를 수집하려고 시도하는, 간단히 말하면 데이터 창고 같은 곳이다. 그러곤 그 정보를 판매한다. 보안 질문들에 곧이곧대로 대답하기보다는 창의적인 대답을 만들라고 조언한 일을 기억하는가? 엑스퍼리안과 액시엄 같은 회사들은 종종 그런 보안 질문들을 수집하고 제공하고 이용해 온라인 프로필을 만든다. 이런 프로필은 자사 제품을 특정 연령대나 그룹에 맞추고 싶어 하는 마케팅 회사들이 탐내는 정보다.

그런 프로필 구축은 어떻게 이뤄질까?

URL을 직접 타이핑해 입력하든 또는 검색 엔진을 이용하든, 인터넷의 모든 사이트는 호스트 이름과 번호로 된 IP 주소(숫자 주소로만 존재하는 사이트도 더러 있다.) 두 가지를 가지고 있다. 그러나 당신이 번호로 된 주소를 볼 일은 거의 없다. 브라우저가 이를 숨기고 '도메인 이름 서비스DNS'를 써서 해당 사이트의 호스트 이름(가령 '구글')을 특정한 주소로, 구글의 경우 'https://74.125.224.72'로 통역하는 것이다.

DNS는 호스트 이름을, 당신이 방금 요청한 사이트의 서버가 가진 숫자 주소와 대조 검토하는 일종의 '글로벌 전화번호부'다. 가령 브라우저에 'Google.com'이리고 입력하면, DNS는 https://74.125.224.72에 있는 구글의 서버와 연결한다. 그러면 그날의 이벤트나 역사를 기념해 구글의 로고를 익살맞게 변형한 '구글 두들'과 그 아래의 검색 창이 나타난다. 그것이 이론상으로는 모든 웹 브라우저의 작동 방식이다. 실상은 그 이상의 것들이 뒤에 숨어있다.

숫자 주소를 통해 해당 사이트가 식별되면, 사이트는 정보를 웹 브라우저로 돌려보내 이용자가 보게 되는 '웹 페이지'를 짓기 시작한다. 해당 페이지가 브라우저로 돌아올 때, 이용자는 익히 기대한 요소들을 보게 된다. 취득하고 싶은 정보, 그와 관련된 이미지, 그리고 사이트들의 다른 부분들을 살펴보는 여러 방법. 하지만 브라우저로 돌아오는 것들 중에는 추가적인 이미지나 스크립트를 얻기 위해 다른 웹사이트들을 호출하는 요소도 있다. 이들 스크립트의 일부는 (전부는 아닐지라도) 추적을 목적으로 하기 때문에 대부분의 경우 필요가 없다.

거의 모든 디지털 기술은 메타데이터를 생산하며, 이미 분명히 짐작했듯이 브라우저도 예외가 아니다. 당신의 브라우저는, 만약 당신이 방문 중인 웹사이트가 청구하면 해당 컴퓨터의 설정 관련 정보를 공개할 수 있다. 예를 들면, 어떤 브라우저의 어떤 버전을 어떤 운영체제에서 쓰는지, 그리고 어떤 부가 프로그램을 브라우저에서 쓰는지, 그리고 검색하는 동안 컴퓨터에서 돌리는 다른 프로그램은 무엇인지(가령 어도비 제품) 등이다. 화면 해상도나 메모리 용량 등 컴퓨터 하드웨어의 사양까지 드러낼 수도 있다.

당신은 여기까지 읽어오면서, 온라인에서 눈에 띄지 않기 위한 여러 묘책과 기법을 응용했다고 스스로 자부할지 모른다. 맞다. 하지만 아직도 해야 할 일이 남아있다.

잠시 시간을 내어 '팬옵티클릭'이라는 사이트에 가보자(https://panopticlick.eff.org/). 이것은 온라인상의 인권 및 프라이버시 보호 단체인 EFF가 만든 사이트로, 은밀히 온라인 활동을 추적하고 기록하는 여러 툴과 기법을 찾아내고, 이용자가 설치한 프라이버시 보호 목적의 브라우저용 부가 프로그램들이 얼마나 효과가 있는지 시험해준다.

팬옵티클릭에 들어가면 화면 한가운데에 '저를 시험해보세요Test Me'라고 쓰인 오렌지색 버튼이 보인다. 이를 클릭하면 잠시 시간이 흐른 후 테스트 결과가 다음 네 가지 범주로 나뉘어 표시된다.

- 당신의 브라우저는 이용자 행태 추적용 광고를 차단합니까? 예/아니오
- 당신의 브라우저는 눈에 보이지 않는 추적 프로그램들을 차단합니까? 예/아니오
- 당신의 브라우저는 '추적하지 마시오Do Not Track' 요구 사항을 존중하겠다고 약속한 제3 업체들의 접근을 허용합니까? 예/아니오
- 당신의 브라우저는 '지문 감식 행위fingerprinting'로부터 보호되고 있습니까? 예/아니오

그 아래 '지문 감식 행위'와 관련해 종합적 결과를 보고 싶으면 클릭하라는 링크가 보인다. 2010년, EFF는 각 브라우저가 얼마나 독특한지unique 조사하는

연구 프로젝트로 팬옵티클릭을 시작했다. 이용자의 운영체제, 브라우저, 플러그인 등으로부터 정보를 수집해 다른 인터넷 이용자들의 설정 데이터베이스와 비교한 후 '독특성 점수'를 매김으로써 각 이용자가 웹에서 얼마나 쉽게 식별될 수 있는지 판단할 수 있게 했다.

2015년, EFF는 팬옵티클릭을 '추적 프로그램 차단 테스팅'이라는 새로운 기능을 더하면서 업그레이드했다. 팬옵티클릭 테스트는 이용자의 행태를 추적하는, 눈에 보이는 광고에 눈에 보이지 않는 스크립트, 그리고 겉보기에 추적 프로그램 같지만 '추적하지 마시오'라는 이용자의 요구 사항을 존중하겠다고 약속한 양성 사이트 등을 분석해서 각 브라우저의 안전도를 점검한다.

프라이버시 보호용 추가 프로그램이 잘 작동하는 경우라도, 당신의 브라우저가 나타내는 '지문'이 독특하다면 여전히 공격에 취약할 수 있다. 팬옵티클릭은 해당 브라우저의 '독특성uniqueness'을 평가해 잠재적 위험도를 잰다. '브라우저 지문 감식browser fingerprinting'은 IP 주소와 쿠키를 이용한 종래의 추적 방법 대신, 브라우저의 설정 정보를 통해 이용자를 추적하는 방법이다. 브라우저 지문 감식 행위는 탐지하기도 어렵지만 이를 막기는 더 어렵다.

당신이 브라우저에 웹 페이지를 하나 띄우면, 그 브라우저에 대한 특정 정보가 자동으로 방문 중인 웹사이트로(그리고 그 사이트에 내장된 모든 추적 프로그램들로) 전달된다. 당신이 방문한 사이트는 자바스크립트, 플래시, 기타 방법으로 브라우저를 분석할 수 있다. 어떤 종류의 글자꼴을 깔았는지, 어떤 언어로 설정했는지, 어떤 추가 프로그램이나 플러그인을 설치했는지 살펴볼 것이다. 그런 분석을 토대로, 해당 사이트는 당신의 프로필을 만들고, 그런 패턴을 당신의 브라우저와(특정한 추적용 쿠키가 아니라) 연계한다.

만약 당신의 브라우저가 독특하다면, 온라인 추적기는 쿠키 없이도 당신을 식별할 수 있다. 당신의 이름은 모르겠지만 당신이 방문한 웹사이트들에 관한 매우 사적인 데이터를 수집할 수 있다. 따라서 쿠키를 지워도 별 소용이 없다.

여기에서 분석되는 대상은 쿠키가 아니라 당신이 쓰는 브라우저의 설정이기 때문이다.

팬옵티클릭의 테스트 결과 브라우저의 '독특성'이 높게 나왔다면, 이는 당신의 브라우저 설정이 그만큼 드물다는 뜻이다. 축하한다. 하지만 독특성의 지수가 낮게 나왔다면, 당신의 브라우저 설정은 퍽 흔하다는 뜻이다. 이는 누군가 당신을 광고나 멀웨어의 표적으로 삼기가 그만큼 쉽다는 뜻이기도 하다.[3]

흔한 설정인 경우 눈에 띄지 않는 데 더 도움이 될 것 같다. 비유하자면 군중의 일부 같아서, 쉽게 섞여 들어갈 수 있지 않겠느냐는 이야기다. 하지만 기술적 시각에서 보면, 그만큼 악의적인 활동의 피해를 입을 공산이 더 크다는 뜻이다. 범행 의도를 가진 해커는 많은 노력을 기울이고 싶어 하지 않는다. 한 집의 현관문이 열려 있고, 그 옆집 문은 잠겨 있다면 도둑은 어느 집을 털 거라고 생각하는가? 당신이 남들처럼 흔한 설정인 것을 해커가 안다면, 보안성을 높여주는 특정한 보호 대책이 없다는 사실도 눈치챌 것이다.

당신이 온라인에서 무엇을 보는지 추적하려는 마케터에 관해 논의하다가, 당신의 개인정보를 악용해 당신의 신원을 훔칠 수도 있는 해커 이야기로 갑자기 비약했음을 인정한다. 이 둘은 매우 다른 사안이다. 마케터들은 웹사이트의 수익을 높여주는 광고를 만들기 위해 정보를 수집한다. 광고가 없다면, 몇몇 사이트들은 비즈니스를 지속할 수 없다. 그러나 마케터들, 범행 의도를 가진 해커들, 그리고 이 대목에서는 정부 기관들도, 모두 당신이 내주고 싶어 하지 않는 정보를 취득하려 시도하며, 논쟁을 위해 한 발 더 나아가자면 그런 이유로 '프라이버시 침해'에 관해 논의할 때는 세 그룹을 하나로 묶기도 한다.

일반적이면서도 온라인 도청으로부터 안전할 수 있는 한 가지 방법은 윈도우 운영체제 위에서 일종의 객체로 돌아가는 맥 OSX 같은 운영체제인 가상 머신[VM]을 쓰는 것이다. 쓰고 나선 닫아버리면 그만이다. 운영체제와 그 안에서 한 모든 일은 사라져버린다. 하지만 저장한 파일은 저장한 장소에 남는다.

또 하나 조심해야 할 것은 마케터와 해커 모두 '1픽셀 이미지'나 '웹 버그'로 알려진 것들을 통해 해당 웹사이트의 방문자에 관한 정보를 얻는다는 점이다. 아무 내용도 없는 브라우저의 팝업 창처럼, 이것은 웹 페이지 어딘가에 놓이는 1×1 픽셀 이미지로, 비록 보이지는 않지만 그것을 심어놓은 제3의 사이트에 정보를 보낸다. 백엔드 서버는 그 이미지가 배치된 사이트의 IP 주소를 기록한다. 의료 사이트에 놓인 1픽셀 이미지는 그것을 심은 제약 회사에 내가 무좀 치료제에 관심이 있다는 사실을 알릴 수 있다.

이 장의 도입부에서 언급한 2015년 연구에 따르면 제3 업체들의 요청 중 거의 절반이 아무런 콘텐츠도 없는 빈 창을 띄우는 것이었다. 이 '텅빈' 창들은 제3의 호스트들에 은밀한 http 요청을 보내면서 이용자의 행동을 추적하는 목적을 갖고 있다. 이런 추적은 브라우저가 팝업을 차단하도록 설정함으로써 피할 수 있다(그리고 귀찮은 광고도 함께 제거할 수 있다).

연구에 따르면, 나머지 제3 업체들의 요청 중 거의 3분의 1은 웹 페이지상에서 애니메이션을 돌리는 짧은 코드 라인이나 자바스크립트 파일로 구성돼 있었다. 웹사이트는 대개 자바스크립트 파일을 요청하는 IP 주소를 통해 그 사이트에 접속하는 컴퓨터를 식별할 수 있다.

1픽셀 이미지나 빈 팝업 창이 없이도 당신의 웹 서핑은 방문 사이트들에 의해 추적될 수 있다. 예를 들면, 아마존은 당신이 아마존에 들어오기 전에 마지막으로 방문한 곳이 의료 사이트라는 것을 알고, 의료 제품 위주로 구매를 추천한다. 아마존이 이렇게 할 수 있는 것은 당신이 브라우저에 요청한 마지막 사이트를 실제로 볼 수 있기 때문이다.

아마존은 제3의 소개 정보(웹사이트 링크에 포함된, 그 링크를 클릭했을 때 열리는 새 페이지에 내가 어디에서 왔는지를 알려주는 텍스트)를 이용해 이런 사실을 파악한다. 예컨대 만약 내가 「와이어드」의 기사를 읽다가 거기에 포함된 링크를 클릭하면, 그렇게 해서 찾아가게 된 새 사이트는 내가 이전에 「와이어드」의 페이지에 있었다는 사실을 알 것이다. 이 제3의 추적 툴들이 어떻게 우리의 프라이버시에 영향을 미칠 수 있는지 알 수 있다.

이런 추적을 피하는 한 가지 방법은 언제나 구글 사이트부터 먼저 들러, 당신이 방문하고 싶어 하는 사이트가 당신이 이전에 어디에 있었는지 모르게 하는 것이다. 이용자가 본인의 신원을 숨기려고 노력할 경우가 아니면 '제3의 소개 정보'는 그리 큰 문제가 아니라고 생각한다. 이것은 편의성(다음 웹사이트로 쉽게 넘어가는 것)과 프라이버시 유지를 위한 가외의 노력(언제나 구글 사이트에서 시작하는 것) 사이에서 어느 것을 선택하느냐의 문제다.

모질라의 파이어폭스는 '노스크립트^{NoScript}'라고 불리는 플러그인을 통해 제3 기업이나 프로그램의 추적에 대한 최선의 방책을 제공한다.[4] 이 부가 프로그램은 당신의 컴퓨터나 브라우저에 유해하다고 간주되는 거의 모든 것들, 이를테면 플래시와 자바스크립트를 효과적으로 차단한다. 보안 플러그인을 추가하면 브라우저에 표시되는 화면이 다르게 보일 것이다. 물론 특정한 기능은 활성화한다거나 확실히 신뢰하는 몇몇 사이트들은 선별적으로 열어줄 수도 있다.

노스크립트를 활성화하면 방문한 페이지는 아무런 광고를 포함하지 않고, 명백히 어떤 사이트의 소개로 옮겨왔는지에 관한 아무런 정보도 포함하지 않는다. 차단 결과, 해당 웹 페이지는 노스크립트를 쓰지 않은 정상 버전보다 다소 따분해 보인다. 그러나 웹 페이지의 상단 왼쪽에 있는, 플래시로 코딩된 비디오를 보고 싶다면 나머지는 여전히 차단한 채로 그 부분만 재생되도록 허용할 수 있다. 또는 해당 사이트를(이를테면 뱅킹 사이트) 믿을 수 있다고 느낀다면, 일시적으로나 영구적으로 그 페이지의 모든 요소들이 정상 작동하도록 허용할 수도 있다.

노스크립트에 상응하는 크롬의 플러그인은 스크립트블록^{ScriptBlock}으로, 웹 페이지의 스크립트 이용을 방어적으로 차단할 수 있다.[5] 이것은 성인용 오락

물의 팝업 광고를 허용하는 사이트를 들를 수도 있는 어린이들에게 유용하다.

잠재적으로 위험한(그리고 명백히 프라이버시를 약화하는) 웹 페이지의 부분이나 요소들을 차단하면 광고를 생성하는 멀웨어의 횡포를 막을 수 있다. 예를 들면, 구글 홈페이지에 광고들이 뜨는 것을 인지했을지 모른다. 사실 구글 홈페이지에서는 아무런 광고도 보지 않아야 정상이다. 만약 광고를 본다면 당신의 컴퓨터와 브라우저가 (아마도 꽤 오래전에) 해킹당했을 가능성이 크고 그로 인해 불청객의 광고들을 보는 것인데, 이를 클릭할 경우 거기에 내장된 '트로이의 목마'(당신의 모든 키보드 입력 내용을 기록하는 '키로거keylogger'를 비롯한 다른 멀웨어들)를 활성화할 수 있다. 설령 그 광고들이 멀웨어를 포함하지 않았다고 해도, 광고대행사들의 매출은 해당 광고가 받는 클릭 수로부터 나온다. 더 많은 이들이 속아서 클릭할수록 더 많은 돈이 그들에게 떨어진다.

성능이 좋기는 하지만, 노스크립트와 스크립트블록이 모든 것을 차단하는 것은 아니다. 브라우저에 대한 위협으로부터 완전하게 보호받고 싶다면 '애드블록 플러스Adblock Plus'의 설치를 고려해볼 만하다. 다만 문제는 애드블록이 모든 것을 기록한다는 점으로, 설령 '프라이빗 브라우징' 기능을 이용하는 경우에도 당신의 브라우저 방문 기록을 추적한다. 그래도 이 경우는 장점(잠재적으로 위험한 광고들)이 단점(당신의 온라인 행위를 안다는 점)보다 더 크다.

또 다른 유용한 플러그인은 크롬과 파이어폭스 양쪽에서 쓸 수 있는 고스터리Ghostery다. 고스터리는 사이트들이 이용자의 활동을 추적하기 위해 사용하는 모든 추적 프로그램(예컨대 더블클릭과 구글의 애드센스)을 식별한다. 노스크립트처럼, 고스터리는 각 웹 페이지에서 어떤 추적기를 허용하거나 차단할지 구체적으로 조절할 수 있다. 사이트는 "트래커가 당신의 브라우저에서 활동하지 못하게 차단함으로써 당신의 온라인 행위에 관한 데이터가 추적되는 방식과 범위를 스스로 결정할 수 있도록 도와줍니다. 소셜 네트워크 피드 위젯이나 브라우저 기반의 게임처럼, 어떤 추적기는 잠재적으로 유용하다는 사실을 명심하십시오. 트래커 차단은 당신이 방문하는 사이트들에 의도치 못한 결과를 미칠 수도 있습니다."라고 적고 있다. 이는 고스터리가 설치된 경우 어떤 사이트는 정상적으로 작동하지 않을 수도 있다는 뜻이다. 다행히 이용자는 고스터리를 개별 사이트에 따라 비활성화할 수 있다.[6]

웹사이트들에 의해 식별되는 것을 막기 위해 플러그인을 쓰는 방법에 더해, 개별 목적에 맞춘 여러 이메일 주소를 사용하면 잠재적 해커들을 혼란스럽게 만들 수 있다. 예를 들면 2장에서 우리는 남에게 들키지 않고 통신하기 위해 익명의 이메일 계정을 만드는 방법들에 대해 논의했다. 그와 비슷하게 단순한 일상적 브라우징의 경우에도, 복수의 이메일 계정을 만드는 것은 꼭 무엇인가를 숨기기 위해서라기보다는 인터넷상의 온갖 장사꾼이나 잠재적 해커들에게 덜 흥미롭게 보이기 위해서도 좋은 아이디어이기 때문이다. 복수의 온라인 프로필은 식별 가능한 주소를 단 하나만 갖는 경우보다 프라이버시에 미치는 영향을 희석시켜준다. 누군가가 당신의 온라인 프로필을 만들기도 더 어려워진다.

온라인에서 무엇인가를 사고 싶다고 치자. 쇼핑만을 위한 이메일 주소를 만드는 것은 어떨까? 또 그 이메일 주소로 구매한 물건은 모두 당신의 집 주소 대신 별도의 우편물 배달지로 보낼 수 있다.[7] 더 나아가 구매에 신용카드 대신 선물 카드를, 그것도 때때로 충전해서 쓰는 것도 인터넷에서 프라이버시를 보장받는 한 방법이다.

이렇게 하면 물건을 파는 회사는 당신의 부차적 이메일 주소, 부차적 배송 주소, 쓰고 나서 버리면 그만인 선물 카드 정도의 정보밖에 갖지 못한다. 그 회사에서 데이터 유출 사고가 난다고 해도, 범행을 저지른 해커들은 당신의 실제 이메일 주소, 실제 집 주소, 혹은 신용카드 번호는 취득하지 못할 것이다. 이런 식으로 온라인 구매 행위와 자신의 개인정보를 단절시키는 일은 바람직한 프라이버시 보호 대책이다.

소셜 네트워크에만 쓸 목적으로 또 다른 부차적 이메일 주소를 만드는 것도 고려해볼 만하다. 이 주소는 당신의 '공개된' 이메일 주소가 돼서 낯선 사람이나 막연히 이름만 아는 사람이 당신에게 접촉하는 데 이용될 수 있다. 이런 이메일의 장점은 쇼핑의 경우처럼 사람들은 당신에 관해 별로 얻어내지 못할 것이라는 점이다. 적어도 직접은 말이다. 자신을 더 확실히 숨기기 위해 각각의 부차적 주소에 독특한 이름을, 이를테면 성과 이름의 순서를 바꾼다거나 성과 이름 사이의 가운데 이름을 실제 성이나 이름처럼 쓰는 식으로 변주하거나 아예 전혀 다른 이름을 붙일 수 있다.

전자인 경우 조심할 필요가 있다. 가운데 이름은 올리지 않는 게 좋은데, 만약 늘 가운데 이름을 쓰는 경우라면 이름*은 쓰지 않는 게 바람직하다. 예컨대 'JohnQDoe@xyz.com'처럼 별 의심 없이 쓰는 경우도, 그에게 'Q'로 시작되는 가운데 이름이 있음을 알리는 결과로 이어진다. 이것은 필요하지 않은데도 개인정보를 공개하는 한 사례다. 우리는 지금 배경 속에 섞여들어 보이지 않으려 애쓰는 것이지, 주목을 받으려는 게 아니라는 점을 기억하라.

당신의 이름과 연관되지 않은 단어나 표현을 쓰려거든 가능한 한 단서가 드러나지 않도록 유념하라. 만약 당신의 이메일 주소가 'snowboarder@xyz. com'이라면, 우리는 당신의 이름을 알지 못하더라도 당신의 취미 중 하나는 알게 된다. 'silverfox@xyz.com'처럼 일반적인 이름을 고르는 게 더 낫다.

물론 사적인 이메일 주소도 원할 것이다. 이 주소는 친한 친구, 가족과만 공유해야 한다. 그리고 이처럼 신중한 방식을 쓰면 그럴듯한 보너스가 따라온다. 사적인 이메일을 쓰지 않고 온라인 구매를 할 수 있으므로 스팸 세례가 예방되는 것이다.

---

* 일반적인 '성명'에서 '명'에 해당 – 옮긴이

셀폰은 서비스 기업의 추적으로부터 벗어날 수 없다. 2015년 여름, 한 눈 밝은 연구자는 AT&T와 버라이즌이 모바일 브라우저를 통한 모든 웹 페이지 요청에 추가 코드를 붙인다는 사실을 포착했다. 이것은 3장에서 언급한 IMSI(국제이동국식별번호)가 아니라 각 웹 페이지 요청에 붙여 보내는 고유 식별 코드다. '고유 식별 헤더', 혹은 UIDH로 알려진 이 코드는 광고사들이 웹에서 이용자를 식별하는 데 이용할 수 있는 임시 일련번호다. 이 연구자가 이런 사실을 밝혀낼 수 있었던 것은 자신의 모바일 전화기에서 오가는 모든 웹 트래픽을 기록하도록 설정했기 때문이다(이렇게 하는 사람은 많지 않다). 그렇게 한 후 그는 추가 데이터가 버라이즌의 이용자들에게, 그리고 나중에는 AT&T 고객들에게 덧붙은 것을 눈치챘다.[8]

이 추가 코드의 문제는 고객들이 그에 대해 고지받지 않았다는 점이다. 예를 들면, 파이어폭스 모바일 앱을 다운로드한 후 프라이버시를 높이기 위해 플러그인들을 설치한 사람들은, 만약 AT&T나 버라이즌을 이용했다면 자신들의 의도와는 상관없이 UIDH 코드에 의해 추적당한 셈이기 때문이다.

이 UIDH 코드 덕분에, 버라이즌과 AT&T는 이용자의 웹 요청과 연계된 트래픽을 잡아 각 이용자의 모바일 온라인 프로필을 구축한 후 미래의 광고에 활용하거나 원시 데이터를 다른 업체들에 팔 수 있다.

AT&T는 그런 비즈니스 관행을 지금은 중단한 상태다.[9] 버라이즌은 이용자가 설정할 수 있는 선택 사항 중 하나로 만들었다.[10] 단, 원치 않는다고 명시적으로 밝히지 않으면, 당신은 버라이즌에 그런 관행을 계속해도 된다고 승인하는 셈이 되므로 주의하자.

설령 자바스크립트를 끈다고 해도, 당신이 방문한 웹사이트는 여전히 'http 쿠키'라고 불리는 데이터를 담은 텍스트 파일을 브라우저로 돌려보낸다. 이 쿠키는 오랫동안 저장돼 있을 수 있다. '쿠키'라는 용어는 '매직 쿠키'의 준말로, 방문한 웹사이트에서 이용자의 브라우저로 보내는 텍스트 파일이며, 이용자를 추적하는 데, 가령 쇼핑 바구니에 담긴 아이템을 기록하거나 심지어 이용자를 인증하는 데 사용된다. 쿠키는 넷스케이프 브라우저에서 처음 사용됐고 당시 의도는 가상의 쇼핑 바구니 생성과 전자상거래 기능을 도울 목적이었다. 쿠키는 보통 PC의 브라우저에 저장되고 유효 기간이 정해져 있지만, 그 기한은 수십 년의 긴 기간일 수도 있다.

쿠키는 위험한가? 아니다(적어도 그 자체로는). 그러나 쿠키는 다른 제3 업체들에 당신의 계정과 특정한 선호도를, 예컨대 일기예보 사이트의 선호 도시나 여행 사이트의 선호 항공사 같은 정보를 제공한다. 다음에 브라우저가 그 사이트와 연결되는 경우 쿠키가 이미 존재한다면, 사이트는 당신을 기억하고 어쩌면 "안녕, 친구"라고 반길 것이다. 그리고 그게 전자상거래 사이트라면 당신의 과거 구매 활동 내용을 기억할 수 있다.

쿠키는 이런 정보를 PC나 모바일 기기에 저장하지 않는다. IMSI를 프록시로 쓰는 셀폰처럼, 쿠키는 해당 사이트의 백엔드에 존재하는 데이터용 프록시를 담고 있다. 쿠키가 저장된 웹 페이지를 브라우저가 띄우면, 해당 이용자에게 특화된 추가 데이터가 추출된다.

쿠키는 이용자의 개인적인 사이트 취향을 저장할 뿐 아니라, 중요한 추적 데이터도 그 출처 사이트에 제공한다. 예를 들어, 만약 이용자가 한 회사의 잠재 고객이고 이전에 백서나 보고서를 보기 위해 이메일 주소나 다른 정보를 입력한 적이 있다면, 그의 브라우저에는 해당 사이트의 쿠키가 저장돼, 백엔드에서 세일즈포스나 허브스폿 같은 고객기록관리CRM 시스템의 이용자 정보와 비교하고 일치시킨다. 그 회사의 사이트에 접속할 때마다 해당 이용자는 그의 브라우저에 저장된 쿠키를 통해 식별되고, 그 방문 내용은 CRM 시스템에 기록될 것이다.

쿠키는 분할돼 있다. 웹사이트 A가 웹사이트 B의 쿠키 내용을 볼 수 없다는 뜻이다. 예외도 있지만 일반적으로 쿠키 정보는 분리돼 있고, 보안 차원에서도 상당히 안전하다. 그러나 프라이버시 차원에서 볼 때 쿠키는 온라인에서 눈에 띄지 않으려는 노력에 별 도움이 되지 못한다.

당신은 동일한 도메인에 속한 쿠키들, 특정 범주의 사람들에게 배정된 자원 세트에만 접근할 수 있다. 광고대행사들은 이런 한계를 극복하기 위해 대규모 네트워크의 일부인 여러 사이트들에서의 활동을 추적할 수 있는 쿠키를 설치한다. 하지만 일반적으로, 쿠키는 다른 사이트의 쿠키에 접근할 수 없다. 요즘 브라우저들은 이용자가 쿠키들을 제어할 수 있는 방법을 제공한다. 예컨대 '인코그니토'나 '프라이빗 브라우징' 기능을 써서 웹 서핑을 하면, 사이트의 방문 기록이 브라우저에 남지 않으며 해당 세션에 따른 새 쿠키도 설치되지 않는다. 그러나 이전 방문 때 받은 쿠키가 이미 브라우저에 있다면 그 쿠키는 '프라이빗' 모드에서도 여전히 작동한다. 한편 정상적인 브라우저 환경에서도 지난 수년간 브라우저가 받아 저장한 쿠키들을 직접 삭제할 수 있다.

하지만 쿠키를 모조리 제거하는 것은 바람직하지 않을 수도 있다. 일회성으로 방문한, 별로 개의치 않는 사이트들과 연계된 쿠키만 선택적으로 제거하는 것이 인터넷에서 자신의 족적을 지우는 데 도움이 될 것이다. 그러면 재방문해도 그 사이트는 당신의 신원을 알 수 없다. 그러나 날씨 사이트 같은 경우는 쿠키를 지워버리면 간단한 쿠키로 커버될 우편번호나 주소를 방문할 때마다 다시 입력해야 하는 불편이 따른다.

쿠키 제거는 부가 프로그램을 쓰거나 브라우저의 설정에서 하나 또는 그 이상의(혹은 모든) 쿠키를 지울 수 있는 옵션으로 가능하다. 쿠키를 한꺼번에 지워버리기보다는 사이트별로 결정하는 게 나을 수도 있다.

어떤 광고주들은 광고를 준 사이트에 이용자가 얼마나 오래 머무르는지 추적하는 데 쿠키를 쓴다. 어떤 경우는 '소개referrer 사이트'로 알려진, 직전 방문 사이트들에 대한 정보를 기록하기도 한다. 이런 쿠키는 즉각 삭제해야 한다. 이들 중 일부는 그 이름에 당신이 방문한 사이트들의 이름이 들어있지 않기 때문에 찾아낼 수 있다. 가령 'CNN' 대신, 소개 사이트의 쿠키는 스스로를 'Ad321'이라고 밝힌다. 쿠키를 쉽게 관리하기 위해 piriform.com/ccleaner에서 다운로드할 수 있는 'CCleaner'와 같은 쿠키 청소 소프트웨어 툴을 이용하는 것도 한 방법이다.

그러나 어떤 쿠키들은 이용자가 브라우저 쪽에서 어떤 결정을 내리든 아무런 영향을 받지 않는다. 이들은 '슈퍼 쿠키'라고 불린다. 이용자의 컴퓨터에, 브라우저의 바깥에 존재하기 때문이다. 슈퍼 쿠키는 사이트의 설정 내용에 접근하고, 어떤 브라우저를 이용하든 상관없이(오늘은 크롬, 내일은 파이어폭스) 데이터를 추적한다. 그리고 당신은 슈퍼 쿠키를 브라우저 쪽에서 삭제해야 한다. 그렇지 않으면 일반 PC는 다음에 당신의 브라우저가 그 사이트에 접속할 때, 메모리에서 http 쿠키를 다시 만들려 시도한다.

브라우저 밖에 존재하는 슈퍼 쿠키로 이용자가 삭제할 수 있는 것에는 두 종류가 있다. 어도비에서 만든 플래시와 마이크로소프트에서 만든 실버라이트다. 이들 슈퍼 쿠키 중 어느 것도 만료되지 않는다. 그리고 일반적으로 둘 다 삭제하는 게 안전하다.[11]

그리고 가장 터프한 쿠키가 있다. 급속히 전파되는 마이스페이스 웜(자가 복제로 컴퓨터 간에 전파되는 바이러스의 일종) '새미Samy'를 만든 것으로 유명한 새미 캠카는 언필칭 '에버쿠키Evercookie'라는 제거하기 매우 어려운 쿠키를 만들었다.[12] 캠카는 쿠키 데이터를 윈도우 운영체제 전체에 걸쳐 가능한 한 많은 브라우저 저장 시스템들에 저장하는 방식으로 그처럼 집요한 쿠키를 만들었다. 여러 저장 시스템들 중 어느 하나라도 남아있는 한, 에버쿠키는 쿠키를 다른 모든 곳에 복구하려 시도한다.[13] 따라서 에버쿠키를 브라우저의 쿠키 저장 캐시에서 삭제하는 것만으로는 충분하지 않다. 아이들의 두더지 잡기 게임처럼, 에버쿠키는 끊임없이 튀어나올 것이다. 싸움에서 이기려면 에버쿠키를 기기 전체에서 완전히 삭제해야만 한다.

당신의 브라우저에 얼마나 많은 쿠키가 이미 저장돼 있는지 감안한다면, 그리고 거기에, 그 브라우저가 설치된 기기 전체에 존재하는 잠재적 저장 공간의 숫자를 곱한다면, 에버쿠키를 완전히 제거하는 데 얼마나 많은 시간과 노력이 요구되는지 짐작할 수 있을 것이다.

당신의 온라인 활동을 추적하고 싶어 하는 것은 웹사이트와 모바일 통신 회사들만이 아니다. 페이스북은 거의 만국 공통이면서 단순한 소셜 미디어를 넘어서는 플랫폼이 됐다. 페이스북에 로그인할 수 있고, 같은 페이스북 로그인으로 여러 다른 앱들에도 접속할 수 있다.

이런 관행은 얼마나 인기 있을까? 적어도 한 마케팅 보고서에 따르면 미국 소비자의 88%가 페이스북, 트위터, 구글 플러스 같은 소셜 네트워크의 기존 디지털 ID를 써서 웹사이트나 모바일 앱에 로그인한다.[14]

이용자가 따로 암호를 넣지 않아도 그를 신뢰할 수 있게 해주는 인증 프로토콜인 'OAuth'의 편의성에는 장단점이 있다. 한편으로 이것은 지름길이다. 기존 소셜 미디어의 암호를 이용해 새 사이트들에 신속히 접속할 수 있다. 다른 면으로 보면, 소셜 미디어 사이트가 이용자에 관한 정보를 여기저기서 주워 모아 마케팅 프로필을 구축하도록 허용하는 셈이다. 이용자가 어느 사이트에 방문했음을 아는 정도에 그치는 대신, 소셜 미디어 사이트는 당신이 찾아간 모든 사이트, 모든 브랜드에 관해 알게 된다. OAuth를 사용할 때, 우리는 편의성의 대가로 많은 프라이버시를 포기하는 셈이다.

페이스북은 아마도 모든 소셜 미디어 플랫폼들 가운데 가장 까다롭고 집요하다. 페이스북에서 로그아웃하면 그 브라우저의 인증마저 해제해 페이스북은 물론 관련 웹 애플리케이션에 대한 접근도 차단해버린다. 그뿐 아니라 페이스북은 로그아웃 후에도 작동하는 트래커로 이용자의 활동을 감시하면서, 이용자의 지리적 위치, 방문한 사이트들, 개별 사이트 안에서 클릭한 내용, 페이스북 ID 같은 정보를 요청한다. 프라이버시 옹호 단체들은 더 개인화된 광고를 띄우기 위해 이용자가 방문하는 웹사이트와 앱들에 관한 정보를 추적하려는 페이스북의 의도에 우려를 표명해왔다.

요는 페이스북이 구글과 마찬가지로 당신에 관한 데이터를 원한다는 점이다. 직접 나서서 묻지는 않을지 모르지만, 어떻게든 데이터를 취득할 방법을 찾을 것이다. 이용자가 페이스북 계정을 다른 서비스들과 연결하면, 페이스북은 이용자에 관한 정보뿐 아니라 연결된 서비스나 앱의 정보까지 갖게 된다. 페이스북을 이용해 은행 계정에 접속할 수도 있는데, 그런 경우 페이스북은 이용자가 어떤 금융 기관을 이용하는지 알 수 있다. 단일 인증에 그친다는 것은 만약 누군가가 당신의 페이스북 계정에 접근할 수 있게 되면 그것과 연결된 모든 다른 웹사이트에도(심지어 은행 계정에도) 접근할 수 있다는 뜻이다. 보안 분야에서 이른바 '단일 실패점Single Point of Failure'을 갖는 것은 결코 좋은 생각이 아니다. 비록 몇 초가 더 걸리더라도 필요한 경우 페이스북에만 로그인하고, 각각의 앱은 별개로 로그인하는 편이 안전하다.

더욱이, 페이스북은 브라우저 중 하나인 인터넷 익스플로러가 보내는 '추적하지 마시오'라는 신호를, '업계 합의가 없다'는 명분을 내세워 의도적으로 무시한다.[15] 페이스북 트래커들은 쿠키, 자바스크립트, 1픽셀 이미지, 아이프레임iframes 등 전형적인 형태로 나타난다. 그로 인해 페이스북의 광고주들은 특정한 브라우저 쿠키와 트래커들을 스캔하고 그에 접근해, 이용자가 페이스북에 로그인했을 때나 로그아웃했을 때나 자사 상품, 서비스, 광고를 내보낸다.

다행히, 다른 사이트들에도 따라붙는 페이스북 서비스들을 차단하는 브라우저 플러그인들이 나와 있다. 크롬용 페이스북 디스커넥트Facebook Disconnect[16], 애드블록 플러스용 '페이스북 프라이버시 리스트'(파이어폭스와 크롬에서 모두 작동)[17] 같은 것들이다. 이런 플러그인 툴의 목표는 궁극적으로, 개인이 페이스북이나 다른 어떤 소셜 네트워크들과 어떤 정보를 공유할지에 관해 기업이 개인 이용자들을 뒷자리로 밀어놓고 자기들 입맛에 맞춰 강요할 수 있게 하기보다는 개인 이용자들이 직접 결정할 수 있도록 통제권을 주자는 것이다.

페이스북이 16억5,000만여 명의 가입자들에 대해 보유한 정보의 규모와 깊이를 고려하면, 그간의 페이스북 행태는 퍽 선량한 것이었다.[18] 엄청난 양의 데이터를 보유했지만, 구글처럼 그 모든 데이터를 적극 활용하지는 않고 있다. 하지만 그것이 앞으로도 그렇지 않을 것이라는 뜻은 아니다.

쿠키보다 더 노골적이면서 쿠키처럼 기생적인 스파이 수단은 툴바다. 일반적인 PC 브라우저의 상단에 놓이는 추가 툴바는 '야후' 혹은 '맥아피' 혹은 '애스크'라는 표지를 달고 있다. 혹은 다른 회사의 이름이나 번호를 달았을 수도 있다. 대개는 그런 툴바가 어떻게 거기에 놓이게 됐는지, 정작 당사자는 모를 가능성이 크다. 실제로 써본 적도 없다. 그것을 어떻게 제거해야 하는지도 모를 것이다.

이런 툴바는 본래부터 브라우저에 딸려오는 툴바와는 다르기 때문에 눈길을 끈다. 브라우저에 딸린 툴바는 어떤 검색 엔진을 기본으로 사용할지 선택할 수 있다. 하지만 기생성 툴바는 자체 검색 사이트로 이용자를 끌어들여 온갖 후원 콘텐츠로 가득찬 결과를 내놓는다. 웨스트 할리우드에 사는 게리 모어에게도 이런 일이 벌어졌다. 애스크닷컴 툴바가 브라우저에 붙었는데 제거할 방법도 뚜렷하게 없었다. "그것은 마치 불청객 같다."라고 모어는 말했다. "도무지 떠나지를 않는다.[19]"

만약 당신의 브라우저에 두 번째나 세 번째 툴바가 붙었다면, 그것은 새로운 소프트웨어를 다운로드했거나 기존 소프트웨어를 업데이트했기 때문이다. 예를 들어 컴퓨터에 자바를 설치하면 그 모회사인 오라클은 이용자가 명시적으로 거부하지 않는 한 자동으로 툴바를 포함시킨다. 다운로드나 업데이트 스크린을 클릭할 때 이용자는 디폴트로 설정된, 툴바 설치에 동의한다는 작은 체크박스를 제대로 보지 못하고 지나쳤을 가능성이 크다. 여기에는 불법이라 할 만한 게 없다. 툴바를 자동으로 설치하겠다는 제안에 명시적으로 거절 의사를 밝히지 않았을 뿐이지만 이것도 일종의 동의에 해당한다. 그러나 그 툴바는 다른 회사로 하여금 이용자의 웹 이용 행태를 추적하게 하고, 아마 그의 기본 검색 엔진도 자체 서비스로 바꿔놓을 것이다.

이런 툴바를 제거하는 최선의 방법은 PC에서 프로그램을 언인스톨할 때 쓰는 방식대로 언인스톨하는 것이다. 하지만 유독 질긴 악성 툴바는 그런 방식이 통하지 않기 때문에 아예 전문 제거 툴을 따로 다운로드해야 할 수도 있고, 언인스톨 과정에서 발생한 정보가 광고 회사로 제공돼 툴바 재설치에 악용될 수도 있다.

새로운 소프트웨어를 설치하거나 기존 소프트웨어를 업데이트할 때, 모든 체크박스에 주의를 기울이길 바란다. 최초 인스톨 과정에서 체크박스의 체크를 지우는(동의하지 않는) 것만으로도 많은 골칫거리를 미연에 방지할 수 있다.

프라이빗 브라우징을 쓰고, 노스크립트와 HTTPS 에브리웨어를 설치했고, 때때로 브라우저의 쿠키와 외부 툴바를 삭제한다면 어떨까? 안전하다고 안심해도 좋다, 그렇지 않은가? 아니다. 그럼에도 여전히 당신은 온라인에서 추적되고 있다.

웹사이트들은 HTML이라 불리는 프로그래밍 언어로 코드화돼 있다. 지금 쓰이는 HTML5 버전에는 많은 새 기능이 있다. 그런 몇몇 기능은 실버라이트와 플래시 같은 슈퍼쿠키의 '사망'을 앞당겼고, 이는 좋은 일이다. 그러나 HTML5는 아마도 본의 아니게 새로운 추적 기술을 더했다.

그중 하나는 '캔버스 지문'이라는 온라인 추적 툴로, 이는 매우 으스스하게 쿨하다. 캔버스 지문은 HTML5의 캔버스 요소를 이용해 간단한 이미지를 그린다. 그게 전부다. 이미지 그리기는 브라우저 안에서 벌어지고 이용자에게는 보이지 않는다. 몇 분의 1초밖에 걸리지 않는다. 그러나 그 결과는 요청하는 웹사이트에 공개된다.

이는 브라우저의 자원으로서 이용자의 하드웨어와 소프트웨어를 결합하면 독특한 이미지가 생성될 것이라는 개념에서 나왔다. 그 이미지(일련의 다양한 컬러 형상)는 곧 암호와 비슷한 방식의 독특한 숫자로 치환된다.

이 숫자는 이어 인터넷의 다른 웹사이트들에서 발견된 그 숫자의 이전 경우들과 매치된다. 그리고 그로부터(그 독특한 번호가 발견된 여러 장소들로부터) 당신이 방문하는 웹사이트들의 프로필이 구축될 수 있는 것이다. 이 숫자, 혹은 캔버스 지문은 그것을 요청한 어떤 특정 웹사이트에 응답할 때마다 당신의 브라우저를 식별하는 데 이용될 수 있다. 설령 모든 쿠키를 제거했더라도, 혹은 장차 쿠키가 브라우저에 설치되지 못하도록 차단했더라도 HTML5 자체에 내장된 요소를 이용하기 때문에 막을 수 없다.[20]

캔버스 지문은 그냥 저절로 이뤄지는 절차다. 이용자가 어디를 클릭하거나 특별한 행동을 하지 않아도, 그저 웹 페이지를 보는 것만으로 식별 절차가 진행된다. 다행히 그것을 차단할 수 있는 브라우저의 플러그인들이 있다. 파이어폭스용은 캔버스블로커CanvasBlocker다.[21] 구글 크롬용으로는 캔버스핑거프린트블록CanvasFingerprintBlock이 있다.[22] 심지어 토르 프로젝트도 그 자체의 안티캔버스 기술을 그 브라우저에 추가했다.[23]

이런 플러그인을 쓰고, 내가 그간 추천한 행동 요강을 따른다면, 마침내 온라인 추적으로부터 자유로워졌을 것이라고 생각할지 모른다. 틀렸다.

드로브리지Drawbridge와 타파드Tapad 같은 회사들, 그리고 오라클의 '크로스와이즈Crosswise' 등은 온라인 추적의 수준을 한 단계 더 높였다. 이들은 이용자의 관심 사항들에 대한 추적을 위해, 당신이 셀폰과 태블릿에서만 방문하는 사이트들을 포함해 여러 기기들에 걸쳐 포괄적으로 추적하는 기술을 개발했다고 주장한다.

이처럼 포괄적 추적이 가능해진 것은 기계 학습과 퍼지 논리 덕분이다. 예컨대, 모바일 기기와 PC가 동일한 IP 주소를 이용해 어떤 사이트에 접속한다면 두 기기는 동일한 인물의 소유일 가능성이 높다. 예를 들어, 퇴근길에 셀폰을 통해 특정한 의류 아이템을 찾다가, 집에 도착해 PC를 열고 좀 전까지 브라우징하던 소매점의 웹사이트에 다시 들어가 '최근에 본' 섹션에서 동일한 아이템을 찾는다고 가정하자. 한 단계 더 나아가, 해당 의류 아이템을 PC를 이용해 구매한다고 치자. 별개의 두 기기 간에 더 많은 일치가 나타날수록 동일 인물이 둘 다 사용할 가능성은 더 높아진다. 드로브리지 한 회사만도 2015년에 36억 개의 기기들에 대해 12억 이용자와의 연계성을 찾아냈다고 주장한다.[24]

구글도 물론 같은 일을 하고, 애플과 마이크로소프트도 마찬가지다. 안드로이드 전화기를 쓰려면 구글 계정이 필요하다. 애플 기기는 애플 ID를 이용한다. 이용자가 스마트폰을 쓰든 랩톱을 쓰든 각 기기에서 나타난 웹 트래픽은 특정한 이용자와 연계된다. 그리고 마이크로소프트의 최신 운영체제는 마이크로소프트 계정을 만들어야 앱을 다운로드하거나 회사의 클라우드 서비스에 사진과 문서를 저장할 수 있다.

큰 차이는 구글, 애플, 마이크로소프트는 이용자가 이러한 데이터 수집 행위의 일부나 전체를 허용하거나 차단할 수 있게 하고, 이미 수집된 데이터도 소급적으로 삭제할 수 있게 해준다는 점이다. 드로브리지, 크로스와이즈, 타파드는 그 같은 차단과 삭제의 절차에 대해 덜 명료하다. 혹은 아예 없다.

인터넷을 쓸 때 프록시 서버나 토르를 쓰는 것이 당신의 실제 위치를 숨기는 가장 편리한 방법이지만, 이 방법은 흥미로운 문제를 야기하거나 심지어 본인에게 역효과를 낳을 수 있다. 온라인 추적은 때로, 특히 신용카드 회사가 사기를 막으려 할 때 정당화될 수 있기 때문이다. 예를 들면, 에드워드 스노든은 문서를 공개하기 불과 며칠 전에 온라인 권리를 옹호하는 웹사이트를 만들고 싶어 했다. 하지만 호스트 회사에 등록비를 자신의 신용카드로 지불하는 데 어려움을 겪었다.

당시 그는 여전히 실제 이름, 실제 이메일 주소, 그리고 개인 신용카드를 쓰고 있었고, 이것이 그가 내부고발자가 되기 직전의 상황이었다. 그는 토르도 쓰고 있었는데, 그 탓에 신용카드 회사에서 카드 소지자의 신원을 확인할 때 소지자가 제공한 정보와 회사의 보유 정보가 맞지 않아서 사기 경고로 이어지곤 했다. 이를테면, 신용카드 계정은 카드 소지자가 뉴욕에 산다고 돼 있는데 왜 토르의 출구 노드는 같은 사람이 독일에 있다고 나올까? 이와 같은 지리적 위치의 불일치는 신용카드 회사로 하여금 구매 시도를 잠재적인 사기 행위로 규정하고 추가 조사에 나서도록 유도한다.

신용카드 회사들이 온라인에서 우리를 추적하는 것은 분명하다. 이들은 우리의 모든 구매 행위를 안다. 무엇을 구독하는지도 안다. 언제 여행하는지도 안다. 또 온라인 구매에 새로운 기기를 이용할 때마다 이를 인지한다.

EFF의 마이카 리에 따르면, 어느 한때 스노든은 홍콩의 한 호텔 방에 머물면서 로라 포이트라스와 글렌 그린왈드, 그리고 「가디언」의 기자와 정부의 비밀 행태에 관해 토론하고 있었고, 그와 동시에 LA에 소재한 인터넷 서비스 제공업체인 드림호스트의 고객 지원 부서와 통화 중이었다. 스노든은 드림호스트 측에 자신은 해외에 나와 있고, 현지의 인터넷 서비스를 신뢰할 수 없어서 토르를 쓰고 있다고 설명했다. 결국 드림호스트 측은 토르를 통한 그의 신용카드 결제를 받아들였다.[25]

토르 사용에 따른 이런 번거로움을 피하는 한 가지 방법은 'torrec config' 파일을 열고 자신이 사는 나라에 있는 출구 노드를 이용하도록 설정하는 것이다. 그렇게 하면 신용카드 회사에서 문제를 삼는 일은 없을 것이다. 주의할 것은 동일한 출구 노드를 계속 사용하면 궁극적으로 당신의 신분이 노출될 수 있다는 점이다. 정부 기관들이 일부 출구 노드들을 장악했다는 심각한 의혹까지 나오는 마당이기 때문에 다른 노드들을 쓰는 게 현명하다.

아무 흔적도 남기지 않고 지불하는 또 다른 방법은 가상 화폐인 비트코인을 이용하는 것이다. 대다수 화폐가 그런 것처럼, 비트코인의 가치도 그에 대한 사람들의 신뢰도에 따라 등락한다.

비트코인은 사람들이 그들 자신의 화폐를 만들도록(혹은 비트코인의 용어에 따르면 '캐내도록mine') 해주는 알고리즘의 일종이다. 그러나 그게 쉬웠다면 누구나 했을 것이다. 사실은 쉽지 않다. 비트코인을 만드는 과정은 컴퓨터 연산 과정상 매우 복잡하고 부담이 크기 때문에 비트코인 하나를 만드는 데도 오랜 시간이 소요된다. 따라서 언제 어느 때든 유한한 양의 비트코인만 존재하고, 그런 점은 소비자의 신뢰도에 더해 그 가치에 영향을 미친다.

각각의 비트코인은 그것이 오리지널이고 유일하다는 점을 식별해주는 암호화된 서명을 가지고 있다. 그 암호화된 서명을 통한 거래는 해당 코인으로 소급되지만, 그것을 취득하는 방법은 예컨대 확고한 익명 이메일 주소를 만든 후 토르 네트워크를 이용해 그 이메일로 익명의 비트코인 지갑을 설정하는 경우 안전하게 은폐될 수 있다.

비트코인은 개인적으로 살 수도 있고, 온라인에서 선불 선물 카드를 써서 익명으로, 혹은 감시 카메라가 없는 비트코인 ATM에서 직접 구입할 수도 있다. 구입 방식을 결정할 때, 어떤 감시 변수들이 당신의 진짜 신원을 노출하게 될 수 있는가에 따라, 그런 위험 요소를 적절히 감안해야 한다. 그다음에는 비트코인을 '텀블러'로 알려진 곳에 넣을 수 있다. 텀블러는 이름 그대로 여러 사람의 비트코인들을 무작위로 고르고 뒤섞는다. 당신은 텀블링 비용을 뺀 비트코인의 가치를 유지하는데, 다른 이들의 비트코인과 뒤섞인 후에는 각 코인의 암호화된 서명이 다를 수 있다. 그럼으로써 시스템의 익명화가 어느 정도 달성된다.

일단 비트코인을 갖게 되면 어떻게 저장할까? 비트코인 은행도 없고, 비트코인은 물리적 화폐도 아니기 때문에 이 책 말미에 적은 상세한 가이드를 읽고 비트코인 지갑을 익명으로 설정할 필요가 있다.

비트코인을 구입한 후 저장하고 나면 어떻게 사용할까? 거래소들은 비트코인에 투자하고, 미국 달러화 같은 다른 화폐와 교환하는 것을 허용하며, 아마존 같은 사이트들에서 물품을 구매할 수도 있다. 이를테면 당신에게 628달러 가치의 비트코인 하나가 있다고 가정하자. 구매에 80달러만 필요하다면, 해당 거래 후에는 환율에 따라 본래 가치의 일정 비율을 유지하게 된다.

거래는 '블록체인'으로 알려진 공개 원장元帳에서 확인되고, IP 주소로 식별된다. 그러나 앞에서 확인했듯이, IP 주소들은 바뀌고 변조될 수 있다. 그리고 상인들이 비트코인을 수용하기 시작했다고 해도, 보통 상인 쪽에서 지불하는 서비스 수수료는 구매자에게 전가돼왔다. 더욱이 신용카드와 달리, 비트코인은 환불이나 변제가 되지 않는다.

당신은 실물 화폐를 모으듯 얼마든지 비트코인을 축적할 수 있다. 그러나 전체적인 성공에도 불구하고(페이스북 설립 상황을 둘러싸고 마크 저커버그와 법정 다툼을 벌여 유명해진 윙클보스 형제가 비트코인의 주요 투자자들이다.), 비트코인 시스템은 몇몇 치명적 실패를 드러냈다. 2014년, 도쿄의 비트코인 거래소인 마운트 곡스Mt. Gox는 자체 비트코인을 도난당했다고 발표한 후 파산을 선언했다. 미국의 대다수 은행 계정들과 달리 보험을 들지 않은 비트코인 거래소들 중에도 비슷한 도난 신고가 나왔다.

그렇지만 여전히 과거의 다양한 가상 화폐 시도에도 불구하고, 비트코인은 인터넷의 표준적인 익명 화폐가 됐다. 아직 개선해야 할 점이 있는 것은 분명하지만, 프라이버시를 원하는 이들에게는 유효한 옵션이다.

토르로 IP 주소를 은폐하고, PGP와 시그널로 이메일과 문자 메시지를 암호화하고 난 후 당신은 이제 온라인에서 눈에 띄지 않게 됐다고 느낄지 모른다. 하지만 당신을 인터넷에서 찾는 데도, 숨기는 데도 이용될 수 있는 하드웨어에 관해 나는 아직 제대로 논의하지 않았다.

7장

돈을 내거나
모두 잃거나

악몽은 온라인에서 시작돼 연방 수사 요원들이 미네소타 주 블레인 교외의 한 집을 급습하는 것으로 끝났다. 수사 요원들이 가진 단서는 아동 포르노그라피를 다운로드한 IP 주소와 조 바이든 미국 부통령에 대한 살해 협박뿐이었다. 요원들은 문제의 IP 주소와 연계된 인터넷 서비스 회사에 접촉해 해당 이용자의 실제 주소를 알아냈다. 그런 식의 추적은 모두가 아직 모뎀과 라우터에 유선으로 접속돼 있던 시절에는 매우 성공적이었다. 당시에 각 IP 주소는 물리적으로 해당 기기로까지 추적됐다.

그러나 요즘은 대다수가 집에서 무선을 쓴다. 그 덕분에 누구나 집안에서 모바일 기기를 들고 이리저리 돌아다니면서도 여전히 인터넷에 연결돼 있다. 그리고 만약 조심하지 않으면 이웃들이 같은 무선 신호에 접속할 수도 있다. 이 사건의 경우에도 연방 수사 요원들은 미네소타의 엉뚱한 집에 들이닥쳤다. 이들이 실제로 노렸던 집은 바로 그 이웃이었다.

2010년 배리 빈센트 아돌프는 해킹, 신원 도용, 아동 포르노그라피 소지, 그리고 조 바이든 부통령을 협박한 혐의 등에 대해 유죄를 인정했다. 법원 기록에 따르면 아돌프와 이웃 간의 갈등은 이웃이(사실은 변호사였고 이름은 공개되지 않았다.) 아돌프가 '그 변호사의 유아를 부적절하게 만지고 입을 맞추는' 행위를 했다고 경찰에 신고하면서 시작됐다.[1]

그러자 아돌프는 그 이웃집의 무선 라우터의 IP 주소를 이용해 이웃의 이름으로 야후와 마이스페이스의 계정을 개설했다. 아돌프는 이 가짜 계정을 통해 이웃 변호사를 망신주고 법률적 곤경에 빠뜨리려는 모험을 시작했다.

많은 인터넷 서비스 제공업체[ISP]들은 가정에 설치하는 라우터들에 아예 무선 기능을 장착한다.[2] 컴캐스트 같은 일부 ISP들은 두 번째 공개 와이파이 서비스를 생성하는데, 이에 대해 개별 가입자는 거의 통제권이 없다. 예를 들면, 가입자는 라우터를 끌 수 있는 정도의 몇 가지 설정밖에 할 수 없다. 이런 점은 알아둘 필요가 있다. 집앞에 주차된 승합차 안에서 누군가가 당신의 와이파이를 공짜로 쓰고 있을지도 모르는 것이다. 그에 대해 추가 비용을 지불할 필요는 없지만, 만약 누군가가 두 번째 신호를 집중적으로 쓴다면 와이파이 스피드 자체가 저하되는 것을 감지하게 될 수도 있다. 방문객들에게 가정의 공짜 인터넷 접속을 제공할 필요가 전혀 없을 것이라고 생각한다면 컴캐스트의 '엑스피니티 홈 핫스팟Xfinity Home Hotspot'을 비활성화할 수 있다.[3]

무선 장착 라우터는 인터넷 접속도 편리하고 새로운 서비스도 금방 활용할 수 있다는 이점이 있지만, 이런 광역 라우터들은 적절히 설정돼 있지 않은 경우가 많아서 보안 대책을 제대로 마련하지 않으면 문제가 생길 수 있다. 무엇보다 보안 대책이 없는 무선 신호는 아돌프가 그랬던 것처럼 당신의 가정으로 진입하는 디지털 접속점이 될 수 있다. 무선 침입자가 당신의 디지털 파일을 노리지 않는 경우라도, 그들은 어떤 식으로든 문제를 일으키려 모색할 수 있다.

아돌프는 컴퓨터 천재는 아니었다. 그는 법정에서 이웃의 라우터가 쓰던 WEPwired equivalent privacy(유선급 프라이버시) 암호화와 그보다 훨씬 더 보안성이 뛰어난 WPAWi-Fi protected access(보호된 와이파이 액세스)의 차이를 모른다고 고백했다. 그는 단지 화가 났을 뿐이었다. 이 사례는 왜 집안 무선 네트워크의 보안성을 따져봐야 하는지 보여주는 또 다른 이유였다. 화난 이웃이 언제 당신의 홈 네트워크를 악용해 위해를 끼칠지 알 수 없는 노릇이다.

만약 누군가가 실제로 당신의 홈 네트워크에 뭔가 나쁜 짓을 한다면, 라우터 소유주인 당신이 할 수 있는 몇 가지 보호 대책이 있다. EFF에 따르면 연방 법관들은 저작권 소유자들이 비트토렌트에 대해 제기한 소송에서, 누군가 다른 이들이 자신들의 무선 네트워크를 이용해 영화를 다운로드하는 것이라는 변호인 측의 주장을 받아들여 소송을 기각했다.[4] EFF는 IP 주소를 해당 IP 주소에 해당하는 홈 네트워크의 소유주와 동일시할 수는 없다고 지적한다. 무선 가입자들은 그들의 무선 네트워크를 이용하는 다른 사람들의 행위에 책임이 없다는 뜻이다.[5]

비록 컴퓨터 포렌식스를 통해 범행에 이용된 와이파이의 실제 가입자가 무죄라는 것을 입증할 수는 있지만(앞에 소개한 미네소타 변호사의 경우처럼) 왜 그 번거로운 절차를 거쳐야 할까?

전화 기반의 다이얼업 모뎀이나 케이블 기반의 ASM 라우터 (시스코와 벨킨 등에서 구할 수 있다.)를 쓴다고 해도, 이들 장비 역시 그 나름의 소프트웨어와 설정 문제를 안고 있다.

무엇보다도 먼저, 최신 펌웨어(하드웨어 기기에 고정 설치된 소프트웨어)를 다운로드하라. 라우터의 설정 스크린에 접근하거나 제조업체의 웹사이트에 가서 특정 제품과 모델의 업데이트 정보를 찾으면 된다. 이런 작업은 가능한 한 자주 하길 바란다. 라우터의 펌웨어를 업데이트하는 한 가지 쉬운 방법은 매년 새 제품을 사는 것이다. 값이 비싸질 수 있지만 최신 펌웨어를 확보할 수 있다는 점은 분명하다. 둘째, 라우터의 설정 내용을 업데이트하라. 디폴트 세팅은 바람직하지 않다.

하지만 먼저, 이름이 무슨 문제냐고? 생각보다 더 중요하다. ISP에서 제공하는 라우터와 베스트바이에서 구입하는 라우터의 공통점은 이름을 붙이는 방식이다. 모든 무선 라우터는 기본으로 '서비스 세트 식별기^{SSID}'라고 부르는 것을 방송한다.[6] SSID는 보통 이름과 라우터의 모델을 조합한 형태로, 예를 들면 'Linksys WRT54GL'과 같은 식이다. 주변에서 감지되는 와이파이 신호의 이름을 보면 무슨 뜻인지 알 것이다.

디폴트 SSID를 전송하는 경우 해당 와이파이 신호가 어느 특정한 가정에서 나오는지 알 수 없게 가려주지만, 다른 한편으론 거리의 누군가에게 라우터의 정확한 제품과 모델 이름을 알려주는 결과로 이어진다. 이것이 왜 위험하냐고? 그 누군가가 해당 제품과 모델의 취약점을 이미 알고 있어서 이를 악용할 수 있기 때문이다.

그러면 어떻게 라우터의 이름을 바꾸고 펌웨어를 업데이트할까?

라우터에 접근하기는 쉽다. 인터넷 브라우저를 이용하면 된다. 당신이 가진 라우터의 매뉴얼이 없다면, 온라인의 URL 리스트를 이용해 브라우저의 주소 창에 무엇을 입력하면 당신의 홈 네트워크 라우터에 직접 접속할 수 있는지 알 수 있다.[7] 로컬 URL에 주소를 입력하면(지금 당신은 인터넷 전반이 아니라 라우터에 접속하려 한다는 점을 기억하라.) 로그인 스크린이 나타난다. 그러면 로그인에 필요한 ID와 암호는 무엇일까?

디폴트 로그인 정보를 모아놓은 목록도 인터넷에 존재한다.[8] 위에 언급한 링크시스의 사례를 보면 ID는 없고, 암호는 관리자를 뜻하는 '어드민^{admin}'이다. 두말할 필요도 없이, 일단 라우터의 설정 화면에 들어가면 기본 암호를 즉각 내가 앞에서 권장한 대로 독특하면서도 강력한 것으로 바꾸거나 암호 관리 프로그램을 활용하라.

라우터에 자주 접속할 일이 없다는 점을 감안하면, 이 암호를 암호 관리 프로그램에 저장하거나 따로 적어둘 필요가 있다. 암호를 잊어버렸다고 해도(충분히 그럴 만하다. 대체 라우터의 설정 스크린에 얼마나 자주 들어간다는 말인가?) 걱정할 필요는 없다. 구입 당시의 기본 설정으로 되돌려주는 물리적 '리셋' 버튼이 있기 때문이다. 그러나 물리적인 하드 리셋을 하는 과정에서는 다음에서 설명하려는 환경 설정 정보도 모두 재입력해야 한다. 그러므로 디폴트와 다르게 라우터를 설정한 경우에는 해당 정보를 기록하거나 스크린샷을 인쇄해두자. 스크린샷은 라우터를 재설정할 필요가 있을 때 유용할 것이다.

'Linksys WRT54GL'이라는 이름은 가령 'HP Inkjet'과 같이 무해한 것으로 바꿔서, 낯선 사람이 봤을 때 해당 와이파이 신호가 어느 집에서 나오는 것인지 알 수 없도록 만드는 게 좋다. 나는 내가 사는 아파트 단지의 이름이나 심지어 이웃의 이름을 라우터 이름으로 쓰기도 한다.

SSID를 완전히 숨기는 옵션도 있다. 다른 사람들은 해당 무선 네트워크를 쉽사리 볼 수 없다는 뜻이다.

라우터의 기본적인 환경 설정 범위에 머무르면서도 고려해볼 만한 무선 보안 유형이 여럿 있다. 이것은 보통 디폴트로는 설정되지 않는다. 그리고 모든 무선 암호화가 동일한 것도 아니며, 모든 기기에서 지원하는 것도 아니다.

가장 기본적인 무선 암호화의 형태인 '유선급 프라이버시WEP'는 무용지물이다. 옵션에 이게 나오거든 아예 고려하지도 말라. WEP는 이미 오래 전에 보안망이 뚫려서 더 이상 권장되지 않는다. 구식 라우터와 기기들만 그 방식을 일종의 '레거시' 옵션으로 제시할 뿐이다. 대신 WPA와 같이 더 강력한 최신 암호화 표준들을 선택하라. WPA2는 심지어 더 보안성이 뛰어나다.

라우터에서 암호화 기능을 켠다는 것은 그곳에 연결되는 기기들도 동일한 암호화 설정을 해줘야 한다는 뜻이다. 요즘 나오는 기기들은 대부분 자동으로 어떤 암호화 방식이 쓰이는지 인식하지만 구 모델은 어떤 암호화 수준을 쓰는지 수동으로 알려줘야만 한다. 언제나 가능한 한 가장 높은 수준을 선택하라.

보안의 수준은 가장 약한 고리에 상응한다는 점을 기억하고, 가장 오래된 기기에는 가능한 한 최고 수준의 암호화 방식을 적용하라.

WPA2를 택한다는 것은 랩톱이나 모바일 기기에 접속할 때 일부 새 운영체제들은 암호화 방식을 자동으로 인식하기도 하지만 그 장비들도 WPA2에 맞춰야 한다는 뜻이다. 전화기나 랩톱의 운영체제는 부근의 와이파이 신호들을 잡아준다. 앞에서 'HP Inkjet'으로 명명한 당신의 SSID는 와이파이 리스트에, 대개는 리스트의 상단에 나타날 것이다. 신호가 잡힌 와이파이 리스트에는 자물쇠 표시들이 나오는데(보통 각 신호의 강도 표시와 함께), 이는 해당 와이파이 연결망이 암호를 요구한다는 뜻이다(당신의 'HP Inkjet'에도 자물쇠 표시가 나타나야 마땅하다).

접속 가능한 리스트에서 당신의 SSID를 클릭하라. 암호를 넣으라는 화면이 나타나면 적어도 글자와 부호를 15개까지 만들라. 아니면 암호 관리 프로그램을 써서 복잡한 암호를 만들길 바란다. 암호로 보호된 해당 와이파이에 접속하기 위해서는 다른 기기마다 적어도 한 번씩 암호를 입력해줘야 하기 때문에 암호 관리 프로그램은 모든 경우에 통하지 않을 수도 있다. 특히 복잡한 그 암호를 기억해서 나중에 직접 입력해야 할 경우에 그렇다. 이른바 '스마트' 냉장고와 디지털 TV를 포함한 각 기기는 모두 당신이 라우터의 암호화를 설정할 때 썼던 단일한 라우터 암호를 이용할 것이다. 처음에는 해당 와이파이에 접속하기 위해 모든 기기에 한 번씩 해당 암호를 넣어야 하겠지만, 홈 네트워크의 암호를 바꾸거나 새 기기를 장만한 경우가 아니라면, 그다음부터는 그런 번거로운 절차가 필요하지 않을 것이다.

한 단계 더 나아가 와이파이 연결을 당신이 지정한 기기들로만 제한할 수도 있다. 이것은 '화이트리스팅'이라는 방식이다. 이 절차를 통해 이용자는 특정 기기들(화이트리스트)에만 접속을 허용하고, 다른 모든 기기들(블랙리스트)은 차단한다. 이렇게 하자면 각 기기의 '미디어 접속 제어^{MAC} 주소'를 입력해야 한다. 이는 또한 다음에 셀폰을 업그레이드하면, 와이파이에 접속하기 전에 그 기기의 MAC 주소를 추가해야 한다는 뜻이다.[9] 이 주소는 각 기기에 고유하다. 주소의 첫 세 세트(여덟 자리)는 제조 회사의 코드고, 마지막 세 세트는 해당 제품에 고유한 번호다. 라우터는 해당 하드웨어의 MAC이 이미 저장돼 있지 않은 경우 이를 거부할 것이다. 하지만 '에어크래킹aircrak-ng'이라는 해커 툴은 현재 연결된 이용자의 인가된 MAC 주소를 노출시킬 수 있고, 공격자는 이를 도용해 무선 라우터에 접속할 수 있다. 숨은 무선 SSID들처럼, MAC 주소를 이용한 제한 조처를 우회하는 것은 별로 어려운 일이 아니다.

기기의 MAC 주소를 알아내기는 비교적 쉽다. 윈도우의 경우 **시작** 버튼에 가서 'CMD'를 입력하고, **Command Prompt**(명령어 실행)를 클릭한 후 'v' 자를 뒤집은 모양의 삽입 기호 다음에 'IPCONFIG'를 입력하라. 그러면 데이터의 긴 목록이 죽 나오는데, 그중에는 MAC 주소도 포함돼 있다. 이는 열두 자리의 16진법 부호로 구성되고, 두 부호들마다 콜론으로 분리돼 있다. 애플 제품들에서는 더 쉽다. 사과 아이콘으로 커서를 옮겨서 **시스템 환경 설정**을 선택한 후 **네트워크** 아이콘을 클릭하라. 네트워크 화면의 **고급** 버튼을 누른 후 **하드웨어**를 선택하면 MAC 주소가 표시된다. 애플의 구형 제품들은 **사과 아이콘 〉 시스템 환경 설정 〉 네트워크 〉 내장 이더넷** 순서로 실행하면 된다. 아이폰은 **설정 〉 일반 〉 정보**About로 가서 '와이파이 주소'에서 찾을 수 있다. 안드로이드 전화기는 **설정 〉 정보 〉 상태**로 가서 '와이파이 MAC 주소'를 찾으면 된다. 이런 순서는 기기나 모델에 따라 다소 다를 수 있다.

이 열두 자리 MAC 주소를 알면 라우터의 설정에 들어가 이 기기들의 접속만 허용하고 나머지는 모두 차단하도록 만들 수 있다. 여기에는 몇 가지 단점이 있다. 손님이 와서 당신의 홈 네트워크를 이용하려고 할 경우, 당신의 기기 중 하나를 빌려주면서 기기의 암호를 알려주거나 라우터의 설정 화면에 다시 들어가 MAC 주소에 따른 제한 기능을 꺼버려야 한다. 또 기기의 MAC 주소를 바꾸고 싶어질 때도 있다. 그 경우 주소를 되돌리지 않으면 MAC 주소에 맞춰 제한한 가정이나 직장의 와이파이 네트워크에 접속하지 못할 수도 있다. 다행히 대부분의 경우, 기기를 재부팅하면 본래의 MAC 주소를 복구시켜준다.

어떤 새 기기든 홈 라우터에 쉽게 연결할 수 있도록 와이파이 기술의 전파에 힘을 쏟는 제조사들의 그룹인 '와이파이 연합'은 '와이파이 보호 설정WPS'을 만들었다. WPS는 누구든(정말 '누구든') 가정이나 사무실에서 안전하게 모바일 기기를 설정할 수 있는 방법이라고 광고된다. 하지만 실상을 들여다보면 그리 안전하지 못하다.

WPS는 보통 라우터에 버튼 형태로 달려 있다. 다른 방법은 PIN 번호와 '근거리 무선 통신NFC'을 이용하는 것이다. 간단히 말해, WPS 기능을 활성화하면 가정이나 사무실에 있는 새 기기들과 교신해 해당 와이파이 네트워크를 쓸 수 있도록 자동으로 동기화한다.

그럴듯하게 들린다. 하지만 만약 라우터가 '공개'된 곳(이를테면 거실)에 놓여 있다면, 누구든 WPS 버튼을 눌러서 당신의 홈 네트워크에 가입할 수 있다는 이야기다.

그렇게 버튼을 누르지 않더라도, 온라인 공격자는 무자비한 컴퓨팅 파워를 이용해 WPS의 PIN을 알아낼 수 있다. 몇 시간이 걸릴 수도 있지만 충분히 가능한 공격 방법이므로, 라우터의 WPS를 즉각 꺼서 해킹 피해를 미연에 방지하는 게 현명하다.

또 다른 WPS 공격 방법은 이른바 '픽시 더스트Pixie Dust'다. 이것은 오프라인 공격으로 레이링크, 리얼테크, 브로드컴 등 몇몇 칩 제조업체들에만 영향을 끼친다. 픽시 더스트는 해커들이 무선 라우터들의 암호들에 접근할 수 있게 해준다. 이 툴은 기본적으로 간단하고, 선택하거나 자동 생성된 WPS PIN의 복잡성에 따라 수 초에서 수 시간 안에 해당 라우터에 접속할 수 있게 해준다.[10] 예를 들면, 그중 한 프로그램인 리버^{Reaver}는 WPS로 설정된 라우터를 몇 시간 안에 뚫을 수 있다.

일반적으로, WPS는 끄는 게 현명하다. 모바일 기기를 네트워크에 새로 추가할 때마다 와이파이 접속에 필요한 비밀번호를 넣어주면 된다.

암호화 기능과 강력한 암호 설정을 통해, 당신은 이제 가정의 무선 라우터 네트워크에 다른 사람들이 무단 접근하는 것을 막았다. 그런 설정으로 아무도 당신의 홈 네트워크 안으로 들어올 수 없고 볼 수도 없다는 뜻일까? 전적으로 그렇지는 않다.

필라델피아 주 교외의 고교 2학년생인 블레이크 로빈스는 교장실에 불려가 (집에서) '부적절한 행위'를 했다며 처벌 통지를 받았을 때 무슨 영문인지 도무지 알 도리가 없었다. 필라델피아 주의 '남부 메리언 학구'는 로빈스를 비롯한 해당 지역의 모든 고등학생들에게 학업용으로 맥북을 지급했다. 학구 측에서 학생들에게 알려주지 않은 사실은 맥북을 분실했을 경우 그 소재를 파악할 목적으로 설계된 소프트웨어가 2,300명의 학생들이 랩톱의 웹캠 시야에 들어오는 경우 감시하는 데도 이용될 수 있다는 점이었다.

로빈스의 '부적절한 행위'가 무엇이었느냐고? 알약을 먹는 장면이었다. 로빈스 가족은 자신들이 선임한 변호사를 통해 로빈스가 숙제를 하는 동안 '마이크와 아이크' 사탕을 먹고 있었을 뿐이라는 입장을 견지했다.

왜 이것이 심지어 문제로 떠올랐을까?

해당 학구는 지급된 랩톱 중 하나를 도둑맞은 다음부터 도난 추적 소프트웨어를 계속 활성화 상태로 유지했다. 도난 추적 소프트웨어는 이렇게 작동한다. 소프트웨어 이용자가 자신의 랩톱을 도둑맞았다고 신고하면, 학교는 웹사이트에 들어가 도난당한 랩톱의 마이크를 통해 소리를 듣는 한편, 웹캠을 통해 이미지를 볼 수 있다. 학교 담당자는 원격으로 랩톱을 감시하고 필요한 경우 사진도 찍을 수 있다. 이 방법으로 잃어버린 랩톱의 위치를 파악해 회수하는 것은 물론, 도둑의 신원도 알아낼 수 있다. 그러나 이 경우 학교 담당자들은 해당 기능을 학생들이 집에 있는 동안 감시할 목적으로 켜놓았다는 혐의를 받았다.

학교에 지급된 로빈스의 맥북에 달린 웹캠은 수백 장의 사진을 찍었고, 그중에는 로빈스가 침대에서 잠자는 모습도 있었다. 다른 학생들의 경우는 더 심각했다. 법정 증언에 따르면, 학구 측은 몇몇 학생들에 대해 더 많은 사진을 찍었고, 그중 몇 장은 '부분적으로 탈의한' 모습이었다. 이런 사실은 로빈스가 부적절한 행위를 한 혐의로 처벌받지 않았다면 발각되지 않은 채 지속됐을 것이다.

로빈스는 졸업생인 잘릴 하산(그의 온라인 행위와 방문 사이트들을 포함한 이미지가 500장 가까이 찍혔다.)과 함께 학구를 고발했다. 로빈스는 배상금으로 17만5,000달러(약 20억 원)를, 하산은 1만 달러를 받았다.[11] 학구는 또 학생들의 소송비로 거의 50만 달러를 지불했다. 학구는 모두 합쳐 약 140만 달러에 이르는 비용을 보험사를 통해 지출해야 했다.

악의적인 소프트웨어를 이용해 주인 몰래 PC의 웹캠과 마이크를 켜기는 쉽다. 그리고 이것은 모바일 기기의 경우도 마찬가지다. 이 사건의 경우는 의도된 행위였다. 하지만 너무 자주 그렇지 않다. 한 가지 빠른 해법은 다시 써야 할 필요가 생길 때까지 당신의 랩톱 위에 테이프를 붙여두는 것이다.

2014년 가을, 런던의 일간지 「텔레그래프」의 소피 커티스 기자는 같은 신문사에서 일하는 것처럼 보이는 사람으로부터 링크드인 연결 요청을 이메일로 받았다. 그것은 커티스가 늘 받는 유형의 이메일이었으므로, 직업적 예의로 두 번 생각하지 않고 동료의 요청을 받아들였다. 2주 후 커티스는 민감한 문서의 공개를 앞둔 익명의 내부고발자 기관처럼 보이는 곳으로부터 이메일을 받았다. 어나니머스와 위키리크스 같은 단체들을 취재해본 기자로서, 커티스는 이런 메일을 받아본 적이 있었기 때문에 그 요청 내용이 궁금했다. 첨부 파일은 표준적인 파일처럼 보였고, 그녀는 이를 열기 위해 클릭했다.

즉각 그녀는 무엇인가 잘못됐음을 깨달았다. 윈도우 운영체제에 내장된 보안 프로그램인 윈도우 디펜더가 데스크톱에 경고 메시지를 보내기 시작했다. 그리고 경고 메시지는 계속 쌓이면서 화면을 뒤덮었다.

커티스는 요즘 수많은 사람들이 그렇듯이, 이메일의 첨부 파일을 정상 파일로 생각하고 클릭했다가 속아 넘어간 것이었다. 그녀가 보고 싶어 하는 정보인 것처럼 가장된 문제의 파일은 클릭과 동시에 다운로드되면서 원거리 공격자가 그녀의 컴퓨터를 완전히 장악할 수 있게 해주는 여러 파일을 풀어놓았다. 그 악성 소프트웨어는 그녀의 웹캠으로 사진까지 찍었다. 그 사진에서 그녀의 얼굴은 어떻게 누군가가 자신의 컴퓨터를 장악할 수 있는지 파악하려 고심하며 황망스러워 하는 표정이다.

사실 커티스는 누가 자신의 컴퓨터를 장악했는지 잘 알고 있었다. 실험 삼아, 커티스는 몇 개월 전에 '침투 테스터', 혹은 '펜 테스터'(펜pen은 '침투'라는 뜻의 'penetration'의 앞글자)를 고용했다. 나 같은 사람이다. 개인이나 기업들은 프로 해커들을 고용해 자사 컴퓨터 시스템에 침투해보라고 요구한다. 시스템의 허점을 파악하고 이를 보완하려는 목적이다. 커티스의 경우, 침투 시도가 여러 달에 걸쳐 진행됐다.

이러한 작업을 시작할 때, 나는 늘 해당 클라이언트에 관해 가능한 한 많은 정보를 얻어내려 애쓴다. 그의 일상과 온라인 습관을 알아내기 위해 시간을 투자한다. 클라이언트가 트위터, 페이스북, 그리고 앞에 예로든 것처럼 링크드인 등에 올린 공개 포스트들을 추적한다. 소피 커티스의 침투 테스터가 한 일도 정확히 그와 일치한다. 그녀에게 보낸 이메일 중 하나는 치밀하게 구성된 메시지로, 침투 테스터가 보낸 첫 번째 메일이었다. 침투 테스터는 그녀가 기자며 이전에도 모르는 사람들의 이메일 제보에 대해 개방적이라는 사실을 알았다. 침투 테스터로부터 받은 첫 번째 이메일에 대해 커티스는 미래의 기사를 위해 그 사람을 인터뷰하고 싶을 만큼 맥락이 충분치 않았다고 나중에 썼다. 그러나 커티스는 그 해커와 동료들의 치밀한 연구와 조사에 깊은 인상을 받았다.

커티스는 이렇게 말했다. "그들은 트위터를 이용해 내 직장의 이메일 주소는 물론 최근의 위치, 그리고 내가 다른 기자들과 함께 참가하는 정기 사교 모임의 밤 행사 이름까지 알아냈다. 내가 트위터에 올린 사진들 중 하나의 배경에 있는 사물을 통해 내가 어떤 모바일 기기를 쓰는지, 그리고 내 약혼자가 손으로 직접 말아서 피우는 담배를 피우며(옛날 사진에 나온다.), 사이클링을 좋아한다는 사실도 파악했다.[12] 이들 세부 사항 중 어느 것이든 또 다른 이메일의 근거가 될 수 있었을 것이다.

'데프 콘 2016' 콘퍼런스에서는 표적 대상의 트위터 내용을 분석하는 인공지능[AI] 기반의 새로운 툴도 발표됐다. 그 툴은 표적의 특정한 관심사에 맞춰 '스피어-피싱' 이메일을 작성한다.[13] 그러므로 트윗 안에 포함된 링크들을 클릭할 때 조심하길 바란다.

과연, 전혀 공개할 의도가 없었던 중요한 개인정보가 노출되는 곳은 그처럼 사소한 부분들(여기저기에 올린 기묘한 코멘트, 사진의 배경으로 나온 책장의 특이한 장식품, 과거에 참가했던 캠프에서 받은 티셔츠 등)이다. 우리는 이런 일회적 순간들은 무해하다고 여기지만, 해커는 그런 사실을 더 자세히 알게 될수록 더 쉽게 우리를 속여 이메일 첨부 파일을 열게 만들고, 우리의 온라인 세계를 장악해버린다.

커티스는 침투 테스트 팀은 공격을 거기에서 그쳤다고 지적한다. 그들이 진짜 범죄형 해커들이었다면, 그런 재미와 놀이는 한동안 계속됐을 것이고, 그녀의 소셜 미디어 계정, 「텔레그래프」의 업무용 네트워크, 심지어 금융 계정에 대한 접근권까지 얻어냈을 것이다. 그리고 거의 확실히, 해커들은 그런 행위를 커티스 자신이 컴퓨터가 해킹당한 사실을 모르도록 자행했을 것이다. 대다수 공격은 윈도우 디펜더나 안티바이러스 소프트웨어의 즉각적인 발동을 촉발하지 않는다. 일부 공격자들은 컴퓨터에 들어와, 몇 달이나 심지어 몇 년 동안 이용자는 해킹당했다는 사실조차 모른 채 암약하기도 한다. 랩톱만이 아니다. 이메일을 이용한 공격은 제일브레이크*된 아이폰이나 안드로이드 모바일 기기로부터도 가능하다.

구글과 다른 이메일 서비스 회사들은 멀웨어 전파나 온라인 포르노그라피의 확산을 막기 위해(그리고 광고 데이터를 수집하기 위해) 이용자의 메시지를 스캔하지만 사기를 막기 위한 목적은 그처럼 명확하지 못하다. 앞에서 언급했다시피 사람마다 기준이 다른 프라이버시처럼, 사기는 계량하기가 어렵다. 그리고 설령 눈앞에 뻔히 보이는 경우에도 언제나 그것을 알아채는 것은 아니다.

커티스에게 전송된 가짜 링크드인 이메일에는 사용자의 정보를 추적하는 툴 중 하나로 육안 식별이 불가능한 1×1인치 픽셀이 포함돼 있었다. 전술한 대로, 웹사이트들에서 발견되고 방문자의 온라인 행동을 추적하는 데 이용되는 것과 같은 유형이다. 그 작은 점은 활성화되면 멀리 떨어진 곳(세계 어느 곳이든 될 수 있다.)에 있는 추적 서버에, 해당 스크린에 얼마 동안 머물렀는지, 그리고 당신이 그것을 어떤 기기로 열었는지와 같은 정보를 전송한다. 해당 메시지를 저장했는지, 다른 사람들에게 전달했는지, 아니면 삭제했는지도 알려준다. 그뿐 아니라 만약 침투 테스트 팀이 사용한 시나리오가 진짜였다면, 공격자는 커티스가 가짜 링크드인 페이지를 방문하도록 관련 링크도 포함했을

---

* 탈옥. 애플 스마트폰의 서브 시스템에서 관리자의 권한을 취득해 잠금 장치를 해제하는 것을 말한다. – 옮긴이

것이다. 이 페이지는 아마도 다른 나라에 있는 엉뚱한 서버로 연결된다는 점만 빼면 실제 페이지와 모든 면에서 흡사할 것이다.

광고 회사 입장에서, 이 웹 버그는 수신자에 관한 정보를 수집해 프로필을 만드는 데 활용될 수 있다. 공격자의 경우, 당신의 컴퓨터 내부로 침입하는 방법을 포함해 다음 공격을 설계하는 데 필요한 기술적 세부 정보를 얻기 위해 이용될 수 있다. 예컨대 당신이 오래된 버전의 브라우저를 아직 쓰고 있다면, 그처럼 악용될 수 있는 버그가 숨어있을지도 모른다.

커티스가 침투 테스터들로부터 받은 두 번째 메일에는 파일을 여는 데 사용되는 소프트웨어(예를 들면 어도비 애크로뱃)의 취약점을 파고들기 위한 압축 문서가 첨부돼 있었다. 멀웨어라고 하면 일반적으로 사람들은 감염된 이메일 하나가 연락처 목록의 모든 사람들에게 추가 감염 메일을 퍼뜨리던 2000년대 초반의 컴퓨터 바이러스를 생각한다. 이런 유형의 대규모 감염 공격은 요즘은 퍽 드물다. 부분적으로는 이메일 소프트웨어 자체의 변화 때문이다. 대신 요즘 가장 위험한 멀웨어는 훨씬 더 미묘하고, 특정 개인을 표적으로 삼아 그의 특성과 취향에 맞춘다. 소피 커티스의 경우가 그러했다. 침투 테스터들은 '스피어피싱'이라고 불리는, 특정인에게 맞춰 설계된 특별한 피싱 형태를 사용했다.

피싱은 사용자 이름(ID), 암호, 신용카드나 은행 정보 같은 민감 정보를 빼내기 위해 벌이는 사기 범죄 행위다. 주요 표적 중 하나는 재무 최고 책임자CFO들로, 이들이 대금 결제 권한이 있다는 데 착안해 이들로 하여금 거액의 돈을 송금하게 만들기도 한다. 보통, 피싱 이메일이나 문자 메시지는 링크를 클릭하거나 첨부 파일을 여는 등과 같은 '액션' 아이템을 포함하고 있다. 커티스의 경우 해커들의 의도는 멀웨어를 그녀의 컴퓨터에 심어, 그런 일이 얼마나 쉽게 벌어질 수 있는지 보여주는 것이었다.

유명한 피싱 사기 사례 하나는 '오로라 작전Operation Aurora'으로, 피싱 이메일이 구글의 중국인 직원들을 겨냥했다. 의도는 중국에 있는 구글 직원들의 컴퓨터를 감염시켜, 캘리포니아 주 마운틴뷰에 있는 구글 본사의 내부 네트워크에 대한 접근권을 따내는 것이었다. 이 경우 공격자들은 구글 검색 엔진의 소스 코드에 위험하리만치 가까운 수준까지 근접했었다. 구글만이 아니었다. 어도비 같은 회사들도 유사한 침투 사례를 보고했다. 그 때문에 구글은 중국 측의 구글 서비스를 잠시 중단하기도 했다.[14]

우리는 링크드인이나 페이스북의 친구 요청을 받을 때마다 방심한다. 아마 그 사이트들을 신뢰하기 때문에 거기에서 온 것처럼 보이는 이메일 메시지도 믿어버린다. 하지만 앞에서 봤듯이, 누구든 진짜처럼 보이는 메시지를 꾸며낼 수 있다. 실제 환경에서는 누군가 가짜 수염을 붙였거나 머리를 심었거나 가성으로 말하면 우리는 대체로 눈치챈다. 수백 년에 걸쳐 정련된 진화적 직관이 깊이 생각할 필요도 없이 속임수임을 감지할 수 있게 해주는 것이다. 그러한 직관은 온라인에는 적용되지 않는다, 적어도 우리들 대부분의 경우에 그렇다. 소피 커티스는 기자였다. 호기심을 가지면서도 의심하고, 단서들을 따라가면서 사실 관계를 확인하는 것이 그녀의 직업이었다. 「텔레그래프」의 직원 목록을 확인해서 링크드인의 인물이 실재하는지 확인했다면 그 이메일이 가짜일 공산이 크다고 판단할 수 있었을 것이다. 그러나 그러지 않았다. 그리고 실상은 우리 대부분이 이와 마찬가지로 무방비라는 사실이다.

피싱의 장본인은 표적의 개인정보 중 일부만 알 뿐 전부 알지는 못하는데, 바로 그 일부가 그의 미끼다. 예를 들면, 피싱 장본인은 표적의 신뢰를 얻기 위해 이메일에 신용카드 번호의 마지막 네 자리 숫자를 보여주면서 더 많은 정보를 요구할 수 있다. 때로 그 네 자리 숫자는 부정확한데, 피싱 범인은 틀린 숫자를 정정해서 답장해달라고 요구한다. 응답하지 말라. 단적으로 말해, 피싱 장본인과 아예 말을 섞지 말라. 설령 믿을 만하다고 여겨져도, 개인정보와 관련된 어떤 청구에도 응답하지 말라. 대신, 별도의 이메일이나(만약 상대의 주소를 안다면) 문자(만약 셀폰 번호를 안다면)로 청구자에게 연락해보라.

더 우려되는 피싱 공격은 표적이 된 사람을 속여 직접 자신의 컴퓨터에 어떤 행동을 하게 해서 공격자가 컴퓨터를 완전히 장악해버리는 경우다. 그것이 사회공학 기법에서 내가 하는 일이다. 표적의 ID와 암호 같은 정보를 긁어모으는 것도 흔한 공격 방식 중 하나지만, 스피어피싱의 진짜 위험성은 표적의 컴퓨터 시스템과 네트워크에 대한 접근권이 넘어가는 것이다.

피싱 공격자와 교신을 하다 당신의 감염된 PC나 모바일 기기에 담긴 모든 데이터를, 가령 모든 개인 사진과 문서를 잃어버린다면 어떻게 될까? 그것이 바로 작가인 알리나 시몬의 모친에게 벌어진 일이었다. 「뉴욕타임스」에 기고한 글에서 시몬은 그런 일이 어떤 것인지, 컴퓨터 지식이 거의 없는 사람이 '랜섬웨어'라고 불리는 프로그램을 이용하는 정교한 적에 맞서는 일이 어떤 것인지 묘사했다.[15]

2014년, 개인과 기업을 모두 노린 '갈취형' 멀웨어가 유행처럼 밀어닥쳤다. '크립토월Cryptowall'이 한 사례다. 크립토월은 표적의 전체 하드디스크 드라이브를 암호화한다. 공격자가 요구하는 돈을 지불하고 잠긴 파일을 열 수 있는 열쇠 정보를 얻지 못하면 피해자는 어떤 파일에도 접근할 수 없다. 전체 백업을 해두지 않았다면, PC나 안드로이드 기기의 콘텐츠는 공격자가 요구한 '몸값ransom'을 지불할 때까지 접근 불능이다.

지불하고 싶지 않다고? 스크린에 나타나는 갈취 편지는 잠긴 파일을 열 수 있는 키가 일정 시간 안에 파기될 것이라고 말한다. 카운트다운 시계가 스크린에 함께 표시되기도 한다. 만약 요구한 돈을 지불하지 않으면 데드라인은 가끔 연장되기도 하는데, 요구 금액은 그렇게 지연될 때마다 더 오른다.

일반적으로 말해, 이메일 첨부 파일을 클릭하는 일은 (그것을 구글 퀵뷰나 구글 독스에서 여는 경우가 아니라면) 피하는 게 현명하다. 하지만 웹사이트의 배너 광고처럼, 크립토월이 유포되는 다른 채널도 있다. 감염된 배너 광고를 포함한 페이지를 보는 것만으로도 PC가 감염될 수 있다. 이는 광고를 일삼아 클릭하지 않았는데도 벌어지는 상황이어서 '드라이브-바이drive-by'라고 불린다. 이런 경우, 브라우저에 '애드블록 플러스' 같은 광고 제거 플러그인을 설치하면 매우 효과적이다.

FBI의 '인터넷 범죄 불만 센터IC3'는 2015년 상반기에만 거의 1,000건에 이르는 크립토월 3.0 피해 사례를 접수했고, 그로 인한 피해는 약 1,800만 달러(약 200억 원)로 추산됐다. 이 수치는 피해자가 지불한 돈, IT 부서와 수리점들에 지출한 비용, 그리고 생산성 손실액을 포함한 규모다. 어떤 경우에는 암호화된 파일에 사회보장번호 같은 개인 식별 정보가 포함돼 있었고, 이는 '데이터 위반'으로 분류되는 것이므로 더 많은 사회적 비용과 연결된다.

잠긴 파일을 푸는 열쇠 정보는 늘 500-1,000달러 선에 구입할 수 있었지만 피해자들은 랜섬웨어를 제거하려 다른 수단도(이를테면 암호화 자체를 스스로 깨보려는 시도) 강구하곤 했다. 시몬의 어머니도 그런 경우였다. 어머니가 마침내 딸에게 전화를 걸어왔을 때는 거의 시간이 다 된 시점이었다.

랜섬웨어의 암호를 깨보려는 시도는 거의 모두 실패한다. 해당 암호는 매우 강력해서 그것을 깨자면 일반적인 컴퓨터보다 훨씬 더 강력한 시스템과 더 많은 시간이 필요하다. 그래서 피해자들은 보통 돈을 낸다. 시몬에 따르면, 테네시 주 딕슨 카운티의 보안관 사무실은 2014년 11월 크립토월에 의해 잠긴 7만2,000건의 부검 보고서, 증인 진술서, 범행 현장 사진들, 그리고 기타 문서를 풀기 위해 돈을 지불했다.

해커들은 흔히 비트코인으로 지불하라고 요구하기 때문에 보통 사람들은 대개 애를 먹는다.[16] 비트코인은 앞에서 설명한 대로 분산된 피어 투 피어(사용자 간 직접 접속) 방식의 가상 화폐로, 대다수 사람들은 인출 가능한 비트코인 지갑이 없다.

「뉴욕타임스」 기고문 전체에 걸쳐, 시몬은 독자들에게 결코 해커들에게 굴

복해 돈을 지불해서는 안 된다고 말하면서도, 결국 그녀는 돈을 지불하고 말았다. 사실 FBI는 자신의 컴퓨터가 랜섬웨어의 볼모가 된 사람들에게 단순히 돈을 지불하는 쪽이 현명하다고 조언한다. 보스턴에서 FBI의 사이버 및 반스파이 프로그램을 담당하는 조셉 보나볼론타 특별 수사관보는 이렇게 말했다. "솔직히, 우리는 사람들에게 그냥 돈을 지불하라고 조언하곤 한다." 그에 따르면 랜섬웨어 제작자들이 사용하는 초강력 암호화 기법은 FBI조차 깰 수 없는 상황이고, 워낙 많은 사람들이 공격자들에게 돈을 지불하다 보니 500달러라는 비용은 지난 수년간 꽤 일관되게 유지돼왔다.[17] FBI는 나중에 돈을 지불할지, 아니면 다른 보안 전문가들의 도움을 받을지는 개별 회사들이 결정할 사항이라고 말했다.

시몬의 어머니는 평생 앱이라는 것을 구매해본 적이 없었고, 어떻게 가상화폐로 지불하는지 알아야 했으므로, 해커가 정한 데드라인이 임박해서야 딸에게 전화를 걸었다. 시몬은 맨해튼에서 비트코인 ATM을 하나 찾았고, 소프트웨어 에러 탓에 ATM 소유주에게 문의 전화를 걸어야 했지만, 결국엔 돈을 지불할 수 있었다고 말했다. 그날의 환율에 따르면 각 비트코인의 가치는 500달러보다 약간 더 높았다.

이들 갈취자들은 몸값을 비트코인으로 받든, 현금으로 받든(비록 기술적으로는 양쪽 지불 방식 모두 추적할 방법들이 있기는 하지만) 익명으로 남는다. 비트코인을 이용한 온라인 거래는 구매자로 연결될 수도 있지만 쉽지는 않다. 문제는 누가 이 범죄자들을 추적하는 데 필요한 시간과 노력을 투자할 것인가다.

다음 장에서는 공개된 와이파이로 인터넷에 접속하는 경우 무슨 일이 생길수 있는지 알려주고자 한다. 프라이버시의 관점에서 우리는 공개 와이파이의 익명성을 원하지만, 그와 동시에 적절한 예방책이 필요하다.

8장

누구도
아무것도
믿지 말라

전화기가 아직 신기한 도구로 취급되던 시절, 전화기는 가정에 직접 유선으로 연결돼 보통 벽의 한 구석에 붙어있었다. 두 번째 전화선을 갖는 것은 특별한 지위의 상징처럼 여겨졌다. 마찬가지로, 공중전화 부스는 프라이버시를 고려해 지어졌다. 호텔 로비의 유료 전화기들조차 그 사이에 칸막이를 설치해 프라이버시를 고려했다는 환상을 심어줬다.

모바일 폰과 더불어, 그러한 프라이버시의 감각은 완전히 사라져버렸다. 거리를 걷다가 사적인 드라마나 (더 심각하게는) 자신의 신용카드 번호를 남들이 다 들을 만한 목소리로 셀폰에 대고 떠드는 사람들을 만나는 경우가 무척 흔해졌다. 이런 개방과 공유의 문화 속에서도, 우리는 우리가 자발적으로 세상에 공개하는 정보에 관해 진지하게 생각해볼 필요가 있다.

누군가 당신의 정보를 귀담아듣고 있을지 모른다. 조심할 필요가 있다는 이야기다.

당신은 나도 가끔 그러듯이, 집에서 나와 근처 카페에서 일하기 좋아한다고 하자. 거기엔 공짜 와이파이가 있다. 그건 써도 된다, 그렇지 않은가? 이런 말 하긴 싫지만, 그렇지 않다. 공개 와이파이는 온라인 뱅킹이나 전자상거래를 염두에 두고 만들어진 게 아니다. 그저 편의로 제공될 뿐이고, 믿기 어려울 만큼 보안이 열악하다. 그 열악한 보안이 모두 기술적인 것은 아니다. 그중 일부는 당신과 함께 시작된다(그 부실한 보안의 끝도 당신과 함께이길 바란다).[1]

본인이 공개 와이파이에 접속된 것을 어떻게 알 수 있을까? 무엇보다, 해당 무선 접속점에 연결하는 데 아무런 암호도 요구받지 않을 것이다. 공개 와이파이상에서 접속자들이 얼마나 잘 드러나는지 증명하기 위해 안티바이러스 회사인 F-시큐어의 연구원들은 자체 접속점, 혹은 '핫스팟hotspot'을 만들었다. 이들은 런던 다운타운의 두 장소(카페와 공공장소)에서 실험했다. 그 결과는 놀랄 만했다.

첫 번째 실험에서 연구원들은 런던의 붐비는 지역에 있는 한 카페를 잡았다. 손님이 들어와 무선 신호를 찾으면 F-시큐어의 핫스팟은 신호가 강력할 뿐 아니라 무료라고 나온다. 연구원들은 또 해당 핫스팟에 누군가 접속할 경우 그의 브라우저에 '이용 조건'을 보여주는 배너를 띄웠다. 아마 독자들도 동네 커피숍에서 와이파이 서비스를 이용하기 전에 무엇을 할 수 있고 할 수 없는지 규정한, 이와 비슷한 배너를 본 적이 있을 것이다. 하지만 이 실험에서, 이 무료 와이파이를 이용하는 조건은 이용자의 첫 아이나 아끼는 애완동물을 바쳐야 한다는 것이었다. 이런 조건에 여섯 명이 동의했다.[2] 정확히 말하자면, 대다수는 세세한 조건 내용을 읽지 않았다(그게 어떤 내용이든 와이파이를 쓰겠다는 목적에만 관심을 쏟았을 뿐이다). 그렇더라도, 이용 조건을 최소한 훑어보기는 해야 한다. 이 경우, F-시큐어는 나중에 회사나 회사 측 변호사, 또는 어린이나 애완동물과 관련해 아무것도 원하는 게 없다고 확인했다.

진짜 문제는 당신이 공개 와이파이를 쓰는 동안 제3자에 노출되는 내용이다. 집에서 설정해 쓰는 와이파이는 WPA2 프로토콜로 암호화돼 있어야 한다.

그러면 누군가 훔쳐보려고 해도 당신이 온라인에서 무엇을 하는지 볼 수 없다. 그러나 커피숍이나 공항에서 공개 와이파이를 쓰는 경우, 어느 사이트들에 접속하는지 훤히 드러난다.

그런 정도가 무슨 문제일 수 있느냐고 물을 수 있다. 무엇보다 먼저, 연결의 다른 쪽 종착지에 누가 있는지 당신은 모른다는 점을 고려해야 한다. 이 경우 F-시큐어의 연구 팀은 실험 중 수집한 데이터를 윤리적으로 온당하게 모두 파기했다. 하지만 범죄자들은 그러지 않을 것이다. 당신의 이메일 주소를, 물건을 판매하거나 당신의 PC를 멀웨어로 감염시키기 위해 스팸을 보내는 회사들에 팔 것이다. 그리고 안호화되지 않은 이메일 속 정보를 스피어피싱 공격의 재료로 악용할 수도 있다.

두 번째 실험에서 F-시큐어 팀은 노동당과 보수당, 그리고 국가범죄수사국의 본부가 있는 국회의사당과 인접한 한 발코니에 핫스팟을 설치했다. 30분 안에 총 250명이 그 실험용 무료 핫스팟에 접속했다. 이런 접속의 대부분은 사용하는 기기가 무엇이든 자동으로 이뤄진 것이었다. 다시 말해, 이용자들이 의식적으로 해당 네트워크를 선택한 게 아니라 기기가 자동으로 그렇게 접속했다는 뜻이다.

여기에 두 가지 문제가 있다. 먼저 어떻게, 그리고 왜 당신의 모바일 기기가 자동으로 와이파이 네트워크에 접속하는지 알아보자.

일반 PC와 모든 모바일 기기들은 이용자가 과거에 사용한 공개나 비공개 와이파이 연결망을 기억한다. 빈번히 이용하는 와이파이 접속 지점(이를테면 집이나 사무실)에서 늘 다시 ID와 암호를 넣어야 하는 불편을 덜어준다는 점에서 유익한 기능이다. 다른 한편, 난생 처음 들른 새 카페에 들어갔는데 갑자기 무선 네트워크에 접속되는 경우처럼 나쁠 수도 있다. 왜 나쁘냐고? 사실은 카페의 무선 네트워크가 아닌 다른 누군가의 네트워크에 접속된 것일 수도 있기 때문이다.

당신의 모바일 기기는 그간의 접속 리스트를 통해 생성한 프로필과 맞는 접속점을 감지했을 가능성이 크다. 한 번도 와본 적 없는 장소에서 자동으로 와이파이가 연결되는 데 대해 뭔가 잘못된 것 같다고 느낄 수도 있지만, 이미 1인칭 슈팅 게임(자신이 사수가 돼 총을 쏘는 게임)에 들어온 상황이고 더 이상 깊이 생각하고 싶지 않을 공산이 크다.

자동 와이파이 연결은 어떻게 작동할까? 앞 장에서 설명했듯이, 만약 집에서 컴캐스트 인터넷 서비스를 쓰고 있다면, 이미 그 서비스 플랜의 일부로 엑스피니티^{Xfinity}라고 불리는 공개 SSID가 배정됐을 것이다. 와이파이 접속 기능이 켜진 모바일 기기는 언젠가 한 번 거기에 접속된 적이 있을 것이다.[3] 하지만 커피숍 구석에 랩톱을 끼고 앉은 남자가 Xfinity라는 이름의 가짜 무선 접속점을 송신하지 않는다고 어떻게 알 수 있을까?

카페의 무선 네트워크가 아닌, 구석에 앉은 수상한 남자의 가짜 접속점에 접속했다고 가정해보자. 첫째, 인터넷 서핑은 여전히 가능하다. 따라서 게임도 계속할 수 있다. 그러나 당신이 인터넷을 통해 주고받는, 암호화되지 않은 모든 패킷은 랩톱의 거짓 무선 접속점을 통해 이 수상한 남자에게 고스란히 드러날 것이다.

일삼아 가짜 무선 접속점을 설정했다면 그 남자는 '와이어샤크^{Wireshark}' 같은 무료 프로그램을 써서 그 패킷들을 고스란히 포집하고 있을 것이다. 나는 펜 테스터로 일할 때 이 앱을 쓴다. 이를 통해 내 주변에서 진행되는 네트워크 활동을 볼 수 있다. 사람들이 접속하는 사이트들의 IP 주소는 무엇이고, 방문 사이트들에 얼마나 오래 머무르는지 알 수 있다. 만약 연결망이 암호화되지 않았다면, 일반적으로 누구나 거기에 접속할 수 있다는 뜻이기 때문에, 네트워크 트래픽을 가로채는 것은 불법이 아니다. 예를 들면, IT 관리자로서 나는 내 네트워크에서 벌어지는 활동 내용을 알고 싶을 것이다.

커피숍 구석에 앉은 수상한 남자는 당신이 어디에 가는지, 그리고 트래픽에 영향을 끼치지 않는지 단순히 냄새만 맡고 있는지도 모른다. 혹은 당신의 인터넷 트래픽에 적극적으로 영향을 끼칠 수도 있다. 여기에는 여러 목적이 있다.

그는 당신의 연결망을 프록시로 연결해 자바스크립트 키로거(키보드 입력 내용을 탐지하는 프로그램)를 브라우저에 몰래 설치해서, 당신이 아마존을 방문해 벌이는 키보드 입력 내용을 포집할 수 있다. 어쩌면 그는 돈을 받고 당신의 ID와 암호를 빼내려는 것인지도 모른다. 당신의 신용카드는 아마존이나 다른 온라인 소매점들과 연계돼 있다는 사실을 기억할 필요가 있다.

나는 기조 연설을 할 때, 내가 설정해둔 가짜 와이파이에 누군가 일단 접속하면 어떻게 그의 ID와 암호를 가로챌 수 있는지 시연해 보인다. 나는 표적이 된 사람과 그가 방문한 웹사이트 사이에 자리잡고, 자바스크립트를 주입해 허위 어도비 업데이트 메시지가 그의 스크린에 뜨게 만든다. 그가 설치 버튼을 클릭하면 그의 컴퓨터는 멀웨어에 감염된다. 목적은 보통 상대를 속여 허위 업데이트를 설치하도록 유도함으로써 그의 컴퓨터를 장악하는 것이다.

이처럼 피해자와 웹사이트 사이에서 인터넷 트래픽에 영향을 주는 행위는 '중간자 공격man-in-the-middle attack'이라고 부른다. 공격자는 당신의 패킷이 실제 사이트에 닿기 전에 자신이 설정한 프록시를 거치도록 해서 데이터를 가로채거나 멀웨어를 주입하는 것이다.

우연히 수상한 와이파이에 접속했음을 알게 된 경우, 어떻게 그런 사태를 예방할 수 있을까? 랩톱의 경우, 내장된 와이파이 프로그램은 선호하는 무선 네트워크를 찾는 절차를 거쳐 그곳에 접속한다. 하지만 일부 랩톱과 모바일 기기는 어떤 네트워크에 접속할지 자동으로 선택한다. 이는 모바일 기기를 한 장소에서 다른 장소로 가능한 한 가장 무난하게 이동시킬 수 있도록 설계된 결과다. 하지만 앞에서 언급했다시피, 이런 편의성에는 여러 단점이 있다.

애플에 따르면, 그 회사의 다양한 제품들은 다음과 같은 순서로 네트워크에 자동 접속된다.

1. 해당 기기가 가장 최근에 접속했던 비공개 네트워크
2. 또 다른 비공개 네트워크
3. 핫스팟 네트워크

.

랩톱들은 다행히 더 이상 유효하지 않은(이를테면 지난 여름 출장 때 접속했던 호텔의 와이파이 정보) 와이파이 접속점들을 삭제할 수 있는 수단을 제공한다. 윈도우 기반의 랩톱에서 접속하기 전에 해당 네트워크의 이름 옆에 붙은 **자동 접속** 체크를 해지하면 된다. 또는 **제어판 ❯ 네트워크 및 공유 센터**로 가서 네트워크 이름을 클릭하라. 해당 와이파이의 **속성**을 클릭한 후 **이 네트워크가 범위 안에 있을 때 자동으로 연결**의 체크를 해제하라. 맥에서는 **시스템 환경 ❯ 네트워크**로 가서 왼쪽 패널의 와이파이를 선택한 후 **고급** 설정을 클릭하라. 그리고 **이 컴퓨터가 연결한 네트워크 기억**의 체크를 해제하라. 특정한 네트워크 이름을 선택한 후, 그 아래의 마이너스(–) 버튼을 눌러 개별적으로 제거할 수도 있다.

안드로이드와 iOS 기기들도 이전에 사용한 와이파이의 연결 정보를 삭제할 수 있다. 아이폰이나 아이팟의 경우, 설정에서 **와이파이**를 선택해 네트워크 이름 옆에 붙은 i 아이콘을 클릭한 후 **이 네트워크는 잊으세요**Forget This Network를 선택하면 된다. 안드로이드 폰에서는 설정에 들어가 **와이파이**를 선택하고, 삭제하려는 네트워크의 이름을 길게 누른 후 **네트워크를 잊으세요**Forget Network를 선택한다.

그보다 더 현명한 방법을 생각해보자. 만약 집 밖에서 무엇인가 정말 민감한 정보가 관련된 작업을 해야 하는 상황이라면 공항이나 커피숍의 무선 네트워크를 쓰지 말고 전화 회사의 셀룰러 연결을 이용할 것을 권한다. USB, 블루투스, 혹은 와이파이를 이용해 개인 모바일 기기를 '테더링'할 수도 있다. 와이파이를 이용한다면, 앞에 언급한 대로 WPA2 보안 설정을 적용하라. 이렇게

한다고 해서 온라인에서 눈에 띄지 않는 것은 아니지만, 공개 와이파이를 이용하는 것보다 더 나은 대안이라는 점을 명심하라. 하지만 본인의 프라이버시를 모바일 서비스 회사로부터도 보호받을 필요가 있다면(가령 민감한 스프레드시트 자료를 다운로드하는 경우) 'HTTPS 에브리웨어'나 '보안성을 강화한 파일 전송 프로토콜SFTP'을 쓸 것을 권한다. SFTP는 맥에서는 '트랜스밋Transmit' 앱이, 윈도우에서는 '터널리어Tunnelier'가 지원한다.

가상 사설망VPN은 가정, 사무실, 또는 VPN 제공업체가 제공하는 비공개 네트워크(사설망)를 공개 네트워크로 연결된 당신의 기기까지 고스란히 연장해주는 일종의 보안 '터널'이다. 구글로 VPN 서비스 제공업체를 찾아 연 60달러 정도의 비용으로 서비스를 받을 수 있다. 동네 커피숍이나 공항이나 다른 공공장소에서 제공되는 네트워크는 신뢰할 수 없다(모두 공개돼 있다). 하지만 VPN을 쓰면 공개 네트워크에 터널을 만들어 안전한 비공개 네트워크로 바꿀 수 있다. VPN 안에서 벌이는 활동은 모두 암호화돼 보호받고, 공개 네트워크를 통한 인터넷 트래픽도 안전해진다. 믿을 만한 VPN 서비스 제공업체를 이용하는 것이 중요한 이유다. 이들은 당신의 인터넷 트래픽을 볼 수 있다. 커피숍에서 VPN을 이용하면, 구석에 앉은 수상쩍은 남자는 당신이 VPN 서버에 접속했다는 사실 말고는 아무것도 알 수 없다. 당신의 활동 내역과 방문 사이트들은 모두 뚫기 힘든 암호화의 벽 뒤로 완전히 가려진다.

그러나 당신은 여전히 특정한 IP 주소에서 인터넷에 연결되고, 이는 곧바로 당신의 위치로 귀결될 수 있다. 이 경우 그 IP 주소는 집이거나 사무실이다. 따라서 당신은 심지어 VPN을 써도 아직 완전히 숨은 게 아니다. 이 연결을 어떻게 하면 숨길 수 있는지 뒤에서 논의하겠다.

많은 기업은 자사 직원들이 공개 네트워크(인터넷)에서도 비공개 기업 네트워크에 연결할 수 있도록 VPN 서비스를 제공한다. VPN 기술의 기반이 되는

IPsec(인터넷 프로토콜 보안)에는 자동으로 PFS* 기능이 포함되지만, 모든 서비스가(심지어 기업용 VPN조차) 그것을 실제로 설정하는 것은 아니다. 오픈소스 프로젝트인 '오픈VPN^{OpenVPN}'은 PFS를 포함하므로, 어떤 제품이 그것을 사용한다고 하면 PFS도 당연히 활성화됐을 것으로 생각하지만 늘 그런 것은 아니다. 해당 제품이 오픈VPN을 적절히 설정하지 않았을 가능성도 있다. 해당 서비스가 명확히 PFS를 포함했는지 꼭 확인하길 바란다.

한 가지 불리한 점은 VPN 서비스가 프록시보다 더 비싸다는 점이다.[4] 그리고 상업용 VPN 서비스들은 공유되기 때문에 속도가 느릴 수 있고, 어떤 경우에는 개인 용도로 VPN을 쓸 수 없으므로 차례가 날 때까지 기다려야 한다. 또 다른 성가신 일부의 경우 구글이 검색 기능을 허용하기 전에 사용자가 컴퓨터 프로그램이 아닌 인간임을 구분할 목적으로 '캡차^{CAPTCHA}' 요청을 띄운다는 점이다(캡차는 스크린에 나타나는 부호를 입력하라고 요구한다). 마지막으로, 만약 사용하는 VPN 회사가 로그를 보관한다면 해당 서비스가 당신의 트래픽이나 연결 로그를 유지하지 않는지(설령 암호화된다고 해도), 그리고 해당 데이터를 사법 기관과 쉽게 공유할 수 있게 돼 있지 않은지 '프라이버시 정책'을 읽어보길 바란다. 그런 내용은 이용 약관과 프라이버시 정책에서 확인할 수 있다. 당신의 온라인 활동 내역을 사법 기관에 보고할 수 있다면, VPN 연결 내역을 기록한다는 뜻이다.

고고^{GoGo} 같은 기내 인터넷 서비스를 이용하는 항공기 승객들은 스타벅스나 공항 라운지에 앉아 온라인을 이용하는 경우와 동일한 위험을 안고 있으며, VPN이 언제나 좋은 솔루션은 아니다. 고고와 다른 기내 서비스는 스카이프나 다른 음성 통화 앱의 사용을 막기 위해 한쪽에서 일방적으로 보내는 방식의 통신 프로토콜인 UDP를 대부분 디폴트로 설정한 탓에 대다수 VPN 서비

---

* 완전 순방향 비밀성. 비밀 키가 노출되더라도 그 후의 키 분배 과정에서 얻는 세션 키의 안전성에는 영향을 미칠 수 없어야 한다는 특성 – 옮긴이

스는 매우 느리다. 그러나 토르가드^{TorGuard}나 익스프레스VPN과 같이 UDP 대신 TCP 프로토콜을 쓰는 VPN 서비스는 훨씬 더 빠른 속도를 보여준다. 이 두 VPN 서비스는 이용자가 TCP나 UDP 중 선호하는 프로토콜을 설정할 수 있도록 해준다.

VPN 서비스를 이용할 때 고려할 또 다른 사항은 그 회사의 프라이버시 정책이다. 상업용 VPN을 쓰든, 회사에서 제공하는 VPN을 쓰든 트래픽은 서비스 제공사의 네트워크를 통과하므로 https를 이용해서 VPN 제공사가 당신의 커뮤니케이션 내용을 볼 수 없도록 하는 것이 중요하다.[5]

직장인이라면 원격 근무가 가능하도록 회사에서 VPN을 제공할 가능성이 높다. PC에 설치된 앱에 ID와 암호(당신이 아는 정보)를 입력한다. 앱은 해당 회사의 IT 부서에서 설치한 식별용 인증서(당신이 이미 가진 것)를 담고 있거나, 회사에서 지급한 당신의 전화기로 문자 메시지를 보낸다(마찬가지로 당신이 이미 가진 것). 해당 앱은 세 가지 방법을 다 쓰는 이른바 '다중 인증' 기법을 채택할 수도 있다.

이제 당신은 스타벅스나 공항 라운지에 앉아 마치 비공개 인터넷 서비스를 이용하는 것처럼 업무를 수행할 수 있다. 그러나 실제 온라인 세션이 HTTPS 에브리웨어 플러그인으로 암호화되지 않았다면 원격 뱅킹 같은 개인 용무는 보지 않는 게 안전하다.

VPN 제공사를 신뢰하는 유일한 방법은 처음부터 익명을 유지하는 것이다. 완전히 익명으로 남고 싶다면 당신에게 귀결될 수 있는 인터넷 연결망을 결코 사용하지 않는 것이다(당신의 집, 사무실, 친구의 집, 당신의 이름으로 예약된 호텔방, 혹은 당신으로 연결될 수 있는 모든 것). 나는 도피 생활을 하던 1990년대, FBI가 셀폰 신호를 추적해 노스캐롤라이나 주 랄리에 있는 은신처를 알아내는 바람에 잡혔다. 그러니 정부 기관을 피하려 시도한다면, 대포폰을 쓰더라도 결코 같은 장소에서 개인정보에 접근하지 말라. 확실히 숨기 위해서는 대포폰으로 무슨 일을 하든 완전히 분리시켜야 한다. 그 기기의 어떤 메타데이터도 당신의 실제 신원을 노출하는 것이어서는 안 된다는 뜻이다.

모바일 기기에도 VPN을 설치할 수 있다. 애플은 설치 가이드를 제공[6]하며, 안드로이드 기기에 대한 설치 요령[7]도 찾을 수 있다.

지금까지 내 조언을 따라왔다면, 보통 사람보다 훨씬 더 안전한 온라인 환경을 만들었다고 볼 수 있다. 인터넷 이용 방식도 악의적 해커의 도청이나 사기로부터 더 안전할 것이다.

소셜 미디어도 마찬가지다. 페이스북은 로그인 이후 모든 세션에서 https를 사용한다.

이메일 서비스들은 어떤가? 구글도 https로 완전히 전환했다. 대다수 웹메일 서비스가 그 뒤를 따랐고, 대부분의 인스턴트 메신저 서비스도 마찬가지였다. 실제로 아마존, 이베이, 드롭박스 등 많은 메이저 사이트들이 모두 https를 이용한다.

눈에 띄지 않기 위해서는 프라이버시의 막을 씌우는 게 최선이다. 공개 네트워크의 환경에서 보안의 막을 하나하나 더할 때마다 당신의 온라인 트래픽을 남들이 엿볼 위험성도 그만큼 감소한다. 예를 들면 공개 와이파이 네트워크 환경에서 당신의 유료 VPN 서비스에 연결한 후, HTTPS 에브리웨어 플러그인이 디폴트로 설치된 파이어폭스 브라우저에서 토르에 접근하는 것이다.

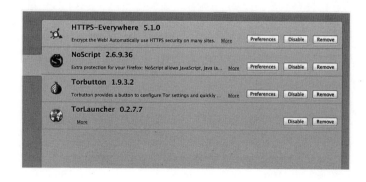

그러면 당신의 모든 온라인 활동은 암호화돼 추적하기 어렵다.

날씨만 체크하고 싶을 뿐 민감한 뱅킹이나 개인 용무를 볼 의도는 없고, 홈 네트워크 밖에서 당신의 개인용 랩톱을 이용한다고 가정해보자. 보안상 안전할 것 같다, 그렇지 않은가? 다시 한 번, 꼭 그렇지는 않다. 여전히 챙겨야 할 몇 가지 주의 사항이 있다.

첫째, 와이파이를 꺼라. 진심이다. 많은 사람들은 필요가 없는데도 랩톱의 와이파이를 계속 켜놓는다. 에드워드 스노든이 폭로한 문서에 따르면, 캐나다의 통신안보국CSEC은 '미디어 접근 제어MAC' 주소만 잡아도 캐나다의 공항들을 통과하는 여행객들의 신원을 파악할 수 있다. 이 주소는 무선 기기들에서 송신되는 조사probe 요청을 찾는 어떤 컴퓨터로나 읽을 수 있다. 심지어 연결되지 않은 경우라도 MAC 주소는 포집될 수 있다. 그러니 와이파이를 쓸 필요가 없다면 꺼두는 게 좋다.[8] 앞에서 본 것처럼 편의성은 종종 프라이버시와 보안에 역행한다.

지금까지 우리는 중요한 이슈, 즉 MAC 주소 문제를 회피해 왔다. 이것은 어떤 기기를 쓰든 그곳에만 유일한 정보다. 그리고 이것은 고정된 것이 아니다. 바꿀 수 있다.

예를 들어보겠다.

2장에서 나는 PGP를 이용한 이메일 암호화에 관해 이야기했다. 하지만 그런 번거로운 작업을 벌이고 싶지 않다면, 혹은 수신자가 당신이 쓸 수 있는 공개 PGP 키를 갖고 있지 않다면 어떻게 할까? 이메일로 은밀히 메시지를 교환하는 또 다른 비법이 있다. 공유 이메일 계정의 드래프트 폴더를 이용하는 방법이다.

이것은 전직 CIA 국장인 데이비드 퍼트레이어스가 내연 관계인 자신의 전기 작가 폴라 브로드웰과 교신한 방법이었다. 그의 불륜 스캔들은 퍼트레이어스가 관계를 끝낸 후 누군가가 자신의 친구에게 위협 이메일들을 보낸다는 사실을 알아채면서 발각됐다. FBI는 수사에 나섰고, 문제의 위협이 브로드웰로부터 나왔을 뿐 아니라 그녀가 퍼트레이어스에게 연애성 메시지를 남긴 사실도 발견했다.[9]

흥미로운 것은 브로드웰과 퍼트레이어스 간의 메시지들은 전송되지 않고 '익명' 이메일 계정의 드래프트 폴더에 남아있었다는 점이다. 이 시나리오에서 해당 이메일은 수신자에게 닿기 위해 다른 서버들을 거치지 않는다. 그만큼 중간에 누군가 가로챌 기회도 더 적다. 그리고 누군가가 나중에 문제의 계정에 접근한다고 해도, 만약 이메일을 미리 삭제하고 휴지통까지 비워버리면 아무런 증거도 남지 않는다.

브로드웰은 전용 컴퓨터로 자신의 '익명' 이메일 계정에도 로그인했다. 하지만 자신의 집 IP 주소에서 문제의 이메일 사이트에 연결하지 않았다. 그러면 너무 뻔할 것이기 때문이다. 대신 그녀는 여러 호텔을 전전하며 교신했다.

브로드웰은 비밀을 유지하려 꽤나 애썼지만 완전히 숨지는 못했다. 「뉴욕타임스」에 따르면 '송신자의 계정은 익명으로 등록돼 있었기 때문에 수사관들은 누가 그 이메일들을 쓰는지 가려내기 위해 포렌식 기법을(여기에는 동일한 컴퓨터 주소에서 다른 어떤 이메일 계정들에 접속하는지 체크하는 것도 포함된다.) 써야했다.[10]

구글, 야후, 마이크로소프트 같은 이메일 제공사들은 로그인 기록을 1년 이상 유지하고, 이는 한 이용자가 어디에서 로그인했는지 그 IP 주소를 보여준다. 예컨대, 만약 당신이 스타벅스에서 공개 와이파이를 썼다면, 그 IP 주소는 해당 커피숍의 물리적 위치를 알려준다. 미국은 현재 사법 기관들이 소환장만으로(판사도 필요 없다.) 이 같은 로그인 기록을 이메일 제공 업체들로부터 취득할 수 있도록 허용한다.

그 결과 수사관들은 문제의 이메일 계정에 접근한 각 IP 주소의 물리적 위치를 파악했고, 그 위치들에서 표시된 라우터의 연결 로그에 포함된, 브로드웰이 소유한 기기의 MAC 주소와 일치시킬 수 있었다.[11]

FBI의 모든 권한을 등에 업고(퍼트레이어스는 당시 CIA 국장이었기 때문에 이것은 심각한 사안이었다.), 요원들은 각 호텔의 모든 라우터 로그 파일을 수색한 끝에 언제 브로드웰의 MAC 주소가 호텔의 로그 파일에 나타났는지 볼 수 있었다. 더 나아가, 로그 파일은 문제의 날짜들에 브로드웰이 해당 호텔에 묵었다는 사실도 보여줬다. 수사관들은 그녀가 해당 이메일 계정들에 로그인해 있는 동안 한 번도 이메일을 보내지 않았다는 점에 주목했다.

무선 네트워크에 연결하면, 당신이 사용하는 컴퓨터의 MAC 주소는 자동으로 무선 네트워킹 장비에 기록된다. MAC 주소는 네트워크 카드에 배정된 일련번호와 흡사하다. 눈에 띄지 않으려면, 어떤 무선 네트워크에든 연결하기 전에 MAC 주소를 당신과 연계되지 않는 것으로 바꿀 필요가 있다.

제대로 숨기 위해서는 무선 네트워크에 연결할 때마다 MAC 주소를 바꿔서 인터넷 세션이 쉽사리 당신과 연계될 수 없도록 배려해야 한다. 이 과정에서 어떤 개인 계정에도 접근하지 않아야 한다는 점이 중요하다. 그렇지 않으면 당신의 익명성이 깨질 수 있기 때문이다.

MAC 주소를 바꾸는 요령은 윈도우, 맥 OS, 리눅스, 안드로이드, iOS 등 운영체제마다 다르다.[12] 공개(또는 비공개) 네트워크에 연결할 때마다 MAC 주소를 바꿔야 한다는 점을 기억하는 게 좋다. 컴퓨터를 재부팅하면 오리지널 MAC 주소로 복귀된다는 점도 함께.

랩톱이 없어서 공용 컴퓨터 터미널을 쓸 수밖에 없는 경우를 가정해보자. 그곳은 카페, 도서관, 또는 고급 호텔의 비즈니스 센터일 수 있다. 자신을 보호하기 위해 무엇을 할 수 있을까?

캠핑을 가면 나는 '흔적을 남기지 말라'는 규칙을 따른다. 부연하면, 캠핑

사이트는 당신이 처음 도착했을 때와 같은 상태를 유지해야 한다는 뜻이다. 공용 PC 터미널의 경우도 마찬가지다. 당신이 떠난 다음에, 누구도 당신이 거기에 있었다는 사실을 알면 안 된다는 이야기다.

콘퍼런스나 전시회의 경우 특히 더 그렇다. 나는 언젠가 연례 세계가전전시회^{CES}에서 수많은 공용 PC가 설치된 것을 봤다. 참가자들이 전시장을 돌아보다 이메일을 확인할 수 있도록 배려한 것이었다. 보안 문제에 초점을 맞춘 샌프란시스코의 연례 RSA 콘퍼런스에서조차 이런 장면과 마주쳤다. 수많은 PC를 공공장소에 내놓는 것은 여러 가지 이유로 바람직하지 못한 생각이다.

첫째, 이들은 임대한 컴퓨터로, 여러 행사들에서 재사용된다. 하드디스크 드라이브를 정리하고 운영체제를 새로 설치했을 수 있지만, 그렇지 않을 수도 있다.

둘째, 이들은 대개 관리자 모드로 작동한다. 콘퍼런스 참석자 누구든 자신이 원하는 소프트웨어를 마음대로 설치할 수 있다는 뜻이다. 여기에는 사용자의 ID와 암호를 저장할 수 있는 키로거를 비롯한 멀웨어도 포함된다. 보안 분야에서 우리는 '최소 권한'의 원칙을 강조한다. 민감한 정보를 담은 시스템에 대한 이용자의 접근 권한을 설정할 때, 그의 업무 수행에 필요한 최소한의 권한만을 허용한다는 뜻이다. 일부 공용 터미널의 기본 설정이 누구나 시스템 관리자의 권한을 갖게 돼 있는 것은 '최소 권한의 원칙'에 위배될 뿐 아니라, 당신이 이용하는 터미널이 이미 멀웨어에 감염됐을 위험성만 높인다. 그런 상황의 유일한 해법은 제한된 권한밖에 없는 손님 계정으로 접근하는 것인데, 대부분은 그 방법을 모른다.

내가 하고 싶은 조언은 공용 PC 터미널은 결코 믿지 말라는 것이다. 이전 사용자가 멀웨어를 (의도적으로, 혹은 자신도 모르게) 설치했을 것이라고 추정하는 게 안전하다. 공용 터미널에서 지메일에 로그인한다면, 그리고 그 터미널에 키로거가 깔려 있다면, 멀리 떨어진 곳에 자리잡은 제3자는 당신의 ID와 암호를 알게 된다. 당신의 은행에 로그인한다면, 그런 상황은 아예 생각해볼 필요도 없다. 기억하라. 당신이 접속하는 모든 사이트에 '이중 인증^{2FA}' 방식을 설정해서, 설령 악의적인 해커가 당신의 ID와 암호를 알아낸다고 해도 당신인 척할 수 없게 만들어라. 이중 인증은 설령 누군가가 당신의 ID와 암호를 알게 되더라도 계정 자체가 해킹당할 위험성을 대폭 줄여줄 것이다.

컴퓨터 전문가들이 모였을 CES와 RSA 같은 콘퍼런스들에서 공용 키오스크를 쓰는 사람이 그토록 많다는 사실이 놀랍다. 그런 콘퍼런스에 왔다면 공짜 와이파이가 아닌 무선 통신 업체의 셀 신호로 스마트폰 또는 태블릿을 이용하거나, 본인의 개인 핫스팟을 쓰거나, 아니면 자신의 호텔 방으로 돌아갈 때까지 기다리는 게 기본이라고 생각한다.

방이나 사무실에서 벗어나 인터넷을 써야 하는 상황이라면 당신의 스마트폰을 쓰라. 공용 터미널을 쓸 수밖에 없다면 어떤 개인 계정에도, 심지어 웹메일에도 결코 로그인하지 말라. 예컨대 마땅한 레스토랑을 찾는다면, '옐프^{Yelp}'처럼 인증을 요구하지 않는 웹사이트들만 이용하라. 반정기적으로 공용 터미널을 이용한다면, 그런 환경에서만 이용할 '일회성' 이메일 계정을 아예 따로 만들어서 밖에 있는 동안 필요한 이메일만 진짜 계정에서 이 임시 주소로 미리 포워딩만 해두라. 그리고 일단 집에 돌아오면 포워딩을 중단하라. 이렇게 하면 그 임시 이메일 주소를 통해 찾아낼 수 있는 정보를 최소화할 수 있다.

그리고 공용 터미널에서 방문하는 사이트들이 'https'를 쓰는지 확인하길 바란다. 만약 URL 주소 창에서 'https'를 볼 수 없다면(혹은 'https'가 보이기는 하지만, 누군가가 안전하다는 인상을 주기 위해 꾸민 것처럼 의심된다면), 그 공용 터미널에서 민감 정보에 접근하려는 생각을 재고하는 게 현명하다.

실제임에 분명한 https URL을 얻었다고 가정하자. 로그인 페이지에 있다면, **로그인 상태 유지**라고 쓰인 체크박스를 찾고 체크를 지우라. 이유는 명백하다. 이것은 당신의 개인 PC가 아니다. 다른 사람도 공유한다. 로그인 상태 유지를 선택하면(혹은 체크 표시를 그대로 두면) 그 기기에서 쿠키를 생성하게 된다. 당신 다음에 해당 터미널을 쓰는 사람이 당신의 이메일을 보거나 그 주소를 이용해 이메일을 보내는 상황을 원치는 않을 것이다, 그렇지 않은가?

앞에서 강조한 대로, 공용 터미널에서는 금융이나 의료 관련 사이트에 로그인하지 말라. 그런 사이트에 혹시라도 로그인하거든(그게 지메일이든 다른 어떤 사이트든) 볼일이 끝난 다음에는 잊지 말고 로그오프한다. 좀 더 확실히 하기 위해 나중에 본인의 컴퓨터나 모바일 기기로 접속해서 비밀번호를 바꾸는 것도 고려해볼 만하다. 집에서는 본인의 계정에서 늘 로그오프하지 않을 수도 있지만, 다른 사람의 컴퓨터를 쓰는 경우에는 언제나 반드시 그래야 한다.

이메일을 보내고(혹은 보려던 내용을 보고) 나서 로그오프한 후에는 브라우저의 방문 기록(히스토리)을 지워서 다음 사람이 당신이 어디에 갔었는지 볼 수 없게 하라. 가능하면 쿠키도 다 삭제하라. 그리고 개인 파일을 공용 터미널에 다운로드하지 말라. 만약 다운로드했다면, 용무를 마친 다음에 그 파일이나 파일들을 데스크톱이나 다운로드 폴더에서 삭제하라.

하지만 불행히도, 그 파일을 지우는 것만으로는 불충분하다. 다음에는 휴지통도 비워줘야 한다. 그렇게 해도 삭제된 파일이 해당 컴퓨터에서 완전히 제거된 것은 아니다. 나는 당신이 떠난 다음에 원하면 그 파일을 다시 찾아낼 수 있다. 다행히 그런 요령을 아는 사람은 거의 없으므로, 보통은 파일을 지운 후 휴지통을 비워주는 정도로 충분하다.

이 모든 단계는 공용 터미널에서 본인의 온라인 활동 내역을 숨기는 데 꼭 필요하다.

9장

프라이버시가
없다고?
체념하시오!

안티바이러스 소프트웨어 개발자인 존 맥아피는 2012년 카리브해 벨리즈에서 발생한 살인 사건의 용의자로 지목돼 벨리즈 당국의 체포를 피해 도망자로 지내던 시절에 블로그를 시작했다. 명심하라. 완전히 종적을 감추고 싶다면, 블로그를 시작하는 것은 좋은 생각이 아니다. 무엇보다 결정적인 한 가지 이유를 꼽자면, 결국 실수를 저지를 수밖에 없다는 점이다.

맥아피는 영리한 사람이다. 그는 실리콘밸리 초기에 안티바이러스 연구 분야를 개척해 거부가 됐다. 그러곤 회사를 매각했고, 미국의 모든 자산을 처분한 후 2008년부터 2012년까지 약 4년간 벨리즈의 해안가에 자리잡은 사유지에서 살았다. 그 기간의 후반부에 접어들면서 벨리즈 정부는 그를 거의 항상 감시 상태에 두고 그의 사유지를 급습하는가 하면, 그가 마약 거래에 개입할 뿐 아니라 사유 군대까지 양성한다는 혐의를 제기했다.

맥아피는 이를 모두 부인했다. 그는 벨리즈의 마약왕들과 싸우고 있다고 주장했다. 그는 이를테면 소규모 마리화나 딜러에게 마약 거래 중단을 조건으로 평면 스크린 TV를 제안했다고 말했다. 그리고 그는 마약 딜러들이 타고 있다고 의심되는 차량을 정차시킨다고 알려져 있었다.[1]

맥아피는 실제로 마약 제조 시설을 갖고 있었지만, 기분 전환용 약제만을 만들기 위한 것은 아니었다. 그는 새로운 차원의 '유용한' 약제를 만들고 있다고 주장했다. 그 때문에 맥아피는 자신의 집 근처를 배회하는 차량과 백인들을 글락소스미스클라인 같은 제약 회사들에서 보낸 스파이일 것이라는 의심을 키웠다. 그는 더 나아가 지역 경찰의 급습도 동일한 제약 회사들의 사주에 따른 것이라고 주장했다.

총기를 휴대한 여러 남자와 개 열한 마리가 그의 집을 경호했다. 남쪽으로 두 집 건너 이웃인 그렉 폴은 그 개들이 밤 늦게까지 짖는다고 당국에 자주 불만을 제기했다. 그러곤 2012년 11월의 어느날 밤 맥아피의 경호견 중 몇 마리가 독살됐고, 그리고 뒤이어 같은 주에 폴은 자신의 집에서 총상을 입고 숨진 채 발견됐다.

사건 수사에 나선 벨리즈 당국은 자연스레 맥아피를 '요주의 인물'로 간주했다. 맥아피가 자신의 블로그에 쓴 것처럼, 경찰이 그와 이야기하고 싶어 한다는 말을 가정부가 전하자 그는 숨었다. 그는 도망자가 됐다.

하지만 결국 수사 당국이 맥아피를 찾아낼 수 있었던 것은 블로그 때문이 아니었다. 한 장의 사진이었다. 게다가 그것은 맥아피 자신의 사진도 아니었다.

마크 러블리스(보안 전문가들 사이에서는 '심플 노마드'로 더 잘 알려진)라는 한 보안 연구자는 2012년 12월초 「바이스」라는 잡지가 트위터에 맥아피의 사진을 올린 것을 발견했다. 그 사진은 한 열대 지역(아마 벨리즈나 다른 어떤 곳)에서 「바이스」의 편집자가 맥아피 옆에 서있는 모습이었다.

러블리스는 디지털 사진들이 언제, 어디에서, 그리고 어떻게 촬영됐는지에 관해 많은 정보를 포함한다는 사실을 알고 있었으며, 그래서 해당 사진에 어떤 디지털 정보가 담겨 있는지 알고 싶었다. 디지털 사진들은 '호환 이미지 파일EXIF' 데이터를 함께 저장한다. 이것은 사진의 메타데이터로, 그 사진이 스크린이나 프린터로 정확히 재생될 수 있도록 해당 이미지의 색 포화도 같은 세부 정보를 담고 있다. 그리고 카메라가 위치정보 인식 기능을 갖춘 경우, EXIF는 사진이 촬영된 장소의 정확한 경도와 위도를 포함한다.

「바이스」 잡지의 편집자와 함께한 맥아피의 사진은 명백히 아이폰 4S에 달린 카메라로 찍은 것이었다. 어떤 셀폰은 위치정보 기능이 켜진 채로 배송된다. 러블리스는 운이 좋았다. 온라인 파일로 포스팅된 이미지는 존 맥아피의 정확한 위치정보를 포함하고 있었다. 그에 따르면 맥아피는 이웃 나라인 과테말라에 있었다.

이후 블로그에서 맥아피는 EXIF 데이터를 조작했노라고 말했지만, 그랬을 가능성은 거의 없다. 나중에 그는 자신의 위치를 드러내려는 의도였다고 말했다. 그보다는 그가 게을렀을 공산이 더 크다.

요약하면, 과테말라의 경찰은 맥아피를 억류하고 출국을 금지시켰다. 그는 건강이 악화됐고 병원에 실려갔으며, 결국 미국 귀환을 허락받았다.

그렉 폴의 살인 사건은 미제로 남아있다. 맥아피는 현재 테네시에 살고 있으며, 2015년에는 온라인 환경에 더 적절한 정책을 수립하겠다며 대통령 선거에 출마하기로 결심했다. 요즘은 과거만큼 자주 블로그를 하지 않는다.

당신이 야심만만한 젊은 지하드 요원이고, 최근 설치된 다에시, 혹은 ISIL의 군 사령부로 배치된 사실을 자랑스러워한다고 치자. 당신이 가장 먼저 하는 일은 무엇일까? 스마트폰을 꺼내 셀카를 찍는 일이다. 아니면 한발 더 나아가, 당신과 배치된 시설의 사진들을 찍고 거기에 있는 정밀 장비들의 특징까지 적어서 소셜 미디어에 게시하는 것이다.

지구 반대편, 플로리다의 헐버트 필드에 있는 정찰 요원들은 소셜 미디어를 샅샅이 훑고 그 사진을 보게 된다. "타격 지점을 발견했음"이라고 그중 하나가 보고한다. 아니나다를까, 몇 시간 후 세 기의 합동정밀직격탄*이 문제의 신설 군사 건물을 파괴한다.[2] 모두 셀카 한 장 때문이다.[3]

우리는 우리가 방금 찍은 셀카 한 장의 프레임 안에 '다른' 무엇이 들어있는지 늘 신경쓰지는 않는다. 영화와 연극에서 이것은 불어로 '미장센'이라고 불리는데, 대략 '한 장면 안에 있는 것' 정도로 번역된다. 당신의 셀카 사진에 나온 아파트 창밖은 프리덤 타워를 포함한 뉴욕 도심의 빼곡한 스카이라인을 보여줄지도 모른다. 편평한 지평선으로 이어지는 어느 시골 들판에서 찍은 당신의 사진조차, 당신이 어디에 사는지에 관해 귀중한 정보를 제공한다. 이런 시각 자료는 당신을 찾으려 골몰하는 누군가에게는 작지만 중요한 위치 단서로 작용할 수 있다.

앞에 예로 든 젊은 지하드 요원의 경우, 미장센은 다름아닌 군 사령부였다.

셀카에 따라붙는 메타데이터에는 해당 사진이 촬영된 곳의 정밀한 위도와 경도, 즉 위치정보가 들어간다. 미 공군 전투사령부를 지휘하는 호크 칼라일 장군은 그 셀카가 소셜 미디어에 처음 올라간 시간부터, 그 사진에 찍힌 군 사령부를 완전히 파괴하기까지 걸린 시간은 불과 24시간 정도였다고 추정했다.

당신의 사진 파일들에 내장된 메타데이터가 당신의 위치를 파악하는 데 쓰일 수 있다는 점은 분명하다. 디지털 이미지에 내장된 EXIF 데이터는 다른 수많은 정보 중에서도 해당 사진이 찍힌 시간, 카메라의 제조사와 모델 이름, 그리고 만약 사진 촬영 기기의 위치 추적 기능을 활성화한 상태라면, 해당 사진을 찍은 장소의 위도와 경도 등을 포함한다. 미군이 사막에 자리잡은 문제의 다에서 군사령부를 찾아내는 데 이용한 것은 마크 러블리스가 EXIF 데이터를 이용해 존 맥아피의 위치를 판별한 것처럼 파일에 포함된 그런 정보였다. 누구나 이 툴을 써서 사진과 문서들에 저장된 메타데이터에 접근할 수 있다. 애

---

* JDAM. 재래식 공중 투하 폭탄에 GPS를 장착해 위성 신호로 표적을 추적해 파괴하는 폭탄을 말한다. – 옮긴이

플의 OSX 운영체제에서는 이미 내장된 '파일 검사자'로 볼 수 있고, 윈도우용 FOCA, 리눅스용 메타구필Metagoofil 같은 툴도 다운로드할 수 있다.

때로 당신의 위치를 폭로하는 것은 사진이 아니라 앱이다. 2015년 여름, 마약왕 호아킨 '엘 차포' 구즈만은 멕시코의 형무소를 탈출한 후 곧바로 종적을 감췄다. 아니, 과연 완전히 사라졌던 것일까?

그가 경비가 삼엄한 멕시코의 '알티파노' 형무소를 탈주한 지 두 달 후, 엘 차포의 스물아홉 먹은 아들 헤수스 알프레도 구즈만 살라자르는 한 이미지를 트위터에 올렸다. 살라자르와 함께 저녁 식탁에 함께 앉은 두 남자는 이모티콘들로 가려지기는 했지만 왼쪽에 앉은 남자의 체형은 엘 차포와 매우 닮은 모습이었다. 더욱이 살라자르는 이렇게 사진 설명을 달았다. "8월이, 여러분도 이미 아는 누군가와 함께 왔습니다." 해당 트윗에는 트위터의 위치정보 데이터(코스타리카)도 달려 있어서, 엘 차포의 아들이 트위터 앱의 자동 태그 기능을 미처 끄지 않았음을 시사했다.[4]

가족 중에 도피 중인 죄수가 없더라도, 사진 속에 숨은(때로는 뻔히 보이는) 디지털 및 시각 정보가 당신을 모르는 누군가에게 수많은 정보를 드러낼 수 있고, 그것이 때로는 당신에게 큰 피해를 안겨줄 수 있음을 명심하라.

온라인 사진들은 당신의 위치를 드러내는 것보다 더 많은 정보를 드러낼 수 있다. 그 사진들은 특정한 소프트웨어 프로그램들과 연계할 경우, 당신의 개인정보를 공개할 수 있다.

2011년 카네기 멜론 대학의 알레산드로 아퀴스티 연구원은 단순한 가설을 내세웠다. "나는 거리에서 마주치는 얼굴을 통해 사회보장번호를 뽑아내는 것이 가능한지 알고 싶었다."라고 그는 말했다. 그리고 그는 그것이 실제로 가능하다는 사실을 알게 됐다.[5] 한 학생 자원자의 단순한 웹캠 사진만으로도, 아퀴스티와 연구진은 그 학생에 관한 개인정보를 취득하기에 충분한 정보를 확보했다.

생각해보라. 당신은 거리를 지나가는 아무나 사진을 찍은 후, 얼굴 인식 소프트웨어를 이용해 그 사람의 신원을 찾아볼 수 있다. 본인의 신분 확인이 없으면 일부 틀린 결과를 얻을 수도 있다. 하지만 대부분의 분석 결과는 엉뚱한 이름보다 정확한 이름을 보여준다.

"온라인과 오프라인 데이터는 서로 섞이는데, 당신의 얼굴은 이 두 세계 사이의 진정한 연결, 곧 도관導管이다."라고 아퀴스티는 보안 전문 사이트인 '스레트포스트Threatpost'와의 인터뷰에서 말했다. "우리가 얻을 수 있는 교훈은 퍽 암울하다. 프라이버시에 대한 우리의 인식 자체가 상당 부분 희석됐다는 현실과 직면해야 한다. 당신은 거리에서나 군중 속에서 더 이상 프라이버시를 유지하기가 어렵다. 이 모든 신기술의 혼합(매시업)은 프라이버시에 대한 우리의 생래적 기대에 혼돈을 초래한다."

아퀴스티와 연구진은 카네기 멜론 대학 캠퍼스에서 지나가는 학생들을 붙잡고 온라인 설문 조사에 참여해달라고 부탁했다. 각 학생이 설문 조사에 응하는 동안 랩톱에 달린 웹캠이 응답자의 사진을 찍었고, 그 사진은 즉각 온라인으로 얼굴 인식 소프트웨어와 교차 비교를 거치면서 검토됐다. 각 조사가 마무리될 무렵, 온라인에서 찾아낸 여러 장의 얼굴 사진이 스크린에 나타났다. 아퀴스티에 따르면 그런 사진의 42%가 맞는 것으로 확인됐고, 해당 학생의 페이스북 프로필과 연결됐다.

당신이 만약 페이스북 이용자라면, 제한된 수준이나마 페이스북에서 적용되고 있는 얼굴 인식 기술을 이미 알고 있을 것이다. 사진을 올리면 페이스북은 거기에 나온 얼굴들 중에서 페이스북 네트워크 안에 이미 존재하는 당신의 '페이스북 친구'를 찾아 '태그'를 걸려고 시도한다. 이런 기능을 어느 정도 제어하는 방법이 있다. 페이스북 설정에 들어가, 사진 속 인물들을 식별하고 태그하기 전에 미리 사용자에게 물어보도록 정하면 된다. 또 그 사진을 당신의 담벼락이나 타임라인에 올릴지 여부도 본인에게 먼저 고지하도록 설정할 수 있다.

태그된 사진들을 페이스북에서 숨기려면 계정을 열어 '프라이버시 설정'으로 가라. 여기에는 본인의 개인 타임라인에 올릴 수 있는 사진 수를 제한하는 기능을 비롯해 여러 선택 사항이 있다. 그 정도 말고는, 다른 사람들이 당신의 허락 없이 사진에 태그를 걸지 못하게 하는 기능을 페이스북은 아직 제공하지 않고 있다.

구글과 애플 같은 회사들도 구글 포토, 아이포토 같은 자체 앱들에 얼굴 인식 기술을 탑재했다. 그런 앱과 서비스의 설정 환경에 들어가 각각 어떤 얼굴 인식 기술을 이용자가 제한할 수 있는지 점검해볼 필요가 있다. 구글은 이미지 검색(구글 검색 창에서 볼 수 있는 작은 카메라 아이콘) 기능에 얼굴 인식 기술을 아직 넣지 않았다. 어떤 얼굴 사진을 올리면 구글은 그 사진을 찾아주겠지만 동일 인물이나 그 사진에 포함된 사람들의 얼굴을 담은 다른 사진을 찾으려 시도하지 않는다. 구글은 다양한 공식 발표를 통해, 사람들이 얼굴 인식으로 낯선 사람을 식별하게 하는 기능은 '엽기적 수준을 넘은 것crosses the creepy line'이라고 밝혀왔다.[6]

그럼에도, 일부 억압적 정권은 그런 짓을 자행해왔다. 이들은 대규모 반정부 시위에 참가한 시위자들의 사진을 찍어 웹에 올렸다. 이것은 이미지 인식 소프트웨어를 쓰는 대신, 크라우드소싱 방식을 통해 시위자들의 신원을 파악하기 위한 것이었다. 또 미국의 몇몇 주들은 범죄 사건의 용의자를 식별하는 데 교통 관리국의 사진 데이터베이스를 이용한다. 하지만 이런 경우는 정부 주도의 대규모 프로그램이다. 일개 연구자가 무엇을 할 수 있단 말인가?

아퀴스티와 그의 동료 연구원들은 온라인에서 한 사람에 관해 얼마나 많은 이미지 관련 정보를 교차 참조할 수 있는지 알아보기로 했다. 이를 위해 '피츠버그 패턴 인식', 혹은 줄여서 '핏팻PittPatt'이라고 부르는 얼굴 인식 기술을 이용했다(핏팻은 지금은 구글 소유다). 핏팻에서 사용된 알고리즘의 사용권은 여러 보안 회사와 정부 기관들에 팔렸다. 구글은 핏팻을 인수한 직후 그 의도를 기

198

록으로 남겼다. "지난 1년여 동안 확언해온 것처럼, 강력한 프라이버시 모델을 찾지 못하는 한 우리는 얼굴 인식 기능을 구글에 넣지 않을 것이다. 우리는 아직 타당한 모델을 찾아내지 못했다.[7]" 구글이 그 약속을 지키기를 바란다.

연구 당시 아퀴스티는 페이스북 사진들에서 뽑아낸 데이터와 핏팻을 짝지워볼 수 있었다. 페이스북 사진들은 그와 연구 팀이 검색 가능한 프로필이라고 판단한 것들로, 카네기 멜론의 자원 참가자들이 일정 수준의 개인정보와 함께 페이스북에 올린 사진들이었다. 이들은 신원이 파악된 얼굴들을 유명 온라인 데이트 사이트에 있는 '익명의' 얼굴들에 대입했다. 그 결과 연구자들은 '익명'이어야 할 데이트 사이트 회원 중 15%의 신원을 파악했다.

하지만 가장 섬뜩한 실험은 한 사람의 얼굴을 그의 사회보장번호와 연결 짓는 것이었다. 이를 위해 아퀴스티와 그의 팀은 생년월일과 태생 도시가 포함된 페이스북 프로필을 찾았다. 2009년에 시행한 이전 실험에서, 같은 연구 팀은 이 정보 그 자체만으로도 해당 인물의 사회보장번호를 취득할 수 있음을 증명한 바 있다(사회보장번호는 그 주의 자체 공식에 따라 순차적으로 발급되는데, 1989년 이후 생년월일이나 그와 근접한 날짜에 발급됨으로써 마지막 네 자리 숫자를 추정하기가 더욱더 쉬워졌다).[8]

연구원들은 몇몇 초기 계산을 마친 다음, 카네기 멜론의 설문 참여 학생들에게 자신들이 개발한 알고리즘으로 예측한 각 학생의 사회보장번호 첫 다섯 자리 숫자가 맞느냐고 후속 설문을 보냈다. 응답자의 대다수가 맞다고 확인했다.[9]

누구에게나 온라인에 게시했던 것을 후회하는 사진들이 있다. 설령 소셜 미디어 사이트에서 삭제한다고 해도 모든 사진을 되돌릴 가능성은 높지 않다. 일단 무엇이든 소셜 네트워크에 게시하고 나면 그것은 본인의 손을 떠나 해당 네트워크의 소유가 된다. 이것은 소셜 네트워크의 서비스약관에 이용자 스스로 동의한 사항이다.

인기 앱인 '구글 포토스'를 쓰는 경우, 사진을 삭제한다고 해도 그것이 완전히 지워졌다고 보기는 어렵다. 사용자들은 모바일 기기에서 앱을 삭제한 후에도 사진은 여전히 남아있는 것을 발견했다. 왜? 일단 해당 이미지가 클라우드에 저장되면 그것은 이미지를 올린 앱과는 상관없게 되고, 이는 다른 앱들로 해당 이미지에 접근할 수 있으며, 앱에서 삭제한 이미지를 여전히 보여줄 수 있다는 뜻이다.[10]

이는 현실적으로 심각한 결과를 낳을 수 있다. 당신이 누군가의 사진에 부적절한 코멘트를 달아 온라인에 올렸는데, 그 사람이 당신이 취업하려는 바로 그 회사에서 지금 일하고 있다고 가정해보자. 혹은 과거에 누군가와 함께 찍은 사진을 올린 적이 있는데, 지금 배우자가 그에 대해 알게 되는 것을 원치 않는 경우를 생각해보자. 그것은 당신의 개인적인 소셜 네트워크 '계정'이라고 해도, 해당 사진은 그 소셜 네트워크의 '데이터'다.

당신은 자주 이용하는 어떤 웹사이트의 이용 약관도 꼼꼼히 읽어보지 않았을 가능성이 크다. 자신의 개인 데이터, 일상의 경험, 생각, 의견, 이야기, 불만, 불평 등을 포스팅하는 사이트, 매일 혹은 거의 매시간 드나들며 쇼핑하고 게임을 하고 배우고 다른 접속자와 소통하는 그런 사이트들인데도 말이다. 대다수 소셜 네트워킹 사이트들은 이용자들이 해당 서비스를 이용하기 전에 자신들이 정해놓은 이용 약관에 동의해야 한다고 요구한다. 문제는 이런 약관에 해당 사이트가 이용자들로부터 취득한 데이터를 저장하는 것은 물론 다른 회사들과 공유할 수 있다는 조항이 들어있다는 점이다.

페이스북은 등록 이용자의 계정 삭제를 어렵게 한 것을 비롯한 데이터 저장 정책을 둘러싸고 지난 여러 해 동안 주목을 받아왔다. 페이스북만이 아니다. 많은 웹사이트들은 이용 약관에 거의 동일한 표현을 쓰고 있는데, 섣불리 동의하기 전에 내용을 읽어본다면 섬뜩함을 느낄 공산이 크다. 2015년 1월 30일 현재, 페이스북의 이용 약관 중 일부를 보자.

회원님이 페이스북에 게시하는 모든 콘텐츠와 정보의 소유권은 회원님에게 있으며, 공개 범위 및 앱 설정을 통해 정보가 공개되는 방식을 선택하실 수 있습니다. 추가 사항은 다음과 같습니다.

1. 사진이나 동영상과 같은 지적 재산권이 적용되는 콘텐츠(이하 'IP 콘텐츠'라 함)에 대해서는 공개 범위 및 앱 설정에 따라 다음과 같은 권한이 페이스북에 부여됩니다. 즉, 회원님은 페이스북에 게시하거나 이와 관련해 게시하는 IP 콘텐츠를 사용할 수 있는 비독점, 양도성, 재면허 가능, 로열티 무료, 전 세계 라이선스(이하 'IP 라이선스'라 함)를 페이스북에 부여합니다. 본 IP 라이선스는 회원님이 본인의 IP 콘텐츠나 계정을 삭제할 때 종료됩니다. 단, 회원님의 콘텐츠를 공유한 타인이 해당 콘텐츠를 삭제하지 않았을 경우는 예외로 합니다.[11]

달리 말하면, 소셜 미디어 회사는 당신이 사이트에 게시하는 무엇이든 자신들이 원하는 방식으로 사용할 권리를 가진다. 심지어 당신의 사진, 의견, 글, 혹은 게시하는 다른 무엇이든 팔아, 당신에게는 1원 한 푼 지불하지 않으면서 그로부터 돈을 벌 수 있다는 이야기다. 소셜 미디어 회사는 게시된 당신의 댓글, 비판, 의견, 중상, 비방(만약 당신에게 그런 경향이 있다면) 등은 물론, 당신의 자녀와 상사, 혹은 애인에 관해 게시된 가장 사적인 세부 내용까지도 사용할 수 있다. 그리고 그것은 반드시 익명일 필요도 없다. 당신이 실명을 썼다면, 그 사이트는 그것도 사용할 수 있다.

이 모든 것이 뜻하는 바는 여러 가능한 해석 중에서도, 당신이 페이스북에 게시한 사진들이 다른 사이트들에 나타날 수도 있다는 것이다. 혹시 민망하거나 망신을 살 만한 사진을 싣지는 않았는지 확인하려면 구글에서 '이미지 역검색reverse image search'을 실행해볼 수 있다. 그러기 위해서는 구글 검색 창 안에 달린 작은 카메라를 클릭하고, 당신의 하드디스크 드라이브에서 아무 사진이나 올린다. 몇 분 안에 온라인에서 찾을 수 있는 그 이미지의 복제본들을 보게 될 것이다. 이론상, 만약 그게 당신의 사진이라면 검색 결과에 나타난 모든 사이트들을 알아야 마땅하다. 그러나 만약 누군가가 그 사진을 당신이 좋아하지 않는 사이트에 게시한 사실을 발견한다고 해도 당신이 행사할 수 있는 선택 사항은 제한적이다.

이미지 역검색은 이미 게시된 내용들에 의해 제한된다. 다시 말해, 만약 비슷한 사진이 온라인에 있지만 정확히 동일한 사진이 아니라면, 구글은 그것을 찾아내지 못한다. 대신 찾으려는 사진의 일부분만 일치하는 결과를 보여주지만 그런 경우에도 핵심 데이터, 혹은 그 대부분은 동일하게 유지된다.

내 지인 중 한 사람이 나의 생일 축하 턱으로 내 사진이 들어간 우표를 만들려고 시도한 적이 있다. 우표 제작사인 Stamps.com은 유죄 판결을 받은 사람의 사진은 사용하지 않는다는 엄격한 정책을 고수한다. 내 사진은 거부됐다. 아마 그 회사는 온라인으로 사진 검색을 해봤을 것이다.

나는 어느 데이터베이스엔가 전과자 케빈 미트닉으로 등재돼 있었을 것이다.

이듬해 내 친구는 내가 유명해지기 전에 찍은, 그것도 다른 이름으로 등록된 사진을 써봤다. 그 사진은 아직 온라인에 게시된 적이 없어서 통할지 모른다고 생각했다. 어떻게 됐을까? 통했다. 젊은 시절의 내 모습을 담은 두 번째 사진은 승인을 받았다. 사진 검색의 한계를 보여주는 대목이다.

그렇기는 해도, 만약 온라인에서 보고 싶지 않은 본인의 사진을 찾아낸 경우에는 몇 가지 처리 방안이 있다.

첫째, 해당 사이트에 연락하라. 대다수 사이트들에는 'abuse@사이트 주소' 형식의 이메일 주소가 있다. 혹은 'admin@사이트 주소'로 돼 있는 해당 사이트의 웹마스터에게 연락할 수도 있다. 해당 사진은 당신의 것이며 그 사이트에 게시되도록 허락한 적이 없다고 설명하라. 대다수 웹마스터들은 별문제 없이 해당 사진을 내릴 것이다. 그러나 만약 뜻대로 되지 않으면 'DMCA@사이트 주소'로 이메일을 보냄으로써 '디지털 밀레니엄 저작권법DMCA'에 의거할 수 있다.

조심하라. DMCA를 오용한 청구는 뜻하지 않은 골칫거리를 안겨줄 수 있으므로, 법률 전문가의 도움을 받는 쪽이 안전하다. 그래도 사진을 삭제할 수 없는 경우, 더 위로 올라가 웹사이트의 인터넷 서비스 제공사에(그것이 컴캐스트든 고대디든, 또는 다른 회사든) 직접 연락하는 방안을 고려하라. 대부분의 경우 적법한 DMCA 청구는 심각하게 받아들인다.

사진 외에, 다른 무엇이 당신의 소셜 미디어 프로필에 들어 있는가? 지하철 옆자리에 앉은 낯선 사람에게 자신에 관한 모든 정보를 털어놓고 싶은 사람은 없을 것이다. 마찬가지로, 비인간적인 웹사이트들에서 지나치게 많은 개인정보를 공유하는 것은 좋은 생각이 아니다. 누가 당신의 프로필을 볼지 아무도 모른다. 그리고 일단 게시하고 나면 돌이킬 수 없다. 프로필에 무엇을 게시할지 신중하게 생각하길 바란다. 출신 대학(또는 학번) 같은, 모든 빈칸을 다 채울 필요는 없다. 아니, 가능한 한 최소한의 정보만 제공하는 게 현명하다.

소셜 미디어용 프로필만 따로 만드는 것도 좋은 생각이다. 거짓말을 할 필요까지는 없고, 사실을 의도적으로 모호하게 바꾸면 된다. 예컨대 애틀랜타에서 자랐다면 '미국 남동부 지역'이라거나 단순히 '남부 출신'이라고 하는 식이다.

개인정보를 더 확실히 가리기 위해 '보안'용 생일(진짜 생일과는 다른 날짜)을 만드는 것도 한 방법이다. 보안용 생일을 기억해두는 것도 중요하다. 직접 전화를 걸어 기술 지원을 받거나, 비밀번호를 잊어 들어갈 수 없게 된 사이트에 다시 접속하기 위해 거치는 신원 확인 절차의 일환으로 생일을 물을 수 있기 때문이다.

온라인 프로필을 만들거나 적당히 꾸며낸 다음에는 잠시 시간을 할애해 각

사이트의 프라이버시 설정 내용을 살펴보라. 예를 들면, 페이스북의 경우 자신이 태그된 사진을 리뷰할 수 있는 기능을 비롯한 프라이버시 컨트롤이 가능하다. **회원님의 사진들을 친구들에게 제시** 기능을 **꺼짐**으로 바꾸라. **친구들이 회원님을 체크인 장소에 추가할 수 있음** 기능도 **꺼짐**으로 설정하라.

페이스북 계정을 가진 청소년들이 가장 걱정스럽다. 이들은 모든 빈칸을, 심지어 자신들의 '관계' 사태까지 충실히 채우곤 한다. 혹은 순진하게도 자신들이 다닌 학교와 선생님 이름은 물론, 매일 아침 타는 버스 번호까지 공개한다. 어디에 산다고 온 세상에 직접 알리지는 않더라도, 그런 빈칸을 고스란히 채움으로써 사실상 그런 결과를 낳는지도 모른다. 부모들은 자녀와 친구 관계를 맺어 자녀가 무엇을 게시하는지 모니터링하고, 가능하다면 어떤 내용은 올려도 되지만 어떤 내용은 부적절한지 미리 의논할 필요가 있다.

온라인에서 눈에 띄지 않도록 행동한다는 것은 사생활 업데이트를 안전하게 공유할 수 없다는 뜻이 아니라, 상식에 맞춰 행동하고 이용하는 소셜 미디어 사이트들의 프라이버시 설정 내용을 주기적으로 점검할 필요가 있다는 뜻이다. 프라이버시 정책은 개정될 수 있고, 때로는 개악될 수도 있기 때문이다. 당신의 생일을, 심지어 '보안'용으로 만든 생일조차 노출시키지 말라. 아니면 적어도 개인적으로 알지 못하는 '페이스북 친구'들로부터 숨겨라.

산체즈 선생님이 훌륭하신 분이라는 게시물을 가정해보자. 또 다른 게시물은 알라모 초등학교에서 열린 공예품 전시회에 관한 내용이다. 구글 검색을 통해, 우리는 산체즈 선생님이 알라모 초등학교에서 5학년을 가르친다는 사실을 알 수 있고, 그로부터 게시물을 올린 학생이 열 살 안팎이라고 추정할 수 있다.

「컨슈머 리포트」와 다른 기관들은 소셜 미디어에 개인정보를 올릴 때 조심하라고 경고해왔지만 사람들은 계속해서 너무 많은 내용을 온라인에 게시한다. 일단 온라인에 공개되면 다른 어떤 기업이나 기관이 그 정보를 가져가도

완벽하게 합법이라는 사실을 기억하라.[12]

누구도 당신더러 개인정보를 온라인에 게시하라고 강요하지 않는다는 점도 기억하라. 스스로 원하는 만큼 많이, 혹은 적게 게시할 수 있다. 어떤 경우는 의무적으로 일정 정보를 입력해야 할 때도 있다. 그 외에는 얼마만큼의 정보를 공유할지 본인이 결정해야 한다. 어느 수준으로 개인 프라이버시를 정할지 판단해야 하고, 일단 제공한 정보는 그 내용이 무엇이든 되돌릴 수 없다는 점을 주지할 필요가 있다.

이 모든 선택을 돕기 위해 페이스북은 2015년 5월에 새로운 프라이버시 점검 툴을 선보였다.[13] 이런 툴이 있지만, 2012년의 경우 거의 1,300만 명의 페이스북 이용자들은 페이스북의 프라이버시 툴을 전혀 사용해본 적이 없거나, 어떻게 설정하는지 모른다고 「컨슈머 리포트」지의 설문에 대답했다. 그리고 응답자의 28%가 그들 담벼락에 게시한 모든, 혹은 거의 모든 정보를 친구만이 아닌 다른 사람들과도 공유한다고 밝혔다. 더욱 주목되는 것은 「컨슈머 리포트」의 인터뷰에 응한 사람 25%가 자신들의 신원을 보호하기 위해 프로필 정보를 허위로 올린다고 말했다. 이는 2010년의 10%보다 증가한 수치다.[14] 그만큼 프라이버시에 대한 인식이 높아졌다는 뜻이다.

본인에 관한 정보가 완전히 정확하지 않아도 별문제는 없지만, 캘리포니아주의 경우 전혀 다른 사람으로 가장해 온라인에 정보를 게시하는 것은 불법이라는 점을 주지하길 바란다. 다른 살아있는 사람으로 가장해서는 안 된다. 그리고 페이스북은 가명 계정을 만드는 것을 허용하지 않는 정책이 있다.

이것은 내게 실제로 벌어진 일이다. 페이스북은 내가 케빈 미트닉으로 가장했다면서 내 계정을 정지시켰다. 당시 페이스북에는 열두 명의 케빈 미트닉이 있었다. 사태는 씨넷CNET이 '진짜' 케빈 미트닉이 페이스북에서 사용 정지 처분을 받았다는 소식을 전하면서 해결됐다.[15]

그러나 사람들이 다른 이름으로 정보를 게시해야 할 이유는 많다. 만약 그것이 중요한 사안이라면 익명이나 다른 이름으로 게시하는 것을 허용하는 소셜 미디어를 찾아라. 하지만 그런 사이트들은 페이스북만한 파급력은 없을 것이다.

친구 관계를 맺을 때 조심하라. 직접 만난 적이 있는 사람이라면 상관없다. 혹은 당신이 아는 누군가의 친구라면 아마 괜찮을 것이다. 하지만 전혀 모르는 사람으로부터 친구 신청을 받는 경우, 신중해야 한다. 그 사람을 언제든 '언프렌드'할 수 있지만, 그때까지 그는 당신의 전체 프로필 정보를 볼 기회가 있을 뿐 아니라, 누군가 악의적인 인물이 당신의 온라인 인생을 엉망으로 만드는 데는 불과 몇 초면 충분하다. 최선은 페이스북에서 공유하는 모든 개인정보를 제한하는 것이다. 심지어 친구 사이에서도, 소셜 네트워킹 사이트를 통한 매우 사적인 공격이 벌어진 사례가 있기 때문이다. 그리고 당신의 친구만 볼 수 있도록 제한한 데이터도, 당신의 동의 없이 그 친구에 의해 공유돼 널리 퍼질 수 있다.

예를 하나 들어보자. 언젠가 한 남자가 나를 고용했는데, 자신이 공갈 협박의 피해자가 됐기 때문이었다. 그는 페이스북에서 멋지고 아름다운 여성을 만났고, 그녀에게 자신의 누드 사진을 보내기 시작했다. 이 일은 한동안 지속됐다. 그러던 어느날, 이 여성(혹은 나이지리아에 사는 한 남자가 여성의 사진을 이용하는 것일 수도 있었다.)에게서 4,000달러를 보내라는 협박이 왔다. 그는 시키는 대로 했다. 하지만 4,000달러를 더 보내지 않으면 그의 누드 사진을 페이스북의 모든 친구와 부모에게 보내겠다는 협박을 받자 나에게 연락해온 것이었다. 그는 문제를 해결하려 필사적이었다. 나는 그에게 유일한 현실적 방안은 가족에게 자초지종을 털어놓고, 공갈범이 협박대로 행동하는지 기다리는 것이라고 말했다. 나는 돈을 보내지 말라고 조언했으며, 공갈범은 그가 돈을 지불하는 한 협박을 멈추지 않을 것이라고 말했다.

적법한 소셜 네트워크도 해킹당할 수 있다. 누군가가 단지 당신이 아는 누군가의 정보에 접근하기 위해 당신과 친구 관계를 맺을 수도 있다. 수사관이 용의자에 관한 정보를 찾는데, 그 사람이 당신의 소셜 네트워크에 들어있을 수도 있다. 그럴 수 있다.

온라인의 인권 옹호 기관인 EFF에 따르면 소셜 네트워크는 벌써 여러 해 동안 연방 수사 기관의 수동적 감시 활동에 이용돼왔다. 2011년 EFF는 (정보 공개법을 통해 취득한) 국세청 직원들을 대상으로 한 38페이지 분량의 교육 코스를 공개했는데, 이는 소셜 네트워크를 통한 조사 기법을 일러주는 내용이었다.[16] 연방정부 요원들도 다른 사람을 사칭할 수는 없지만, 합법적으로 당신에게 친구 신청을 할 수는 있다. 신청이 받아들여지면 그들은 당신의 모든 게시물은 물론(프라이버시 설정 수준에 따라 편차가 있을 수 있다.), 당신과 친구 관계에 있는 사람들의 게시물도 볼 수 있다. EFF는 이처럼 새로운 형태의 정부 감시 방식이 어떤 프라이버시 문제를 야기하는지에 관한 연구를 계속하고 있다.

때로는 기업이나 기관들도 당신을 팔로잉하거나 적어도 지켜본다. 그들이 부적절하다고 판단한 콘텐츠를 게시하거나 트윗한 경우인데, 때로는 학교에서 치른 시험에 관한 코멘트와 같이 무해한 경우도 마찬가지다. 한 학생은 그런 트윗을 날렸다가 곤욕을 치러야 했다.

뉴저지 주 워런에 있는 와칭 힐스 지역 고교의 엘리자베스 쥬엣Elizabeth C. Jewett 교장은 주州 전체 시험을 제공하는 회사로부터 정보를 받고 우려에 앞서 충격을 받았다. 쥬엣 교장은 무엇보다 시험 제공 회사인 피어슨 에듀케이션이 학생의 트위터 계정을 감시한다는 자체에 놀랐다. 소셜 미디어에 어떤 내용의 게시물을 올리는지에 관한 한, 미성년자에게는 어느 정도의 프라이버시와 관용이 허용된다. 하지만 학생들은(중학생이든, 고등학생이든, 또는 대학생이든) 자신들이 온라인에서 하는 행동이 공개될 뿐 아니라 감시되고 있다는 점을 인식해야 한다. 이 경우, 쥬엣 교장이 감독하는 학생들 중 한 명이 주 전체 표준 시험에 나온 내용을 트윗했다는 혐의였다.

실상 그 학생은 뉴저지에서 하루 동안 시행된 주 전체 시험인 '대학 및 취업 준비 수준을 평가하기 위한 파트너십PARCC' 시험에 출제된 한 문제에 대한 질문(실제 시험 페이지의 그림이 아니라 단지 몇 단어)을 게시한 것이었다. 해당 트윗은 학생들이 표준 시험을 모두 마치고 난 후인 오후 3시경 올라왔다. 쥬엣 교장이 해당 학생의 부모와 이야기를 나눈 직후, 학생은 문제의 트윗을 삭제했다. 아무런 부정 행위의 증거도 없었다. 문제의 트윗(공식으로 공개되지는 않았다.)은 해답을 묻는 내용이기보다는 주관적인 코멘트였다.

그러나 그 사건에서 드러난 피어슨의 행태에 사람들은 심란하다는 반응을 보였다 "교육부는 PARCC 표준 시험이 실시되는 동안 피어슨이 모든 소셜 미디어를 모니터링한다는 사실을 우리에게 고지했다."라고 쥬엣 교장은 동료들에게 보낸 이메일에 썼고, 한 지방 언론의 칼럼니스트가 본인의 허락을 받지 않고 이 내용을 공개했다. 그 이메일에서 쥬엣 교장은 피어슨이 적어도 세 건의 의심스러운 행적을 찾아내어 교육부에 통지한 사실을 확인했다.

지적재산권의 도난을 탐지하기 위해 소셜 미디어를 모니터링하는 곳은 피어슨만이 아니지만, 이 회사의 행태는 유독 의문을 자아낼 만하다. 예를 들면, 어떻게 이 회사는 트위터 계정만 보고 그 학생의 신원을 알았을까? 「뉴욕타임스」에 제공된 성명에서 피어슨 측은 이렇게 말했다. "법률 위반에는 일상적인 대화부터 소셜 미디어 게시에 이르기까지, 누군가 교실 밖에서 시험에 관한 정보를 공유하는 경우도 포함됩니다. 다시 언급하건대, 우리의 목표는 모든 학생이 공정한 시험을 치르도록 보장하는 일입니다. 모든 학생은 동일한 조건에서 시험을 치를 수 있는 기회를 가질 자격이 있습니다.[17]"

「뉴욕타임스」는 PARCC 표준 시험을 관할하는 매사추세츠 주의 교육부 관계자를 통해, 피어슨이 시험에 등록한 학생들의 명단과 표준 시험에 관한 트윗을 상호 참조한 사실을 확인했다. 이 사안에 대해 피어슨은 「뉴욕타임스」에 논평하기를 거부했다.

여러 해 동안 캘리포니아 주도 연례 '표준 시험 및 보고STAR' 시험 기간 중에 소셜 미디어를 모니터링해왔다. 해당 시험이 주 전체에 걸쳐 실시된 마지막 해인 2013년, 캘리포니아 주 교육부는 시험 관할 중 소셜 미디어에 글을 올린 학생들이 소속된 242개 학교를 적발했는데, 그중 16개만이 시험의 실제 문제와 해답도 포함된 것으로 드러났다.[18]

"그런 사례는 학생들이 전통적인 학교 환경의 안과 밖 양쪽에서 얼마나 밀착 감시되고 있는지 명징하게 보여준다."라고 뉴욕대 정보법률연구원의 프라이버시 연구원인 엘라나 자이드는 말했다. "소셜 미디어는 일반적으로 학교와는 분리된 영역으로 치부된다. 트위터의 게시물은 보통 '학교 생활과는 무관한' 발언으로 여겨지기 때문에, 피어슨의 감시는 학교 복도가 아닌 함께 탄 차 안에서 학생들이 나눈 대화를 훔쳐 들은 것에 더 가깝다고 느껴진다.[19]"

자이드는 그러나 "개인적인 이익과 해악에 논의의 초점을 맞추기보다는 정보 행위의 더욱 광범위한 결과를 고려하는 쪽으로 이행할 필요가 있다."라고 말한다. "학교와 시험 제공 회사 측은 학부모들이 그 자녀에 미치는 구체적이고 즉각적인 해악을 제대로 적시하지 못한다는 이유만으로 신기술에 무작정 반대하는 러다이트라고 무시해서는 안 된다. 한편 학부모 측도 학교 당국으로서는 전체 교육 시스템에 영향을 미칠 수 있는 집단적 이익도 걸려 있어서 학생들의 프라이버시만 전적으로 보장할 수 없다는 사실도 이해해야 한다."

트위터는 그 상징적인 140자 트윗 제한 규칙과 함께 수많은 이용자를 확보하면서, 우리 삶의 온갖 사소한 일상을 수집해왔다. 이 회사의 프라이버시 정책은 트위터가 다양한 웹사이트, 앱, SMS 서비스, API(앱 프로그래밍 인터페이스), 그리고 여타 다른 기업이나 서비스를 통해 개인정보를 수집한다고(그리고 보유한다고) 인정한다. 트위터의 서비스를 이용한다는 것은 이용자가 이런 정보의 수집, 이전, 저장, 변형, 공개, 그리고 기타 이용에 동의한다는 뜻이다. 트위터 계정을 만들려면 누구든 이름, 사용자명, 암호, 그리고 이메일 주소를 제공해야 한다. 해당 이메일 주소는 한 개 이상의 트위터 계정에 이용될 수 없다.

트위터의 또 다른 프라이버시 문제는 유출된 트윗, 다시 말해 비밀로 설정한 사적 트윗이 공개되는 경우다. 이것은 다른 친구들이 그 사람의 비밀 트윗을 공개 계정으로 리트윗하거나 복사해 붙이는 경우에 발생한다. 일단 공개되면, 그것은 되돌릴 수 없다.

당신의 트윗이 트위터의 기본 설정인 공개 상태라면, 이를 통해 개인정보를 공유하는 행위는 위험할 수 있다. 주소, 전화번호, 신용카드 번호, 사회보장번호 등을 트위터로 공유하지 말라.[20] 민감 정보를 공유할 수밖에 없는 상황이라면 주고받는 당사자 외에는 그 내용을 볼 수 없는 '직접 메시지' 기능을 이용하라. 하지만 비밀 트윗이나 직접 메시지도 공개될 수 있다는 점에 유의하길 바란다.

이른바 'Z세대'라고 불리는 요즘 젊은이들에게 페이스북과 트위터는 이미 낡았다. 모바일 기기를 이용한 Z세대의 활동은 왓츠앱(얄궂게도, 지금은 페이스북의 일부다.), 스냅챗(페이스북이 아니라), 인스타그램과 인스타그램 스토리즈(역시 페이스북 소유다.) 등을 중심으로 이뤄진다. 이 모든 앱들은 사진과 비디오를 올리기 쉽게 해놓았고, 다른 사용자들이 찍은 사진과 비디오를 주로 보여준다는 점에서 퍽 시각적이다.

사진과 비디오 공유 앱인 인스타그램은 젊은 세대를 위한 페이스북이다. 이용자들끼리 팔로잉하고, '좋아요'를 누르고, 채팅도 할 수 있다. 인스타그램의 약관에 따르면 이용자와 저작권자의 게시물 삭제 요청에 매우 적극적으로 호응한다.

스냅챗은 페이스북 소유가 아니라서 그런지는 몰라도 비슷한 소셜 미디어

중 가장 엽기적이다. 스냅챗은 이용자가 자동 파기되는 사진을 다른 누군가에게 보낼 수 있게 해준다. 해당 사진의 수명은 약 2초 정도로, 수신자가 겨우 볼 수 있을 정도로 짧다. 그러나 불행하게도, 2초는 누군가가 해당 사진을 캡처해 따로 보관하기에 충분히 긴 시간이다.

2013년 겨울, 뉴저지의 미성년 여고생 두 명이 자신들의 벌거벗은 사진들을 찍어 스냅챗으로 같은 학교의 한 남학생에게 보냈다. 이들은 당연히 그 사진들이 수신자에게 닿은 후 2초 만에 자동 삭제될 것이라고 생각했다. 적어도 그것이 스냅챗에서 약속한 기능이었다.

그러나 그 남학생은 스냅챗의 메시지를 어떻게 캡처하는지 알았고 나중에 그 사진들을 자신의 인스타그램 앱에 올렸다. 인스타그램은 2초 후에도 사진을 삭제하지 않는다. 미성년 소녀들의 벌거벗은 사진은 삽시간에 퍼졌고, 그 학교의 교장은 학부모들에게 문제의 사진들은 모든 학생들의 전화기에서 삭제해야 하며 그렇지 않을 경우 아동 포르노그라피 소지 혐의로 체포될 수도 있다는 내용의 가정 통신문을 보내야 했다. 사건에 연루된 세 학생은 미성년자여서 형사 처벌은 면했지만 교내 징계 처분은 피하지 못했다.[21]

여학생들이 남학생들에게 누드 사진을 보낸 일만이 아니었다. 영국에서는 열네 살 남학생이 자신의 누드 사진을 같은 학교의 여학생에게 스냅챗으로, 역시 해당 사진이 몇 초 안에 자동 삭제될 것이라 생각하고 보냈다. 하지만 그 여학생은 사진을 캡처했고… 다음 내용은 더 이상 언급하지 않아도 알 것이다. BBC에 따르면, 그 남학생(그리고 여학생)은 미성년자라서 기소되지는 않았지만 영국의 성 범죄 데이터베이스에 등재됐다.[22]

왓츠앱의 사진 모자이크 처리 능력이 들쭉날쭉한 것처럼, 스냅챗 역시 사진이 즉각 자동 파기되도록 해준다는 약속과 달리, 사진을 진정으로 삭제하지는 않는다. 실제로 스냅챗의 경우 2014년 메시지 삭제의 실제에 관해 이용자를 기만했다는 고발 사건을 둘러싼 논쟁에서 연방통상위원회FTC는 해당 메시지를 저장할 수도 있으며, 나중에 삭제됐다고 여겨진 메시지를 다시 복구할 수 있다고 지적했다.[23] 스냅챗의 프라이버시 정책 역시 이용자의 기기에 대해 어떠한 위치 관련 정보도 묻거나 추적하거나 그런 정보에 접근하지 않는다고 밝혔지만, FTC는 그런 주장 또한 허위였다고 파악했다.[24]

미국에서 모든 온라인 서비스는 최소한 열세 살 이상인 사람만 가입할 수 있다. 이 서비스들이 출생일을 물어보는 이유다. 하지만 이용자는 위증 처벌을 감수하고, "나는 13세 이상임을 맹세한다."(또는 21세나 몇 세다.)라고 말할 수도 있다. 열 살바기 자녀가 스냅챗이나 페이스북에 가입된 사실을 발견한 부모는 그 사실을 회사 쪽에 통지해 계정이 삭제되도록 할 수 있다. 달리 말하면, 자녀가 계정을 갖길 원하는 부모는 자녀의 출생일을 속인다는 이야기다. 갑자기 열 살바기가 열네 살이 되고, 이는 그 자녀가 더 나이든 어린이들을 표적으로 한 온라인 광고를 받을 수 있다는 뜻이다. 당신의 자녀가 해당 서비스를 통해 공유하는 모든 이메일 주소와 사진은 기록된다는 점도 주지하길 바란다.

스냅챗 앱은 또 이용자가 사용하는 안드로이드 기반 모바일 기기의 와이파이나 셀룰러에 근거한 위치정보를 자체 트래킹 분석 서비스 업체로 보낸다. iOS 이용자가 친구를 찾기 위해 자기 전화번호를 입력하는 경우, 스냅챗은 본인에게 알리지도, 동의를 구하지도 않은 채(비록 iOS 자체는 맨 처음, 그런 수집 행위가 이뤄지기 전에 허락 여부를 묻지만) 이용자의 연락처에 담긴 모든 이름과 전화번호를 수집한다. 요는 진정한 프라이버시를 원한다면 다른 앱을 써보라는 권고다.

노스캐롤라이나 주에서 한 고등학교 남학생과 그의 여자 친구는 미성년자의 나체 사진들을 소지한 혐의로 기소됐다. 그 사진들은 본인들을 찍은 사진이었고, 서로 합의해서 사진을 찍고 공유했는데도 말이다. 미성년자에 대한 성착취 혐의로 기소된 여자 친구의 죄목은 미성년자에 대한 사진 촬영과 소지 두 가지였다. 섹스팅 외에는 '본인 자신들의' 누드 사진을 찍거나 소지하는 것도 노스캐롤라이나 주에서는 불법이라는 뜻이다. 경찰의 영장에서 그 여자 친구는 피해자이자 범행자로 적시됐다.

남자 친구는 자신의 알몸을 찍은 사진 두 장에 각각 적용된 촬영과 소지 죄 (2×2), 그리고 여자 친구의 누드 사진 한 장을 소지한 죄 등 모두 다섯 가지 죄목으로 기소됐다. 유죄 판결이 나면 그는 최고 10년 징역형을 받을 수 있고, 평생을 성범죄자로 낙인 찍혀 살아야 한다. 그 모든 게 자신의 알몸 사진을 찍고, 여자 친구가 보내준 사진을 간직했다는 이유에서다.[25]

내가 고등학교에 다닐 때는 마음에 드는 누군가를 만나면 데이트 신청을 하면 됐다. 지금은 사람들이 먼저 당신을 체크할 수 있도록 자신의 정보를 온라인에 올려야 한다. 하지만 조심하라.

만약 다른 사람의 컴퓨터나 공용 컴퓨터를 통해 온라인 데이트 사이트에 접속했다면 이용한 후에 항상 로그아웃하라. 꼭 그래야 한다. 누군가가 돌아가기 버튼을 눌러 자신의 데이트 관련 정보를 훔쳐보길 원하는 사람은 없을 것이다. 아니면 비밀번호를 바꾸라. 처음 로그인 화면에서 **정보 기억** 체크를 끄는 것도 잊지 말라. 이것이나 다른 어떤 컴퓨터가 다른 사람을 당신의 데이트 사이트 계정으로 자동 로그인시켜주는 상황을 막기 위함이다.

한 번, 혹은 두 번 데이트를 했다고 가정하자. 사람들은 처음, 혹은 두 번째 데이트에서 늘 자신의 실체를 드러내지는 않는다. 일단 당신의 데이트 상대는 페이스북 친구가 되면 당신의 모든 친구들, 거기에 게시된 사진들, 당신의 온갖 관심사를 보게 되고… 상황은 금세 불편해질 수 있다.

지금까지 우리는 온라인 서비스들을 살펴봤다. 모바일 앱들은 어떨까?

데이트 주선 앱들은 이용자의 위치를 알릴 수 있는데, 그중 일부는 이미 디자인 단계에서 포함된 것이다. 이를테면 당신이 좋아하는 누군가를 당신의 지역에서 봤다고 치자. 그러면 데이트 앱을 통해 그 사람이 근처에 있는지 파악할 수 있다. 모바일 데이트 앱인 그라인더Grindr는 가입자들에게 매우 정확한 위치정보를 제공한다. 아마도 지나치게 정확한.

사이버 보안 회사인 사이낵Synack의 콜비 무어와 패트릭 워들 연구원은 그라인더에 가입자인 척 허위 요청을 보내 한 도시 안에서 그 가입자들의 움직임을 추적했다. 이들은 또 한 사람을 찾는 세 계정을 가진 경우, 그 결과들을 삼각망 안으로 수렴해 언제 어느 때든 그 사람이 어디에 있는지 훨씬 더 정확하게 알려준다.[26]

데이트 앱만이 아니라, 괜찮은 레스토랑을 찾기 위해 옐프Yelp 서비스에 로그인하는 경우에도 다른 회사들에 이용자의 성별, 나이, 그리고 위치가 공개된다. 옐프 앱의 기본 설정이 해당 레스토랑에, 이를테면 뉴욕 시 출신의 서른한 살 먹은 여성이 그 레스토랑에 대한 리뷰를 보는 중이라는 식으로 정보를 보내도록 돼 있는 것이다. 하지만 설정에 가서 도시까지만 공개하도록 '기본' 옵션을 선택할 수도 있다(불행하게도 그 기능 전체를 끌 수는 없다).[27] 이런 정보 공개를 피하는 최선의 방법은 로그인하지 않고 손님으로 옐프를 이용하는 것이다.

지리적 위치정보(지오로케이션)에 관한 한, 당신이 이용하는 '어떤' 모바일 앱이든 당신의 위치정보를 공개하는지 여부를 체크해보는 게 좋다. 대부분의 경우 이 기능을 개인 앱 단위나, 아예 기기 전체로 끌 수 있다.[28]

그리고 어떤 안드로이드 앱이든 무작정 '동의' 버튼을 눌러 다운로드하지 말고, 항상 허락하는 내용이 무엇인지 읽어보길 바란다. 이러한 내용은 구글 플레이에서 해당 앱을 찾은 후 아래로 스크롤링해 **정보** 섹션을 찾아 보면 **허용 항목**Permissions이 나온다. 그 내용이 불안하게 느껴진다면, 혹은 그것이 앱 개발자에게 지나치게 많은 권한을 준다고 판단되면, 그 앱을 다운로드하지 말라. 애플은 앱 스토어에서 그와 유사한 정보를 제공하지 않고, 대신 앱을 쓸 때 그것이 필요할 때마다 허용 여부를 묻는다. 사실 나는 iOS 기기를 더 선호하는데, 사적인 정보(이를테면 나의 위치 데이터)를 공개하기 전에 늘 물어보기 때문이다. 그리고 아이폰이나 아이패드의 잠금 장치를 해제하지('제일브레이크' 하지) 않는 한, iOS는 안드로이드보다 훨씬 더 보안성이 높다. 물론 재원이 풍부한 해커나 기관들은 암시장에서 어떤 운영체제든 그 보안 취약점을 공격할 수 있는 악성 프로그램('익스플로잇')을 구매할 수 있지만, iOS용 익스플로잇은 100만 달러 이상으로 꽤 비싸다.[29]

10장

도망칠 수는
있어도
숨을 수는 없다

우리가 대부분 그렇듯이, 하루 종일 셀폰을 휴대한다면 당신은 늘 노출돼 있는 것이나 마찬가지다. 당신은 감시되고 있다(심지어 전화기의 지리정보 추적 기능이 없더라도). 예컨대 만약 iOS 8.2나 그 이전 운영체제가 설치된 전화기의 경우에는 에어플레인 모드로 바꾸면 GPS 기능이 꺼지지만, 우리들 대부분이 그렇듯이 그 이후의 새 버전을 쓰는 경우에는 에어플레인 모드로 바꿔도(추가 조처를 하지 않는 한[1]) GPS는 계속 켜진 상태로 유지된다. 독일의 저명한 정치인인 말테 스피츠는 자신의 모바일 서비스 회사가 자신의 하루 활동 내용을 어느 정도까지 추적하는지 파악하기 위해 회사에 소송을 제기했고, 독일 법원은 회사 측에 대해 관련 기록을 제공하라고 명령했다. 제공된 기록의 분량은 충격적인 수준이었다. 불과 6개월도 안 되는 기간 동안 모바일 회사는 그의 위치를 8만5,000회나 기록하는 한편, 그가 걸고 받은 모든 통화와 상대편의 전화번호, 그리고 각 통화가 얼마 동안 지속됐는지 추적했다. 달리 말하면, 이것은 스피츠의 전화기에 의해 생성된 메타데이터였다. 그리고 그것은 음성 통화만이 아니라 문자 메시지도 포함한 것이었다.[2]

스피츠는 다른 기관들과 손잡고 그들에게 해당 데이터를 포맷해 공개해달라고 요청했다. 한 기관은 다음 그림과 같은 일일 요약표를 만들었다. 그날 아침 열린 녹색당 회의의 위치는 전화 회사의 기록에 나타난 경도와 위도로 표시됐다.

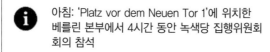

말테 스피츠의 2009년 10월 12일 월요일, 활동 결과

🛈 아침: 'Platz vor dem Neuen Tor 1'에 위치한 베를린 본부에서 4시간 동안 녹색당 집행위원회 회의 참석

📱 착신 통화 1건
발신 통화 10건
총 소요 시간: 33분 24초

💬 수신 메시지 16개
송신 메시지 14개

🌐 인터넷 연결 시간:
16시간 40분 54초

다른 기관은 같은 데이터를 써서 지도 애니메이션을 만들었다. 이 지도는 독일 전역에 걸쳐 스피츠의 분 단위 움직임을 보여주면서 그가 전화를 걸거나 받을 때마다 반짝이는 신호를 표시해준다. 이것은 불과 며칠 만에 포착한 경이적 수준의 세부 정보다.[3]

물론 스피츠에 관한 데이터는 특별한 경우도, 독일에 국한된 상황도 아니다. 바로 '당신의' 휴대 전화 회사가 기록하는 데이터의 충격적인 한 사례일 뿐이다. 그리고 그것은 법정에서 증거로 쓰일 수 있다.

2015년, 미국의 항소 법원에 올라온 한 소송은 셀폰 기록의 이용 문제를 제기했다. 문제의 소송은 볼티모어 지역에서 은행 한 곳, 세븐일레븐 한 곳, 패스트푸드 레스토랑 여러 곳, 그리고 보석상 한 곳을 턴 강도 두 명에 대한 것이

었다. 휴대 전화 서비스 업체인 스프린트로부터 과거 221일간에 걸친 유력 용의자들의 위치정보를 확보한 경찰은 범행 장소들이 서로 가깝고, 용의자들이 해당 범행 장소들 근처에 있었다는 점을 토대로 용의자들과 일련의 범행을 연계시킬 수 있었다.[4]

캘리포니아의 북부 지역을 관할하는 미국 연방 지방 법원에서 법리를 다툰 두 번째 소송은 범죄의 세목은 공개되지 않았지만, 역시 피고인들의 전화기와 연계된 버라이즌과 AT&T의 '과거의 셀룰러 사이트 정보'가 초점이었다. 시민 인권 단체인 '미국인권협회[ACLU]'는 해당 소송과 관련해 법정에 제출한 의견서에서, 이 데이터는 "한 개인의 위치와 움직임에 관한 거의 지속적인 기록을 생성한다."라고 지적했다. 법원의 공식 기록에 따르면, 해당 소송에서 연방 판사가 셀폰의 프라이버시를 언급하자, 연방 검사는 "자신의 프라이버시가 걱정되는 셀폰 이용자들은 전화기를 휴대하지 말거나 꺼버려야 마땅하다."라고 반박했다.

이것은 국민은 부당한 수색으로부터 보호받는다는 미국 수정 헌법 제4조의 권리를 위배한 것처럼 보인다. 대다수 시민은 단순히 셀폰을 휴대하는 것이 곧 정부로부터 추적받지 않을 권리를 포기하는 것이라고 결코 생각하지 않지만, 지금 드러나는 현실은 마치 그에 상응하는 듯하다. 두 소송 모두 버라이즌, AT&T, 스프린트 세 통신 회사가 프라이버시 정책에서 위치 추적 기능이 얼마나 깊고 광범위하게 적용되는지 고객들에게 명시하지 않았다고 지적한다. AT&T는 2011년 의회에 보낸 편지에서, 자사가 '요금 청구를 둘러싼 논란을 대비해' 5년간 셀룰러 데이터를 보유한다고 밝혔다.[5]

그리고 위치 데이터는 통신 회사 측에만 저장되는 게 아니다. 기기와 앱 판매사들에도 저장된다. 예를 들면, 당신의 구글 계정은 안드로이드 기기의 모든 위치 데이터를 보유한다. 아이폰을 사용하는 경우, 애플도 당신의 데이터를 기록한다. 기기 자체에 저장된 데이터를 다른 누군가 보지 못하도록, 그리고 해당 데이터가 클라우드에 백업되는 것을 막기 위해서는 스마트폰에서 위치 데이터를 주기적으로 삭제해야 한다. 안드로이드 기기에서는 **구글 설정 〉 위치 〉 위치 기록 삭제**를 선택하면 된다. iOS 기기의 경우, 애플이 삭제하기 어렵게 해놓았기 때문에 좀 더 깊이 들어갈 필요가 있다. **설정 〉 개인정보 보호 〉 위치 서비스**로 간 후 아래로 스크롤해서 **시스템 서비스**를 선택하고, 다시 아래로 스크롤해 **자주 가는 위치**로 가서 **기록 지우기**를 누른다.

구글의 경우, 위치 추적 기능을 끄지 않는 한, 온라인에서 이용 가능한 위치 데이터는 당신의 일거수일투족을 고스란히 재구축하는 데 이용될 수 있다. 예를 들면, 당신의 하루는 대부분 단일한 장소에서 소비되지만, 클라이언트를 만나거나 점심을 먹기 위해 다른 장소로 이동하는 경우도 있다. 더욱 심란한 것은 만약 누군가가 당신의 구글이나 애플 계정에 접속하게 되는 경우, 그 사람은 당신의 시간이 대부분 어디에서 소비되는가에 따라 당신이 어디에 사는지, 혹은 친구들이 누구인지 정확히 짚어낼 수 있다는 점이다. 그 정도까지는 아니더라도 최소한 당신의 하루 일과가 어떤지는 파악할 수 있다.

이제 명확히 드러나듯이, 오늘의 단순한 산보조차 다른 이들에게는 당신의 행태를 추적하는 기회일 수 있다. 이런 점을 인식해, 의식적으로 셀폰을 집에 두고 나간다고 가정하자. 그러면 추적당하는 문제는 해결된 셈이다, 그렇지 않은가? 글쎄, 그런 경우도 사정 나름이다.

핏빗, 조본의 UP 팔찌, 혹은 나이키플러스 퓨얼밴드 등과 같이 운동량을 기록해주는 피트니스 밴드를 찼는가? 아니면 애플, 소니, 혹은 삼성의 스마트워치를 찼을 수도 있다. 이들 중 하나나 둘 모두(피트니스 밴드 또는 스마트워치)를 차고 있다면 당신은 여전히 추적될 수 있다.

프라이버시 옹호자인 스티브 만이 처음 지어낸 '수베일런스sousveillance'라는 단어는 '감시'의 의미로 흔히 통용되는 '서베일런스surveillance'와 주목할 만한 차이를 보인다. 서베일런스의 '서sur'는 불어로 '위에서above'라는 뜻인 데 반해, 수베일런스의 '수sous'는 '아래에서below'라는 뜻이다. 그러니까 수베일런스는 위에서, 이를테면 다른 사람들이나 감시 카메라들로부터 감시되는 것이 아니라 '아래에서', 즉 우리가 휴대하거나 심지어 몸에 걸치는 작은 기기들에 의해 감시되는 상황을 가리킨다.

핏빗 같은 건강 측정기(피트니스 트래커)와 스마트워치들은 이용자의 심장 박동수, 걸음 수, 심지어 체온 같은 생체 데이터를 기록한다. 애플의 앱 스토어는 아이폰과 애플 워치에 탑재돼 건강 관련 데이터를 측정하고 기록하는 다수의 별도 앱들을 지원한다. 안드로이드를 기반으로 한 구글 플레이 스토어도 마찬가지다. 그리고 (놀라지 마시라!) 이 앱들은 수집한 데이터를 본사로 전송한다. 표면적인 이유는 이용자가 나중에 해당 데이터를 리뷰할 수 있도록 하기 위해서라지만, 그것을 본인의 동의 없이 다른 기관이나 앱과 때로는 공유하기 위해서이기도 하다.

예를 들면, 2015년 자전거 경주 대회인 캘리포니아 암젠 투어에서 참가자들은 누가 자신을 추월했는지 알 수 있을 뿐 아니라, 온라인 상태에서 그들에게 직접 메시지를 보낼 수도 있었다. 전혀 낯선 사람이 경주 도중에 당신의 특정한 움직임에 대해 뭐라고 논평한다면, 정작 본인은 그런 행동을 했다는 사실을 기억하지도 못하는 경우 다소 으스스할 수도 있다.

비슷한 일이 내게 벌어진 적이 있다. LA에서 라스베이거스로 가는 고속도로에서 BMW를 모는 사내가 내 앞으로 끼어들었다. 셀폰 통화에 정신이 팔린 가운데, 그는 갑자기 차선을 바꾸면서 내 차와 불과 몇십 센티미터 간격으로 끼어들어 나를 혼비백산하게 만들었다. 그는 우리 모두를 파멸로 몰 뻔했다.

나는 내 셀폰을 꺼내 캘리포니아 주 차량국에 전화를 걸고 경찰인 척 가장했다. 차량국에 그의 차량 번호를 조회했고, 차량국 담당자는 내게 그의 이름과 주소, 사회보장번호를 알려줬다. 곧이어 나는 통신 회사인 에어터치 셀룰러에 전화를 걸어 그곳 직원인 척하면서 그의 사회보장번호와 연계된 무선 통신 계정이 있는지 문의했다. 그렇게 해서 나는 그 난폭 운전자의 휴대전화번호를 알아낼 수 있었다.

다른 운전자가 내 앞으로 끼어든 지 겨우 5분 정도 지난 후, 나는 그 번호로 전화를 걸었고 그 운전자가 받았다. 나는 아직도 사고를 당할 뻔한 충격으로 제정신이 아니었고 화가 머리 끝까지 난 상태였다. "야 이 미친 놈아, 난 5분 전에 네가 무리하게 끼어들어서 죽을 뻔한 사람이야. 내가 차량국에서 일하는 데, 한 번만 더 그 따위로 운전하면 네 놈의 운전면허증을 취소해버리겠어!"

그는 지금까지도 어떻게 모르는 남자가 고속도로 한 가운데서 자신의 셀폰 번호를 알아낼 수 있었을까 의아해할 게 틀림없다. 나는 그 남자가 그 전화에 겁을 먹고 신중한 운전자가 됐을 거라 생각하고 싶다. 하지만 누구도 알 수 없는 노릇이다.

하지만 운수는 돌고 도는 것이다. 언젠가는 내 AT&T 모바일 계정이 사회공학을 이용한 웬 '스크립트 키디'(초보적 수준의 아마추어 해커를 일컫는 용어)들에게 털린 적이 있다. 그 해커들은 미국 중서부에 있는 AT&T의 한 매장에 다른 매장의 직원인 척 가장하고 전화를 걸었다. 이들은 점원을 설득해 내 AT&T 계정의 이메일 주소 비밀번호를 초기화하게 한 후 새로 온라인 비밀번호를 만들고 요금 청구 기록을 포함한 내 계정의 모든 정보에 접근했다!

캘리포니아 암젠 투어의 경우, 출전자들은 스트라바 앱의 '플라이바이' 기능을 써서 다른 스트라바 이용자들과 개인 데이터를 공유할 수 있도록 기본 설정이 돼 있었다. 스트라바의 국제 마케팅 국장인 가레스 네틀턴은 경제지 「포브스」와의 인터뷰에서 이렇게 말했다. "스트라바는 기본적으로 체육인들이 글로벌 공동체와 연결하는 개방형 플랫폼입니다. 하지만 우리는 체육인들의 프라이버시도 매우 중요하다고 여기기 때문에 그들이 각자의 프라이버시를 손쉽게 관리할 수 있도록 하는 장치를 만들었습니다.[6]"

스트라바는 실제로 이용자가 누가 자신의 심장 박동 수를 볼 수 있는지 결정할 수 있도록 해주는 개선된 프라이버시 설정을 제공한다. 또 당신이 어디에 사는지, 어디에서 일하는지 다른 이들이 볼 수 없도록 기기에 프라이버시 영역을 설정할 수 있다. 캘리포니아 암젠 투어 대회에서, 고객들은 '플라이바이'의 기능을 이용하지 않겠다고 선택할 수 있었고, 그런 경우 자신들의 활동 내역은 데이터를 올리는 시점에서 '비밀(프라이빗)'로 표시됐다.

다른 '웨어러블' 건강 기록 기기와 서비스들도 비슷한 프라이버시 보호 기능을 제공한다. 당신은 심각하게 사이클링을 하는 것도 아니고, 오피스 빌딩 주변의 보도를 뛰면서 다른 누군가를 가로막을 일도 없기 때문에 이런 보호 대책이 필요치 않다고 생각할지 모른다. 대체 해가 될 게 뭐란 말인가? 하지만 그것 말고도 다양한 활동 내용이 있고 개중에는 은밀히 수행하는 것도 있는데, 그에 아랑곳하지 않고 앱과 온라인으로 공유돼 프라이버시 문제를 초래할 수도 있다.

수면이나 여러 층의 계단을 올라가는 것과 같은 행위를 기록하는 것은 특히 의료 보험료를 낮추기 위한 것과 같은 구체적인 의료 목적인 경우, 그 자체로는 본인의 프라이버시에 부정적 영향을 끼치지 않는다. 그러나 이 데이터가 다른 데이터와 결합되면, 당신의 종합적인 그림이 나타나기 시작한다. 그리고 그것은 당신이 안심할 만한 수준보다 훨씬 더 많은 정보일 수 있다.

한 피트니스 트래커 이용자는 자신의 온라인 데이터를 검토하다가 성관계를 가질 때마다 심장 박동 수가 현저히 증가한다는 사실을 발견했다.[7] 실상을 들여다보면, 핏빗도 잠시나마 섹스를 일상적으로 기록해 이용자에게 보고하는 온라인 리스트 중 하나로 포함시킨 바 있다. 비록 개개인의 신원을 지우고 익명으로 올렸지만 해당 데이터는 구글로 검색할 수 있었고, 그런 사실이 공개되자 회사는 재빨리 데이터를 삭제했다.[8]

독자들 중 어떤 이는 "그게 뭐 어때서?"라고 반문할 수도 있다. 맞다. 그 자체로는 그리 흥미로울 게 없다. 하지만 심장 박동수 데이터가, 예컨대 지리적 위치 데이터와 결합되면 문제는 위험해질 수 있다. 웹 뉴스 사이트 「퓨전」의 캐시미어 힐 기자는 핏빗 데이터가 어떤 용도로 쓰일 수 있을지 그 논리적 극한까지 밀고 간다. "만약 보험 회사들이 당신의 활동 데이터와 GPS의 위치 데이터를 연계해, 단지 언제 당신이 섹스를 할 가능성이 있는지뿐 아니라 '어디에서' 섹스를 하고 있는지까지 파악한다면 어떻게 될까? 의료 보험 회사가 매주 여러 곳에서 섹스 행위를 하는 고객을 식별한 후, 그의 난잡하다고 의심되는 행태를 근거로 의료 위험이 높다고 평가할 수 있을까?"

다른 한편으로는 핏빗 데이터가 법정 소송에서 이전까지는 확인할 수 없었던 주장을 입증하거나 반박하는 데 성공적으로 활용돼왔다는 점도 지적할 만하다. 한 극단적인 경우, 핏빗 데이터는 한 여성의 강간 피해 주장이 허위임을 드러내는 데 쓰였다.[10]

문제의 여성은 경찰에 (펜실베이니아 주 랭카스터를 방문하던 중) 자정 무렵 잠에서 깨어 낯선 남자가 자신의 위에 있는 것을 발견했다고 증언했다. 그녀는 더 나아가, 남자의 손아귀에서 벗어나기 위해 몸싸움을 벌이다 자신의 핏빗을 잃어버렸다고 주장했다. 경찰이 핏빗을 찾아내자 여성은 경찰이 그 데이터에 접근해도 좋다고 동의했다. 그에 따르면, 여성은 밤새 깨어 걸어다닌 게 분명했다. 한 지역 TV 방송국의 보도에 따르면 그 여성은 '경찰에 허위 신고를 한 혐의, 치안을 교란한 혐의, 그리고 외부 침입자에게 강간당한 것처럼 보이려 가구를 뒤집고 칼을 현장에 놓아두는 등 증거를 조작한 혐의' 등으로 기소됐다.[11]

한편, 활동을 기록하고 추적하는 기기들은 신체 장애 주장을 뒷받침하는 데도 이용될 수 있다. 캐나다의 한 법률 회사는 클라이언트의 업무 중 부상에 따른 심각한 결과를 입증하는 데 활동량 추적 장치의 데이터를 활용했다. 해당 클라이언트는 자신의 활동량이 현저히 감소했음을 보여주는 핏빗 데이터를 데이터 회사인 비바메트리카에 제공했고, 이 회사는 데이터를 일반 인구의 활동 및 건강 관련 데이터와 비교했다. 캘거리 소재 매클라우드 법률 회사의 사이먼 멀러는 「포브스」와의 인터뷰에서 "지금까지 우리는 항상 임상 해석에 의존할 수밖에 없었다."라고 말하면서 "이제 우리는 하루의 일과에서 더 긴 간격의 활동 내역을 볼 수 있고, 확고한 데이터를 취득할 수 있다."라고 말했다.[12]

설령 활동량 추적기를 차지 않았더라도, 삼성의 갤럭시 기어 같은 스마트워치는 비슷한 방식으로 당신의 프라이버시에 영향을 끼칠 수 있다. 만약 당신이 문자, 이메일, 전화 호출 같은 짧은 통지를 스마트워치로 받는다면, 다른 사람들도 그러한 메시지를 볼 수 있다는 뜻이다.

헬멧 위에 달거나 승용차의 대시보드에 달고 자신의 움직임을 비디오로 기록할 수 있는 초소형 카메라 '고프로GoPro'의 이용이 최근 엄청나게 늘었다. 하지만 만약 당신이 고프로 모바일 앱의 비밀번호를 잊어버리면 어떻게 될까? 이스라엘의 한 연구자는 친구의 고프로와 관련 모바일 앱을 빌렸지만, 그 비밀번호를 몰랐다. 이메일처럼, 고프로 앱은 비밀번호 초기화를 허용한다. 그러나 그 절차에(이후 바뀌었다.) 문제가 있었다. 고프로는 비밀번호 초기화의 한 과정으로 링크를 당신의 이메일로 보내는데, 실상을 들여다보면 이 링크는 다운로드해서 기기의 SD 카드에 삽입하도록 돼 있는 ZIP 파일로 이용자를 인도한다. 문제의 ZIP 파일을 열었을 때, 연구자는 'settings'(설정)라는 이름의 문자 파일 안에 고프로가 인터넷 접속에 이용하는 SSID와 비밀번호를 포함한 이용자의 무선 관련 정보가 들어있는 것을 발견했다. 연구자는 그 링크의 번호(8605145)를 다른 번호, 예컨대 8604144로 바꾸면 다른 사람들의 고프로 설정 데이터와 무선 비밀번호에 접근할 수 있다는 사실도 발견했다.

이스트만 코닥은 1800년대 미국 사회의 프라이버시 논의에 불을 지폈다고(혹은 적어도 프라이버시 문제를 흥미롭게 만들었다고) 해도 과언이 아니다. 당시까지만 해도 사진술은 특별한 설비(카메라, 조명, 암실)와 (사진을 찍으려 스튜디오에서 포즈를 취할 때) 오랫동안 정지 상태로 있길 요구하는 진지하고 시간이 걸리며 불편한 예술이었다. 그러다가 코닥이 나타나 휴대할 수 있고 상대적으로 값싼 카메라를 선보였다. 그 계열의 첫 제품은 25달러에 팔렸는데, 요즘 시가로 환산하면 100달러 정도다. 코닥은 뒤이어 단 1달러짜리 '브라우니' 카메라를 선보였다. 이 카메라들은 가정과 직장 밖에서 사용하도록 설계된 것이었다. 이들은 당시의 모바일 컴퓨터이자 모바일 폰이었던 셈이다.

돌연 사람들은 해변이나 공원에서 누군가가 그런 카메라를 휴대하고 있으며, 그가 사진을 찍을 때 그 프레임 안에 자신이 들어갈 수도 있다는 사실을 인식해야 했다. 그렇다면 그럴듯하게 보여야 했다. 처신에 신경을 써야 했다. "그런 카메라의 등장은 사람들의 사진에 대한, 그리고 피사체 자체에 대한 태도를 바꾸고 있었다."라고 세계사진센터의 전직 수석 큐레이터인 브라이언 월리스는 말한다. "그 때문에 사람들은 저녁 식탁을 사진 속에서 그럴듯해 보이도록 꾸며야 했고, 생일 파티도 마찬가지였다.[13]"

실제로 우리는 누가 보면 다르게 행동한다고 나는 믿는다. 우리는 대부분 카메라가 있는 것을 알 때 최선의 행태를 보인다, 물론 그런 데 전혀 괘념치 않는 사람도 늘 있게 마련이지만.

사진 촬영의 대중화는 사람들의 프라이버시에 대한 인식에도 영향을 끼쳤다. 어느날 갑자기 누군가의 불량한 행동을 시각적으로 기록할 수 있게 된 것이다. 실제로, 우리는 요즘 위법 논란을 대비해 대시 캠(차의 계기판에 부착돼 도로를 촬영하는 카메라)과 경찰의 몸에 부착하는 카메라로 실제 행위를 기록한다. 그리고 얼굴 인식 기술을 이용해, 누군가의 사진을 찍은 후 이를 당사자의 페이스북 프로필과 매치시키기도 한다. 셀카도 유행이다.

하지만 1888년의 경우, 그처럼 끊임없는 노출은 아직 충격적이고 당혹스러운 새 현상이었다. 일간지 「하트포드 쿠란트」는 이런 경고 기사를 게재했다. '진지한 시민은 이제 어떤 익살맞은 행위도, 그것이 카메라에 찍혀 주일학교 아이들 사이에서 놀림감으로 회자될 위험성을 무릅쓰지 않고는 저지를 수 없게 됐다. 그리고 강에서 배를 타고 여자 친구와 애정 행각을 벌이고 싶어 하는 청년들은 끊임없이 우산으로 자신을 가려야만 한다.[14]"

어떤 사람들은 그 변화를 좋아하지 않았다. 1880년대 미국에서는 한 여성 그룹이 자신들의 사진을 찍는 것을 원치 않는다며 기차 안에서 카메라를 부수기도 했다. 영국에서는 청소년들이 무리를 지어 해변을 배회하면서, 수영을 마치고 바닷물에서 나오는 여성들의 사진을 찍으려는 이들에게 위협을 가했다.

새뮤얼 워런과 루이스 브랜다이스(후자는 뒤에 미국 연방 대법원의 대법관이 됐다.)는 1890년에 기고한 한 논문에서 '즉석 사진과 신문 사업이 사적인 가정생활의 성소를 침범해왔다.'라고 지적했다. 이들은 미국법이 프라이버시를 공식 인정해야 하며, 여러 이유 중 하나로 '몰래 카메라'의 관행을 뿌리뽑기 위해 어떤 침해에 대해서든 법적 책임을 묻자고 제안했다.[15] 그러한 법은 여러 주들에서 제정됐다.

현재 여러 세대가 즉석 사진의 위협과 더불어 성장했다(혹시 폴라로이드를 기억하는가?). 하지만 지금 우리는 즉석 사진 정도가 아니라 사진의 '편재성 ubiquity'과도 씨름해야 하는 상황이다. 당신은 어디를 가든 비디오에 찍힐 수밖에 없다(거기에 동의했든 동의하지 않았든. 그리고 그러한 영상은 누구나, 전 세계 어디에서나 보게 될 수도 있다).

프라이버시에 관한 한 우리는 모순 속에 살아간다. 한편으로는 그것을 더없이 소중하게 여기고, 권리로 간주하고, 자유와 독립의 전제 조건으로 여긴다. 우리가 우리 자신의 집안에서, 닫힌 문 뒤에서 하는 일은 무엇이든 비밀로, 사적인 것으로 남아야 마땅하지 않은가? 다른 한편으로, 인간은 호기심이 많은 동물이다. 그리고 우리는 지금 그런 호기심을 이전에는 상상조차 할 수 없었던 방식으로 충족시킬 수 있는 수단들을 갖고 있다.

거리 맞은편의 담 너머에, 이웃의 뒤뜰에 무엇이 있는지 궁금해한 적이 있는가? 현대의 테크놀로지는 거의 모든 이들에게 그런 질문에 대한 답을 제공할 수 있다. '3D 로보틱스'와 '사이파이^{CyPhy}' 같은 드론(무인기) 회사들은 누구나 자신만의 드론을 소유할 수 있을 정도로 드론을 대중화시켰다(예컨대 나는 'DJI 팬텀 4' 드론을 가지고 있다). 드론은 리모트 컨트롤러로 조종할 수 있는 소형 항공기며 '라디오샥'에서 구입할 수 있었던 종류보다 훨씬 더 정교해졌다. 거의 모든 기종이 소형 비디오 카메라를 장착하고 있으며, 이들은 세상을 다른 방식과 시각으로 볼 수 있는 기회를 제공한다. 어떤 드론은 스마트폰으로도 조종할 수 있다.

개인용 드론은 이를테면 스테로이드 주사를 맞은 관음증 환자('피핑 탐')다. 수십 미터 높이의 상공에서 맴돌 수 있으므로 훔쳐보지 못할 것이 거의 없다.

현재 보험 업계는 비즈니스 목적으로 드론을 이용한다. 생각해보라. 만약 당신이 손해사정인이고, 보험 요율을 설정하려는 부동산의 상태를 파악할 필요가 있는 경우, 당신은 드론을 띄워 과거에는 접근할 수 없었던 지역 등을 시각적으로 조사하고, 그런 조사 결과의 영구 기록을 만들 수 있다. 드론을 높이 날려 아래를 내려다보면서, 과거에는 헬리콥터를 통해서만 가능했던 유형의 그림을 얻을 수 있다.

개인용 드론은 이제 이웃을 훔쳐보는 한 수단이다. 드론을 이웃집 지붕 위로 높이 띄워 아래를 내려다보면 그만이다. 그 이웃은 수영장을 가지고 있고, 어쩌면 누드 수영을 즐길지도 모른다. 문제는 복잡해졌다. 우리는 각자의 집안에서, 그리고 사유지 안에서 프라이버시가 유지될 것이라는 기대를 가지고 있다. 하지만 이제는 그런 기대가 도전받고 있다. 예를 들면, 구글은 세계 곳곳의 거리를 보여주는 '구글 스트리트 뷰'와 '구글 어스'에서 행인의 얼굴과 차량의 번호판을 가린다. 하지만 개인용 드론을 가진 이웃에게는 비록 자신의 뒤뜰 위로 드론을 날리지 말아달라고 부드럽게 요청할 수는 있겠지만, 실상 구글과 같은 프라이버시에 대한 배려를 기대하기는 어렵다. 비디오 카메라를 장착한 드론은 구글 어스와 구글 스트리트 뷰를 합친 것과 같은 효과를 그 주인에게 제공한다.

일부 규제가 있기는 하다. 예컨대, 미국 연방항공국^{FAA}의 가이드라인에서는 드론이 그 조종인의 시야에서 벗어나서는 안 되며, 공항으로부터 일정 거리 안에서는 드론을 띄울 수 없고, 일정 높이 이상 드론을 날려서도 안 된다고 규정하고 있다.[16] 어디에서 개인용 드론을 날릴 수 있는지 도와줄 B4UFLY*라는 앱도 있다.[17] 그리고 상업용 드론 이용에 대응해 여러 주 정부에서 드론 이용을 규제하거나 엄격하게 제한하는 법을 통과시켰다. 텍사스 주의 경우, 부동산 중개인을 포함한 몇몇 예외가 있기는 하지만 일반 시민은 드론을 날릴 수 없게 돼 있다. 드론에 대해 가장 자유로운 태도를 보이는 곳은 민간인도 비행 중인 드론을 격추시킬 수 있도록 허용한 콜로라도 주다.

미국 정부는 적어도 드론 애호가들이 그들의 장난감을 등록하도록 강제해야 한다. 내가 사는 LA에서는 누군가의 드론이 라라비 가와 선셋 대로 교차로 부근, 웨스트 할리우드의 전력선 위로 추락했다. 문제의 드론이 등록돼 있었다면, 정부 당국은 누가 여러 시간 동안 수백 가구를 정전 속에 몰아넣었고 수십 명의 전력 회사 직원들이 그 지역의 전력을 복구하기 위해 밤 늦게까지 일하도록 만들었는지 밝혀낼 수 있었을 것이다.

소매점 주인들은 고객들에 대해 더 많은 것을 알고 싶어 한다. 실제로 통하는 한 가지 방법은 일종의 '셀폰 IMSI 캐처'다. 손님이 가게에 들어오면 'IMSI 캐처'는 그의 셀폰으로부터 정보를 포착해 그의 번호를 알아낸다. 그로부터 소매점의 시스템은 방대한 데이터베이스를 돌려 해당 고객의 프로필을 구축한다. 온라인이 아닌 실제 물리적 소매점들도 얼굴 인식 기술을 이용한다. 월마트에서 손님이 들어올 때마다 인사하는 직원을 몇십 배 늘린 상황을 생각해보라.

"어서오세요, 케빈 님"이라는 말이 가까운 미래에, 심지어 난생 처음 가는 소매점의 경우에도 그곳 점원들로부터 듣게 되는 표준 인사말이 될 수도 있다. 그처럼 각 개인에게 맞춘 구매 경험을 제공하는 것은 비록 매우 미묘하기는 하지만, 또 다른 형태의 감시라고 할 수 있다. 우리는 더 이상 익명으로 쇼핑을 할 수가 없다.

2015년 6월, 의회가 '미국 자유법'(패트리어트법에 일부 프라이버시 보호 조항을 더한 수정법)을 통과시키도록 약 2주간 압력을 가해온 아홉 개의 프라이버시 옹호 단체들(그중 일부는 자유법 통과를 위해 더욱 세찬 로비를 벌였다.)은 대규모 소매 기업 여러 곳이 얼굴 인식 기술의 사용을 제한하기 위한 논의 와중에 퇴장해버리자 실망감과 분노를 표시했다.[18]

논란은 얼굴을 스캔하기 전에 소비자들의 동의를 받는 것을 기본 설정으로 할 것인가 여부였다. 타당하게 들리는 말이지만 논의에 참여한 메이저 소매 기업들 중 어느 한 곳도 이 대목에서 양보하지 않았다. 그들의 주장에 따르면, 매장 안으로 걸어 들어왔다면 해당 손님을 스캔하고 신원을 파악하는 것은 정당한 행위라는 것이다.[19]

매장 안에 들어갔을 때 그런 식의 개인적 주목을 원하는 사람도 있지만, 많은 이들은 도리어 불안해할 것이다. 매장 측은 사안을 다르게 본다. 그런 선택이 가능하다는 사실을 알면 매장의 좀도둑을 잡지 못하는 사태가 생긴다는 이유로, 이들은 소비자들에게 참여 거부('옵트아웃')의 권리를 주고 싶어 하지 않는다. 자동 얼굴 인식 기술이 적용된다면 절도 전력이 있는 사람은 매장에 들어오는 순간 식별할 수 있기 때문이다.

손님들은 뭐라고 말할까? 적어도 영국에서는 설문 응답자 중 열에 일곱이 매장 안에서 얼굴 인식 기술을 사용하는 것은 "너무 섬뜩하다."라고 대답했다.[20] 그리고 일리노이 주를 비롯한 일부 미국 주들은 그와 같은 생체 데이터의 수집과 정보를 규제하는 법을 제정했다.[21] 이러한 법규들은 소송으로 이어졌다. 예를 들면, 시카고에 사는 한 남성은 얼굴 인식 기술을 이용해 다른 사람들의 사진에서 자신을 식별해도 좋다는 명시적 동의를 제공하지 않았다며 페이스북을 제소했다.[22]

얼굴 인식 기술은 순전히 사진만을 근거로 그 사람의 신원을 파악하는 데 이용될 수 있다. 하지만 이미 그 사람이 누구인지 알고, 당신은 단지 그 사람이 있어야 할 곳에 있는지 확인하고 싶을 뿐이라면 어떨까? 이것은 얼굴 인식 기술의 또 다른 잠재적 용도다.

모셰 그린스팬은 이스라엘과 라스베이거스에 근거지를 둔 얼굴 인식 회사 '페이스-식스Face-Six'의 최고경영자다. 이 회사의 소프트웨어 '처칙스Churchix'는 여러 용도 중에서도 교회 출석 여부를 파악하는 데 이용된다. 교회로 하여금 누가 불규칙하게 교회에 오는지 파악해서 좀 더 자주 출석하도록 북돋우는 한편, 정기적으로 출석하는 교인들에게는 교회에 더 많은 헌금을 하도록 부추기자는 취지다.

페이스-식스는 세계적으로 최소한 30여 개의 교회들이 자사의 기술을 이용한다고 말한다. 해당 교회가 해야 할 일은 교인들의 고화질 사진을 올리는 것이다. 그러면 시스템은 그들의 예배 장면과 사교 활동을 관찰한다.

교회 측은 교인들에게 그런 사실을 알리느냐고 묻자, 그린스팬은 웹 뉴스 사이트인 「퓨전」에 이렇게 대답했다. "교회가 사람들에게 알린다고 생각하지 않습니다. 그러라고 조언하지만 그러지 않는 것 같아요.[23]"

하버드 로스쿨 산하 '버크만 인터넷과 사회 센터'의 조너선 지트레인 센터장은 농담조로, 몇몇 웹사이트들에서 사용되는 것처럼 사람들도 자신을 따라다니지 말라는 '노팔로우nofollow' 태그가 필요한 상황이라고 말했다.[24] 그렇게 하면 얼굴 인식 데이터베이스에 이름을 넣고 싶지 않은 사람들을 제외시켜줄

터이다. 그런 목표를 위해, 일본의 국립정보과학연구원National Institute of Informatics 은 상업용 '프라이버시 바이저'를 만들었다. 하나에 240달러쯤 하는 이 안경은 카메라에만 보이는 빛을 방출한다. 초기 테스터들에 따르면 해당 안경은 90% 정도의 성공률을 보였다. 한 가지 단점은 운전이나 사이클링에는 적합하지 않다는 점이다. 패션의 관점에서도 별로 매력적이지 못하다. 하지만 공공장소에서 본인의 프라이버시 권리를 행사하는 데는 그만이다.[25]

사방이 노출된 공간으로 나오면 프라이버시가 침해될 수 있음을 알기 때문에 당신은 승용차나 집, 혹은 심지어 사무실 안에 있으면 더 안전할 것이라고 느낄지 모른다. 불행하게도 이는 더 이상 사실이 아니다. 다음 장들에서 그 이유를 설명하고자 한다.

11장

키트,
내 위치를
알리지 마

찰리 밀러와 크리스 발라섹, 이 두 연구원은 차량을 해킹하는 데 전문가들이다. 이전에 두 사람은 도요타 프리우스를 해킹한 적이 있지만 그것은 해당 차량의 뒷좌석에 앉아 물리적으로 연결된 상태에서 벌인 경우였다. 2015년 여름, 밀러와 발라섹은 세인트 루이스의 고속도로를 시속 112킬로미터로 달리는 지프 체로키의 운전 장치를 해킹하는 데 성공했다. 이들은 그 차 근처에도 가지 않은 채 원격으로 조종할 수 있었다.[1]

해당 지프 안에는 운전자가 있었다. 바로 IT 월간지인 「와이어드」의 앤디 그린버그 기자였다. 연구자들은 그린버그에게 미리 말해뒀다. 어떤 일이 벌어져도 절대 당황하지 말라고. 하지만 그것은 자신의 차가 해킹될 것임을 예상한 사람에게조차도 이행하기 어려운 주문이었다.

"즉각 가속 페달이 작동하지 않았다."라고 그린버그 기자는 자신의 경험을 술회했다. "나는 정신없이 페달을 밟아대며 엔진 RPM이 치솟는 것을 지켜보는 가운데 지프의 속도가 절반으로 줄었고, 이어 더욱 느려지더니 거의 기다시피 했다. 이 사태는 차를 비상 정차할 갓길이 없는 긴 고가에 이르렀을 때 발생했다. 해킹 실험은 더 이상 재미있지 않았다."

나중에 두 연구자는 '경솔하고 위험한' 짓을 했다는 비판을 받았다. 그린버그 기자가 운전하던 지프는 시험용 트랙이 아닌 공용 도로에 있었기 때문에 미주리 주 교통경찰은 이 글을 쓰는 현재, 밀러와 발라섹 연구원(그리고 어쩌면 그린버그 기자까지)에 대한 기소를 검토하고 있다.

차량에 직접 컴퓨터를 연결해 벌이는 해킹은 수년 동안 언급돼 왔지만 밀러와 발라섹 연구원의 무선 시험은 자동차 업계의 비상한 주목을 받았다. 그것이 위험한 과시용 해킹이었든 또는 적법한 연구였든 자동차 제조업체들은 사이버 보안에 관해, 그리고 의회가 차량 해킹을 금지하는 법 규제를 제정해야 하는지에 관해 심각하게 고민하기 시작했다.[2]

다른 연구자들은 승용차에 탑재된 컴퓨터에서 제조업체의 시스템으로 전달되는 GSM이나 CDMA 트래픽을 가로채 분석함으로써 해당 승용차를 제어하는 프로토콜을 역설계할 수 있다. 이들은 SMS 메시지로 승용차의 제어 시스템을 교란해 차문을 잠그거나 풀게 할 수 있었다. 어떤 이들은 같은 방법을 써서 원격 시동 기능을 가로채기도 했다. 하지만 원격으로 승용차를 완전히 통제할 수 있었던 경우는 밀러와 발라섹의 해킹이 처음이다. 그리고 이들은 동일한 방법을 쓰면 다른 주들의 차량도 원격 통제할 수 있다고 주장한다.[3]

밀러-발라섹 시험의 가장 중요한 결과는 아마도 크라이슬러가 거기에서 드러난 프로그래밍 결함을 이유로 140만대 이상을 리콜한 (이런 이유로는 최초로) 사실일 것이다. 리콜이 진행되는 동안 크라이슬러는 임시 조처로 해당 차종과 스프린트 네트워크의 연결을 중단했다. 크라이슬러는 각 차량이 수집하는 데이터를 그 연결을 통해 실시간으로 받아 텔레매틱스(자동차와 무선 통신을 결합한 차량 무선 인터넷 서비스)에 이용해왔다. 밀러와 발라섹 연구원은 '데프콘 23' 콘퍼런스에서 그것(다른 주들의 차량을 원격 제어하는 것)이 가능하다는 사실을 알았지만 실제로 시도하는 것은 옳지 않다고 판단했다고 말했다. 대신 그들은 밀러의 고향에서 그린버그 기자와 함께 계산된 시험을 벌인 것이다.

이 장에서는 우리가 운전하는 차, 우리가 타는 기차, 그리고 매일 통근길에 이용하는 모바일 앱들이 어떤 면에서 사이버 공격에 취약한지 짚어보고자 한다. 네트워크와 연결된 차들이 그 편의성의 이면에서 어떻게 우리의 프라이버시를 약화하는지도 알아본다.

온라인 뉴스 사이트인 「버즈피드」의 조해나 부이얀 기자가 차량 호출 서비스인 우버의 뉴욕 사무실에 도착하자, 총괄 관리자인 존 모러가 우버 소유의 차량 중 한 대에 앉아 기다리고 있었다. "오셨군요. 당신을 추적하고 있었죠."라며 그는 자신의 아이폰을 들어 보였다. '소비자 프라이버시'가 인터뷰 주제 중 하나였던 점을 고려하면 별로 유망한 시작은 아니었다.[4]

2014년 11월 부이얀 기자의 기사가 나오기 전까지, 우버가 그 고객들뿐 아니라 수천 명에 달하는 계약직 운전자의 위치를 실시간으로 추적하는 툴인 '갓 뷰Good View'를 아는 사람은 우버 외부에는 거의 없었다.

앞에서 언급했듯이, 앱들은 이용자에게 다양한 내용의 허용 요청을 내놓는데 그중 하나가 이용자의 위치정보 데이터에 대한 접근권이다. 우버 앱은 거기에서 더 나아간다. 이용자의 근사 위치(와이파이)와 정확한 위치(GPS), 이용자의 주소록에 대한 접근권을 요구하며, 이용자의 모바일 기기가 'sleep' 상태로 전환되는 것을 허용하지 않는다(그래서 이용자의 위치를 계속 추적할 수 있도록).

부이얀 기자는 그에 대해 모러에게 자신은 자신이 언제 어디서나 추적돼도 좋다고 우버에 승인한 적이 없다고 말한 것으로 전해진다. 하지만 그녀는 승인했다. 비록 명시적으로는 아니지만. 그 승인은 해당 서비스를 자신의 모바일 기기에 다운로드할 때 동의한 우버의 약관에 들어있었다. 인터뷰 후에 모러는 부이얀 기자의 최근 우버 이용 기록을 이메일로 제공했다.

우버는 모든 고객의 개인 기록을 축적하며, 각자의 우버 이용 내역을 빠짐없이 기록한다. 해당 데이터베이스가 안전하지 않다면 이는 좋은 생각이 아니다. 우버의 데이터베이스는 보안 업계의 용어로 '하니팟honeypot'이 돼 미국 정부는 물론 중국 해커들에 이르기까지 온갖 악의적 공격의 매력적인 대상이 될 수 있다.[5]

2015년, 우버는 프라이버시 정책의 일부를 개정했는데, 그중 어떤 부분은 소비자들에게 더 불리한 개악이었다.[6] 우버는 현재 모든 미국 거주 이용자들로부터 위치정보 데이터를 수집한다. 해당 앱이 백그라운드에서만 돌아가는 경우에도, 그리고 설령 위성과 셀룰러 통신을 꺼놓아도 마찬가지다. 우버는 와이파이와 IP 주소를 써서 '오프라인' 상태에 있는 이용자를 추적할 것이라고 밝혔다. 이는 우버 앱이 이용자의 모바일 기기에서 은밀한 스파이 노릇을 한다는 뜻이다. 하지만 우버 측은 왜 이런 기능까지 필요한지는 설명하지 않았다.[7]

우버는 왜 '갓 뷰'가 필요한지도 충분히 설명하지 않았다. 한편 이 회사의 프라이버시 정책에 따르면, 우버의 정책은 지위 고하에 상관없이 모든 직원에 대해 고객이나 운전자의 데이터에 접근하는 것을 엄격히 금지하고 있다. 이 정책의 유일한 예외는 제한된 범위의 적법한 비즈니스 목적인 경우다. 적법한 비즈니스는 사기성 계정 감시와 운전자와 연관된 문제 해소(예를 들면, 네트워크 단절) 등을 포함한다. 하지만 기자의 움직임을 추적하는 것까지는 아닐 것이다.

혹자는 우버가 그 고객들에게 본인의 추적 정보를 삭제할 수 있는 권리를 줄 것이라고 생각할지 모른다. 아니다. 그리고 그 사실을 알고 스마트폰에서 앱을 지웠다고 치자. 그러면 어떨 것 같은가? 해당 데이터는 여전히 우버 안에 존재한다.[8]

개정된 프라이버시 정책에 따르면, 우버는 이용자의 연락처 정보도 수집한다. 만약 아이폰을 쓴다면, 설정에 가서 연락처 공유의 수준과 범위를 바꿀 수 있다. 안드로이드 폰에서는 불가능하다.

우버 측은 더 이상 이런 종류의 고객 데이터를 수집하지 않는다고 주장했다. 하지만 기존 이용자들이 이미 동의했고, 새로 이용자가 되기 위해서는 동의해야만 하는 프라이버시 정책 속에 데이터 수집 항목을 포함시킴으로써, 우버는 언제든 이런 기능들을 시행할 수 있는 기반을 마련해놓았다. 그리고 이용자는 그에 대해 속수무책일 것이다.

우버의 '갓 뷰'는 아마 일반 택시에 대한 향수를 불러일으키기에 충분할 것이다. 과거에는 택시를 불러서 타고, 어디에 가자고 말하고, 목적지에 도착해 현금을 내면 그만이었다. 다시 말해, 당신의 여행은 거의 완전히 익명으로 가능했다.

21세기 초반, 신용카드가 거의 보편화하면서 수많은 일반 거래들이 추적 가능해졌고, 따라서 당신의 택시 이용 기록은 어딘가에(이용한 택시의 운전자나 택시 회사는 아닐 수도 있지만, 분명 신용카드 회사에는) 저장돼 있을 것이다. 나는 1990년대에 사립탐정으로 일한 적이 있는데, 추적 대상의 움직임을 그들의 신용카드 이용 내역을 통해 파악할 수 있었다. 이용 내역만 보면, 예컨대 당신이 지난 주 뉴욕 시에서 택시를 이용했고 여비로 54달러를 지불했다는 사실을 알 수 있었다.

2010년 무렵 택시들에 GPS 데이터가 이용되기 시작했다. 이제 택시 회사는 당신을 태우고 내려준 위치, 이용 요금, 그리고 아마도 해당 여행과 연계된 신용카드 번호를 안다. 뉴욕과 샌프란시스코를 비롯해 정부의 데이터 공개 정책을 지원하는 도시들은 이 데이터를 보관했다가 연구자들에게 풍부한(그리고 익명화한) 데이터 세트를 제공한다. 개인의 실명이 포함되지 않은 한, 그처럼 익명화한 데이터를 공개하는 데 무슨 해악이 따르겠는가?

2013년, 당시 노스웨스턴 대학의 대학원생으로 '뉴스타Neustar'라는 회사에서 인턴으로 일하던 앤서니 토커는 '뉴욕 시 택시 리무진 공사'가 익명화해 공개한 메타데이터를 조사할 기회가 있었다. 이 데이터 세트는 공사에 등록된 차량의 전년도 전체 운행 기록을 담았는데, 여기에는 택시 번호, 승객 픽업 및 하차 시간, 위치, 택시 요금과 팁 요금, 그리고 해시 값으로 익명화된 해당 택시의 등록 번호와 메달 번호가 포함돼 있었다.[9] 그런 데이터 세트 자체로는 썩 흥미로울 게 없었다. 이 경우의 해시 값은 불행히 해독하기가 상대적으로 쉬웠다.[10]

그러나 그러한 공개 데이터는 다른 데이터 세트들과 조합하면 종합적인 양상을 드러낸다. 이 경우, 토커는 브래들리 쿠퍼나 제시카 알바 같은 특정 유명 인사들이 전년도에 뉴욕 시의 어디에서 택시를 탔는지 파악할 수 있었다. 그게 어떻게 가능했을까?

그는 이미 지리적 위치 데이터를 갖고 있었으므로 택시들이 언제 어디에서 손님을 태우고 내리는지 알았지만, 택시에 누가 탔는지 파악하기 위해 한 걸음 더 나아가야 했다.[11] 그래서 그는 뉴욕 택시 리무진 공사의 메타데이터를, 온라인에서 쉽게 찾아볼 수 있는 일반 타블로이드 웹사이트의 사진들과 결합시켰다. 일종의 파파라치 데이터베이스인 셈이었다.

생각해보라. 파파라치는 뉴욕 시의 택시들에 타고 내리는 유명 연예인들을 빈번하게 카메라에 담는다. 이 경우 각 택시의 고유 메달 번호가 사진에 잡히곤 한다. 그것은 모든 택시의 옆면에 인쇄돼 있다. 따라서 예컨대 브래들리 쿠퍼와 함께 사진에 찍힌 택시의 번호를 탑승 및 하차 위치, 요금과 팁 액수를 담은 공개 데이터와 매치시켰다.

다행히, 누구나 뒤에 파파라치를 달고 다니지는 않는다. 그렇다고 해서 우리의 움직임을 추적할 수 있는 다른 방법이 없다는 뜻은 아니다. 택시를 타지 않는다고 치자. 그런 당신의 위치를 파악할 다른 방법들이 있을까? 있다. 설령 대중교통 수단을 이용한다고 해도.

만약 버스나 열차, 혹은 페리를 타고 출근한다면 당신은 더 이상 군중 속에 숨을 수가 없다. 대중교통 서비스 기관들은 모바일 앱과 근거리 통신NFC을 이용해 타고 내리는 이용객을 추적하는 방식을 시험 중이다. NFC는 단거리 라디오 신호로 흔히 물리적 접촉을 통해 인식한다. 애플 페이, 안드로이드 베이, 삼성 페이 같은 지불 시스템은 모두 NFC를 이용함으로써, 잔돈을 찾느라 주머니를 뒤질 필요가 없게 만든다.

NFC 기능을 켠 전화기에 대중교통 서비스 앱을 설치해 교통카드처럼 이용하려 한다고 가정하자. 해당 앱은 앱 계정의 잔액이 부족해지는 상황 없이 언제든 버스나 열차나 페리에 탈 수 있도록, 당신의 은행 계좌나 신용카드 번호와의 연결을 원할 것이다. 신용카드와의 그런 연결은 토큰이나 기호, 숫자 등으로 대치되지 않았다면, 대중교통 서비스 측에 당신의 신원을 노출할 수 있다. 그 때문에 애플, 안드로이드, 삼성 등은 신용카드 번호를 토큰으로 대치하는 옵션을 제공한다. 그렇게 함으로써 판매자(이 경우는 교통 서비스 기관)는 실제 신용카드 번호가 아닌 토큰만 취득하게 된다. 토큰 이용은 신용카드 이용에 악영향을 미치는 데이터 위반 사고를 줄일 것이다. 범죄자가 번호를 빼내기 위해서는 두 개의 데이터베이스, 다시 말해 토큰과 그에 상응하는 실제 신용카드 번호를 알아내야 하기 때문이다.

NFC 기능이 켜진 전화기를 쓰지 않는다고 가정하자. 대신 당신은 보스턴의 '찰리카드CharlieCard', 워싱턴 DC의 '스마트립SmarTrip' 카드, 샌프란시스코의 '클리퍼Clipper' 카드 같은 교통카드를 사용한다. 이 카드들은 토큰을 이용해 수신 기기(그것이 개찰구든, 혹은 요금 수집 박스든)에 버스, 열차, 혹은 페리 이용에 필요한 충분한 잔액이 있음을 알린다. 하지만 대중교통 시스템은 백엔드에서는 토큰을 이용하지 않는다. 카드 자체는 자기띠에 계좌 번호(신용카드 정보가 아니라)만 담고 있다. 그러나 만약 교통 서비스 기관의 백엔드가 해킹을 당한다면 당신의 신용카드나 은행 정보가 노출될 수 있다. 또 교통 서비스 기관들은 해당 카드를 온라인으로 등록하라면서 이메일 주소를 묻는데, 해킹 사고가 나면 이 주소도 드러날 수 있다. 어느 쪽이든, 요금을 신용카드 대신 현금으로 내

지 않는 한, 익명으로 버스를 타기는 어려워졌다.[12]

이런 변화로 경찰이나 수사 기관들은 더없이 유리해졌다. 이 교통카드 회사들은 대체로 정부 기관이 아닌 사기업들이므로, 데이터를 어떻게 공유할지에 관한 규칙을 자의적으로 정할 수 있기 때문이다. 이들은 해당 데이터를 법 집행 기관뿐 아니라 민사 소송에 연루된 변호사들에게도 (가령 당신의 전 배우자와 이혼 소송 중인 경우) 공개할 수 있다.

따라서 교통 서비스 기관의 기록을 들여다보는 사람은 누가 어느 때 어느 전철역을 통과했는지 알 수도 있다(하지만 해당 역이 여러 노선들이 모이는 중심역이라면 정확히 어떤 열차를 탔는지까지는 모를 수도 있다). 당신의 모바일 기기가 그런 의문에 해답을 주고, 최종 목적지까지 추정할 수 있게 해준다면 어떻게 할까?

중국 난징 대학의 연구자들은 그런 질문을 해결하기 위해 전화기에 내장된 '가속측정기accelerometer'라는 장치에 주목했다. 모든 모바일 기기에 들어있는 이것은 당신이 기기를 가로로 들었는지 세로로 들었는지 인식하는 작은 칩이다. 이 칩들은 워낙 민감해서, 연구자들은 가속측정기의 데이터만 계산에 이용하기로 결정했다. 아니나다를까, 이들은 이용자가 어느 전철을 타는지 정확히 예측할 수 있었다. 이것은 대다수 전철 노선에 가속측정기에 영향을 미치는 방향 전환이 포함돼 있기 때문이다. 또 하나 중요한 것은 전철역 간의 이동 소요 시간인데, 지도를 보면 그 이유를 알 수 있다. 이 예측의 정확도는 승객이 각 역을 통과할 때마다 향상됐다. 연구자들은 이 방법이 92%의 정확도를 보였다고 주장했다.

구식 승용차가 있고, 그것을 직접 운전해서 통근한다고 가정하자. 이 경우 당신은 눈에 띄지 않을 것이라고 생각할지 모른다(오늘 도로로 나온 100만 대 중 한 대에 불과하지 않은가). 맞을 수도 있다. 하지만 새로운 기술은 (설령 그것이 당신이 운전하는 차 자체에는 없다고 해도) 당신의 익명성을 갉아 먹는다. 중요한 것은, 누군가 의도적으로 노력을 기울인다면 고속도로를 꽤 빠른 속도로 지나가는 당신을 여전히 식별해낼 수 있다는 점이다.

샌프란시스코 시에서 시 교통국MTA은 운전자들이 베이 지역의 여덟 개 다리를 쉽게 이용할 수 있도록 해주는 '패스트랙FasTrack' 유료 시스템을 패스트랙이 부착된 차량의 시내 움직임을 추적하는 데 이용하기 시작했다. 유료 교량들에서 차량에 부착된 패스트랙(혹은 이지패스E-ZPass)을 감지하는 데 이용하는 것과 유사한 기술을 써서, 시 당국은 이용자들이 주차할 곳을 찾아 빙빙 도는 동안 그런 장비를 찾기 시작했다. 그러나 당국자들이 관심을 갖는 쪽은 그 이용자 개개인이 아니라, 대부분 주차료 징수기가 구비돼 있는 주차 공간들이다. 인기 있는 주차 공간은 더 비싼 주차료를 물릴 수 있기 때문이다. 시 당국은 특정 징수기(이를테면 인기 행사가 열리는 곳 부근의 징수기)의 주차 요율을 무선으로 조정할 수 있다.

그뿐 아니라 시 당국은 2014년, 금문교에서 요금 징수 요원을 쓰지 않기로 결정했다. 그래서 모든 사람은(심지어 관광객들도) 전자 지불 방식을 이용하거나 메일로 요금 청구서를 받게 됐다. 시 당국은 요금 청구서를 어디로 보낼지 어떻게 알까? 이들은 당신이 운전하는 차량이 도로 요금소를 지날 때 번호판을 촬영한다. 이 번호판 사진들은 사고 다발 교차로에서 정지 신호를 어긴 차량을 적발하는 데도 이용된다. 그리고 점점 더, 경찰은 주차장과 주택가를 순찰할 때도 비슷한 전략을 사용한다.

경찰국은 자동 번호판 인식ALPR 기술을 이용해 차량의 움직임을 매일 수동적으로 추적한다. 이들은 차량의 번호판을 촬영한 후 해당 데이터를, 경찰국의 정책에 따라 다르지만 때로는 여러 해 동안 보유할 수 있다. ALPR 카메라는 해당 차량이 범죄자 앞으로 등록된 것이든 아니든 상관없이 거기에 잡힌 모든 번호판을 스캔하고 인식한다.

표면상 ALPR 기술은 주로 도난 차량이나 수배자의 위치를 찾는 데, 그리고 앰버 경보(특히 어린이 납치 방지를 위한 경보)를 지원하는 데 이용된다. 이 기술은 순찰차 위에 설치된 세 대의 카메라가 차안에 있는 컴퓨터 스크린과 연결돼 실행된다. 이 시스템은 도난 차량과 범죄에 연루된 차량의 번호판 정보를 담은 법무부 데이터베이스와 연결된다. 요원이 운전하는 동안 ALPR 기술은 자동차 번호판을 초당 60개까지 읽을 수 있다. 스캔된 번호판이 법무부의 데이터베이스와 일치하는 경우 담당자는 시각과 청각 양쪽으로 인지되는 경보를 받는다.

번호판 인식 기술은 2012년 「월스트리트저널」이 처음 보도했다.[13] ALPR 기술에 반대하거나 의구심을 갖는 이들이 문제 삼는 대목은 시스템 그 자체가 아니라 수집한 데이터를 얼마나 오래 보관하는지, 그리고 왜 일부 법 집행 기관은 심지어 추적되는 차량의 소유주에게조차 그런 내용을 공개하지 않는지와 같은 부분이다. 그것은 당신의 행적을 파악하기 위해 경찰이 사용할 수 있는 우려할 만한 툴이다.

ACLU의 '표현의 자유와 프라이버시, 그리고 기술에 관한 프로젝트'를 주도하는 베넷 스타인은 "자동 번호판 인식기들은 운전자의 위치를 추적하는 한 가지 정교한 방식으로, 그런 데이터가 오랜 시간 축적되면 사람들의 삶을 매우 구체적이고 세밀하게 파악할 수 있다."라고 지적한다.[14]

공공 기록을 청구한 캘리포니아의 한 남성은 자신의 번호판이 찍힌 사진의 숫자에(100장이 넘었다.) 충격을 받았다. 대다수가 다리 부근과 기타 매우 공개된 장소들에서 찍힌 것이었다. 하지만 한 장은 자신의 집 드라이브웨이에 주차한 차에서 그와 딸들이 내리는 장면이었다. 상기하건대, 이 사람은 어떤 범죄 혐의가 있어서 감시를 받는 중이 아니었다. ACLU가 입수한 문서에 따르면 FBI의 법무 자문위원조차 타당한 정부 정책 없이 ALPR이 이용되는 데 의문을 제기했다.[15]

불행히도, ALPR 데이터를 보는 데 군이 정보 공개 청구까지 갈 것도 없다. EFF에 따르면, 100대 이상의 ALPR 카메라에 찍힌 사진들이 온라인에 공개돼 있다. 브라우저만 있으면 된다. 이런 사실을 발견하고 공개하기 전에, EFF는 데이터 유출을 바로잡기 위해 경찰과 공조했다. EFF는 이 같은 잘못된 설정이 100곳 이상에서 발견됐다며 인터넷에 올라간 사진들을 내리거나 일반의 접근을 제한하라고 경찰에 요구했다. 그러나 이 글을 쓰는 현재까지도, 검색 창에 적당한 검색어를 치면 많은 지역들에서 찍힌 수많은 차량의 번호판 사진을 여전히 볼 수 있다. 한 연구자는 한 주 동안 6만4,000개 이상의 번호판 사진과 그에 상응하는 위치 데이터 포인트를 찾아내기도 했다.[16]

어쩌면 당신은 차가 없고, 가끔 필요할 때 렌터카만 쓰는지도 모른다. 그래도 여전히, 당신은 눈에 띄지 않기가 불가능하다. 차를 빌릴 때 제공해야 하는 온갖 개인정보와 신용카드 정보를 고려하면 그 이유가 명백해진다. 더욱이 요즘 렌터카들은 대부분 GPS를 장착하고 있다. 놀라는 사람이 많을 것이다. 나는 이런 사실을 뼈저린 경험으로 알았다.

수리 기간이 길어져 승용차 대리점에서 빌려주는 차를 타게 되는 경우, 사람들은 보통 그 차를 몰고 주 경계를 넘지 않겠다는 데 동의한다. 대리점은 해당 차량을 그 주 안에 두고 싶어 한다. 이런 규칙은 대부분 그들의 보험 약관 때문에 나온 것이지 당신의 문제는 아니다.

내게 이런 상황이 발생했다. 나는 수리를 위해 내 차를 라스베이거스에 있는 렉서스 대리점으로 가져갔고, 그들은 수리하는 동안 쓰라고 차를 한 대 빌려줬다. 그때가 마침 대리점의 폐장 시간을 넘긴 시각이어서 나는 서두르는 서비스 상담원에 떠밀려, 그 내용을 읽어보지도 않고 종이에 서명했다. 나중에 나는 그 차를 몰고 컨설팅 업무차 북부 캘리포니아, 베이 지역 등을 방문했다. 수리 권고 사항을 알려주려 내게 전화를 건 서비스 담당자는 "지금 어디세요?"라고 물었다. 나는 "캘리포니아 주 산 라몬이에요."라고 대답했다. 담당자는 "예. 저희 기록에도 그렇게 나오네요."라고 말한 후 그는 차를 주 밖으로 몰고 나가서는 안 된다는 경고 조항을 읽어줬다. 내가 서둘러 서명한 임대 계약서에 네바다 주를 벗어나서는 안 된다는 조항이 있었던 게 분명했다.

요즘은 차를 빌리면 집에서 즐기는 것과 같은 오디오 경험을 재현하기 위해 해당 차의 오디오 시스템에 자신의 무선 기기를 매칭시키고 싶은 유혹에 빠진다. 물론 당장 걱정되는 것은 프라이버시 문제. 이것은 내 차가 아니다. 차를 렌터카 회사에 돌려주고 나면 거기에 담긴 나의 엔터테인먼트 관련 데이터는 어떻게 될까?

본인 소유가 아닌 차와 무선 기기를 짝짓기 전에 엔터테인먼트 시스템을 먼저 살펴보길 바란다. 그 시스템에서 모바일 전화기 설정을 찾아보면 블루투스 스크린에 이전 이용자들의 기기와 이름이 다 나오거나 둘 중 어느 하나의 정보가 표시될 것이다. 그 목록에 당신도 이름을 올리고 싶은지 생각해보라.

달리 말하면, 당신의 데이터는 차를 돌려준다고 해서 사라지는 게 아니라는 뜻이다. 스스로 일삼아 지워야 한다.

'나의 애청곡들을 다른 사람들과 공유하는 데 무슨 해가 있을까?'라고 생각할지 모른다. 문제는 당신의 음악만이 공유되는 게 아니라는 점이다. 대부분의 모바일 기기는 차량의 시스템과 연결될 때, 당신의 연락망 정보도 자동으로 자동차의 시스템에 제공한다. 이렇게 하는 근거는 운전자가 자신의 연락처 정보를 차에도 저장해두고, 운전 중일 때 '핸즈프리'로 편리하게 통화하고 싶어 할 것이라는 추정이다. 문제는 그것이 당신의 차가 아니라는 점이다.

코비신트Covisint의 최고 보안 책임자인 데이비드 밀러는 이렇게 말한다. "렌터카를 이용할 때 나는 결코 내 전화기와 렌터카의 시스템을 동조시키지 않습니다. 그렇게 하면 렌터카의 시스템은 내 전화기의 모든 연락처 정보를 다운로드하기 때문이죠. 대부분의 렌터카 시스템에 들어가서 (누군가가 그와 동조시킨 적이 있다면) 그 사람들의 연락처 정보를 볼 수 있습니다."

당신이 소유했던 차를 팔 때도 마찬가지다. 요즘 차들은 운전 중에도 디지털의 세상에 접속할 수 있게 해준다. 트위터를 체크하고 싶은가? 페이스북에 글을 올리고 싶은가? 요즘 차들은 점점 더 여느 PC나 스마트폰을 닮아간다. PC나 스마트폰을 다른 사람에게 팔기 전에 제거해야 하는 개인 데이터를 차들도 보유하게 된 것이다.

보안 분야에서 일하게 되면, 심지어 평범한 거래 관계에서조차 미리 앞서서 생각하는 버릇이 들게 된다. "차를 구입한 후 그 차를 나의 모든 삶과 연결하는 데 온 시간을 투자했지요."라고 밀러는 말한다. "그러다 5년 만에 차를 팔게 됐어요. 이제 어떻게 하면 그 차를 내 모든 삶과 절연하지? 내 차를 사는 누군가가 나의 페이스북 친구를 볼 수 있게 되는 상황은 원치 않았기 때문에 나에 관한 모든 데이터를 지워야 했어요. 보안 전문가들은 계정을 설정하는 경우보다 그것을 해제하거나 삭제하는 경우와 연관된 보안상의 취약점들에 훨씬 더 관심이 많죠.[17]"

그리고 모바일 기기에 대해 그런 것처럼 당신의 차도 암호로 보호해야 할 것이다. 다만 이 글을 쓰는 현재, 차의 인포테인먼트^{infotainment} 시스템을 암호로 잠글 수 있는 메커니즘은 아직 나오지 않았다. 또 여러 해에 걸쳐 차에 입력한 모든 계정을 삭제하기도 쉽지 않다(삭제 방법 역시 제조사, 브랜드, 모델 등에 따라 다르다). 이런 불편은 조만간 누군가가 버튼 하나로 전체 이용자 정보를 해당 차량에서 삭제할 수 있는 방법을 고안하면 바뀔 것이다. 그때까지는 차를 판매한 후 적어도 온라인에 들어가 본인의 모든 소셜 미디어 암호들을 변경하길 바란다.

아마 바퀴 달린 컴퓨터의 가장 대표적인 사례는 첨단 전기자동차인 테슬라일 것이다. 2015년 6월, 테슬라는 중대한 이정표에 도달했다.

전 세계에 판매된 테슬라 승용차의 총 운행 거리가 10억 마일(약 16억 킬로미터)을 넘은 것이다.[18]

　나도 테슬라를 몬다. 테슬라는 굉장한 차지만, 정교한 대시보드와 지속적인 무선 통신 방식을 감안하면 그들이 수집하는 데이터에 관해 의문을 가질 법하다.

　테슬라를 구입할 때, 당신은 동의 서약서에 서명할 것을 요구받는다. 여기에서 당신은 테슬라가 당신의 차에 관한 어떤 정보든 무선 통신 시스템을 통해 기록할 수 있는지 여부를 결정할 수 있다. 대시보드에 있는 터치 스크린을 통해 개인 데이터를 테슬라와 공유할지 말지도 선택할 수 있다. 많은 이들은 자신들의 그런 데이터가 테슬라가 장차 더 나은 차를 만드는 데 도움을 줄 것이라는 주장을 받아들인다.

　테슬라의 프라이버시 정책에 따르면, 회사는 해당 차량의 성능 분석을 돕기 위해 온갖 정보 중에서도 차량 식별 번호, 속도 정보, 주행 거리, 배터리 이용 정보, 배터리 충전 내역, 전기 시스템 기능들에 관한 정보, 소프트웨어 버전 정보, 인포테인먼트 데이터, 안전 관련 데이터(해당 차량의 '보조 구속 장치SRS' 시스템, 브레이크, 보안, 전자브레이크 시스템 같은) 등을 수집한다. 테슬라는 그러한 정보를 운전자를 통해 직접(예컨대 차량 서비스 약속 중에) 얻거나 원격 접속을 통해 수집할 수 있다고 밝혀놓았다.

　그것이 인쇄된 정책에서 언급하는 내용이다.

　실제 상황에서, 테슬라 측은 당신이 운전하는 차의 위치와 상태를 언제든 파악할 수 있다. 하지만 구체적으로 어떤 데이터를 실시간으로 수집하는지, 그리고 그 데이터를 어떻게 이용하는지에 대해 언론에는 비밀을 유지해왔다. 마치 우버처럼, 테슬라는 각 차의 모든 정보와 위치를 언제든 알 수 있는 신과 같은 위치에 앉아있는 것이다.

　만약 이런 점이 불안하다면, 테슬라에 연락해서 그 회사의 '텔레매틱스' 프로그램에 참여하지 않겠다고 의사를 표명할 수 있다. 그러나 그렇게 하는 경우, 보안 결함을 바로잡거나 새로운 기능을 더하는 등의 자동 소프트웨어 업데이트를 받지 못하게 된다.

당연히 많은 보안 전문가들은 테슬라에 관심을 가졌고, 보안 연구자인 니테시 단자니는 몇몇 문제점을 찾아냈다. 단자니는 테슬라 모델 S가 굉장히 좋은 차고 환상적인 혁신 제품이라는 점에는 나와 동의하면서도, 테슬라가 차의 시스템에 원격 접속할 때 상대적으로 취약한 단일 인증 방식을 쓴다는 점을 지적했다.[19] 테슬라의 웹사이트와 앱은 이용자의 계정에 대해 비밀번호를 잘못 입력하는 경우 몇 회까지만 허용한다는 제한이 없어서, 잠재적으로는 악의적인 해커가 모든 가능한 비밀번호의 조합을 입력하는 무제한 공격을 감행할 수도 있다. 이는 제3자가 (당신의 암호가 노출됐다는 전제로) 로그인해서 테슬라의 API(응용프로그램 인터페이스)로 당신 차의 위치를 체크할 수 있다는 뜻이다. 이 사람은 테슬라의 앱에 원격 로그인해 그 차량의 시스템(에어컨, 조명 등)을 제어할 수도 있다.

단자니가 표명한 우려의 대부분은 이 글을 쓰는 현재 대부분 개선됐다. 하지만 이런 사례는 자동차 제조사들이 자사 차량의 보안성을 높이기 위해 얼마나 더 해야 할 일이 많은지 잘 보여준다. 원격으로 차의 시동을 걸고 차의 상태를 체크할 수 있게 해주는 앱 정도로는 충분하지 않다. 보안상 믿을 만해야 한다. 가장 최근에 업데이트된, '서먼Summon'('소환', '소집'이라는 뜻)이라는 기능은 차가 스스로 주차장에서 나오게 하거나 비좁은 공간에 주차할 수 있게 해준다. 앞으로 서먼은 전국 어디서나 차주를 자동으로 픽업해주는 기능을 갖게 될 것이다. 옛날 TV쇼 '전격 Z 작전'의 스마트카인 '키트'와 같은 상황이 연출되는 셈이다.

테슬라는 「뉴욕타임스」의 부정적인 리뷰에 반박하면서, 그들이 보유한 데이터의 위력을 인정했다. 「뉴욕타임스」의 존 브로더 기자는 자신이 운전하던 테슬라 모델 S가 고장 나서 고립됐다고 말했다. 테슬라는 블로그에서 여러 개의 데이터 지점을 들어가며 브로더의 주장에 의혹이 있다고 반박했다. 예를 들면, 테슬라는 브로더 기자가 시속 104~130킬로미터의 속도로 주행 중이었고, 실내 기온은 섭씨 22도로 설정돼 있었다고 밝혔다.[20] 「포브스」에 따르면, '모델 S의 데이터 기록 장치는 차 내의 온도 설정, 주행 전 과정에 걸친 배터리 수준, 차의 매분 단위 속도, 그리고 정확한 진로까지(심지어 브로더 기자가 자동차의 배터리가 거의 소진되자 주차장에서 빙빙 돌았다는 사실까지) 알고 있었다.[21]'

자동차와 무선 통신을 결합한 텔레매틱스는 미국에서 2015년 이후 판매 목적으로 생산된 전 차량에 의무화된 블랙박스의 논리적 연장이다. 하지만 차량에 부착된 블랙박스는 결코 새로운 것이 아니다. 그 연원은 에어백이 처음 등장한 1970년대로 거슬러 올라간다. 당시 운전자들은 충돌 사고 때 에어백 때문에 치명적인 부상을 당했고, 일부는 에어백의 충격으로 사망하기까지 했다. 어떤 경우는 에어백이 설치돼 있지 않았다면 탑승자들이 살았을 가능성도 있다고 여겨졌다. 에어백을 개선하기 위해, 엔지니어들은 충돌 직전과 직후 에어백이 터질 때 에어백의 '감지 진단 모듈SDM'에 의해 수집되는 데이터가 필요했다. 그러나 차량 소유자들은 아주 최근까지도, 차의 센서가 자신들의 운전에 관한 데이터를 기록한다는 사실을 알지 못했다.

관성력慣性力의 급격한 변화에 의해 작동하는 블랙박스는 항공기의 블랙박스처럼 급가속, 급회전, 급제동 같은 비상 사태의 마지막 몇 초간만 기록한다.

그러나 이런 블랙박스들에서 더 다양한 데이터를 기록해 무선 통신으로 실시간 전송하는 아이디어로 발전시키기는 쉽다. 미래에는 사흘에서 닷새에 걸쳐 수집된 데이터가 차량이나 클라우드에 저장될 수 있다고 상상해보라. 시속 55킬로미터로 달리면 차에서 '핑 핑' 소리가 난다고 자동차 정비사에게 설명하려 애쓰는 대신, 기록된 데이터를 보도록 하면 간단하다. 중요한 질문은 다른 누가 이 모든 데이터에 접근할 수 있는가다. 심지어 테슬라도 자신들이 수집하는 데이터는 다른 제3자들에 의해 이용될 수 있다고 인정한다.

그 제3자가 당신의 은행이라면 어떨까? 만약 그 은행이 당신이 타는 차의 제조사와 계약을 맺고 있다면, 당신의 운전 능력을 추적하고 그에 따라 미래의 승용차 구입 담보 자격을 판단할 수도 있을 것이다. 혹은 당신의 의료 보험 회사가 그와 비슷한 일을 벌일 수도 있다. 혹은 심지어 자동차 보험사도 마찬가지다. 정부가 나서서 당신이 운전하는 차에서 기록되는 데이터를 누가 소유하는지, 그리고 그러한 데이터를 비밀로 유지하기 위해 어떤 권리가 보장돼야 하는지 결정해야 할지도 모른다.

이 문제에 대해 지금 당신이 할 수 있는 일은 거의 없지만, 미래에는 분명 주의를 기울일 가치가 있다.

설령 테슬라 승용차가 없더라도, 당신의 승용차 제조사는 차문을 열거나 엔진의 시동을 걸거나, 심지어 차의 어떤 진단 결과를 조사할 수 있게 해주는 앱을 제공할 수 있다. 한 연구자는 이런 신호들(차량, 클라우드, 그리고 앱 사이의 신호들)은 누군가에게 해킹돼 표적 차량을 추적하고, 손쉽게 잠금 장치를 열고, 경적과 알람을 발동하고, 심지어 엔진까지 제어하는 데 이용될 수 있음을 보여줬다. 해커는 기어를 조작해 차를 몰아 달아나는 일 빼고는 거의 모든 일을 할 수 있다. 그렇게 하자면 아직은 열쇠가 필요하다. 그렇다고 해도, 나는 얼마전 테슬라의 전자열쇠 기능을 정지시켜 차량을 완전히 마비시키는 방법을 알아냈다. 315메가헤르츠 대역에서 작은 발신기를 이용해 테슬라의 전자열쇠가 감지되지 못하게 함으로써 차를 무력화할 수 있는 것이다.

2005년 마이스페이스에만 특화된 바이러스 '새미 웜Samy Worm'을 개발해 유명해진 보안 연구자 새미 캠카는 데프콘 23 콘퍼런스에서 '오운스타OwnStar'라고 불리는 자신이 개발한 기기를 시연했다. 일반에게도 잘 알려진 차량 네트워크 '온스타OnStar'를 빗댄 이름에서 짐작할 수 있듯이, 오운스타를 이용하면, 이를테면 온스타와 연결된 제너럴모터스의 차량을 열 수 있다. 이렇게 하기 위해서는 먼저 해당 기기를 표적으로 삼은 승용차나 트럭의 범퍼 또는 하부에 물리적으로 붙여야 한다. 이 기기는 해당 자동차의 무선 접속점을 속여(운전자가 이전에 본래의 접속점과 연결된 적이 있다고 가정), 운전자의 모바일 기기를 자동으로 새로운 접속점으로 연결시킨다. 그러면 이용자가 애플 iOS나 안드로이드 기기에서 온스타의 모바일 앱을 열 때마다, 오운스타의 코드는 앱의 허점을 악용해 운전자의 온스타 정보를 훔쳐낸다. "여러분이 저의 네트워크에 접속해 온스타 앱을 열자마자 그것은 제 소유나 마찬가지가 됩니다."라고 캠카는 말했다.[22]

해커는 온스타를 작동시키는 '리모트링크' 소프트웨어에 대한 이용자의 로그인 정보를 빼낸 후 이를 이용해 차문을 잠그거나 푸는 소리('빕-빕')를 내게 해서 복잡한 주차장에서 해당 승용차를 찾아내면 문을 열고, 안에 든 귀중품을 훔칠 수 있다. 작업이 끝나면 해커는 범퍼나 차체 밑에 붙였던 기기를 제거한다. 억지로 문을 연 흔적이 없으므로 매우 깔끔한 공격인 셈이다. 차주와 보험사는 벌어진 상황에 대해 고개를 갸우뚱할 수밖에 없다.

연구자들은 교통 소통을 개선할 목적으로 설계된 네트워크 차량 표준도 추적될 수 있다는 점을 발견했다. 차량간[V2V], 그리고 차량과 인프라 간[V2I] 통신(둘을 합쳐 V2X라고 부른다.)은 '802.11p'로 알려진 5.9기가헤르츠 대역의 와이파이 스펙트럼을 이용해 초당 10회의 빈도로 관련 메시지를 전송하라고 차에 요구한다.[23]

불행하게도 이 데이터는 암호화되지 않은 채 전송되는데, 그럴 수밖에 없다. 차가 고속도로에서 감속할 때, 암호화된 신호를 해독하는 데 필요한 단 몇 밀리세컨드(1,000분의 1초)의 지연도 위험한 사고로 이어질 수 있기 때문에 설계자들은 암호화하지 않은 개방 통신을 선택한 것이다. 이런 사실을 알기 때문에 설계자들은 통신 내용에 아무런 개인정보도, 심지어 자동차 등록번호조차 포함돼서는 안 된다고 강조한다. 그러나 위조를 막기 위해 메시지들은 디지털 서명이 돼 있다. 우리 셀폰에서 송신되는 '국제이동단말기 식별 번호IMEI' 처럼, 차량의 등록 소유주로 소급될 수 있는 것은 바로 이 디지털 서명들이다.

연구에 참여한 연구자들 중 한 사람인 조너선 페팃은 「와이어드」와의 인터 뷰에서 "당신이 운전하는 차량은 '나는 앨리스고, 여기가 내 위치고, 이게 내 속도와 방향이야.'라고 말하죠. 당신 주변의 모든 차는 그런 신호를 들을 수 있 고요… '저기 앨리스가 있어, 집에 있었다는군. 하지만 약국에 들렀고, 인공 수 정 병원에 갔어.' 뭐 그런 식으로요… 누군가가 승객에 관한 많은 정보를 유추 할 수 있지요.[24] "

페팃은 V2X 통신을 엿들을 수 있는 1,000달러대의 시스템을 설계했다면서, 작은 동네의 경우 100만 달러 정도의 예산이면 자신의 센서로 커버할 수 있다 고 말한다. 대규모 경찰력을 유지하기보다 그런 센서를 써서 운전자들을, 더 중요하게는 그들의 운전 습관을 파악하는 것이 더 효과적이라는 주장이다.

전미고속도로교통안전위원회와 유럽의 관할 기관들에서 나온 한 가지 제안 은 802.11p 신호(차량의 '가명pseudonym')가 매 5분마다 바뀌게 하자는 것이다. 하지만 그런다고 해서 공격을 완전히 막지는 못할 것이다. 신호를 가로채려는 쪽은 해당 차량이 신호를 바꾸기 전과 후에 더 많은 센서를 노변에 설치하면 그만이다. 다시 말해 차량 식별을 회피할 수 있는 방법은 거의 없다는 뜻이다.

"신호 변경으로는 추적을 막지 못합니다. 이런 공격을 조금 줄여줄 뿐이죠." 라고 페팃은 말한다. "하지만 프라이버시를 개선할 필요는 있습니다. 무엇을 내 놓거나 시행하든 우리는 그런 점을 강조하려고 합니다. 당신은 이런 보호 대책 이 반드시 필요합니다. 그렇지 않으면 누군가가 당신을 추적할 수 있습니다."

차량과 인터넷의 연결은 차량 소유주들에게는 사실 유익하다. 자동차 제조 사들은 필요할 때마다 온라인으로 즉각 소프트웨어 오류를 바로잡을 수 있다. 이 글을 쓰는 현재, 폭스바겐[25], 랜드로버[26], 크라이슬러[27]의 자동차들에 소프 트웨어상의 취약성이 있다는 사실이 세상에 널리 폭로됐다. 그러나 메르세데스 벤츠, 테슬라, 포드 등 소수의 기업들만이 자사 차량들의 소프트웨어를 무선으로 업데이트한다. 그에 해당하지 않는 차를 모는 이들은 여전히 직접 딜러십에 가야만 소프트웨어 업데이트를 받을 수 있다.

테슬라와 우버가 당신의 모든 운전 내역을 추적하는 방식이 무섭다고 생각한다면, 자동 운전 차들은 더욱더 섬뜩하다. 우리 주머니에 든 개인용 감시 장비(스마트폰)처럼 자동 운전 차들은 우리가 어디에 가려고 하는지 계속해서 추적할 필요가 있고, 항상 준비 상태로 대기하기 위해서는 우리가 어느 순간 어디에 있는지까지 알아야 한다. 구글과 다른 기업들에서 제안한 시나리오에 따르면 자동 운전 차량은 그 주인이 필요로 할 때까지 스스로 돌아다니므로 도심에는 더 이상 주차장이나 차고가 필요치 않다. 혹은 도시들이 주문형 모델을 채택해 누구든 필요할 때마다 근처의 차를 이용할 수 있도록 함으로써 자동차 소유는 과거의 일이 될 수도 있다.

마치 우리의 스마트폰이 유선 전화보다는 일반 PC와 더 유사한 것처럼, 자동 운전 차들도 새로운 형태의 컴퓨터가 될 것이다. 이들은 운전 도중 네트워크 통신이 끊기더라도 순간적인 자동 판단을 내릴 수 있는 자족적인 컴퓨터 장비로 기능할 것이다. 이들은 무선으로 다양한 클라우드 서비스에 접속해 실시간 교통 정보, 도로 공사 정보, 기상청의 일기 예보 등을 받을 수 있다.

이런 업데이트는 지금도 일부 차들에서 받아볼 수 있다. 하지만 2025년이 되면 도로 위를 달리는 대다수 차량은 다른 차량과 긴급 출동 서비스 등에 연결되고, 자동 운전 차량의 비중도 꽤 높아질 것으로 전망된다.[28] 이런 상황에서 자동 운전 차량의 소프트웨어 오류는 어떤 양상일지 상상해보라.

한편, 당신의 모든 운전 행적은 어딘가에 기록될 것이다. 당신은 당신 이름으로 등록되고 당신의 모바일 기기에 설치된 우버 앱과 매우 유사한 앱을 필요로 할 것이다. 이 앱은 당신의 모든 여행을 기록하고, 그 과정에서 파일에 등록된 신용카드로 비용을 지불했다면, 예상컨대 그런 지출 내역도 기록할 것이다. 그런 기록들은 법정 소송의 증거로, 우버 또는 해당 신용카드 회사가 법원에 제공할 수 있다. 그리고 이런 자동 운전 차량을 설계하는 주체가 사기업인 점을 고려하면, 나의 개인정보 중 어떤 부분이, 혹은 전체가 법 집행 기관들에 제공될지의 판단 여부도 대부분 이런 기업들에 달렸다고 볼 수 있다.

이처럼 미래가 꼭 밝지만은 않다.

나는 여러분이 이 글을 읽을 때쯤 네트워크 차량의 제조 회사들과 관련 통신 프로토콜에 대해 더욱 엄격한 규제안이, 혹은 적어도 가까운 미래에 규제가 더 엄격해질 것이라는 전망이 나오길 바란다. 현재 널리 수용되는 소프트웨어와 하드웨어 보안 표준을 이용하는 대신, 자동차 업계는 의료 상비 업계와 다른 분야들처럼, 마치 우리가 지난 40년 동안 네트워크 보안에 대해 아무것도 배운 게 없다는 듯이 그들만의 독자적인 보안 방안을 만들려 시도하고 있다. 사실은 다르다. 우리는 많은 것을 배웠다. 이들 업계는 지금 그들이 하는 일이 지금까지 개발된 것과 획기적으로 다르다고 고집한다. 그렇지 않다. 이미 존재하는 최선의 보안 규정들을 따르는 것이 가장 바람직한 방향이다. 주지할 것은 차량의 보안 규정 위배는 파란 경고 화면과 함께 발생하는 단순한 소프트웨어 오류보다 훨씬 더 심각한 결과를 초래한다는 사실이다. 차에서 벌어지는 오류는 사람의 목숨을 앗아갈 수도 있다. 이 글을 쓰는 현재, 테슬라가 아직 시험 단계인 오토파일럿 모드로 테스트를 진행하던 도중 최소한 한 명이 사망했다. 그것이 브레이크 결함 때문인지, 아니면 자동차의 소프트웨어가 판단 오류를 범한 탓인지는 아직 분명히 밝혀지지 않았다.[29]

이런 내용을 보고 나면 아예 집 밖에 나가고 싶지 않을지도 모르겠다. 다음 장에서는 집안의 여러 디지털 기기가 어떻게 우리의 실내 활동 내용을 듣거나 기록하는지 살펴본다. 이 경우, 우리가 두려워해야 할 상대는 정부가 아니다.

12장

감시의 인터넷

몇 년 전만 해도 집안의 온도조절기에 특별히 신경을 쓰는 사람은 없었다. 그것은 실내를 안락한 온도로 유지시켜주는 단순한 수동 온도조절기였다. 이후 프로그래밍이 가능한 제품이 나왔다. 그러곤 네스트^{Nest}라는 회사가 온도조절기를 인터넷 기반의 앱으로 어디에서나 조절 가능한 것으로 발전시켰다. 이쯤에서 독자들은 내가 무슨 이야기를 하려는지 눈치챘을 것이다.

자신을 '제너럴'이라고 밝힌 사람은 아마존에 올린, 하니웰의 와이파이 스마트 터치스크린 온도조절기에 대한 한 복수심 가득한 리뷰에서, 전처가 집과 개, 401(k)[*] 연금을 모두 차지했지만 하니웰 온도조절기의 암호만은 알려주지 않았다고 썼다. 그는 전처와 남자 친구가 집을 비운 사이 집안 온도를 잔뜩 높였다가 그들이 돌아오기 직전에 다시 정상으로 돌려놓을 계획이라고 밝혔다. "그 집의 전기세가 얼마나 나올지 상상만 할 뿐이다. 하지만 그런 생각만으로도 웃음이 나온다.[1]"

---

* 근로자에게 과세 대상 소득의 일정 부분을 과세 이전에 연금제도에 적립할 수 있게 해주는 확정 기여(DC)형 퇴직 연금을 말한다. 401(k)라 명명된 것은 미국의 근로자 퇴직소득보장법 401조 K항에 규정돼 있기 때문이다. - 옮긴이

정보 보안 업계의 전문가들이 모이는 블랙햇 USA 2014 콘퍼런스에서 연구자들은 네스트 온도조절기의 펌웨어firmware가 불법 조작될 수 있는 몇 가지 방법을 공개했다.[2] 이들은 대부분 기기에 대한 물리적 접근이 요구된다는 점에 주목할 필요가 있다. 누군가가 집안에 들어가 온도조절기의 USB 포트에 연결해 소프트웨어를 설치해야 한다는 뜻이다. 네스트 온도조절기에 대한 해킹 기법을 공개한 네 명의 발표자 중 한 사람인 대니얼 부엔텔로는 이렇게 말한다. "이것은 이용자가 안티바이러스를 설치할 수 없는 컴퓨터입니다. 설상가상으로, 악당이 침투해 얼마든지 머무를 수 있는 비밀 뒷문까지 있어요. 말 그대로 벽에 붙은 파리, 눈에 띄지 않는 감시자인 셈이죠.[3]"

연구 팀은 네스트 온도조절기의 인터페이스를 바꾸고(그들은 그것을, 영화 《2001년 스페이스 오딧세이》의 인공지능 컴퓨터 'HAL 9000'의 어안 렌즈처럼 보이게 만들었다.), 거기에 여러 다양한 기능을 업로드하는 장면을 비디오로 시연했다. 흥미롭게도, 그들은 기기에 내장된 자동 보고 기능을 끌 수 없어서 그런 기능을 수행할 자체 툴을 만들었다.[4] 이 툴은 네스트의 모회사인 구글로 공급되는 데이터의 흐름을 차단했다.

발표 내용에 대해 네스트의 조즈 쿠치아스는 「벤처비트」 측에 이렇게 논평했다. "랩톱부터 스마트폰까지 모든 하드웨어 기기들은 '제일브레이크jailbreak'에 취약하므로, 이는 네스트에만 국한된 문제가 아니에요. 이것은 '네스트 러닝 온도조절기'에 물리적으로 접근해야 가능한 물리적 제일브레이크입니다. 누구든 당신의 집에 몰래 들어가서 무엇이든 할 수 있는 선택권이 주어졌다면, 자신들만의 기기를 설치하거나, 귀금속을 훔쳐갈 공산이 큽니다. 이런 제일브레이크는 우리 서버의 보안이나 서버와의 연결에 영향을 미치지도 않아요. 제가 아는 한, 원격으로 네스트에 접속해 어떤 해악을 끼친 기기는 아직 없었습니다. 우리는 고객의 보안을 매우 중요시하며, 원격 접속을 통한 해킹을 막는 일을 최우선 과제로 삼고 있어요. 고객 차원에서 할 수 있는 최선의 대책

중 하나는 집을 비웠을 때도 원격 감시가 가능하도록 '드롭캠 프로^{Dropcam Pro}'를 구입하는 일입니다.[5]"

'사물 인터넷^{IoT}'의 등장과 더불어, 구글 같은 회사들은 이 기술을 선점하려 다른 제품들이 사용하게 되는 플랫폼이 되기 위해 경쟁을 벌이고 있다. 다시 말해 이들 회사는 다른 회사가 개발한 기기들이 다른 경쟁사가 아닌 자신들의 서비스와 연결되기를 원한다. 구글은 드롭캠과 네스트를 소유하고 있지만 다른 사물 인터넷 기기들, 예컨대 스마트 전구와 베이비 모니터 같은 기기도 당신의 구글 계정과 연결되기를 원한다. 그에 따른 이득은 적어도 구글 입장에서 당신의 개인적인 습관에 관해 더 많은 미가공 데이터를 확보할 수 있다는 점이다(이것은 애플, 삼성, 심지어 하니웰 같은 여타 대규모 회사들에도 마찬가지로 적용된다).

컴퓨터 보안 전문가인 브루스 슈나이어는 한 인터뷰에서 사물 인터넷에 대해 이렇게 결론지었다. "이것은 90년대의 컴퓨터 분야와 아주 흡사합니다. 누구도 보안에 주목하지 않고, 누구도 업데이트하지 않고, 누구도 아는 사람이 없어요. 이건 아주 심각한 상황인데, 머지않아 무너질 겁니다… 취약한 부분들이 있을 것이고, 그 부분들은 범죄자들에게 악용되겠죠. 그렇게 되면 패치 수준으로는 치유가 불가능할 겁니다.[6]"

그런 논지를 증명하기 위해 캐시미어 힐 기자는 2013년 여름 주목할 만한 몇몇 탐사 보도와 누구나 할 수 있을 법한 수준의 'DIY' 컴퓨터 해킹을 시도했다. 구글 검색을 통해 힐 기자는 인스티언^{Insteon}의 가정용 허브^{hub} 기기 일부를 제어할 수 있는 단순한 문구를 찾아냈다. 허브는 모바일 앱이나 인터넷에 직접 접속할 수 있게 해주는 일종의 중계기다. 사람들은 그 앱을 통해 거실의 조명을 켜거나 끄고, 출입문을 잠그고, 혹은 집안의 온도를 조절할 수 있다. 인터넷을 통해 주인은 이 모든 것을, 이를테면 출장 중에도 제어할 수 있다.

힐 기자가 시연한 것처럼, 해커도 인터넷을 이용해 원격으로 허브에 접근할 수 있다. 더 확실한 증거로, 그녀는 오레곤 주에 사는 토머스 해틀리라는 전혀 일면식도 없는 남자에게 그의 집을 시험 케이스로 삼아도 좋은지 물었다.

힐 기자는 샌프란시스코에 있는 자신의 집에서, 태평양 해안을 따라 북쪽으로 약 1,000킬로미터 떨어진 해틀리의 집 조명을 켜고 끌 수 있었다. 만약 해틀리가 네트워크로 연결만 해놓았더라면 힐 기자는 그의 온수 욕조, 팬, 텔레비전, 수도 펌프, 차고 문, 비디오 감시 카메라도 마음대로 제어할 수 있었을 것이다.

문제는 인스티언이 해틀리의 모든 정보를 구글에서 검색할 수 있게 해놓았다는 점이었다(지금은 수정됐다). 설상가상으로, 이 정보는 당시만 해도 암호로 보호돼 있지 않아서, 누구든 우연히 이런 사실을 알게 된 사람은 온라인에서 찾을 수 있는 어떤 인스티언 허브든 제어할 수 있었다. 해틀리의 라우터는 암호로 잠겨 있었지만 인스티언이 이용하는 포트를 찾아 우회할 수 있었다. 그것은 힐 기자가 택한 방식이기도 했다.

'토머스 해틀리의 집은 내가 접속할 수 있었던 여덟 곳 중 하나였다.'라고 힐 기자는 썼다. '민감한 정보가 노출됐다. 사람들이 어떤 가전 제품과 기기들을 가졌는지뿐 아니라 그들의 시간대(그들의 주거지에서 가장 가까운 대도시 정보와 함께), IP 주소, 그리고 심지어 자녀의 이름까지 밝혀졌는데, 그 부모는 자녀의 텔레비전을 멀리 떨어진 곳에서도 끌 수 있는 기능을 원했던 것이 분명하다. 적어도 세 경우에서, 인터넷으로 찾아낸 집을 실제 물리적 위치로 연결하기에 충분한 정보를 발견했다. 시스템의 이름은 대부분 일반적인 것이었지만 그중 한 곳은 거리 주소를 포함하고 있었고, 나는 이를 토대로 그것이 코네티컷 주에 있는 집임을 파악할 수 있었다.[7]'

그와 동일한 시기에 보안 연구자인 니테시 단자니도 비슷한 문제를 발견했다. 단자니는 특히 모바일 기기로 전구의 색깔과 밝기를 조절할 수 있는 필립스의 휴[Hue] 조명 시스템에 주목하고 있었다. 전구는 1,600만 컬러 대역을 가지고 있었다.

단자니는 홈 네트워크에 연결된 홈 컴퓨터에 간단한 스크립트(프로그램 명령어)를 삽입하는 것만으로 해당 조명 시스템에 분산 서비스 거부 공격(혹은 'DDoS 공격')을 초래할 수 있다는 사실을 발견했다.[8] 다시 말해, 그는 휴 전구가 설치된 어떤 방이든 마음대로 암흑 상태로 만들 수도 있다는 뜻이다. 그가 작성한 스크립트는 간단한 코드였으며, 이용자가 전구를 다시 켜면 재빨리 다시 꺼져버리도록 설정해서 해당 코드가 존재하는 한 계속 꺼진 상태로 유지됐다.

단자니는 이것이 오피스 빌딩이나 아파트 빌딩에 심각한 문제를 초래할 수 있다고 말했다. 해당 코드는 모든 조명을 마비시켜서, 불이 꺼진 사람들은 지역 전력 회사에 전화를 걸고 나서야 그 주변에 아무런 정전 사태도 일어나지 않았다는 사실을 알게 될 터였다.

인터넷으로 접근 가능한 가전 자동화 기기들은 DDoS 공격의 직접적인 표적이 될 수 있고, 해킹돼 인터넷상의 다른 시스템들에 대한 DDoS 공격에 동원되는 좀비 기기들인 봇넷Botnet의 일부로 전락할 수도 있다. 2016년 10월, 트위터, 레딧, 스포티파이 등 유명 인터넷 브랜드의 DNS 인프라 서비스를 담당하는 '다인Dyn'도 이런 유형의 공격에 호되게 당했다. 브라우저가 다인의 DNS 서비스에 접속할 수 없게 되면서, 미국 동부 지역의 수백만 이용자들은 여러 주요 사이트들에 접근할 수 없었다.

주범은 '미라이Mirai'라고 불리는 멀웨어로, 인터넷을 돌아다니며 DDoS 공격의 수단으로 악용할 만한 CCTV 카메라, 라우터, 디지털 비디오 레코더, 베이비 모니터 등 보안 대책이 없는 사물 인터넷 기기들을 찾아내는 불량 프로그램이었다. 미라이는 간단한 암호 추정 기능을 통해 기기에 대한 침투를 시도한다. 공격이 성공하면 해당 기기는 DDoS 지시를 기다리며 잠복하는 봇넷으로 전락한다. 이제 봇넷 조종자는 단순한 한 줄 명령으로 수십만 또는 심지어 수백만에 이르는 기기들로 하여금 표적 사이트에 데이터를 전송해 정보 범람을 일으켜 사이트를 다운시킨다.

당신은 해커들이 다른 사람이나 기관에 DDoS 공격을 가하는 것을 막을 수는 없지만 그들의 봇넷들로부터 숨는 것은 가능하다. 사물 인터넷 관련 기기를 네트워크와 연결할 때 가장 먼저 해야 할 일은 남들이 짐작하기 어려운 비밀번호로 바꾸는 것이다. 이미 기기를 연결한 경우, 다시 부팅하면 이미 깔렸을지도 모르는 멀웨어를 제거할 수 있다.

컴퓨터 스크립트는 가정의 다른 스마트 시스템들에도 영향을 미칠 수 있다.

혹시 신생아가 있는 가정이라면 베이비 모니터가 있을 것이다. 마이크나 카메라, 혹은 둘다 장착한 이 기기는 아기를 탁아 시설에 맡겨두더라도 여전히 아기의 상태를 점검할 수 있게 해준다. 불행한 사실은 다른 사람들도 이들 기기를 통해 그 아기를 관찰할 수 있다는 점이다.

아날로그 베이비 모니터는 더 이상 쓰이지 않는 무선 주파수인 43-50메가헤르츠 대역을 사용한다. 이 주파수는 처음에는 1990년대의 무선 전화기cordless phone에 쓰였는데, 싸구려 라디오 스캐너만 있으면 누구든지 손쉽게 무선 전화기의 통화를 당사자는 전혀 모르는 상태에서 가로챌 수 있다.

심지어 요즘도, 해커는 스펙트럼 분석기를 써서 특정한 아날로그 베이비 모니터가 어떤 주파수를 쓰는지 알아낸 다음, 다양한 복조復調, demodulation 기법으로 그 전기 신호를 소리로 변환한다. 전자 제품 판매점에서 구할 수 있는 경찰 스캐너로도 충분히 가능하다. 동일한 브랜드의 베이비 모니터를 구입해 같은 채널에 맞춰놓고 서로 다른 쪽을 엿듣는 이웃들이 연루된 소송 사례도 많았다. 2009년 시카고에 사는 웨스 덴코브는 '서머 인펀트 데이 & 나이트'라는 아기 비디오 모니터의 제조사를 상대로, 이웃이 자신의 집에서 나누는 대화를 엿들을 수 있다며 소송을 제기했다.[9]

이런 문제를 피하기 위해 디지털 베이비 모니터를 선택할 수도 있다. 이 제품들도 여전히 도청에 취약하지만 상대적으로 더 나은 보안과 더 다양한 설정 옵션을 제공한다. 예를 들면, 이용자는 제품 구입 직후 모니터의 펌웨어(칩에 고정된 소프트웨어)를 업데이트할 수 있다. 디폴트로 잡혀 있는 이용자명과 암호도 반드시 바꾸길 바란다.

여기에서도 이용자 뜻대로 할 수 없는 설계상의 문제에 맞닥뜨릴 수 있다. 니테시 단자니는 벨킨의 '위모^WeMo' 무선 베이비 모니터가 앱에서 토큰을 사용하며, 일단 이용자의 모바일 기기에 설치돼 그의 홈 네트워크에서 이용되면 전 세계 어디에서든 활성화된 상태로 유지된다고 밝혔다. 예컨대 갓 태어난 조카딸을 봐주기로 해서 형이 일러준 대로 그의 홈 네트워크(운 좋게 해당 네트워크는 WPA2 암호로 보호돼 있다.)를 통해 벨킨 앱을 스마트폰에 다운로드했다고 가정하자. 이제 당신은 어디에 있든지, 심지어 세계 어디에서든 형의 베이비 모니터에 접속할 수 있다.

단자니는 이런 설계상의 오류가 많은 사물 인터넷 기기들에서 발견된다고 지적한다. 기본적으로, 이들 기기는 로컬 네트워크로 연결된 모든 것이 신뢰할 만 것이라고 단정한다. 만약 누군가 추정하듯이, 우리 모두 그러한 기기를 20개나 30개씩 가지고 있다면 보안 모델은 바뀌어야만 할 것이다. 네트워크상의 모든 것이 신뢰되기 때문에 어느 한 기기(베이비 모니터든, 전구든, 혹은 온도조절기든)의 오류도 해커가 당신의 스마트 홈 네트워크에 침투해 당신의 개인적인 습관을 더 잘 파악하도록 허용할 수 있다.

* * *

모바일 앱이 나오기 훨씬 전에 휴대용 리모컨이 있었다. 우리 대다수는 TV에 아직 리모컨이 없던 시절(사람들이 직접 소파에서 일어나 다이

얼을 돌려서 채널을 바꾸거나 볼륨을 높이던 시절)을 경험해보지 못했다. 지금 우리는 안락한 소파에 앉아 말 한 마디 없이 TV를 조작할 수 있다. 이것은 매우 편리한 상황이지만, 다른 한편으로는 TV가 듣는다는 뜻이기도 하다(설령 그것이 'TV를 켜라.'라는 명령 하나뿐일지라도).

초기만 해도, TV를 리모컨으로 조작하기 위해서는 직접 시선이 닿는 방향을 유지해야 했고, 광선, 특히 적외선 기술로 작동했다. 배터리로 작동하는 리모컨은 사람 눈에는 겨우 보이지만 TV의 신호 수신기에는 명확히 감지되는(하지만 시선이 닿는 위치에서) 일련의 섬광 신호를 발산한다. 그러면 TV는 꺼진 상태에서, 당신이 켜고 싶어 한다는 사실을 어떻게 알까? 간단하다. TV 속에 있는 적외선 감지기가 언제나 준비 상태로, 휴대용 리모컨에서 '깨어나라'라는 특정한 시퀀스의 적외선 파동 명령을 기다리고 있기 때문이다.

리모컨으로 작동하는 TV는 그 후로 무선 신호를 포함하는 쪽으로 진화했고, 이는 TV를 조작하기 위해 더 이상 그 앞에 정면으로 서지 않아도 된다는 뜻이었다. 옆으로 비켜서거나 때로는 다른 방에서도 TV를 조작할 수 있게 됐다. 이 경우에도 TV는 언제나 준비 모드에서 적절한 신호를 기다린다.

TV는 발전을 거듭해 음성으로 작동하는 수준에 이르렀다. 이들 TV는 휴대용 리모컨이 필요 없다(여러분도 나와 같다면, 정작 필요할 때면 찾을 수 없어서 리모컨은 별로 쓸모없을 때가 많다). 대신 "TV를 켜."라거나 "하이, TV" 같은 실없는 말을 하면 TV는 (요술과도 같이) 켜진다.

2015년 봄, 보안 연구자들인 켄 먼로와 데이비드 로지는 음성으로 조작되는 삼성 TV 제품이 심지어 TV가 켜져 있지 않은 상황에서도 그 방 안에서 진행되는 대화를 듣고 있는지 궁금했다. 이들이 발견한 사실에 따르면, 디지털 TV들은 꺼져 있을 때는 실제로 아무것도 하지 않고(그런 대로 안심되는 대목이다.) 대기하지만, 일단 "하이, TV" 같은 간단한 명령에 따라 켜지고 나면 그 후에 발설된 모든 내용을 기록한다(다시 말하면, TV가 꺼지라는 명령을 받을 때까지 모든 것을 기록한다). TV가 켜져 있는 동안은 철저히 침묵을 지켜야 한다는 사실을 기억하는 사람이 얼마나 될까?

아마 그 누구도 기억하지 못할 것이다. 더욱 걱정스러운 사실은 "TV를 켜." 나 "하이 TV" 같은 명령을 내린 다음에 우리가 한 말(그리고 TV에 기록된 말)은 암호화되지 않는다는 점이다. 내가 만약 당신의 홈 네트워크에 침투할 수 있다면, 나는 TV가 켜진 상태에서 당신이 집안에서 나누는 대화를 엿들을 수 있다. 일부는 TV가 "볼륨을 높여.", "채널을 바꿔.", "뮤트mute로 해." 등 다른 추가적인 명령도 들어야 하기 때문에 계속해서 '경청 모드'를 유지할 필요가 있다고 주장한다. 일리가 있는 주장이다. 그렇게 포착된 음성 명령이 위성까지 올라갔다가 다시 돌아온다는 사실만 빼면. 그리고 그런 데이터 전체가 암호화되지 않은 상태이기 때문에, 나는 당신의 TV에 '중간자 공격'을 감행한 후 나만의 명령어를 삽입해 마음대로 채널을 바꾸거나 볼륨을 높이거나 내가 원할 때 언제든 TV를 꺼버릴 수도 있다.

이게 무슨 뜻인지 잠깐 생각해보자. 만약 당신이 음성 인식 TV가 있는 방에서 누군가와 대화를 나누다가 TV를 켜기로 결정한다면, 그다음에 이어지는 대화는 당신의 디지털 TV에 기록된다는 뜻이다. 그뿐 아니라 그렇게 기록된, 이를테면 초등학교에서 열기로 한 빵 구워 팔기 행사에 대한 대화는 당신의 거실에서 한없이 멀리 떨어진 어딘가의 서버로 중계된다는 뜻이다. 실상을 들여다보면, 삼성은 그런 데이터를 삼성뿐 아니라 뉘앙스Nuance라는 또 다른 음성 인식 소프트웨어에도 제공한다. 앞으로 예정된 빵 구워 팔기 행사에 관한 핵심 정보를 두 회사가 보유하게 되는 셈이다.

좀 더 현실적으로 접근해보자. 당신이 TV가 놓인 방에서 나누는 대화는 빵 구워 팔기 행사에 관한 것만이 아니다. 어쩌면 불법 행위에 관한, 경찰이 듣고 싶어 할 만한 내용을 말할 수도 있다. 이들 회사는 그런 내용을 경찰에 신고할 수도 있고 신고하지 않을 수도 있지만, 만약 경찰이 이전부터 당신을 용의자로 지목해왔다면 영장을 동원해 이들 회사가 관련 대화 내용 일체를 제공할 수밖에 없도록 만들 수도 있다. "유감스럽지만 당신의 마약 소지 사실을 알려준 것은 당신 집의 TV였소…"

삼성은 프라이버시 약관에 그러한 도청 시나리오를 언급했기 때문에 이용자가 해당 TV를 켤 때는 그런 약관에 묵시적으로 동의했다는 뜻이라고 변호했다. 하지만 어떤 기기를 처음으로 켜기 전에 프라이버시 약관을 실제로 읽어보는 사람이 과연 얼마나 될까? 삼성은 머지않은 장래에 모든 TV 통신을 암호화할 것이라고 밝힌다.[10] 하지만 2015년 현재, 시장에 나와 있는 대다수 모델은 그런 보호 기능이 없다.

다행히 《2001년 스페이스 오딧세이》의 HAL-9000을 연상시키는 삼성이나 다른 제조사들의 이런 TV 기능을 끌 수 있는 방법이 있다. 삼성 PN60F8500과 유사 제품들의 경우, 설정 메뉴로 가서 **스마트 기능**을 선택한 후 **음성 인식**으로 가서 **끔**을 선택하라. 하지만 TV가 당신이 집안에서 나누는 민감한 대화를 기록하지 못하게 설정하고 싶다면, 방으로 걸어 들어가면서 음성 명령으로 TV를 켤 수 있는 편의성을 희생해야 한다. 그런 경우에도 리모컨으로 마이크 버튼을 선택한 후 명령어를 TV에 보낼 수 있다. 혹은 소파에서 일어나 수동으로 채널을 바꿀 수도 있다. 맞다. 인생은 어렵다.

암호화되지 않은 데이터 전송은 삼성에만 국한된 것이 아니다. 한 연구자는 LG의 스마트TV를 시험하는 과정에서, 시청자가 채널을 바꿀 때마다 그 정보가 인터넷으로 LG 측에 제공된다는 사실을 발견했다. 해당 TV에는 또한 **시청 정보 수집**이라는 설정 옵션이 있는데 디폴트로 활성화돼 있다. 이 '시청 정보'는 LG TV에 꽂은 USB 드라이브에 저장된 파일 이름들도 포함하는데, 여기에는 가족 휴가 중에 찍은 사진들이 들어있을 수도 있다. 연구자들은 가짜 비디오 파일을 만들어 USB 드라이브에 저장한 후 TV에 연결해봤다. 거기에서 발생하는 네트워크 트래픽을 분석한 결과, 연구자들은 해당 비디오 파일의 이름이 암호화되지 않은 상태로 http 트래픽을 통해 GB.smartshare.lgtvsdp.com 으로 전송되는 것을 인지했다.

이른바 '스마트' 제품들에 내장하는 음성 인식 솔루션을 만드는 '센서리 Sensory'라는 회사 측은 그보다 몇 단계 더 나아갈 수 있다고 생각한다. "우리는 스마트 TV의 마법은 그것을 항상 켜진 상태로 두고 항상 들을 수 있게 하는 것이라고 생각합니다."라고 센서리의 최고 경영자인 토드 모저는 말한다. "지금 당장은 듣는 기능이 지나치게 많은 전력을 소모합니다. 삼성은 매우 지능적인 일을 했고, 듣기 모드를 만들었어요. 우리는 그 수준을 넘어서, TV가 항시 켜진 상태로 당신이 어디에 있든 항시 들을 수 있도록 만들고 싶습니다.[11]"

당신의 디지털 TV가 어떤 능력이 있는지 알고 나면 이런 의문이 생길 수 있다. 셀폰도 꺼진 상태에서 엿들을 수 있을까? 세 진영의 답이 있다. 있다, 없다, 그리고 경우에 따라.

프라이버시 그룹 중에는 스마트폰을 끄기만 해서는 안 되고 아예 배터리까지 분리해야 도청되지 않는다고 맹세하다시피 확신하는 사람들이 있다. 이런 주장을 뒷받침할 증거는 충분하지 않고 대부분 일화 수준이다. 그리고 전화기를 끄는 것만으로도 충분하다고 확신하는 그룹이 있다. 하지만 실제로는 전화기가 완전히 꺼지지 않은 경우, 만약 멀웨어가 해당 스마트폰에 깔려 있다면 여전히 근처에서 진행되는 대화를 녹음할 수 있는 사례들이 존재한다고 나는 생각한다. 따라서 이 질문에 대한 답은 다양한 변수에 따라 가변적이다.

어떤 전화기는 마치 음성 인식 TV처럼 사용자가 특정한 명령어를 말하면 깨어난다. 이것은 그 전화기가 항상 주변의 소리를 듣기 위해 대기하고 있었다는 뜻이다. 멀웨어에 감염된 일부 전화기의 경우 이것은 사실이다. 해당 전화기의 카메라나 마이크는 진행 중인 통화가 없을 때 활성화된다. 하지만 이런 사례들은 매우 드물다고 생각한다.

앞에 제기한 질문으로 돌아가자. 프라이버시 그룹 중에는 꺼져 있는 전화기를 작동시킬 수 있다고 확신하는 사람들이 있다. 실제로는 꺼지지 않았는데 마치 전화기가 꺼져 있는 것처럼 보이게 만드는 멀웨어가 실제로 존재한다. 그러나 꺼져버린 전화기(배터리 전원도 없다.)를 누군가가 작동시킬 수 있다는 것은 내게는 절대 불가능한 일로 보인다. 기본적으로 소프트웨어가 작동할 수 있도록 해주는 배터리 전원이 있는 기기는 그것이 무엇이든 해커들의 공격을 받을 수 있다. 펌웨어를 조작해 꺼지지 않은 기기를 마치 꺼진 상태인 양 보이게 하는 것은 어렵지 않다. 하지만 배터리가 소진된 기기는 아무 일도 할 수 없다. 아니, 할 수 있을까? 혹자는 미국국가보안국NSA이 우리 전화기에, 전원을 공급해 전화기가 물리적으로 꺼진 상태에서도(심지어 배터리를 분리한 상태에서도) 추적을 지속할 수 있게 해주는 칩을 심어놓았다고 주장한다.

당신의 전화기가 엿듣는 능력이 있든 없든, 그 전화기에서 사용하는 브라우저는 명백히 그런 능력이 있다. 2013년 무렵 구글은 '핫워딩hotwording'이라고 불리는 기능을 추가했다. 크롬 브라우저에서 단순한 명령어로 듣기 모드를 활성화할 수 있게 해주는 기능이다. 애플의 시리, 마이크로소프트의 코타나, 아마존의 알렉사 등 다른 곳도 그 본을 따랐다. 따라서 당신의 전화기, 일반 PC, 그리고 거실의 커피 탁자에 놓인 무선 기기는 모두 "시리, 가장 가까운 주유소까지 거리는 얼마나 되지?"와 같은 음성 명령에 대답하도록 설계된 클라우드 기반의 프로그램 기능을 탑재하고 있다. 이는 그 기기들이 듣고 있다는 뜻이다. 그리고 그것이 당신의 불안감을 촉발하지 않는다면, 이런 서비스들을 이용한 검색 내용이 모두 기록되고 무기한 보존된다는 사실을 감안해보길 바란다.[12]

무기한.

그러면 이들 기기는 어느 정도나 들을까? 이들이 질문에 대답하지 않거나 당신의 TV를 켜고 끌 때 무엇을 하는지는 다소 불명확하다. 예를 들면, 일반 PC용 크롬 브라우저의 경우 연구자들은 누군가가(구글?) 마이크 기능을 켜 항시 듣고 있다는 사실을 발견했다. 이 기능은 오픈소스 판 크롬 브라우저인 '크로미엄Chromium'에서 온 것이다. 2015년 연구자들은 누군가가(구글?) 항시 듣고 있다는 사실을 발견했다. 더 면밀히 조사한 결과, 이것은 브라우저가 PC의 마이크를 디폴트로 켜기 때문이었다. 오픈소스 소프트웨어에 포함돼 있음에도 불구하고 이 코드는 조사할 수 없게 돼 있었다.

이것은 여러 문제를 제기한다. 첫째, '오픈소스'라면 사람들이 자유롭게 코드를 들여다볼 수 있어야 하는데 이 경우 해당 코드는 아무도 들여다볼 수 없는 블랙박스였다. 둘째, 이 코드는 구글의 자동 업데이트를 통해 크롬 브라우저로 직수입됨으로써, 이용자들은 그런 기능을 거부할 수 있는 기회를 제공받지 못했다. 그리고 2015년 현재, 구글은 그 기능을 제거하지 않았다. 이용자들에게 참여 거부opt out의 수단을 제공하지만, 그렇게 하기 위해서는 일반 이용자들은 직접 할 수 없을 정도로 복잡한 코딩 기술이 필요하다.[13]

이처럼 섬뜩한 크롬이나 다른 프로그램의 엿듣기 기능을 약화할 수 있는 저차원적 방법도 있다. 웹캠의 경우, 그 위에 간단히 테이프를 붙이면 된다. 마이크에 대한 최선의 방어책 중 하나는 일반 PC의 마이크 소켓에 모조 마이크를 꽂아두는 것이다. 고장난 헤드폰이나 이어폰 셋을 구해서 마이크 잭 근처를 잘라낸다. 이제 마이크 잭을 소켓에 꽂으면 된다. 당신의 컴퓨터는 마이크가 실제로는 없지만 있다고 인식한다. 물론 스카이프나 다른 온라인 서비스를 이용해 전화기처럼 쓰고자 할 때는 플러그를 먼저 제거해야 할 것이다. 그리고 (이것은 매우 중요한 대목인데) 마이크 토막의 두 전선이 서로 닿지 않도록 해야지, 그러지 않으면 마이크 접속 단자가 타버릴 수도 있다.

집안에 살고 있는 또 다른 네트워크 기기는 아마존 에코다. 이것은 이용자가 음성으로 아마존에 영화와 다른 제품을 주문할 수 있게 해주는 인터넷 허브다. 에코도 상시 대기 상태로, 시동 명령을 기다리며 주변에서 나오는 모든 말을 듣고 있다. 아마존 에코는 스마트 TV보다 더 많은 기능을 수행한다. 따라서 처음 사용할 때는 이용자에게 25개의 특정 표현을 기기에 대고 소리 높여 말하도록 주문받는다. 아마존은 이용자에게 바깥 날씨를 알려주고, 최근 스포츠 경기들의 스코어를 제공하며, 이용자가 원할 경우 제품을 주문하거나 재주문해준다. 아마존이 인식하는 몇몇 질문이나 표현의 일반적인 성격(이를테면 "내일 비가 올까?")을 감안하면 에코가 스마트 TV보다 더 많은 내용을 들을 것이라는 추정이 가능하다.

다행히 아마존은 이용자의 음성 데이터를 에코에서 삭제하는 방안을 제공한다.[14] 모든 것을 삭제하고 싶다면(예컨대, 당신의 에코를 다른 사람에게 팔 계획이라면), 온라인에 들어가 그렇게 설정해야 한다.[15]

이 모든 음성 인식 기기들은 특정한 명령어를 말해야 깨어나도록 설정돼 있는데, 누구도 어떤 일을 하라고 명령하지 않는 '다운타임' 상태에서 각 기기들이 무슨 일을 하는지는 명확하지 않다. 가능하다면 설정에 가서 음성 인식 기능을 꺼보길 바란다. 그것이 필요한 경우에는 언제든 다시 켤 수 있다.

스마트 TV와 온도조절기에 더해, 사물 인터넷에서 아마존 에코에 합류할 만한 것으로는 냉장고가 있다.

냉장고라고?

삼성은 당신의 구글 캘린더와 네트워크로 연결돼 다음 일정을 문에 부착된 화면에 띄워 보여주는 냉장고 모델을 발표했다. 이것은 평범한 냉장고의 문에 붙여놓곤 하는 화이트보드와 비슷하지만 삼성의 경우는 당신의 구글 계정을 통해 인터넷과 연결된다는 점이 다르다.

삼성은 '스마트 냉장고'를 설계하면서 몇 가지 현명한 결정을 내렸다. SSL/https 기능으로 냉장고와 구글 캘린더 서버 간의 통신을 암호화했다. 그리고 이 미래형 냉장고를 지구상에서 가장 치열한 해커 콘퍼런스 중 하나인 '데프콘 23'에 출품해 시험을 요청했다.

그러나 디지털 TV의 트래픽을 해킹했던 보안 연구자들인 켄 먼로와 데이비드 로지에 따르면, 삼성은 구글 서버와 연결해 지메일의 캘린더 정보를 얻기 전에 보안 인증서를 검증하지 않았다. 인증서는 해당 냉장고와 구글 서버 간의 통신이 안전하다는 사실을 입증해준다. 하지만 그것이 없으면 악의적인 해커가 들어와 자기 자신의 인증서를 만들고 냉장과 구글 사이의 통신 내용을 엿들을 수 있다.[16]

그래서 어쨌다는 건데?

이 경우, 그 해커는 당신의 홈 네트워크에 들어온 후 냉장고에 접속해 우유와 달걀을 상하게 만들 뿐 아니라, 중간자 공격으로 냉장고의 캘린더 앱에서 구글의 로그인 정보를 훔쳐 당신의 구글 계정 정보에 접근함으로써 당신의 지메일을 읽는 것은 물론 그보다 더 큰 피해를 입힐 수도 있다.

스마트 냉장고는 아직 널리 보급되지는 않았다. 그러나 우리가 점점 더 많은 기기들을 인터넷에, 그리고 더 나아가 우리의 홈 네트워크에 연결할수록 보안상의 허점이 드러날 위험성도 더 커질 것이라는 점은 분명하다. 이것은 우려할 만한 일이다. 그런 피해의 대상이 우리가 소중하고 개인적인 것으로 여기는, 우리의 집과 관련된 것임을 고려하면 더욱 그렇다.

사물 인터넷 회사들은 어떤 기기든 가정의 방범 시스템 일부로 기능하게 해주는 앱 개발에 열을 올리고 있다. 예를 들면, 당신의 TV는 언젠가 카메라를 장착할 수도 있다. 그런 시나리오에서 스마트폰이나 태블릿의 앱은 어디에서든 당신 집이나 사무실의 내부를 볼 수 있게 해준다. 조명 또한 집안이나 밖에서 움직임이 있을 때 자동으로 켜지게 할 수 있다.

사물 인터넷의 한 시나리오에 따르면, 당신이 집으로 운전해가는 동안 스마트폰이나 승용차의 알람 시스템 앱은 내장된 위치정보를 기반으로 당신이 언제쯤 집에 도착할지 파악한다. 당신이 집에 15미터 정도까지 접근하면 앱은 집안의 알람 시스템에 신호를 보내 정문이나 차고의 문을 열어준다(이 경우 스마트폰의 앱은 이미 집과 네트워크로 연결되고 인증된 상태다). 알람 시스템은 집안의 조명 시스템에도 신호를 보내 현관으로 통하는 길, 현관, 그리고 거실이나 주방의 불을 켜라고 명령한다. 그에 더해 당신은 집안으로 들어서면서 스포티파이 같은 음악 서비스 앱이 부드러운 실내악이나 최신 톱 40 음악을 들려주도록 설정할 수도 있다. 물론 실내 온도는 계절에 따라, 그리고 당신의 취향에 맞춰 설정돼 있다.

가정의 알람 시스템은 21세기로 접어들 무렵부터 인기가 높아졌다. 당시만 해도 알람 시스템은 담당 기술자가 문과 창문 등에 유선 감지기를 달아줘야 했다. 이 유선 감지기들은 다시 알람 서비스 회사와 메시지를 주고받을 수 있도록 유선으로 연결된 중앙 허브와 연결됐다. 경보가 울리면, 혹은 누군가 문이나 창문의 감지기를 훼손하면, 알람 서비스 회사는 보통 전화로 당신에게 연락을 한다. 정전에 대비해 배터리도 제공됐다. 전화선은 집으로 연결된 선이 절단되지 않은 한, 전력을 잃어버리는 경우가 거의 없다.

점점 더 많은 사람들이 유선 전화를 끊고 모바일 기기에만 의존하게 되면서, 알람 서비스 회사들은 무선 연결망을 제공하기 시작했다. 최근에는 인터넷 기반의 앱 서비스로 전환했다.

이제는 문과 창문의 알람 감지기들도 무선이다. 집 주위에 구멍을 뚫거나 보기 흉한 케이블을 연결하는 일은 확연히 줄었지만 그만큼 위험성도 더 커졌다. 여러 연구자들에 따르면 이 무선 감지기들이 보내는 신호는 암호화되지 않은 상태다. 해커는 기기들 간의 통신 내용을 엿듣고 시스템을 무력화할 수 있다. 예컨대 내가 당신의 로컬 네트워크를 뚫을 수 있다면, (그것이 같은 로컬 네트워크를 통하고 암호화되지 않았다는 가정하에) 나는 당신의 알람 서비스 회사와 집안 기기 간의 통신 내용을 엿들을 수 있고, 이 통신 내용을 조작함으로써 당신의 스마트 홈을 장악해 마음대로 시스템을 통제할 수 있다.

여러 회사는 요즘 '본인이 직접 하는DIY' 가정 감시 시스템을 선보인다. 집안의 어떤 감지기에 변화가 생기면 당신의 스마트폰은 그런 변화를 알리는 문자 메시지를 띄운다. 혹은 해당 앱은 집안의 웹캠 이미지를 보여준다. 어느 쪽이든, 당신은 집에서 벌어지는 일을 직접 감시할 수 있다. 그럴듯한 시나리오지만 집안의 인터넷이 나가면 속수무책이다.

인터넷이 작동하는 경우에도 범죄자는 여전히 이 DIY 무선 알람 시스템을 장악하고 무력화할 수 있다. 예를 들면, 범죄자는 거짓 경보를 유발할 수 있다 (어떤 도시들에서는 거짓 경보로 경찰이나 소방대가 출동할 경우 집 주인이 그 비용을 대야 한다). 거짓 경보를 발령하는 기기들은 당신의 집 근처뿐 아니라 250미터 정도 떨어진 곳에서까지 작동하며, 지나치게 잦은 거짓 경보는 해당 시스템을 믿지 못하게 만들 수 있다(그리고 최악의 경우 집 주인은 적지 않은 벌금을 부담할 수도 있다).

범죄자는 전파 잡음을 보내 DIY 무선 감지기의 신호를 마비시킴으로써 메인 허브나 제어판으로 신호가 전달되지 못하게 할 수도 있다. 그 결과 알람 시스템은 아무런 경고음도 내지 못해 유명무실해지고, 범죄자는 유유히 집안으로 침입하게 된다.

많은 사람들이 가정에 웹캠을 설치해왔다. 방범용이든, 청소부나 보모를 감시하기 위해서든, 혹은 바깥 출입을 못하는 고령자나 특별 보호가 필요한 가족을 살피기 위해서든 말이다. 안타깝게도, 인터넷을 통해 작동하는 이들 웹캠 중 많은 경우가 해커의 공격에 취약하다.

인터넷에 연결되도록 설정된 여러 사물 인터넷 기기들을 알려주는 '쇼단 Shodan'이라는 웹 검색 엔진이 있다.[17] 쇼단은 당신의 집에 있는 사물 인터넷 기기들로부터 얻은 진단 결과뿐 아니라, 공중 네트워크로 연결되도록 서버가 잘못 설정된 지방 자치 단체의 내부 인프라 네트워크와 산업적 제어 시스템 정보도 알려준다. 헤아릴 수 없을 정도로 많은, 전 세계의 잘못 설정된 상업용 웹캠들로부터 나오는 데이터 내용도 보여준다. 그에 따르면 어느 날이든 전 세계 10만 개 이상의 웹캠이 취약한 보안 수준이나 아예 보안 대책이 결여된 채로 인터넷을 통해 데이터를 전송한다.

이들 중에는 'D-링크D-Link'라는 회사에서 만든, 기본 인증조차 없어서 사람들을 감시하는 데 이용될 수 있는 인터넷 카메라들이 존재한다(카메라가 어떤 위치에 어떤 목적으로 설치됐느냐에 따라 매우 사적인 장면이 찍힐 수도 있다). 범죄자는 구글로 'D-Link 인터넷 카메라'를 검색할 수 있다. 그리고 결과를 훑어 기본 인증이나 아예 인증 자체가 없는 모델을 찾아낸 후 쇼단 같은 웹사이트로 가서 링크를 누르면 해당 비디오가 내보내는 장면을 마음대로 구경할 수 있다.

이런 사태를 막으려면 인터넷으로 접근할 수 있는 웹캠은 사용 중이 아니라면 꺼야 한다. 물리적으로 연결선을 뽑아서 확실하게 꺼야 한다. 웹캠을 사용 중인 경우에는 해당 제품이 적정한 인증을 거쳤는지 확인하고, 기본으로 설정된 암호 대신 당신만 아는 좀 더 복잡한 암호로 바꿔줘야 한다.

당신의 집이 돌연 '프라이버시의 악몽'처럼 여겨지더라도 직장의 상황을 따져볼 때까지 기다리길 바란다. 다음 장에서 그 상황을 설명하겠다.

13장

당신이 모르는
직장의 비밀

여기까지 읽은 독자들은 당연히 프라이버시를 걱정하지 않을 수 없겠지만, 우리 대다수에게 요구되는 수준은 연방 정부의 감시로부터 은폐하는 것과 같은 성격이 아니다. 그보다는 좀 더 일상적인 내용이다. 가령 우리는 직장에서 일할 때, 우리가 회사 네트워크를 통해 온라인에서 무엇을 하는지(예: 쇼핑, 게임, 혹은 이리저리 흥미로운 사이트를 돌아보기) 회사가 정확히 파악하고 있다는 점을 안다. 우리는 단지 우리 앞가림이나 제대로 하고 싶은 것이다!

그리고 그것조차 점점 더 어려워지고 있는데, 그 이유 중 하나는 우리가 휴대하는 셀폰이다. 예를 들면, 시카고의 한 조경 업체에서 재무관리자로 일하는 제인 로저스는 자기 부서의 직원들이 있어야 할 자리에 있는지 확인하고 싶을 때면 랩톱을 열어 그들의 정확한 위치를 파악한다. 많은 관리자나 기업주들처럼, 로저스는 '기업 소유지만 업무 외 개인 활용도 허용하는COPE' 스마트폰에 설치된 추적 소프트웨어와 직원을 감시하기 위해 GPS 기기를 탑재한 서비스 트럭을 활용했다. 어느날 한 고객이 로저스에게 직원 중 한 사람이 예정대로 업무를 진행 중인지 문의했다. 로저스는 몇 번의 키보드 조작으로 오전 10시~10

278

시 30분 사이에 직원 한 명이 예정된 장소에 있었다는 사실을 확인했다.

무선 통신, 자동차 기술, 컴퓨터과학, GPS 등을 결합한 텔레매틱스 서비스는 지리적 위치정보 이상의 능력을 제공한다. 예컨대 로저스는 아홉 대의 회사 소유 전화기를 통해 정원사들이 보낸 사진, 문자 메시지, 이메일 등을 볼 수 있다. 직원들의 통화 기록과 웹사이트 방문 내역에도 접근할 수 있다. 하지만 로저스는 자신은 GPS 기능만 이용한다고 말한다.[1]

서비스 업계에서 GPS 추적 기능은 오랫동안 이용돼왔다. 그것은 특정 알고리즘을 이용한 UPS의 오라이온ORION 경로 선택 시스템과 더불어, 택배 차량의 운전자를 추적하면서 최적화된 경로를 제시함으로써 연료비를 절감하는 데 한몫했다. 회사는 또 게으른 운전자를 단속하는 데도 이 기술을 이용할 수 있었다. 이런 방법을 써서 UPS는 하루 배달 물량을 140만 개까지 더 추가했다. 그러면서도 배달 차량 운전자는 오히려 1,000명을 감원했다.[2]

이 모든 것은 사주 측에는 유익한 일이다. 적은 비용으로 더 높은 수익을 올리면 직원들에게 그만큼 더 나은 대우를 해줄 수 있다고 이들은 주장한다. 하지만 직원들은 어떻게 느낄까? 이 모든 감시에는 어두운 면이 있다. 이 사안을 분석하는 기사에서 「하퍼스 매거진」은 전자적 감시망 속에서 일하는 한 운전자의 프로필을 소개했다. 이름이 공개되지 않은 이 운전자는 자신의 소포 배달 시간을 초 단위까지 측정해서 최적화된 시간 미만인지 초과인지 알려준다고 말했다. 정상적으로 업무가 끝나는 경우, 배달에 소요되는 시간은 보통 네 시간 정도다.

꾀를 부린다고? 한 정차 지역에서 여러 개의 소포를 배달하는 경우가 있지만 오라이온 소프트웨어는 그런 경우를 제대로 반영하지 못할 때가 많다. 운전자는 오라이온 소프트웨어의 요구에 부응하려 (무거운 짐을 적절히 다루는 방법을 회사 측에서 끊임없이 상기시키는 데도 불구하고) 무리하게 여러 개의 소포를 나르는 바람에 허리와 무릎 부위의 만성 통증에 시달리는 뉴욕 유통센터의 동료들을 거론했다. 따라서 이 사례는 직원 감시에 따르는 인적 비용의 일종인 셈이다.

업무 감시가 정기적으로 적용되는 또 다른 장소는 음식 서비스 업계다. 레스토랑 천장의 카메라부터 테이블 위의 키오스크에 이르기까지, 시중 드는 종업원들은 다양한 소프트웨어 시스템에 의해 감시되고 평가된다. 2013년 워싱턴대, 브리검 영대, MIT 세 대학의 연구자들은 392개 레스토랑에서 사용된 도난 감시 소프트웨어는 그것이 설치되고 난 이후 종업원 측 도난 사고를 22% 줄이는 효과를 낳았다고 밝혔다.[3] 앞에 언급한 대로, 적극적 감시는 감시 대상의 행태에 변화를 초래한다.

미국에는 현재 기업들의 직원 추적을 금지한 연방 차원의 법규가 없다. 델라웨어 주와 코네티컷 주만이 직원들을 추적하는 경우 기업이 그 사실을 직원들에게 고지하는 의무를 부과하고 있다. 대다수 주들의 경우, 직원들은 자신들이 업무 중 감시되는지 여부를 전혀 알지 못한다.

사무직 직원들은 어떨까? 미국경영협회에 따르면 회원 기업의 66%가 그 직원들의 인터넷 이용을 감시하고, 45%가 직원의 키보드 입력 내용을 추적하며(입력이 없는 시간은 잠재적 '휴식'으로 인지), 43%는 직원들의 이메일 내용을 감시한다.[4] 일부 기업들은 직원의 아웃룩 캘린더 입력 내용, 이메일 헤더, 그리고 인스턴트 메신저의 이용 기록을 모니터링한다. 그런 데이터는 표면적으로는 직원들이 시간을 어떻게 보내는지(세일즈 직원이 얼마나 많은 시간을 고객들과 보내는지부터 어느 부서가 이메일을 어느 정도나 쓰는지, 그리고 직원들이 얼마나 많은 시간을 회의에 소비하거나 책상을 떠나 있는지에 이르기까지) 기업들이 파악하는 데 도움을 주기 위해 이용된다.

물론 긍정적인 해석도 있다. 그러한 자료가 있다는 것은 기업이 더 효율적으로 회의 일정을 잡거나 팀들끼리 더 적극적으로 소통하도록 고무할 수 있다는 뜻이다. 하지만 분명한 사실은 누군가가 이 모든 기업 데이터를 수집하고 있다는 점이다. 그리고 그 데이터는 언젠가 정부 수사 기관에 넘어가거나, 혹은 적어도 업무 고과에서 당신에게 불리하게 작용할 수 있다는 점이다.

당신은 업무 중에 눈에 띄지 않을 수 없다. 기업의 네트워크를 통해 전달되는 것은 무엇이든 그 기업에 귀속된다(당신의 것이 아니다). 설령 개인용 이메일 계정이나 아마존을 통한 최근 주문 내역, 혹은 휴가 계획 등을 체크한다고 해도, 그 일을 위해 회사에서 지급한 전화기, 랩톱, 혹은 VPN을 이용하는 경우라면 누군가가 당신이 하는 모든 일을 감시할 것이라고 보는 게 타당하다.

당신의 매니저나 동료가 훔쳐보지 못하게 하는 쉬운 방법이 있다. 회의에 참석하거나 화장실에 가기 위해 자리를 비울 때, 컴퓨터 스크린을 잠가라. 진심이다. 당신의 이메일, 혹은 몇 주의 시간을 투자해온 프로젝트의 세부 내용을 노출시키지 마라(누구든 지나가다가 훔쳐볼 수 있게 하지 마라). 스크린 앞으로 다시 돌아올 때까지, 컴퓨터는 잠가 놓으라. 그렇게 하는 데 불과 몇 초 더 걸릴 뿐이지만 길고 숱한 후회를 미리 막을 수 있다. 운영체제의 타이머를 설정해서 몇 초 이상 컴퓨터를 쓰지 않으면 자동으로 잠기도록 하라. 혹은 당신의 스마트폰이 컴퓨터 가까이 놓여 있지 않으면 자동으로 컴퓨터의 화면을 잠가버리는 블루투스 앱을 이용하는 것도 고려해봄 직하다. 그런가 하면 무기화된 USB 드라이버를 이용한 새로운 공격 방법도 있다. 많은 사무실에서는 랩톱과 데스크톱의 USB 포트를 아예 막아놓지만 그렇지 않은 경우 무기화된 USB 스틱은 암호 없이도 당신의 컴퓨터를 열 수 있다.[5]

업무 시간에는 기업 비밀뿐 아니라 상당수의 개인 이메일도 우리의 컴퓨터를 거치고, 때때로 사무실 프린터로 그것을 인쇄하기도 한다. 프라이버시가 염려된다면 직장에서는 어떤 개인적인 일도 하지 말길 바란다. 회사 일과 가정 일 사이에 엄격한 방화벽을 세우라. 휴식 시간 중에 개인 업무를 봐야 한다면 개인용 랩톱이나 아이패드를 집에서 가져와 사용하라. 그리고 당신의 모바일 기기가 셀룰러 네트워크에 연결돼 있다면 그것을 사용하고 회사의 와이파이는 결코 이용하지 말아야 한다. 또 휴대용 핫스팟을 사용한다면 SSID도 꺼야 한다. 직장에서 개인 업무를 볼 때는 셀룰러 데이터만 이용하라.

거듭 강조하건대, 일단 출근하면 업무용 페르소나를 유지해야 한다. 지극히 사적인 내용을 별로 친하지도 않은 직장 동료와 이야기하지 않듯이, 당신의 개인 업무는 회사의 컴퓨터 시스템과 분리시킬 필요가 있다(특히 건강 관련 주제를 찾거나 새 직장을 찾는 경우).

이것을 실천하기는 생각보다 더 어렵다. 무엇보다 우리는 정보의 풍요로움과 거의 어디에서나 쉽게 쓸 수 있는 인터넷에 길들어 있다. 하지만 인터넷에서 눈에 띄지 않고 활동하는 기술을 습득하려면 공공장소에서는 사적인 일을 해서는 안 된다는 점을 명심해야 한다.

사무실의 컴퓨터로 타이핑하는 모든 내용은 공개될 것이라고 간주하라. 그렇다고 회사의 IT 부서가 당신의 특정 기기를 적극 감시한다거나, 아들의 과학 경진대회 작품을 5층의 값비싼 컬러 프린터로 인쇄했다는 사실에 시비를 걸 것이라는 뜻은 아니다. 비록 그럴 가능성도 없지는 않지만. 내가 전하려는 논점은 당신이 그런 일을 했다는 기록이 남고, 나중에 어떤 계기로 당신이 의심을 사게 되면 회사 측은 당신이 해당 컴퓨터나 기기로 수행한 모든 일의 기록에 접근할 수 있다는 뜻이다. 그것은 회사 것이지 당신 것이 아니다. 네트워크도 마찬가지다. 이는 회사 안으로 들어오고 밖으로 나가는 콘텐츠를 스캐닝한다는 뜻이다.

자신에 대한 무료 신용 평가 보고서를 업무용 컴퓨터로 다운로드한 애덤의 경우를 보자. 그는 회사 컴퓨터로 회사의 네트워크를 통해 신용 조사 기관의 사이트에 로그인했다. 당신도 애덤처럼 업무 중에 당신의 신용 평가 보고서를 다운로드한다고 가정하자. 당신은 그것을 인쇄하고 싶다, 그렇지 않은가? 그래서 한쪽 구석에 놓인 프린터로 해당 자료를 인쇄한다. 하지만 그 과정에서 당신의 신용 내역을 담은 PDF 파일의 복사본이 프린터에 탑재된 하드디스크 드라이브에 남을 것이다. 당신은 그 프린터를 제어할 수 없다. 그 프린터가 교체돼 사무실에서 사라지면, 해당 하드디스크 드라이브가 어떻게 처분되는지에 대해서도 당신은 속수무책이다. 일부 프린터는 하드디스크 드라이브를 암호화하기도 하지만, 당신은 당신 사무실의 프린터가 암호화된 것인지 확신할 수 있는가? 확신할 수 없다.

그게 다가 아니다. 당신이 마이크로소프트 오피스를 이용해 만드는 워드나 엑셀 문서는 모두 해당 문서의 속성을 알려주는 메타데이터를 담고 있다. 문서의 메타데이터는 보통 저자의 이름, 작성 날짜, 수정 횟수, 파일 크기를 포함하며, 더 상세한 정보를 추가할 수 있는 옵션도 있다. 이것은 본래부터 마이크로소프트가 디폴트로 지정한 것이 아니어서, 그 내용을 보자면 몇 가지 절차를 거쳐야 한다.[6] 그러나 마이크로소프트는 이 문서를 다른 곳으로 내보내기 전에 이런 속성을 제거할 수 있는 '문서 검사기'를 포함하고 있다.[7]

제록스와 맥아피가 후원한 2012년의 한 연구에 따르면 설문에 응한 직원의 54%가 자기 회사의 IT 보안 정책을 항상 준수하지는 않는다고 대답했으며, 회사 사무실에 프린터나 복사기, 혹은 다기능 프린터가 있다고 응답한 직원의 51%는 민감한 개인정보를 업무 중에 복사하거나 스캔하거나 인쇄한 적이 있다고 대답했다. 직장만이 아니다. 복사점과 지역 도서관에 있는 프린터도 마찬가지다. 이들 기기는 모두 하드디스크 드라이브를 탑재해서 당신이 인쇄한 모든 내용을, 그 기기의 수명이 다할 때까지 기억한다. 개인적인 내용이 담긴 문서를 인쇄할 필요가 있다면, 나중에 집에서 당신 스스로 제어할 수 있는 네트워크와 프린터를 통해 하는 게 바람직하다.

감시는, 심지어 직원들에 대한 감시조차 매우 창의적으로 발전했다. 어떤 회사들은 우리가 대부분 당연시하고, 우리를 감시하는 데 쓰일 것이라고는 상상조차 하지 않는 비전형적인 사무용 기기들을 동원한다. 컬럼

비아대 대학원생인 쿠이 앙의 사례를 보자. 대학 본부 사무실을 해킹해 비전형적인 수단을 통해 민감한 데이터를 훔칠 수 있을까 궁금해하던 쿠이는 요즘은 거의 어느 사무실에나 놓여 있는 레이저 프린터를 먼저 공격하기로 했다.

쿠이는 프린터들이 아주 구형 모델이라는 점을 눈치챘다. 여러 차례의 침투 테스트를 통해 나도 이런 점을 인식했다. 그 덕분에 프린터를 활용해 기업 네트워크에 접근할 수 있었다. 기업 담당자들은 사내에 설치되는 프린터의 관리자 암호를 거의 바꾸지 않기 때문에 암호를 쉽게 밝혀낼 수 있었다.

프린터, 그중에서도 특히 홈 오피스용 비즈니스 프린터에 설치된 소프트웨어와 펌웨어는 다수의 기본적인 보안상 오류를 가지고 있다. 한 가지 분명한 사실은 사무실의 프린터를 보안상의 취약점으로 보는 사람이 거의 없다는 점이다. 이들은 '모호성에 의존한 보안', 다시 말해 아무도 오류를 눈치채지 못한다면 안전한 것이라는 인식에 안주한다.

하지만 이미 언급했다시피, 프린터와 복사기는 모델에 따라 다르기는 하지만 하드디스크 드라이브를 탑재하고 있다는 한 가지 공통점이 있다. 그리고 그 하드디스크 드라이브가 암호화되지 않았다면(아직도 많은 기기들이 그렇다.) 그 프린터나 복사기를 거친 문서의 내용에 나중에라도 접근 가능하다. 이런 점은 꽤 오랫동안 알려진 사실이다. 쿠이가 궁금해한 것은 기업의 프린터가 그 소유주의 뜻에 반해 이전에 인쇄한 문서들의 내용을 토해내게 할 수 있는가였다.

더욱 흥미로운 대목은 쿠이가 해당 프린터의 펌웨어 코드, 다시 말해 프린터의 칩에 내장된 프로그래밍을 공격하고자 했다는 점이다. 일반 PC나 모바일 기기와 달리, 디지털 TV와 다른 '스마트' 전자 제품은 안드로이드, 윈도우, iOS 같은 온전한 운영체제를 가동할 만한 파워나 처리 자원이 없다. 대신 이들 기기는 '리얼타임 운영체제RTOS'라는 것을 쓰는데, 이것은 기기 내부의 개별 칩들에 저장돼 있다(흔히 '파이어웨어fireware'로 알려져 있다). 이들 칩은 해당 시스템을 가동하는 데 필요한 명령어 외에는 별달리 저장하고 있는 것이 없다. 때로 이 간단한 명령어도 업데이트할 필요가 있는데, 그때마다 제조사나 납품 업체는 전기적으로 칩의 신호를 새로 쓰거나 칩 자체를 대체한다. 이런 작업이 워낙 드물다는 점을 감안하면, 많은 제조사들이 적절한 보안 대책 없이 만들었다는 점은 자명하다. 이런 점, 즉 적시에 업데이트되지 않는다는 점을 쿠이는 공격에 활용하기로 했다.

쿠이는 HP가 펌웨어 업데이트에 이용하는 파일 포맷을 해킹하면 어떤 일이 벌어지는지 확인한 결과 HP가 각 업데이트의 유효성을 체크하지 않는다는 사실을 발견했다. 그에 착안해 그는 자신만의 펌웨어를 만들었고 해당 프린터는 이를 수용했다. 그것으로 끝이었다. 프린터 쪽에서는 해당 업데이트가 HP에서 온 것인지 검증도 하지 않았다. 프린터는 해당 코드가 예상된 포맷인지만 따졌다.

쿠이는 이제 마음대로 돌아볼 수 있게 됐다.

한 흥미로운 실험에서 쿠이는 퓨저 바fuser bar(프린터에서 종이에 잉크가 찍힌 다음 이를 가열시키는 기구)를 켤 수 있었다. 이를 켜둔 채로 방치하면 프린터에 불이 날 수도 있었다. 해당 납품업체(HP가 아니라)는 퓨저 바에 온도 감지 장치가 있어서 과열되면 자동으로 꺼지기 때문에 안전하다고 즉각 반박했다. 그러나 바로 그게 쿠이의 논점이었다. 그 온도 감지 기능을 꺼서 프린터에 실제로 불이 나게 할 수도 있다는 뜻이었다.

이 실험 결과를 토대로, 쿠이와 지도 교수인 살바토레 스톨포는 프린터가 보안에 관한 한 모든 기관이나 가정의 가장 약한 고리라고 주장했다. 예를 들면, 포천 500대 기업의 인사부는 인터넷을 통해 악성 코드가 내장된 이력서를 받을 수도 있다. 채용 담당자가 그 이력서를 인쇄하는 동안, 해당 프린터에는 악성 코드가 들어간 펌웨어가 설치된다.

'견인 인쇄pull printing'로도 알려진 '안전 인쇄secure printing'는 누군가 다른 사람이 당신이 인쇄한 문서를 집어가지 못하도록 프린터에서 이용자의 인증이 있어야만(보통 인쇄 전에 암호를 넣도록 돼 있다.) 인쇄된 문서를 내놓는다. 여기에는 PIN, 스마트 카드, 또는 지문 인식 기술이 이용될 수 있다. 견인 인쇄는 또 인쇄만 해놓고 찾아가는 사람이 없어 민감한 정보가 노출되는 사태를 예방할 수 있다.[8]

프린터 해킹을 계기로 쿠이는 보안상 취약점이 될 수 있는 다른 사무기기도 찾아보기 시작했고 그 결과 'VoIP' 폰이라고 부르는 인터넷 전화기에 주목했다. 프린터의 경우처럼, VoIP 폰도 숨겨져 있지만 '일단 그에 대해 생각해보면 명백한' 정보 수집의 주요 채널임에도 이를 제대로 인식하는 사람은 거의 없었다. 그리고 프린터의 경우처럼, 시스템 업데이트는 조작돼도 VoIP 폰에 수용될 수 있다. 대다수 VoIP 폰은 당신의 칸막이 책상이나 사무실에서 다른 사람도 스피커폰으로 함께 들을 수 있도록 하는 핸즈프리 기능이 있다. 이는 핸드셋 밖에 스피커뿐 아니라 마이크도 있다는 뜻이다. VoIP 폰에는 또 '오프 더 후크off the hook' 스위치가 있어서 누군가 전화를 걸거나 받기 위해 수화기를 들었을 때, 그리고 수화기를 제자리에 내려놓고 스피커폰을 켰을 때 이를 감지한다. 쿠이는 이 스위치를 조작하면 스피커폰의 마이크를 써서 (심지어 수화기가 제자리에 놓인 상태에서도!) 근처에서 나누는 대화를 엿들을 수 있다는 사실을 발견했다.

여기서 한 가지 유의할 점은 다음과 같다. 인터넷으로 악성 코드를 받을 수 있는 프린터의 경우와 달리, VoIP 폰은 개별적으로 일일이 '업데이트'돼야 한다. 그러자면 USB 드라이브를 써서 코드를 퍼뜨려야 한다. 이것도 별로 큰 문제가 아니라고 쿠이는 결론지었다. 대가만 적당하다면 야간 건물 관리인이 사무실을 청소하면서 USB 드라이브로 각 전화기에 코드를 설치할 수 있을 것이기 때문이다.

쿠이는 이 연구 결과를 여러 콘퍼런스에서 발표했고, 그때마다 다른 VoIP 폰을 이용했다. 매번 해당 VoIP 폰의 제조사에 미리 고지했고, 그때마다 제조사는 치유 대책을 선보였다. 하지만 쿠이는 그런 처방전(패치)이 존재한다고 해서 그것이 실제로 적용된다는 뜻은 아니라는 점을 강조했다. 패치를 설치하지 않은 VoIP 폰들이 지금도 여전히 사무실에, 호텔에, 병원에 놓여 있을 수 있다.

그러면 쿠이는 어떻게 데이터를 전화기에서 빼냈을까? 사무실의 컴퓨터 네트워크는 수상한 활동을 감시하기 때문에 그는 다른 수단을 써서 데이터를 빼내야 했다. 그는 네트워크를 쓰지 않고 대신 라디오파를 이용하기로 했다.

이전에 스탠포드대학과 이스라엘의 연구자들은 모바일 전화기를 컴퓨터 곁에 위치시킴으로써 원격지의 제3자가 당신의 대화를 엿들을 수 있다는 사실을 발견했다. 이런 트릭이 통하기 위해서는 멀웨어가 당신의 모바일 기기에 먼저 삽입돼 있어야 한다. 하지만 악성 코드를 포함한 앱들은 불량 앱 스토어들에 널렸다. 누구라도 자칫하면 손쉽게 다운로드하게 된다.

멀웨어가 설치된 상태에서, 모바일 전화기에 내장된 자이로스코프는 작은 진동도 민감하게 감지한다. 연구자들에 따르면, 이 경우에 멀웨어는 사람이 말할 때 초래되는 미세한 공기 진동도 감지할 수 있다. 구글의 안드로이드 운영 체제는 감지기가 200헤르츠(초당 200사이클)대에서 작동하도록 설정돼 있다. 사람 목소리는 대부분 80-250헤르츠 대역이다. 사람 목소리의 상당 부분을 감지기가 잡아낼 수 있다는 뜻이다. 연구자들은 80-250헤르츠 대역의 신호를 해석하도록 설계된 특별 음성 인식 프로그램까지 개발했다.[9]

쿠이는 VoIP 폰과 프린터 내부에서 그와 비슷한 것을 발견했다. 모든 내장 기기에 들어있는 거의 모든 마이크로칩에서 돌출된 미세한 핀들도 고유한 주파수 대역에서 진동할 수 있도록, 그 결과 무선 주파수^{RF}를 통해 데이터를 뽑아낼 수 있도록 조작될 수 있다는 사실을 발견했다. 그가 '펀테나^{funtenna}'라고 부르는 이 장비는 잠재적 해커들의 가상 놀이터다. 쿠이에게 그런 아이디어를 제공한 사람은 보안 연구자인 마이클 오스만이다. 그에 따르면 "펀테나는 해당 시스템의 설계자들은 애초 안테나로 쓸 의도 자체가 없었던 안테나다. 해커들이 안테나로 악용하는 경우는 더더욱.[10]"

펀테나 외에, 사람들이 당신의 업무 중 활동을 감시할 수 있는 방법들은 무엇일까?

이스라엘의 연구자들은 평범한 셀폰도 (멀웨어가 설치되면) 컴퓨터들에서 2진 데이터를 받게 할 수 있다는 점을 발견했다. 그리고 앞서, 스탠포드 대학의 연구자들은 모바일 폰의 감지기가 무선 키보드에서 나오는 전자적 방출 소리를 포착할 수 있다는 점을 발견했다.[11] 이것은 MIT와 조지아 공대의 과학자들이 수행한 유사 연구에 기반을 두고 있다.[12] 당신이 사무실에서 키보드로 입력하거나 보거나 사용하는 모든 것을 원격지의 제3자가 어떤 수로든 알 수 있다고 봐도 과언이 아니라는 뜻이다.

예를 들어 당신이 무선 키보드를 쓴다고 하자. 키보드에서 랩톱이나 데스크톱 PC로 전송된 무선 신호는 도청될 수 있다. 보안 연구자인 새미 캠카는 그런 기능을 목적으로 설계된 '키스위퍼KeySweeper'라는 장치를 만들었다. USB 충전기로 가장한 이 장치는 근처에 있는 어떤 마이크로소프트 무선 키보드든 거기에서 나오는 모든 타자 내용을 무선으로, 그리고 수동적으로 찾고 해독하고 기록하고 (GSM을 통해) 보고한다.[13]

우리는 앞에서 카페와 공항 등에서 암약하는 가짜 핫스팟(와이파이로 인터넷을 할 수 있는 구역)의 위험성에 대해 논의한 바 있다. 이것은 사무실에서도 마찬가지다. 사무실의 누군가가 무선 핫스팟을 설정하면 당신의 기기는 자동으로 거기에 접속할 수도 있다. IT 부서는 보통 그런 기기를 스캔하지만 그렇지 않을 때도 있다.

당신 자신의 핫스팟을 사무실로 가져오라는 주문에 상응하는 현대의 금언은, 당신 자신의 셀룰러 연결망을 사무실로 가져오라는 것이다. 펨토셀

femtocell(이동통신용 초소형 기지국)은 당신의 셀폰 서비스 회사들에서 제공하는 소형 장비며, 가정이나 사무실에서 셀룰러 커넥션을 증폭시키기 위한 기기다. 하지만 이들도 프라이버시 노출의 위험이 없지 않다.

무엇보다 먼저, 펨토셀은 셀룰러 통신을 위한 기지국이기 때문에 당신의 모바일 기기는 종종 당신에게 알리지 않은 채 접속할 것이다. 그 점을 생각해 보라.

미국에서 정부 수사 기관은 '스팅레이StingRay'라는 장비를 쓴다. 'IMSI 포착기(IMSI는 국제이동국식별번호)'라고도 알려진 이 장비는 일종의 기지국 모의 장치다. 그밖에 트리거피시TriggerFish, 울프팩Wolfpack, 고사머Gossamer, '스웜프 박스swamp box'라는 것도 있다. 기술은 저마다 다르지만, 이들 기기는 기본적으로 모두 셀룰러 연결망이 없으면서도 펨토셀인 것처럼 가장한다. 이들은 사람들의 셀폰에서 국제이동국식별번호, 흔히 'IMSI'라고 부르는 정보를 수집할 목적으로 설계됐다. 미국에서 이 장비의 사용은 유럽보다 현저히 뒤처져 있다. 적어도 현재는. IMSI 포착기는 이를테면 대규모 시위 현장에서 경찰이 시위 참가자들의 신원을 파악할 목적으로 이용한다. 주모자들이 셀폰을 이용해 시위를 조직화할 것이라는 전제에서다.

미국시민권연맹ACLU의 북부 캘리포니아 지부는 오랜 법정 소송 끝에 정부의 상세한 스팅레이 이용 현황을 담은 문서를 취득했다. 예를 들면, 수사 기관의 요원들은 법원 명령으로 '펜 레지스터pen register'나 '트랩 앤드 트레이스trap-and-trace' 기록을 확보하라는 지시를 받는다. 펜 레지스터는 해당 전화기에서 다이얼을 돌린 모든 송신 번호를 취득하는 데 이용된다. 트랩 앤드 트레이스 기술은 수신된 모든 전화번호 정보를 수집하는 데 이용된다. 그에 더해 수사 기관은 영장이 있으면 전화 통화의 음성 기록이나 이메일의 내용도 취득할 수 있다. 「와이어드」에 따르면, ACLU가 확보한 문서는 그 기기들이 '통신 내용을 중간에 가로채 도청할 수 있으며, 따라서 그런 장비들은 미 연방 도청법의 '권언權原, Title III' 명령에 의해 인가되지 않은 한, 도청 기능이 작동할 수 없도록 설정해야만 한다.[14]'고 명시하고 있다. 권언 III 명령은 통신의 실시간 도청을 허용한다.

가령 당신은 수사 기관의 감시를 받고 있지 않다고 치자. 당신은 매우 엄격한 규제를 받는(예를 들면 한 공익 시설의) 사무실에서 일한다고 치자. 누군가가 회사의 정상적인 통화 기록 시스템에서 벗어나 개인적인 통신을 목적으로 펨토셀을 설치할 수도 있다. 문제는 자신의 책상에 조작된 펨토셀이 놓인 동료가 중간자 공격을 벌여 당신의 통화나 문자 통신 내용을 엿들을 수 있다는 점이다.

연구자들은 '블랙 햇 USA 2013' 콘퍼런스에서 자체 설정한 버라이즌 펨토셀을 이용해 참가자 중 자원자들의 음성 통화, 단문 문자 메시지, 그리고 심지어 웹 트래픽 내용을 훔쳐내는 시연을 벌였다. 버라이즌에서 나온 펨토셀은 이미 보안 허점을 수정했지만, 연구자들은 그럼에도 불구하고 아예 쓰지 않는 편이 안전하다는 점을 보여주고자 했다.

안드로이드 운영체제의 일부 버전은 이용자가 셀룰러 네트워크를 바꿀 때마다 알려주지만 아이폰은 그렇지 않다. 시연에 참가한 더그 드페리 연구자는 "여러분의 전화기는 여러분에게 고지하지 않은 채 펨토셀과 연결될 것"이라고 설명했다. "이것은 와이파이 같지 않아요, 여러분에게는 선택의 여지가 없습니다.[15]"

포니 익스프레스Pwnie Express라는 회사는 펨토셀과, 심지어 스팅레이 같은 IMSI 캐처까지 식별하는 '폰 펄스Pwn Pulse'라는 기기를 만든다.[16] 기업들은 이 기기를 이용해 주변의 셀룰러 네트워크들을 모니터링할 수 있다. 잠재적인 셀룰러 네트워크의 위협을 총체적으로 탐지할 수 있는 이런 툴은 한때 정부에서 대체로 구매했지만 더 이상은 그렇지만도 않다.

스카이프는 기능상의 이용자 친화성은 높지만 프라이버시 보호 차원의 친화성은 그렇지 못하다. 미국 국가안보국^{NSA}의 광범위한 불법 감시 양상을 영국의 일간지 「가디언」에 처음 제보한 에드워드 스노든에 따르면, 마이크로소프트는 스카이프를 통한 대화가 도청되고 감시될 수 있도록 NSA와 공조했다. 공개된 문서 중 하나를 살펴보면, NSA의 감시 프로그램 중 하나인 '프리즘^{Prism}'은 여러 통신 서비스 중에서도 스카이프 비디오를 모니터링한다고 자랑하고 있다. 그 문서는 '이들 통신의 오디오 부분은 처음부터 정확하게 처리돼왔지만 그에 수반하는 비디오 부분은 그렇지 못했다. 이제 비디오 부분도 볼 수 있게 됨으로써 애널리스트들은 완전한 '그림'을 보게 될 것'이라는 내용을 담고 있다고 「가디언」은 보도했다.[17]

2013년 3월, 뉴멕시코 대학의 한 컴퓨터과학과 대학원생은 마이크로소프트와 중국 기업인 톰 그룹이 공조해 만든 중국판 스카이프 '톰-스카이프^{TOM-Skype}'가 모든 스카이프 이용자의 컴퓨터에 키워드 목록을 올린다는 사실을 발견했다. 이 키워드는 중국 내에서 검색이 금지된 단어와 어구들이다(예를 들면 '천안문 광장'). 톰-스카이프는 또 중국 정부 기관에 각 계정의 ID, 통신 날짜와 시간, 그리고 메시지가 해당 이용자에 의해 전송되거나 수신됐는지 여부 등을 알려준다.[18]

연구자들에 따르면, 하이엔드 화상 회의 시스템들(스카이프가 아닌 값비싼 제품들)조차 중간자 공격에 의해 피해를 입을 수 있다. 이것은 송신자의 신호가 당신에게 닿기 전에 다른 누군가를 거친다는 뜻이다. 음성 회의의 경우도 마찬가지다. 회의 주관자가 전화를 건 사람들의 번호 목록을 갖고 있지 않는 한, 그리고 그가 수상한 번호들을(가령 미국이 아닌 지역번호) 직접 확인하지 않는 한, 불청객의 개입 여부를 확인할 방법이 없다. 회의 주관자는 누군가가 회의에 새로 합류할 때마다 신원을 물어야 하며, 응답이 없을 경우 전화를 끊고 다른 전화번호를 이용해야 한다.

당신의 회사에서 매우 값비싼 화상 회의 시스템을 구입하는 데 큰돈을 들였다고 가정하자. 그런 시스템은 일반 소비자용 시스템보다 더 안전하다고 생각하기 쉽다. 하지만 그렇지 않다.

보안 연구자인 H. D. 무어는 이런 하이엔드 시스템을 검토해본 결과, 거의 모든 시스템이 걸려오는 영상 전화에 자동 응답하도록 기본 설정돼 있음을 발견했다. 그럴 법하다. 당신은 회의 시간을 오전 10시로 잡고, 참가자들이 그 시간에 전화를 걸길 바란다. 하지만 그것은 다른 날짜와 시간에 그 번호를 아는 누구든 전화를 걸 수 있고, 말 그대로 당신의 사무실을 훔쳐볼 수도 있다는 뜻이다.

"화상 회의 시스템이 벤처 캐피탈과 금융 업계에서 특히 인기가 높다는 점을 노리고 산업 스파이 활동이나 부당한 비즈니스 이득을 취할 목적으로 해커들이 공격할 위험이 높다."라고 무어는 썼다.[19]

이런 시스템을 찾기가 얼마나 어려울까? 원격 회의 시스템들은 고유한 H.323 프로토콜을 이용한다. 무어는 인터넷을 검색해 그런 프로토콜을 이용하는 시스템을 25만여 개나 찾아냈다. 무어는 그중 5,000개 미만이 자동 응답 기능을 기본으로 설정했을 것으로 추정한다. 전체로 보면 낮은 비율이지만 숫자 자체로만 보면 여전히 높은 수준이다. 그리고 이것은 인터넷의 일부만을 검색한 결과다.

공격자는 그런 시스템을 해킹해서 무엇을 얻을 수 있을까? 원격 회의 시스템 카메라는 이용자 마음대로 조정할 수 있으므로, 원격 공격자는 카메라를 상하좌우로 조작할 수 있다. 대부분의 경우 카메라는 켜져 있음을 표시하는 빨간불이 없기 때문에, 직접 카메라를 지켜보지 않으면 누가 그것을 움직여도 모를 가능성이 높다. 카메라는 줌인도 할 수 있다. 무어는 자신의 연구 팀이 카메라에서 7미터쯤 떨어진 벽에 붙은 여섯 자리 암호를 읽을 수 있었다고 말했다. 회의실에 앉은 한 이용자의 스크린에 떠있는 이메일도 읽을 수 있었다.

앞으로 사무실에 있을 때는 화상 회의 카메라로 무엇이 보일 수 있는지 따져보길 바란다. 벽에 붙은 부서의 조직도일 수도 있고, 회의실 쪽으로 놓인 당신의 데스크톱 스크린일 수도 있다. 자녀와 배우자 사진이 보일 수도 있다. 그런 것이 원격 공격자가 볼 수 있고, 따라서 당신의 회사에 불리하게 악용되거나 심지어 당신을 개인적으로 공격할 수 있는 빌미가 된다.

일부 시스템 공급사들은 이런 문제를 인지하고 있다. 예컨대 폴리콤은 여러 페이지에 걸친 보안 강화 지침과 심지어 카메라의 움직임을 제한하는 방법도 제공한다.[20] 그러나 IT 담당자들은 이런 지침을 읽고 따라할 만한 시간 여유가 없고, 때로는 보안을 우려할 만한 상황으로 보지도 않는다. 인터넷에는 처음 출시될 때 설정된 내용 그대로 사용되는 수천 개의 원격 회의 시스템이 나와 있는 실정이다.

연구자들은 또 기업의 방화벽이 H.323 프로토콜의 취급 방법을 모른다는 사실도 발견했다. 보통은 해당 기기에 공용 인터넷 주소를 부여하고 기업의 방화벽 내에서 그에 대한 규칙을 설정하는 양상이다.

가장 큰 위험은 이런 원격 회의 시스템의 관리 콘솔에는 많은 경우 보안 기능이 거의, 혹은 전혀 내장돼 있지 않다는 점이다. 사례 하나를 들면, 무어와 그의 연구 팀은 한 법률 회사의 시스템에 접속할 수 있었는데, 거기에는 유명 투자은행의 이사회실에 접근할 수 있는 주소록이 담겨 있었다. 연구자들은 중고 화상 회의 장비를 이베이에서 구입했는데 받아보니 그 장비의 하드디스크 드라이브에 과거 데이터가 지워지지 않은 채 남아있었다. 여기에 포함된 주소록에는 수십 개의 개인 전화번호가 나와 있었고, 많은 경우 인터넷 어디서든 걸려오는 전화를 자동으로 받도록 설정돼 있었다.[21] 중고 프린터와 복사기의 경우와 마찬가지로, 회의 장비에 하드디스크 드라이브가 달려 있다면 그것을 어디에 팔거나 기증하기 전에 데이터를 안전하게 삭제해야 한다.

직장에서 때로는 프로젝트를 진행하기 위해 지구 반대편에 있는 동료와 협력해야 하는 상황이 있다. 파일은 보통 기업 이메일을 통해 공유될 수 있지만, 용량이 너무 큰 경우에는 첨부 파일로 보낼 수 없다. 그 때문에 사람들은 대용량 파일을 주고받기 위해 여러 파일 공유 서비스를 이용해왔다.

이 클라우드 기반 서비스들은 얼마나 안전할까? 천차만별이다.

애플의 아이클라우드, 구글 드라이브, 마이크로소프트의 원드라이브(구 스카이드라이브), 그리고 드롭박스 등 4대 서비스는 모두 이중 인증 기능을 제공한다. 이는 본인의 신원을 증명하기 위해 자신이 소지한 모바일 기기로 날아오는 접속 코드를 받는다는 뜻이다. 그리고 네 서비스 모두 데이터를 전송할 때 암호화 기능을 제공하기는 하지만, (당신의 회사나 NSA가 그것을 읽지 못하게 하려면) 그래도 해당 데이터를 보내기 전에 반드시 암호화해야 한다.

유사점은 그 정도에서 그친다.

이중 인증은 중요하기는 하지만, 그래도 휴면 계정을 훔쳐 그런 절차를 우회하는 것이 가능하다. 예컨대, 나는 클라이언트가 쉽게 구할 수 있는 툴로 구글의 이중 인증 기능을 추가한 VPN 웹사이트에 침투 테스트를 벌인 적이 있다. 그 사이트에 내가 침투한 방법은 그 회사의 액티브 디렉터리에서 해당 VPN 포털에 등록하지 않은 직원의 신원을 이용하는 것이었다. 나는 해당 VPN 서비스에 처음 로그인하는 셈이었으므로 구글의 이중 인증 절차를 거치라는 주문을 받았다. 내가 신원을 도용한 직원이 해당 서비스를 직접 이용할 일이 생기지 않는 한, 나는 그 직원을 가장해 지속적으로 VPN 서비스에 접속할 수 있다.

데이터가 저장 상태일 때, 드롭박스는 256비트 AES 암호화(꽤 강력한 기법)를 적용한다. 그러나 회사가 해당 키를 보유하므로 드롭박스 측이나 정부 수사 기관의 인가되지 않은 접근이 가능하다. 구글 드라이브와 아이클라우드는 그보다 현저히 취약한 128비트 암호화를 저장 상태의 데이터에 적용한다. 따라서 강력한 컴퓨터를 이용하면 암호가 해독될 위험이 있다. 마이크로소프트의 원드라이브는 아무런 암호화 기법도 쓰지 않고 있는데, 처음 설계할 때부터 의도적으로, 혹은 정부 기관의 요청에 따라 그런 것이 아닌가 하는 의심을 하게 된다.

구글 드라이브는 새로운 정보권한관리IRM 기능을 추가했다. 구글 드라이브는 구글 독스로 만드는 워드, 스프레드시트, 프레젠테이션 문서뿐 아니라 PDF와 다른 파일 포맷도 수용한다. 논평자와 독자(뷰어)는 다운로드나 인쇄, 복사를 못하게 하는 권한 등 여러 유용한 기능이 있다. 누군가가 공유 파일에 다른 사람을 추가하는 것도 막을 수 있다. 물론 이런 관리 기능은 파일 소유자에게만 부여되는 권한이다. 누군가가 파일 공유에 당신을 초대한 경우라면, 프라이버시 제한을 설정하는 것은 초대한 사람이지 당신이 아니다.

마이크로소프트도 독특한 '퍼-파일per-file' 암호화 기능을 도입했다. 이름 그대로 각 개별 파일을 자신만의 키로 암호화하는 기법이다. 어느 한 키가 해킹을 당해도 피해를 입는 것은 그 키에 상응하는 파일 하나일 뿐 전체에는 아무런 영향이 미치지 않는다. 하지만 이것은 기본 설정이 아니기 때문에 이용자가 스스로 각 파일을 일삼아 암호화하는 습관을 들여야 한다.

그것은 전체적으로 바람직한 권고 사항이다. 직원과 일반 이용자 모두 데이터를 클라우드로 보내기 전에 암호화하는 데 익숙해져야 한다. 그렇게 해야 암호화된 파일의 키를 본인이 소유하게 된다. 그러면 정부 기관이 애플, 구글, 드롭박스, 혹은 마이크로소프트에 해독 키를 요구해도 소용이 없다. 당신이 문제의 개별 키를 가졌기 때문이다.

다른 클라우드 서비스들에 비해 보안 대책이 뛰어난 곳을 선택하는 것도 중요하다. 가령 스파이더오크SpiderOak는 클라우드 저장과 동기화의 혜택은 물론 100%의 데이터 프라이버시도 보장한다. 스파이더오크는 이중 인증과 256비트 AES 암호화 기법을 통해 이용자의 민감 데이터를 보호하기 때문에 파일과 암호의 비밀은 안전하게 보장된다. 이용자들은 민감한 정보를, 완전한 프라이버시를 보장받으면서 저장하고 동기화할 수 있다. 이것은 스파이더오크 측은 암호와 데이터에 대해 전혀 모르기 때문에 가능하다.

그러나 대다수 이용자들은 계속해서 다른 클라우드 서비스를, 위험을 무릅쓰고 이용할 것이다. 사람들은 클라우드에서 손쉽게 데이터를 끌어낼 수 있다는 점을 좋아하고, 그런 점은 정부의 수사 기관들도 마찬가지다. 클라우드 서비스와 관련된 심각한 또 다른 우려 사항은, 정보가 책상 서랍이나 데스크톱 컴퓨터에 저장된 경우 보장되는 수정 헌법 제4조의 보호를 받기 어렵다는 점이다. 정부 수사 기관들은 클라우드에 저장된 데이터를 점점 더 잦은(불안할 정도의) 빈도로 요구하고 있다. 그리고 이들은 상대적으로 용이하게 접근권을 얻을 수 있다. 당신이 온라인에 올린 모든 것은(그것이 웹 기반의 이메일 서비스든, 구글 드라이브든, 혹은 셔터플라이든) 당신이 아니라 클라우드 서비스 회사에 귀속되기 때문이다. 한 가지 유일한 보호 대책은 당신이 클라우드에 올린 것은 모두 다른 누군가에게 공개될 수 있음을 인식하고, 그에 걸맞게 모든 파일을 먼저 암호화하는 것이다.

14장

익명 유지는
고단한 작업이다

몇 년 전 나는 콜롬비아의 보고타를 여행하고 미국으로 돌아오는 길이었는데, 애틀랜타에 도착하자마자 미국 세관원 두 명에게 이끌려 조용한 방으로 들어갔다. 나는 과거에 체포돼 형무소 생활까지 경험한 적이 있었으므로 보통 사람들보다는 아마 덜 떨었을 것이다. 그래도 불안해하지 않을 수 없었다. 나는 아무 잘못도 하지 않았다. 그런데도 나는 그 방에 네 시간이나 있었다. 체포 영장 없이 구금할 수 있는 최대 시간보다 다섯 시간이 모자랐을 뿐이다.

수난은 미 세관원이 내 여권을 판독기에 긁은 후 스크린에 뜬 내용을 응시하면서 시작됐다. "케빈" 그 세관원은 만면에 미소를 지으며 말했다. "있잖아요, 아래층 사람들이 당신과 나눌 말이 있다네요. 하지만 걱정은 마세요. 다 괜찮을 겁니다."

나는 보고타에서 현지 신문인 「엘 티엠포」가 후원하는 강연을 하고 오는 길이었다. 당시 사귀던 여자 친구를 만나는 목적도 있었다. 아래층 방에서 기다리는 동안 나는 보고타에 있는 여자 친구에게 전화를 걸었다. 그녀는 콜롬비아 경찰이 내가 페덱스 편으로 미국에 부친 소포에 대한 수색 허가를 자신에게 요청했노라고 말했다. "경찰이 코카인 흔적을 발견했대요."라고 그녀는 말했다. 그럴 리가 없음을 나는 알고 있었다.

그 소포에는 2.5인치 내장 하드디스크 드라이브가 들어있었다. 짐작컨대 콜롬비아의(혹은 아마도 미국의) 당국은 해당 드라이브(암호화돼 있었다.)의 내용물을 체크하고 싶어 한 것 같다. 코카인은 소포를 열기 위한 핑계였을 뿐이다. 나는 끝내 그 하드디스크 드라이브를 회수하지 못했다.

나중에 나는 경찰이 박스를 열어 전자 부품을 해체했고, 코카인을 찾는답시고 드릴로 구멍을 뚫어 열려다가 하드디스크 드라이브를 박살내고 말았다는 이야기를 들었다. 전용 스크류 드라이버를 써서 드라이브를 열 수도 있었을 것이다. 이들은 아무런 마약도 발견하지 못했다.

한편 다시 애틀랜타로 돌아와서, 세관 요원들은 내 가방을 열고 맥북 프로, 델 XPS M1210 랩톱, 아수스 900 랩톱, 하드디스크 드라이브 서너 개, 여러 개의 USB 저장 기기, 블루투스 동글 몇 개, 아이폰 세 대, 노키아 셀폰 네 대(모두 별도의 SIM 카드가 있으므로 다른 나라에 가서 통화하더라도 로밍 수수료를 내지 않을 수 있었다.)를 발견했다. 이들은 내 직업에 필요한 표준 툴이었다.

내 가방에는 열쇠를 따기 위한 키트와 HID의 어떤 출입용 카드도 읽고 재생할 수 있는 클론 기기도 들어있었다. 후자는 출입 카드 근처에 위치시켜 카드에 저장된 직원 정보를 빼내는 데 이용될 수 있다. 이를테면 나는 다른 직원의 카드 정보를 이용함으로써, 굳이 카드를 위조하지 않고도 잠긴 문을 열 수 있다. 내가 이런 물건을 가지고 있었던 것은 보고타에서 보안에 관한 기조 연설을 했기 때문이었다. 이를 본 세관 요원들은 당연히 내가 무슨 범행을 모의한다고 짐작한 듯 '옳다구나!' 하는 표정을 지었지만, 이런 수준의 기기로는 가령 신용카드의 정보를 빼낼 수 없었다.

결국 이민국 경찰ICE이 들어와 내게 애틀랜타에 온 이유를 물었다. 나는 미국산업보안협회ASIS가 후원하는 한 보안 콘퍼런스의 패널 토론을 주재하기 위해 온 것이었다. 나중에 해당 패널 중 한 명으로 참석하기로 한 FBI 요원이 나의 여행 이유를 확인해줄 수 있었다.

패널 토론에 참가한다는 사실을 증명하고자 랩톱을 열고 로그인한 후 해당 이메일을 열면서 사정은 더 나빠진 듯 보였다.

내 브라우저는 시작할 때마다 나의 이전 사용 내역을 자동으로 삭제하도록 설정돼 있었고, 그 때문에 브라우저를 열자마자 사용 내역을 삭제하겠느냐는 메시지가 떴다. 내가 그렇게 하라며 OK 버튼을 누르자, 요원들은 기겁을 했다. 하지만 어쨌든 내가 맥북의 전원 버튼을 눌러 꺼버리면 맥북의 드라이브는 나의 PGP 암호 구문 없이는 접근할 수 없게 돼 있었다.

공식으로 체포된 상태가 아니라면(나는 그렇지 않다는 사실을 요원들로부터 되풀이해서 고지받았다.) 나는 나의 암호를 알려줄 필요가 없었다. 설령 체포 상태였다고 해도, 적어도 미국 법 아래에서는 내 암호를 포기하지 않아도 된다. 다만 그 권리가 미국 법으로 보호되는 것인지 여부는 당사자가 얼마나 오랫동안 정부와 싸울 용의가 있느냐에 달려 있다.[1] 그리고 이 사안에 대한 법규도 나라마다 다르다. 예컨대 영국과 캐나다의 경우, 정부 기관은 당신이 비밀을 밝히도록 강제할 수 있다.

네 시간이 지난 후, ICE와 세관 요원들은 나를 풀어줬다. 하지만 NSA 같은 기관이 나를 표적으로 삼았다면 그들은 내 하드디스크 드라이브의 콘텐츠 내용을 성공적으로 파악했을 가능성이 높다. 정부 기관들은 당신의 컴퓨터나 모바일 폰의 펌웨어를 해킹할 수 있고, 인터넷 접속에 이용하는 네트워크를 손상시키거나 당신의 기기에서 발견되는 여러 취약점을 악용할 수 있다.

나는 미국보다 훨씬 더 엄격한 규칙을 가진 나라들도 방문할 수 있고, 전과 때문에 미국에서 종종 겪는 것과 같은 낭패를 본 적은 한 번도 없다. 그러면 어떻게 민감한 데이터를 소지하고 해외로 다닐 수 있을까? 중국처럼 '적대적인' 국가들을 여행하는 경우는?

당신의 하드디스크 드라이브에 어떠한 민감한 정보도 저장하고 싶지 않다면 다음과 같은 선택이 있다.

1. 해외로 나가기 전에 민감한 데이터를 완전히 백업한 후 하드디스크 드라이브에서 지워라.

2. 데이터를 하드디스크 드라이브에 유지하는 경우 강력한 키(비록 일부 국가들은 당신에게 키나 암호를 공개하라고 강제할 수도 있지만)를 써서 암호화하라. 암호 구문을 함께 가지고 다니지 말라. 정 잊어버릴까 걱정된다면 암호 구문의 절반을 미국 밖에 사는, 따라서 취조당할 가능성이 없는 친구에게 알려주는 것도 한 방법이다.

3. 암호화된 데이터를 클라우드 서비스에 올려놓고, 필요할 때마다 다운로드하라.

4. '베라크립트^{VeraCrypt}' 같은 무료 제품을 써서 '숨겨진' 암호화 파일 폴더를 하드디스크 드라이브에 만들어라. 이 경우도 정부 요원이 숨겨진 파일 폴더를 찾아내는 경우 당신에게 암호 공개를 강제할 수도 있다.

5. 기기에 비밀번호를 입력할 때마다 당신 자신과 컴퓨터를, 이를테면 자켓이나 다른 천 같은 것으로 가려서 카메라 감시망에 잡히지 않도록 하라.

6. 랩톱과 다른 전자기기를 페덱스나 다른 타이벡^{Tyvek} 봉투에 봉하고 서명한 후 호텔 방 금고에 넣어두라. 만약 누군가 봉투를 건드렸다면 그 사실을 눈치챌 수 있을 것이다. 호텔 방 금고 역시 완전히 안전하지는 않다는 점을 유념하라. 카메라 장비를 구해 금고 안에 넣어서 누구든 문을 여는 사람을 찍어 당신에게 무선으로 실시간 전송하도록 설정하는 방법도 있다.

7. 최선은 어떤 위험도 감수하지 말라는 것이다. 기기를 항상 휴대하고, 늘 눈길이 미치는 곳에 두라.

미국시민권연맹ACLU이 정보공개법에 따라 취득한 문서에 따르면, 2008년 10월부터 2010년 6월 사이에 미국을 나가거나 들어오던 중 6,500명 이상이 세관에서 전자기기를 수색당했다. 이는 매달 평균 300건 이상의 전자기기 수색이 이뤄졌다는 뜻이다. 그리고 그런 여행객 중 거의 절반이 미국 시민권자들이었다.

사람들이 잘 모르는 사실 하나. 미국 국경으로부터 100항공 마일(1항공 마일은 1,852m) 내에서는(물론 샌디에이고도 포함될 것이다.) 어느 누구의 전자기기든 영장이나 타당한 의심 없이도 수색될 수 있다. 국경을 건넜다고 해서 꼭 안전하다는 뜻은 아니다!

두 정부 기관이 미국으로 들어오는 여행객과 물품을 조사하는 책임을 맡고 있다. 국토안보부 산하 관세국경보호청CBP과 이민국 경찰ICE이다. 2008년 국토안보부는 미국으로 들어오는 어떤 전자기기든 수색할 수 있다고 발표했다.[2] 부처는 누군가가 해외 여행을 떠날 때마다 그에 관한 즉석 개인 프로필(매우 상세한 내용)을 생성하는 '자동표적시스템ATS'도 선보였다. CBP 요원은 그 사람의 ATS 파일을 활용해 그가 미국으로 다시 들어올 때 강화된, 그리고 때로는 용의자 취급하듯 엄밀한 수색이 필요한지 결정한다.

미국 정부는 전자기기를 압수해 모든 파일을 검색할 수 있고, 범법 행위의 기미가 전혀 없더라도 더 면밀한 조사를 이유로 보관할 수 있다. CBP 요원들은 당신의 기기를 수색하거나 콘텐츠를 복사하거나 삭제된 이미지와 비디오를 복원하려 시도할 수 있다.

그래서 나는 이렇게 대응한다.

나와 내 클라이언트의 프라이버시를 보호하기 위해 나는 내 랩톱에 저장된 기밀 데이터를 암호화한다. 나는 외국에 체류할 때, 그 암호화된 파일을 전 세계 어디에나 있는 시큐어 서버(웹사이트 방문자가 제공하는 비밀 정보를 암호화하는 인터넷 서버)로 인터넷 전송해 저장한다. 그런 다음 입국 과정에서 세관 요원들이 내 장비를 수색하거나 압수할 경우를 대비해 집으로 돌아가기 전에 내 컴퓨터에서 해당 파일을 물리적으로 완전히 '와이핑wiping'한다.

데이터를 와이핑하는 것은 '삭제하는delete' 것과 같지 않다. 데이터를 삭제하는 것은 파일의 '마스터 부트 레코드'(하드디스크 드라이브에서 해당 파일 부분을 찾는 데 이용되는 인덱스)의 입구만 바꿀 뿐이므로 해당 파일(혹은 그 일부)은 새로운 데이터가 하드디스크 드라이브의 그 부분을 덮어 쓸 때까지 살아있다. 디지털 포렌식 전문가들이 삭제된 데이터를 복구할 수 있는 것도 이 때문이다.

한편 와이핑은 파일에 들어있는 데이터를 무작위 데이터로 안전하게 덮어 쓰는 것이다. SSD(반도체 메모리를 기반으로 하는 저장 장치)에서는 와이핑이 매우 어렵기 때문에 나는 일반 하드디스크 드라이브가 들어간 랩톱을 가지고 다니면서 적어도 35가지의 다른 패턴으로 덮어 쓰는 35-패스35 passes 방식으로 와이핑한다. 파일 분쇄 소프트웨어는 삭제된 파일 위로 각 패스당 무작위 데이터를 수백 회에 걸쳐 덮어 씀으로써, 해당 데이터의 복원을 매우 어렵게 만든다.

나는 내 랩톱을 외장 하드디스크 드라이브로 완전히 이미지 백업한 후 암호화하곤 했다. 그러곤 백업 드라이브를 미국으로 보냈다. 내 랩톱의 데이터는 해당 드라이브를 복구 가능한 상태로 잘 받았다는 동료의 확인이 있을 때까지 와이핑하지 않은 채 기다렸다. 확인이 되면 모든 개인 파일과 클라이언트 파일을 완전히 와이핑했다. 이 경우에도 전체 드라이브를 포맷하지 않고, 운영체제는 고스란히 유지했다. 그래야만 내가 수색을 당하더라도 전체 운영체제를 재설치할 필요 없이 내 파일을 원격 복원하기가 더 쉬울 것이기 때문이다.

애틀랜타에서의 경험 이후, 나는 대응 전략에 약간의 변화를 줬다. 나는 비즈니스 동료와 함께 내 모든 여행용 컴퓨터의 최신 '클론'을 만들기 시작했다. 동료는 내가 미국 내 어디에 있든 필요할 때마다 클론 시스템을 보낼 수 있다.

아이폰은 다른 문제다. 아이폰을 충전하기 위해 한 번이라도 랩톱에 연결해서 '이 컴퓨터를 신뢰하느냐'는 질문에 '신뢰한다'라고 클릭하는 순간, 아이폰과 랩톱을 짝짓는 인증서가 컴퓨터에 저장되고, 이후에는 아이폰의 비밀번호를 몰라도 해당 컴퓨터를 통해 아이폰의 전체 콘텐츠에 접근할 수 있다. 그 짝짓기 인증서는 동일한 아이폰이 그 컴퓨터에 연결될 때마다 사용된다.

예를 들어, 만약 당신의 아이폰을 다른 사람의 컴퓨터에 연결해서 '신뢰한다'고 클릭하면 그 컴퓨터와 당신의 아이폰 사이에 '신뢰 관계'가 설정되고, 해당 컴퓨터를 통할 경우 비밀번호를 입력하지 않고도 그 아이폰에 포함된 사진, 비디오, 문자 메시지, 통화 기록, 왓츠앱 메시지, 그리고 거의 모든 콘텐츠에 접근할 수 있다. 더욱 우려되는 점은 바로 그 컴퓨터의 소유자가 당신의 전화기 전체 내용을 아이튠즈로 백업할 수 있다는 점이다. 이런 상황을 감안하면 아이튠즈 백업을 암호화하고 그에 대해 비밀번호를 설정해두는 것이 바람직하다. 비밀번호를 설정하지 않은 경우 악의적인 해커 쪽에서 비밀번호를 설정한 후 당신은 모르는 사이에 당신의 아이폰 콘텐츠를 자신의 컴퓨터에 고스란히 백업하는 사태가 발생할 수 있다.

이는 정부 수사 기관이 암호로 보호된 아이폰의 내용물을 보려고 할 때, 그것을 당신의 컴퓨터에 연결하면 쉽게 파악할 수 있다는 뜻이다. 당신의 컴퓨터는 해당 아이폰의 짝짓기 인증서를 담고 있을 공산이 크기 때문이다. 꼭 명심하라. 당신의 개인용 시스템이 아닌 한 결코 '이 컴퓨터를 신뢰한다'고 선택하지는 말라. 애플 기기의 모든 짝짓기 인증서들을 취소하고 싶다면 어떻게 해야 할까? 다행히 당신의 애플 기기상에서 짝짓기 인증서를 초기화할 수 있다.[3] 파일을 공유해야 하는데 애플 제품을 쓰고 있다면 에어드롭을 이용하라. 그리고 전화기를 충전해야 한다면 다른 사람의 컴퓨터에 꽂지 말고 라이트닝 케이블을 쓰거나 전기 단자를 이용하라. 아니면 싱크스톱닷컴syncstop.com에서 어떤 USB 충전기나 컴퓨터에든 안전하게 플러그인할 수 있게 해주는 'USB 콘돔'을 구입할 수도 있다.

여행 중인데 아이폰만 있고 컴퓨터는 없는 상황이라면 어떻게 할까?

나는 내 아이폰에 '터치 ID'를 활성화해서 내 지문을 인식할 수 있도록 했다. 내가 하는 일은 어느 나라에서든 입국 절차를 거치기 전에 내 아이폰을 재부팅하는 것이다. 그리고 아이폰 전원이 켜지면 나는 의도적으로 비밀번호를 넣지 않는다. 터치 ID를 활성화했더라도 내가 먼저 비밀번호를 넣을 때까지는 작동하지 않는다. 미국 법원들은 정부 수사 기관도 개인의 비밀번호를 공개하라고 강제할 수 없음을 분명히 했다. 전통적으로, 미국에서는 '진술 증거'를 제공하도록 강제할 수 없다. 하지만 예컨대 금고를 열기 위한 열쇠 같은 물리적 증거는 제공하도록 강제할 수 있다. 따라서 법원은 당신에게 문제의 기기를 풀기 위한 지문을 제공하라고 명령할 수 있다.[4] 이에 대한 간단한 해법은 당신의 전화기를 재부팅하는 것이다. 그렇게 하면 당신의 지문은 비밀번호가 먼저 제공되지 않는 한 활성화되지 않을 것이고, 당신은 비밀번호를 알려주지 않아도 된다.

하지만 캐나다에서는 다르다. 당신이 캐나다 국민이라면 법원이나 경찰에서 요구할 경우 비밀번호를 제공해야 할 의무가 있다. 이런 상황은 퀘벡 주 생트-안느-데-플렌느에 사는 알랭 필리폰에게 벌어졌다. 도미니카 공화국의 푸에르토 플라타에서 돌아오던 그는 자신의 모바일 전화기 비밀번호를 묻는 노바 스코샤 주 국경 요원의 요구를 거부했다. 그는 국경 요원의 업무 수행을 방해하거나 거부할 수 없다는 '캐나다세관법' 153.1(b)조에 의거해 기소됐다. 유죄 판결을 받으면 벌금 1,000달러가 부과되며 최대 2만5,000달러, 최고 1년형까지 선고될 수 있다.[5]

나는 캐나다의 비밀번호와 관련된 법을 잘 알고 있다. 나는 2015년 시카고에서 토론토까지 나를 데려다줄 우버 같은 승용차 서비스를 고용했고(나는 심각한 뇌우 상황에서 비행기를 타고 싶지 않았다.), 미시건 주에서 캐나다로 들어가는 국경을 통과할 때 우리는 즉각 2차 심문 장소로 보내졌다. 어쩌면 그린카드만 가진 중동 출신 남자가 운전을 하고 있어서였는지도 모른다. 2차 심문소에 닿자마자 우리는 TV 드라마 'CSI'에 나오는 것과 같은 장면 속으로 들어갔다.

여러 세관 요원들로 구성된 팀은 우리더러 셀폰을 비롯한 모든 소지품을 승용차 안에 남겨놓으라고 요구했다. 운전사와 나는 따로 떨어졌다. 요원 중 한 명이 운전석으로 가서 그의 셀폰을 거치대에서 제거했다. 그 요원은 운전사에게 비밀번호를 묻고 그의 전화기를 살펴보기 시작했다.

나는 내 비밀번호를 누구에게도 알려주지 않겠노라고 결심한 터였다. 나는 비밀번호를 알려주고 캐나다로 들어가 예정된 비즈니스를 할 것인지, 아니면 끝까지 버틸지 선택하지 않으면 안 되는 상황에 몰렸다. 그래서 약간의 '사회 공학' 기법을 써보기로 했다.

나는 운전사의 전화기를 수색하던 세관 요원에게 소리를 질렀다. "이봐요, 내 가방은 뒤지지 않을 거죠? 잠겨 있으니 열 수 없을 거요." 내 주장은 즉시 세관 요원의 주의를 끌었다. 그녀는 내 가방을 수색할 합법적 권리가 자신들에게 있다고 말했다.

나는 대꾸했다. "내가 잠가놓았으니 수색하지 못할 거요."

그러자 요원 두 명이 내게로 걸어와 열쇠를 요구했다. 나는 왜 그들이 내 가방을 수색해야 하는지 묻기 시작했고, 그들은 모든 것을 수색할 권리가 자신들에게 있다고 다시 설명했다. 나는 지갑에서 가방의 열쇠를 꺼내 요원에게 건넸다.

그것으로 충분했다. 그들은 내 셀폰은 '완전히' 잊고 대신 내 가방에 집중했다. 엉뚱한 방향을 가리켜 주의를 빼앗는 내 전략은 성공했다. 그들은 나를 보내줬고, 나의 셀폰 비밀번호는 물어볼 생각조차 하지 않았다.

조사를 받다 보면 혼돈에 빠지고 주의가 분산되기 쉽다. 그런 정황의 피해자가 되지 않도록 주의하라. 어떤 보안 검색대를 거치든, 랩톱과 전자기기는 맨 나중에 컨베이어 벨트에 놓길 바란다. 앞사람이 시간을 끄는 와중에 랩톱은 이미 다른 쪽 끝에 다다라 놓여 있으면 도난의 위험도 높아진다. 그리고 줄 밖으로 나와야 하는 상황이 발생하면 랩톱과 전자기기도 꼭 지참하길 바란다.

우리가 집에서 누리는 것과 같은 프라이버시 보호가 미국 국경을 건너는 여행객들에게도 늘 동일하게 적용되는 것은 아니다. 의사, 변호사, 그리고 많은 전문직 종사자들의 경우, 세관 요원들의 침입적인 수색으로 민감한 직업 정보의 프라이버시를 침해당할 수 있다. 예를 들면 기업 비밀, 변호사-의뢰인 및 의사-환자 간의 교류 정보, 연구와 비즈니스 관련 전략 등인데, 그중 일부는 그 당사자에게 법적인, 그리고 계약상의 기밀 준수 의무를 요구한다.

우리 같은 일반인의 경우, 하드디스크 드라이브와 모바일 기기 수색으로 공개되는 것은 보통 이메일, 의료 정보, 그리고 때로 금융 정보 같은 것이다. 만약 당신이 최근 미국의 이익에 비우호적이라고 분류되는 나라들에 다녀오는 길이라면 세관 요원들로부터 더 엄중한 조사를 받게 될 수도 있다는 점을 주지하라.

압제 정부들은 또 다른 문제를 제기한다. 이들은 이메일을 읽거나 '다운로드' 폴더를 살펴보는 등 당신의 전자기기를 더욱 철저히 수색해야 한다고 나올 공산이 크다. 당신의 기기에, 특히 랩톱을 소지한 경우 그들은 추적용 소프트웨어를 설치하려 시도할 가능성도 있다.

많은 기업들은 직원이 해외로 출장을 갈 때 대포폰과 대여 랩톱을 지급한다. 직원이 미국으로 돌아오면 이들 기기는 폐기 처분되거나 와이핑된다. 하지만 일반 사람들에게 암호화된 파일을 클라우드에 올리거나 새로운 기기를 구입한 후 집으로 돌아와 폐기 처분해버리는 것은 실용적인 대처 방안이 될 수 없다.

대원칙은 민감한 정보를 담고 있는 전자기기는 절대적으로 필요하지 않은 한 가져가지 말라는 것이다. 꼭 가져가야 하는 경우에도 최소한 민감 정보만 가져가라. 그리고 모바일 폰이 필요하다면 방문 중에만 쓸 수 있도록 대포폰을 마련하는 것도 한 방법이다. 특히 터무니없이 비싼 음성 및 데이터 로밍 비용을 생각하면 더욱 그렇다. 특정 국가나 통신사와 관계없이 자유롭게 사용할 수 있는 언락폰^{unlocked phone}을 준비한 후 SIM 카드는 방문국에서 구매하는 것이 좋다.

* * *

세관을 통과하는 과정이 모든 여행에서 최악의 악몽이라고 생각할지 모른다. 하지만 그렇지 않을 수도 있다. 당신이 묵는 호텔 방도 수색될 수 있다.

2008년 나는 콜롬비아를 여러 차례 방문했다(애틀랜타에서 심문당했던 경우만이 다가 아니었다). 그해 말의 한 여행에서 무엇인가 수상한 일이 보고타의 내 호텔 방에서 발생했다. 그리고 이곳은 의심을 살 만한 호텔도 아니었다. 콜롬비아의 관료들이 빈번하게 투숙하는 호텔 중 하나였다.

아마 그것이 문제였던 모양이다.

여자 친구와 저녁을 먹으러 나갔다가 돌아와 내 호텔 방의 키를 넣자 노란 불이 표시됐다. 초록색도 아니고 빨간색도 아니었다. 문이 안에서 잠겼을 때 보통 표시되는 노란색이었다.

나는 프런트 데스크로 내려와 호텔 종업원에게 새로운 키 카드를 요구했다. 새 카드를 썼으나 내 방문은 다시 노란색을 나타냈다. 다시 시도해봤다. 역시 노란색이었다. 세 번째 시도 후에 나는 호텔 측에 사람을 직접 보내달라고 부탁했다. 문이 열렸다.

실내에서는 무엇인가 잘못됐다는 징후가 즉각 발견되지 않았다. 사실은 그때까지도 나는 모든 소동이 자물쇠가 제대로 작동하지 않은 탓이라고 짐작했다. 미국으로 돌아온 뒤에야 나는 무슨 일이 벌어졌었는지 깨달았다.

미국을 떠나기 전에 나는 전 여자 친구로 테크TV에서 수석 테크니션으로 일하던 다시 우드에게 전화를 걸어 나의 숙소로 와서 내 맥북프로 랩톱의 하드디스크 드라이브를 바꿔달라고 부탁했다. 당시 맥북프로의 하드디스크 드라이브는 제거하기가 쉽지 않았다. 하지만 그녀는 해냈다. 그 자리에 완전히 새로운 드라이브를 넣었고 나는 포맷한 후에 OSX 운영체제를 설치해야 했다.

여러 주가 지난 후, 콜롬비아 여행에서 돌아온 나는 다시에게 라스베이거스에 있는 내 숙소로 와서 드라이브를 본래대로 바꿔달라고 부탁했다.

즉각 그녀는 무엇인가가 달라진 것을 눈치챘다. 누군가가 하드디스크 드라이브 스크루를 자신이 한 것보다 훨씬 더 단단히 죄어놓았다고 말했다. 보고타에서 누군가가, 내가 방을 비운 사이 내 컴퓨터 이미지 복제본을 만들기 위해 드라이브를 제거했던 게 분명했다.

이런 일이 더 최근에 스테판 에서에게 벌어졌다. 그는 iOS 제품들을 제일브레이크jailbreak하는 것으로 유명한 보안 연구자였다. 그는 누군가가 몰래 제거했다가 서툰 솜씨로 다시 붙여놓은 그의 하드디스크 드라이브 사진을 트위터에 올렸다.

거의 아무런 데이터가 없는 드라이브조차도 얼마간의 데이터는 담고 있다. 다행히 나는 시만텍의 'PGP 전체 디스크 암호화' 기술을 써서 내 하드디스크 드라이브의 전체 콘텐츠를 암호화했다(윈도우용 원매직이나 OSX용 파일볼트 2를 쓸 수도 있다). 따라서 내 하드디스크 드라이브의 클론은 도둑이 그것을 풀 수 있는 열쇠를 얻지 못하는 한 무용지물일 터였다. 보고타에서 발생했다고 추정되는 그 사건 때문에 나는 이제 여행할 때 랩톱을 가져오면 가능한 한 늘 휴대하려고 애쓴다. 심지어 저녁을 먹으러 나갈 때도 가지고 다닌다. 어쩔 수 없이 랩톱을 호텔 방에 남겨둬야 할 경우에는 결코 수면 모드로 두지 않는다. 대신 아예 전원을 꺼버린다. 그러지 않으면 공격자는 메모리 덤프로 나의 PGP 전체 디스크 암호화의 키를 얻어낼 수도 있다.[6] 그래서 나는 완전히 꺼버린다.

이 책의 앞부분에서는 에드워드 스노든이 로라 포이트라스와의 통신 기밀을 유지하기 위해 적용한 여러 예방 조처들을 소개했다. 하지만 스노든이 기밀 데이터를 공개할 준비가 되자 그와 포이트라스는 해당 데이터를 저장할 공간이 필요했다. 널리 쓰이는 운영체제들은(윈도우, iOS, 안드로이드, 심지어 리눅스조차) 저마다 보안상의 취약점들이 있다. 모든 소프트웨어가 그렇다. 이들은 보안이 확실한 운영체제, 처음부터 암호화돼 있어서 특정한 키가 있어야만 열 수 있는 시스템이 필요했다.

하드디스크 암호화는 이렇게 작동한다. 컴퓨터를 부팅하면 암호, 가능하다면 그보다 더 길어서 해독하기 힘든, 이를테면 'We don't need no education'('우리는 교육 따위는 필요 없어.'라는 뜻으로, 핑크 플로이드의 유명한 앨범 'The Wall'에 나오는 문구) 같은 암호 구문을 넣는다. 그러면 운영체제가 작동하고 당신은 파일에 접속할 수 있다. 드라이버는 암호화 작업을 투명하게, 그리고 즉각 수행하기 때문에 이용자는 컴퓨터를 쓰면서도 특별한 시간 지연을 느끼지 못한다. 하지만 이 상황에서 만약 당신이 잠깐이라도 자리를 비운다면 누군가가 당신의 파일에 접근할 수 있다(컴퓨터는 잠금 해제된unlocked 상태이기 때문이다). 따라서 암호화된 하드디스크 드라이브를 잠금 해제한 후에는 특히 조심할 필요가 있다. 컴퓨터를 끄는 순간, 암호화 키는 해당 운영체제에 더 이상 통하지 않는다. 키를 메모리에서 삭제함으로써 드라이브에 저장된 데이터에 더 이상 접근할 수 없게 된다는 뜻이다.[7]

'테일즈Tails'는 어떤 컴퓨터에서든 부팅할 수 있으면서도, 하드디스크 드라이브에 포렌식 기술로 복원할 수 있는 어떤 데이터도 해당 컴퓨터에 남기지 않는 운영체제다.[8] 테일즈를 DVD나 USB 막대로 다운로드한 후 BIOS 펌웨어나 EFI(OSX)의 초기 부팅 순서를 바꿔 DVD나 USB를 통해 테일즈가 먼저 부팅되도록 설정하라. 그런 다음 부팅하면 테일즈 운영체제가 실행되는데 여기에는 토르 브라우저를 비롯한 여러 프라이버시 툴이 포함돼 있다. 이 프라이버시 툴은 이메일을 PGP로 암호화하고, USB와 하드디스크 드라이브를 암호화하고, 메시지를 OTR(오프더레코드 메시징)로 안전하게 보낼 수 있도록 해준다.

전체 하드디스크 드라이브 대신 개별 파일을 암호화하고 싶다면 여러 선택 사항이 있다. 한 가지 무료 옵션인 '트루크립트^{TrueCrypt}'는 여전히 존재하지만, 더 이상 제대로 유지되지 않고 전체 디스크 암호화도 제공하지 않는다. 더 이상 유지되거나 업데이트되지 않기 때문에 새롭게 취약점이 드러나더라도 그에 대한 대책이 없다. 그러므로 트루크립트를 계속 사용한다면 그런 위험성을 주지하길 바란다. 트루크립트 7.1a를 대체한 '베라크립트^{VeraCrypt}'는 트루크립트 프로젝트의 연장선에 있다.

판매 중인 프로그램도 여럿 있다. 가장 널리 알려진 것은 윈도우의 '비트로커^{BitLocker}'인데, 윈도우 운영체제 중 '홈 에디션'에는 포함돼 있지 않다. 비트로커가 설치된 경우 이를 활성화하려면 '파일 탐색기'를 열고 'C' 드라이브 위에 커서를 가져가 오른쪽 마우스 버튼을 클릭하면 나타나는 드롭다운 메뉴에서 '비트로커 켜기'를 선택한다. 비트로커는 마더보드에 있는 '보안 플랫폼 모듈^{TPM}'을 활용한다. 그것은 당신의 부트로더^{bootloader} 프로그램이 변형되지 않았음을 확인한 후에만 암호화 키를 풀도록 설계돼 있다. 이것은 곧 설명할 '이빌 메이드 어택^{evil maid attack}'에 대한 완벽한 방어를 제공한다. 비트로커는 컴퓨터의 전원이 켜지거나, 정확한 PIN 또는 특별한 USB가 제공될 때만 잠금 해제^{unlock}되도록 설정할 수 있다. 후자의 선택이 훨씬 더 안전하다. 키를 마이크로소프트 계정에 저장해두는 옵션도 있지만, 권할 만한 옵션은 못 된다. 그것은 사실상 당신의 키를 마이크로소프트에 양도하는 셈이기 때문이다(하지만 곧 보게 되듯이, 어쩌면 마이크로소프트는 당신의 키를 이미 보유하고 있을 수도 있다).

비트로커에는 여러 가지 문제가 있다. 첫째, 그것은 '이중 타원 난수 발생기'의 준말로 'Dual_EC_DRBG'라고 불리는 의사^{擬似} 무작위 난수 발생기^{PRNG}

를 사용하는데, 여기에는 NSA의 침투를 허용하는 '백도어^{back door}'(시스템 설계자나 관리자에 의해 고의로 남겨진 시스템의 보안 허점)가 있을 수 있다.[9] 비트로커는 또 일반 기업 소유이므로 오픈소스 소프트웨어의 경우와 달리 이용자들은 그것이 제대로 작동하며 NSA용 백도어는 없다는 기업의 말을 곧이곧대로 믿는 수밖에 없다. 또 다른 문제는 비트로커를 250달러를 지불하고 구매하지 않는 한, 키를 마이크로소프트와 공유할 수밖에 없다는 점이다. 이 경우 정부 수사 기관은 마이크로소프트로부터 특정 이용자의 키를 취득할 수 있다.

그런 유보 사항들에도 불구하고, 온라인 시민 단체인 EFF는 자신의 파일을 안전하게 보호하고 싶어 하는 일반 소비자들에게 비트로키를 권하고 있나.[10] 하지만 비트로커를 우회하는 방법도 있다는 사실을 유념하길 바란다.[11]

또 다른 상업용 옵션은 시만텍의 'PGB 전체 디스크 암호화'다. 많은 대학들에서 이것을 이용하고, 여러 기업도 마찬가지다. 나도 과거에 이것을 사용한 적이 있다. PGP 전체 디스크 암호화는 이메일용 PGP를 만들었던 필 짐머만의 작품이다. 비트로커처럼 PGP는 TPM 칩을 지원해 이용자가 PC를 켰을 때 추가 인증을 제공한다. 영구 라이선스는 200달러 정도다.

'윈매직'은 이중 인증을 요구하는 드문 솔루션이다. 윈매직은 마스터 암호에 의존하지도 않는다. 대신 암호화된 파일은 그룹별로 묶이고, 각 그룹마다 암호가 설정된다. 이 때문에 암호를 잊어버렸을 경우 회복하기가 더 어렵고, 따라서 누구에게나 적합한 솔루션은 아니다.

애플 운영체제에는 '파일볼트 2'가 있다. 설치한 후 시스템 설정을 열고 **보안 및 개인정보 보호** 아이콘을 클릭해서 파일볼트 탭을 선택하면 파일볼트 2가 활성화된다. 이 경우에도 암호화 키를 애플 계정에 저장하지 말라. 그렇게 하면 애플에 접근권을 주게 되고, 이는 정부 수사 기관의 손에 넘어가는 결과로 이어질 수 있다. 대신 **복구 키를 만들고 사용자의 아이클라우드는 사용하지 않음**을 선택한 후 24단어로 된 키를 인쇄하거나 어디에 적어두라. 이 키를 발견하는 사람은 누구든 당신의 하드디스크 드라이브를 잠금 해제할 수 있으니 각별히 보호할 필요가 있다.

아이폰이나 아이패드에 iOS 8이나 더 최신 운영체제가 설치된 경우 해당 기기의 콘텐츠는 자동으로 암호화된다. 한 단계 더 나아가, 암호 키는 해당 기기에서 이용자의 관리 상태에 놓인다고 애플은 밝혔다. 이는 암호 키가 개별 기기마다 다 다르기 때문에 미 정부가 애플 측에 키를 요구할 수 없다는 점이다. 당시 FBI 국장이던 제임스 코미는 깰 수 없는 암호는 궁극적으로 바람직하지 않다고 주장했다. 한 연설에서 코미는 이렇게 말했다. "지능적인 범죄자들은 이와 같은 탐지 회피 수단을 악용할 것입니다. 그로 인해 우리가 치러야 할 대가는 대체 얼마일까요?[12]" 여기에서 제기되는 우려는 범죄 행위가 암호화의 방어막 뒤에 은폐될 수 있다는 점이다.

내가 형무소에서 낭패를 겪던 1990년대, 그와 동일한 우려가 나의 소송을 몇 달이나 지연시켰다. 나의 변호인단은 정부가 재판에서 내게 불리한 증거로 쓰려던 발견 정보에 접근하고자 했다. 정부는 내가 암호 해독 키를 제공하지 않으면 어떤 암호화된 파일도 넘겨줄 수 없다고 했지만, 나는 거부했다.[13] 한편 법원은 내가 해독 키를 넘겨주지 않기 때문이라며, 정부 측에 발견 정보를 제공하라는 명령을 내리기를 거부했다.[14]

안드로이드 기기도 3.0 버전(하니콤)부터 암호화할 수 있다. 대다수 이용자들은 그 기능을 이용하지 않는다. 안드로이드 5.0(롤리팝)부터 암호화된 드라이브는 넥서스 라인의 기본 설정이 됐지만 LG, 삼성 등 다른 제조사들에서 나온 안드로이드 스마트폰들에서는 아직 선택 사항이다. 안드로이드 폰을 암호화할 계획이라면, 암호화에 한 시간 정도 소요되며 암호화하는 동안 기기를 전원에 꽂아놓아야 한다는 점을 주지하길 바란다. 모바일 기기를 암호화해도 눈에 띄는 성능 저하는 없다고 알려져 있지만, 일단 암호화하고 나면 이를 되돌릴 수 없다는 점도 알아둘 필요가 있다.

위에 소개한 전체디스크 암호화 프로그램 중 어느 것이든 '백도어'가 숨어 있을 수 있다. 나는 한때 암호화된 컨테이너에 파일을 저장할 수 있게 해주는 USB 제품을 테스트하는 회사에서 일한 적이 있다. 코드를 분석하는 과정에서 우리는 개발자가 비밀 백도어를 만들어놓은 것을 발견했다. 암호화된 컨테이너를 해제하는 키는 USB 드라이브의 무작위적인 위치에 묻혀 있었다. 이는 누구든 키의 위치를 아는 사람은 이용자에 의해 암호화된 데이터를 해제할 수 있다는 뜻이다.

더 큰 문제는 기업들이 이런 정보에 어떻게 대응해야 하는지 잘 모른다는 점이다. 내가 암호화된 USB 기기에 대한 보안 분석을 마치자, 그 회사의 CEO는 내게 전화를 걸어 문제의 백도어를 그대로 둬야 하는지 아니면 제거해야 하는지 물었다. 그는 정부 수사 기관이나 NSA가 이용자의 데이터에 접근해야 할 필요가 있을지 모른다고 우려했다. 그가 그렇게 질문할 수밖에 없었다는 사실은 많은 점을 시사한다.

미국 정부는 2014년 도청 보고서에서 수사 기관에서 증거 목적으로 수집한 전자기기 3,554개 중에서 25개의 드라이브만이 암호화돼 있었다고 보고했다.[15] 그리고 그렇게 암호화된 25개 중에서도 21개의 드라이브를 해제할 수 있었다. 따라서 암호화는 일반 도둑의 데이터 접근을 막는 데는 충분하지만 고도의 기술과 자원을 가진 정부 입장에서는 그리 심각한 문제가 되지 않는 셈이다.

몇 년 전 보안 연구자인 조애나 루트코우스카는 '이빌 메이드 어택'이라고 지칭한 공격에 관해 글을 썼다.[16] 누군가가 하드디스크 드라이브가 트루크립트나 PGP 전체 디스크 암호화 기법으로 잠긴 랩톱을 전원이 꺼진 채로 호텔 방에 뒀다고 가정하자(나는 보고타의 호텔에 남겨둔 PC에 PGP 전체 디스크 암호화 기법을 썼었고, 전원도 꺼둔 상태였다). 나중에 누군가가 그 방에 잠입해 악의적인 부트로더가 담긴 USB 막대를 삽입한다. 그런 다음 표적이 된 랩톱이 부팅돼야만 USB가 악의적인 부트로더를 설치하고 이용자의 암호 문구를 훔칠 수 있다. 이제 덫은 놓았다.

호텔 방을 드나들면서도 별반 의심을 사지 않을 수 있는 최적의 후보는 호텔 청소부고, 이는 이 공격의 이름에 청소부를 지칭하는 'maid'가 들어간 이유였다. 청소부는 거의 어느 호텔 방에든 다음 날 다시 들어가 디스크에 은밀히 저장된 암호 문구를 추출해내는 비밀 키 번호를 입력할 수 있다. 이제 공격자는 암호 문구를 입력해서 당신의 모든 파일에 대한 접근권을 확보했다.

나는 누군가가 보고타에서 내 랩톱에도 이런 짓을 했다고 장담할 수는 없다. 하드디스크 드라이브 자체를 떼어냈다가 다시 붙이면서 스크루를 너무 세게 죄어놓은 사실만 알 뿐이다. 어쨌든 다행스럽게도 그 드라이브에는 아무런 진짜 정보도 들어있지 않았다.

전자기기를 호텔의 금고에 넣어두면 어떨까? 그냥 방 탁자 위에 두거나 여행 가방 안에 넣어두는 것보다 나을까? 그렇다. 하지만 큰 차이는 없다. 얼마 전 '블랙 햇' 콘퍼런스에 참석하면서 나는 라스베이거스의 포시즌스 호텔에 묵었다. 방안 금고에는 현금 4,000달러와 여러 신용카드, 수표를 넣어뒀다. 며칠 후 금고를 열려고 시도했지만 번호가 맞지 않았다. 호텔 경비에게 전화를 걸었고 그들이 금고를 열어줬다. 나는 즉시 100달러짜리 지폐 뭉치가 훨씬 덜 두꺼운 것을 눈치챘다. 2,000달러가 남아있었다. 그러면 나머지 2,000달러는 어디로 간 것일까? 호텔 경비 측은 전혀 모른다고 했다. 물리적 침입 테스트에 전문 지식을 가진 내 친구가 금고 해킹을 시도했지만 성공하지 못했다. 지금까지도 그 사건은 미스터리다. 역설적이게도 그 금고 이름은 '안전한 장소Safe Place'였다.

독일의 안티바이러스 회사인 'G 데이터G DATA'에 따르면 그 회사의 연구진이 묵었던 호텔 방들의 금고는 자주 디폴트 암호인 '0000'으로 설정돼 있었다. 이런 경우, 투숙객이 어떤 개인 암호를 설정하든 디폴트 암호를 아는 사람은 해당 금고를 열고 그 안에 든 귀중품을 훔쳐낼 수 있다. G 데이터는 이 정보가 체계적인 절차가 아니라 여러 해에 걸친 경험담을 통해 밝혀진 것이라고 밝혔다.[17]

공격자가 표적으로 삼은 호텔 방 금고의 디폴트 암호를 모른다고 해도, 무지막지한 컴퓨터 프로세서의 힘을 빌린 공격으로 금고를 열 수 있다. 비록 호텔 매니저가 비상 전자기기를 USB 포트에 꽂아 금고를 열 수도 있지만, 영리한 도둑은 간단히 나사를 풀어 금고 전면의 플레이트를 열고 디지털 기기로 그 뒤의 자물쇠를 열 수 있다. 혹은 금고의 배전반을 단락시켜 초기화한 후 새 번호를 넣을 수도 있다.

그런 점이 별로 불안하지 않다면 이런 점을 고려해보라. G 데이터는 또한 호텔 방 금고에 달린(금고 이용료를 지불하는 수단으로 종종 쓰이는) 신용카드 판독기가 제3자에 의해 읽힐 수 있어서 해당 신용카드 데이터를 뽑아낸 다음 직접 사용하거나 인터넷을 통해 판매할 수도 있음을 발견했다.

요즘 호텔은 근거리 무선 통신NFC이나 자기띠가 달린 카드로 방문을 잠그거나 열 수 있게 돼 있다. 장점은 호텔이 이 접근 번호를 빠르고 쉽게 프런트 데스크에서 바꿀 수 있다는 점이다. 투숙객이 카드를 분실하면 새 카드를 요청하면 된다. 간단한 코드가 자물쇠로 전송되고, 투숙객이 방문 앞에 이를 무렵이면 이미 새로 발급된 카드를 쓸 수 있게 된다. 새미 캠카의 '매그스푸프MagSpoof' 툴은 자기 신호를 조작해 자기띠 카드를 쓰는 호텔 방의 자물쇠를 여는 데 쓰일 수 있다. 이 툴은 TV 드라마 '미스터 로봇'의 한 에피소드에 등장하기도 했다.

자기띠나 NFC 칩이 널리 쓰이면서 호텔 방의 키 카드에 개인정보가 저장돼 있을지 모른다는 의혹이 일었다. 실제 그렇지는 않지만, 근거 없는 '도시 괴담'은 계속된다. 샌디에이고 카운티에서 비롯한 기막힌 이야기도 하나 있다. 소문

인즉, 카운티의 한 부보안관이 한 호텔의 키카드에서 투숙객의 이름, 주소, 신용카드 정보가 발견됐다고 경고를 발령했다는 내용이다. 당신도 그런 이메일을 봤을 것이다. 대략 이런 내용이다.

개인의 신변과 안전에 위해가 될 수 있는 문제를 탐지해온 남부 캘리포니아의 특별수사 팀은 최근 호텔 업계에서 널리 사용되는 신용카드 형태의 키에 어떤 유형의 정보가 저장되는지 발견했습니다.

비록 룸 키는 호텔마다 다르지만, 신원 도용에 관한 지역 프레젠테이션에서 소개된 더블트리 호텔 체인의 키는 다음과 같은 정보를 담고 있는 것으로 밝혀졌습니다.

- 고객의 이름
- 고객 주소의 일부
- 호텔 방 번호
- 체크인 날짜와 체크아웃 날짜
- 고객의 신용카드 번호와 유효 기간!

당신이 키 카드를 프런트 데스크에 반납할 때 당신의 개인정보도 넘어가므로 어느 직원이든 그 카드를 호텔 스캐너에 긁기만 하면 접근할 수 있게 되는 것입니다. 마음만 먹으면 여러 장의 카드를 집에 가져가서 스캐닝 장비를 이용해 카드 정보를 랩톱 컴퓨터로 옮긴 다음 당신의 카드로 쇼핑을 할 수도 있다는 뜻입니다.

간단히 말해, 호텔은 이 카드에 담긴 정보를 직원이 다음 호텔 투숙객에게 발급할 때까지 지우지 않습니다. 카드는 보통 프런트 데스크의 서랍 속에 당신의 정보를 담은 채 방치돼 있는 것입니다!!!

꼭 카드를 보관하거나 파기하세요! 방을 나와 체크아웃할 때, 절대로 호텔 방에 남겨두거나 절대로 프런트 데스크에 반납하지 마십시오. 이들

은 카드 값을 청구하지는 않을 것입니다.[18]

이 이메일의 내용은 사실이 아니라고 널리 반박됐다.[19] 내가 보기에 이 주장은 터무니없다.

위에 열거한 정보가 키 카드에 저장될 수도 있지만, 내가 보기에도 너무 극단적으로 보인다. 호텔은 각 투숙객에 대해 일종의 토큰, 혹은 플레이스홀더 번호를 할당할 뿐이다. 실제 비용을 청구하는 기능은 백엔드 컴퓨터에 접근한 후에나 가능하며 토큰은 그런 개인정보와 연결되는 단서다.

나는 군이 호텔 방 키 카드를 모아서 직접 파기해야 한다고 생각하지는 않지만, 어쩌랴, 그래도 여전히 그렇게 하고 싶어 하는 사람이 있으니 말이다.

여행과 개인 데이터에 관련돼서 자주 제기되는 또 다른 질문은 비행기 탑승권 아래에 찍힌 바코드에 어떤 정보가 담겼느냐는 것이다. 혹시 그 정보가 노출되면 무슨 일이 생길까? 실상을 들여다보면, 특정 항공사의 마일리지 회원 번호가 없는 사람인 경우 별다른 개인정보가 들어있지 않다.

2005년부터 국제항공운송협회IATA는 바코드가 찍힌 탑승권을 쓰기로 결정했는데 자기띠가 달린 탑승권이 훨씬 더 많은 유지비가 들기 때문이라는 단순한 이유였다. 그에 따른 절약 효과는 약 15억 달러(약 1조7,000억 원)로 추산된다. 더욱이 바코드 항공권으로 바꾼 덕분에 승객들은 인터넷에서 직접 다운로드해 집에서 인쇄하거나 모바일 폰에 담은 후 탑승 게이트에서 보여주기만 해도 된다.

당연히 이런 절차상의 변화는 그 나름의 표준을 필요로 했다. IT 전문가인 숀 유잉에 따르면 일반 탑승권의 바코드는 대부분 무해한 정보(승객의 이름, 항공사명, 좌석 번호, 출발 공항, 도착 공항, 항공편)를 담고 있다.[20] 그러나 바코드의 가장 민감한 부분은 항공사 마일리지 회원 번호다.[21] 모든 항공사 웹사이트는 현재 자신들의 고객 계정을 개인 암호로 보호하고 있다. 항공사 마일리지 회원 번호를 노출하는 것이 사회보장번호를 노출하는 것만큼 심각한 것은 아니지만 프라이버시의 우려를 자아내는 것은 마찬가지다.

더 큰 프라이버시 우려는 슈퍼마켓, 약국, 주유소, 기타 다른 비즈니스 분야에서 제공하는 로열티 카드에서 나타난다. 법률상의 실명이 요구되는 항공권과 달리, 로열티 카드는 가짜 이름과 주소, 전화번호(아무 번호나 본인이 기억할 수 있는 것)로도 등록할 수 있어서 회원의 구매 습관이 실제 본인과 연결될 수 없도록 할 수 있다.

호텔에 체크인해 컴퓨터를 켜면, 'Hotel Guest', 'tmobile123', '킴벌리의 아이폰', 'attwifi', '스티브의 안드로이드', '척의 핫스팟' 등 접속 가능한 주변의 와이파이 네트워크 목록을 보게 된다. 어느 것에 접속해야 할까? 이제는 그 해답을 알아야 마땅하다!

대다수 호텔의 와이파이는 암호화를 쓰지 않지만 인증 수단으로 고객의 성과 방 번호를 요구한다. 유료 옵션도 물론 공지된다.

어느 호텔에서든 무료 인터넷을 쓸 수 있는 한 가지 요령은 다른 아무 방에나(가령 복도 맞은편 방에) 룸서비스인 척 전화를 거는 것이다. 만약 투숙하는 호텔이 발신자 ID를 보여준다면, 호텔 로비의 교환 전화를 쓰라. 투숙객이 전화를 받으면 주문한 햄버거 두 개가 곧 올라갈 것이라고 알려준다. 그런 주문을 한 적이 없다는 대답이 돌아오면 실수를 바로잡는 데 필요하다며 공손하게 성을 묻는다. 이제 당신은 그 호텔의 적법한(하지만 돈은 내지 않는) 투숙객임을 인증하는 데 필요한 모든 정보(방 번호(방금 전화한 곳)와 성)를 확보했다.

별 다섯 개짜리 고급 호텔에 묵으면서 인터넷에 무료나 유료로 접속하는 경우를 생각해보자. 로그온을 하자 어도비(혹은 다른 유명 소프트웨어 제조사)가 업데이트 파일이 나왔다는 메시지를 띄운다. 성실한 네티즌답게 업데이트를 다운로드하고 진행하고 싶은 유혹을 느낄지 모른다. 하지만 지금 사용하는 호텔 네트워크가, 설령 암호로 보호받고 있다고 해도 여전히 신뢰해서는 안 되는 환경임을 주지할 필요가 있다. 이것은 당신의 홈 네트워크가 아니며, 따라서 해당 업데이트는 진짜가 아닐 수도 있다. 무심코 파일을 다운로드했다가 악의적인 코드를 PC에 설치하게 될지도 모른다.

만약 당신도 나처럼 출장을 다니는 경우라면, 업데이트를 할지 말지 결정하기가 퍽 어렵다. 정말로 업데이트할 파일이 있는지 확인하는 일 외에는 달리할 수 있는 일이 거의 없다. 문제는 호텔의 인터넷을 이용해 해당 업데이드를 다운로드하는 경우 실상은 악의적인 가짜 '업데이트'를 제공하는 거짓 웹사이트로 가게 될 수도 있다는 점이다. 가능하다면 모바일 기기를 써서 해당 기업이 새로운 업데이트를 실제로 내놓았는지 확인해보고, 위급한 것이 아니면 회사 사무실이나 집 같은 안전한 네트워크 환경으로 돌아갈 때까지 기다렸다가 다운로드하라.[22]

소프트웨어 보안 회사인 카스퍼스키 랩^Kaspersky Lab의 연구진은 이런 기법을 이용하는, 그들이 '다크호텔^DarkHotel'이라고 이름 붙인(타파옥스^Tapaoux로도 알려져 있다.) 해커 범죄자 그룹을 발견했다. 이들은 특정한 럭셔리 호텔에 묵을 것으로 예상되는 기업 간부들을 찾아낸 후, 호텔 서버에 멀웨어를 깔아놓고 그들의 도착을 기다린다. 해당 중역이 체크인한 후 호텔 와이파이에 접속하면 멀웨어가 다운로드돼 그들의 기기에서 실행된다. 감염이 완료되면 해당 멀웨어는 호텔 서버에서 제거된다. 이런 행태는 거의 10년 가까이 지속된 게 분명하다고 연구진은 밝혔다.

이 멀웨어는 주로 아시아의 럭셔리 호텔에 투숙하는 기업 경영진에 피해를 입히지만, 다른 지역에서도 흔히 나타날 수 있다. 이 '다크호텔' 그룹은 일반적으로 불특정 다수에는 낮은 수준의 '스피어피싱' 공격을 사용하고, 호텔을 표적으로 한 공격은 매우 중요한 단일 표적(이를테면 원자력이나 방위 산업계의 중역)에게 선별적으로 사용한다.

한 초기 분석에 따르면, 다크호텔은 한국(남한)에 기반을 둔 것으로 추정된다. 공격에 사용된 키로거(해킹된 기기의 키보드 타이핑을 기록하는 데 쓰이는 멀웨어)가 코드 안에 한글 문자를 포함하고 있었기 때문이다. 그리고 제로 데이(제조사는 모르는 소프트웨어의 취약점)는 매우 감지하기 어려운 오류로, 이전에는 알려지지 않은 내용이었다. 더욱이, 해당 키로거에서 식별된 한 한국인의 이름은 과거에 한국인들에 의해 사용됐던 정교한 다른 키로거에도 나온 바 있다.

하지만 이것만으로는 출처를 확인하기가 충분하지 않다. 소프트웨어는 다양한 소스에서 복제하거나 따다 붙여서 만들 수 있기 때문이다. 또 소프트웨어는 실제로 만들어진 곳과 전혀 동떨어진 나라에서 만들어진 것처럼 꾸밀 수도 있다.

멀웨어를 랩톱에 설치하기 위해 다크호텔 그룹은 그것이 마치 말레이시아 정부와 도이체 텔레콤에서 발행된 것처럼 보이는 위조 증명서를 사용한다. 증명서는 5장에서 언급했다시피, 소프트웨어나 웹 서버의 출처를 확인하는 데 이용된다. 그들의 작품을 더 확실히 숨기기 위해 해커들은 해당 멀웨어가 작동을 개시하기 전에 최장 6개월까지 휴면 상태로 대기하도록 설정했다. 이것은 방문과 감염을 연결지을 수도 있는 IT 부서를 속이기 위한 것이다.

카스퍼스키 측도 그 회사의 한 고객 그룹이 아시아의 특정 호텔에 투숙한 후 멀웨어에 감염된 다음에야 이 공격에 대해 알게 됐다. 연구진은 양측에 공통된 외부의 와이파이 호스트에 연락했고, 그 와이파이 호스트는 카스퍼스키와 손잡고 자신들의 네트워크에서 무슨 일이 벌어지는지 수사에 나섰다. 비록 투숙객들의 컴퓨터를 감염시키는 데 이용된 파일은 이미 오래전에 사라졌지만, 해당 투숙객들이 머문 날짜와 상응하는 파일 삭제 기록은 남아있었다.

이런 유형의 공격으로부터 스스로를 보호하는 가장 쉬운 방법은 호텔 인터넷에 접속하자마자 VPN 서비스에 연결하는 것이다. 내가 이용하는 것은 싸다 (월 6달러밖에 안 한다). 하지만 인터넷에서 정말로 눈에 띄지 않고 싶다면 그것은 익명 셋업을 용인하지 않기 때문에 좋은 선택이 아니다.

정말로 눈에 띄고 싶지 않다면 VPN 서비스 제공사에 실명 정보를 제공하지 말라. 그러기 위해서는 미리 가짜 이메일 주소를 만들고 공개된 무선 네트워크를 이용해야 한다. 일단 가짜 이메일 주소를 만들면 토르 브라우저를 써서 비트코인 지갑을 설정하고 주변 비트코인 ATM을 찾아 지갑에 돈을 넣은 후, 텀블러를 이용해 비트코인을 '돈세탁'해서 블록체인상에서 당신의 신원이 추적될 수 없게 하라. 이 '돈세탁' 프로세스를 진행하자면 다른 토르 시킷을 써서 비트코인 지갑 두 개를 만들어야 한다. 첫 번째 지갑은 비트코인을 돈세탁 서비스에 보내는 데, 두 번째는 세탁된 비트코인을 수신하는 데 이용된다.

감시 카메라 밖에서 공개 와이파이와 토르를 이용해 진정한 익명성을 확보하고 나면, 비트코인을 받는 VPN 서비스를 찾아라. 세탁된 비트코인으로 비용을 지불하라. 와이토피아^{WiTopia} 등 일부 VPN 제공사들은 토르를 차단하므로 그렇지 않은 회사, 더 바람직하게는 연결 사실을 기록하지 않는 VPN 제공사를 찾을 필요가 있다

이 경우, 우리는 그 VPN 제공사를 '신뢰'하지 않기 때문에 우리의 진짜 IP 주소나 이름을 제공하지 않았다. 하지만 새롭게 설정한 VPN을 이용할 때 당신의 진짜 이름과 연계된 아무런 서비스도 사용하지 않도록, 그리고 당신의 신원을 드러낼 수 있는 IP 주소를 통해 그 VPN에 접속하지 않도록 주의해야 한다. 익명으로 구입한 대포폰으로 테더링하는 것도 고려해볼 만하다.

휴대용 핫스팟을 구입하는 것이 최선이다. 물론 구입자가 누군지 식별하기 매우 어렵도록 구매해야 하는 것은 물론이다. 예를 들면, 다른 누군가에게 부탁해 구매함으로써 당신의 얼굴이 매장의 감시 카메라에 나타나지 않게 하는 식이다. 익명의 핫스팟을 쓸 때는 셀룰러 신호를 사용하는 모든 무선 기기를

꺼서, 당신의 무선 기기들이 같은 장소에서 익명의 기기로 등록되는 반복 패턴이 드러나는 것을 막아야 한다.

출장이나 여행 중에 인터넷을 은밀하고 안전하게 쓸 수 있는 방법들을 요약하면 다음과 같다.

1. 선불 선물 카드를 익명으로 구입하라. EU에서는 viabuy.com을 통해 선불 신용카드를 익명으로 구입할 수 있다.

2. MAC(미디어 액세스 컨트롤) 주소를 바꾼 후에 공개 와이파이를 사용하라.

3. SMS(단문 메시지 서비스)를 이용한 인증 없는 등록을 허용하는 이메일 서비스 제공사를 찾아라. 아니면 토르와 선불 선물 카드를 써서 스카이프인 번호를 설정할 수도 있다. 스카이프인을 설정할 때 당신의 신원을 확인하는 음성 전화가 올 수 있다. 카메라에 얼굴이 잡히지 않도록 주의하라(스타벅스나 감시 카메라가 설치된 곳은 안 된다). 이메일 서비스에 등록할 때는 토르를 사용해 당신의 위치정보를 차단하라.

4. 익명 이메일 서비스와 토르 브라우저를 써서 paxful.com 같은 곳에 등록한 후 비트코인 지갑을 만들고 비트코인을 예치하라. 그에 필요한 비용은 선불 선물 카드로 지불하라.

5. 두 번째 익명 이메일 주소와 비트코인 지갑을 만들되, 먼저 토르 브라우저를 닫았다가 새로운 토르 서킷을 열어서 사용해야 첫 번째 이메일 계정과 비트코인 지갑과의 연계성이 드러나는 것을 막을 수 있다.

6. 비트론더^{bitlaunder.com} 같은 비트코인 '돈세탁' 서비스를 써서 비트코인의 출처를 추적하기 어렵게 만들어라. 세탁된 비트코인을 두 번째 비트코인 주소로 보내라.[23]

7. 세탁된 비트코인을 내고 트래픽이나 IP 연결 내역을 기록하지 않는 VPN 서비스(예: 토르가드^{TorGuard})에 등록하라. 이들이 무엇을 기록하는지는

VPN 제공사의 프라이버시 정책을 보면 대략 파악할 수 있다.

8. 다른 사람(서로 모르는 관계면 더 좋다.)을 시켜 현금으로 소유자가 추적되지 않는 휴대용 핫스팟 기기를 구입하라.

9. 휴대용 핫스팟 기기를 써서 인터넷에 접속할 때 가정, 직장, 그리고 당신의 다른 셀룰러 무선 기기들로부터 멀리 떨어지도록 유념하라.

10. 전원이 켜지면 핫스팟 기기를 통해 VPN에 접속하라.

11. 토르 브라우저를 써서 인터넷을 이용하라.

15장

FBI는
항상 범인을
잡아낸다

로스 윌리엄 얼브릭트는 그의 아파트에서 멀지 않은 샌프란시스코 공립도서관 글렌 파크 분점의 과학소설 코너에서 온라인으로 자신이 소유한 회사의 고객 지원 서비스를 하고 있었다. 당시(2013년 10월) 그와 인터넷 채팅을 나누던 상대는 자신이 해당 사이트의 관리자, 즉 영화《프린세스 브라이드》에서 따온 '드레드 파이어럿 로버츠DPR'라는 인터넷 이름을 가진 인물과 대화하고 있다고 생각했다. 두음자를 따서 DPR로도 알려진 로버츠는 사실은 로스 얼브릭트로, 관리자일 뿐 아니라 온라인 마약상인 '실크 로드'의 소유주여서 연방 수사 기관의 표적이 돼왔다.[1] 얼브릭트는 자신의 범행에 도서관 같은 공공 와이파이 장소를 빈번하게 이용했고, 아마도 FBI가 설령 자신이 DPR임을 알아낸다고 해도 공공장소에서 급습하지는 않을 것이라고 오해했던 것 같다. 하지만 그날 얼브릭트가 채팅하던 상대는 위장한 FBI 요원이었다.

고객들이 코카인과 헤로인, 그리고 다양한 합성 마약을 익명으로 주문할 수 있는 온라인 마약상을 운영하려면 엄청난 배짱이 필요하다. 그 사이트는 다크 웹에 있었고, 토르 브라우저를 통해서만 접근할 수 있었다. 지불 수단으로는 비트코인만 받았다. 그리고 실크 로드의 설립자는 주의를 기울였지만, 결과적으로 충분치 못했다.

얼브릭트가 FBI의 감시를 받으며 샌프란시스코 공립도서관에 앉아있기 몇 달 전, 전혀 예상치 못했던 영웅이 얼브릭트가 DPR임을 보여주는 증거와 함께 연방 수사 기관에 나타났다. 그 영웅은 게리 알포드라는 이름의 국세청 직원으로, 실크 로드의 기원을 비롯해 꼼꼼히 정보를 읽다가 그날 저녁 호기심에 구글의 고급 검색 기능을 동원해봤다. 실크 로드와 관련해 그가 찾아낸 첫 언급은 2011년이었다. '알토이드^{altoid}'라는 사용자명을 가진 누군가가 한 채팅 그룹에서 그것을 언급했다. 아직 실크 로드는 뜨기 전이었으므로, 알포드는 알토이드가 운영 방식에 대한 내부 지식을 갖고 있을 가능성이 크다고 추정했다. 자연히 알포드는 다른 단서들을 찾기 시작했다.

그는 노다지를 발견했다.

알토이드는 다른 채팅 그룹에 질문을 올렸던 게 분명했다(하지만 오리지널 메시지는 삭제되고 없었다). 알포드는 그에 대한 응답 하나를 열고, 거기에 포함된 오리지널 메시지를 볼 수 있었다. 그 메시지에서 알토이드는 누구든 자신의 질문에 대답할 수 있는 사람은 rossulbricht@gmail.com으로 연락하라고 써놓았다.[2]

자신도 모르게 신원을 노출한 실수는 그것만이 아니었다. 게시된 다른 질문 중 하나가 '스택 오버플로우'라는 사이트에 제기된 것으로 최초의 질문은 rossulbricht@gmail.com에서 전송된 것이었는데 놀랍게도 전송자의 이름이 DPR로 바뀌어 있었다.

온라인에서 눈에 띄지 않기 위한 첫 번째 규칙은 익명의 온라인 페르소나를 당신의 실제 페르소나와 결코 연결시켜서는 안 된다는 점이다. 절대 그래서는 안 된다.

그다음에 다른 연관성도 드러났다. DPR처럼 얼브릭트도 론 폴 하위의원이 주창하는 자유시장경제-자유주의 철학을 옹호한다. 그리고 얼브릭트는 일련의 허위 신분증(여러 다른 주에서 다른 이름들로 발급된 운전면허증)을 주문하기도 했다. 그 때문에 연방 수사 요원들이 2013년 7월 샌프란시스코의 집에 찾아오기도 했지만 당시만 해도 요원들은 자신들이 DPR과 대화하는 줄 전혀 몰랐다.

천천히 증거는 점점 더 확고해졌고 마침내 2013년 10월 어느 날 아침, DPR의 고객 지원 채팅이 시작되자마자 연방 수사 요원들은 조용히 글렌 파크 도서관으로 진입하기 시작했다. 그러곤 외과의와도 같은 정교한 기습으로, 얼브릭트가 자신의 랩톱을 미처 끄기 전에 컴퓨터를 압수했다. 그가 랩톱을 껐다면 특정한 핵심 증거는 인멸됐을 것이다. 체포 직후, 연방 수사 요원들은 컴퓨터가 켜진 그대로 실크 로드라는 사이트의 시스템 관리자 화면을 촬영했고, 그로부터 얼브릭트와 DPR, 그리고 실크 로드 간의 확고한 연관 관계를 입증할 수 있었다.

바로 그 10월의 어느 날 아침 글렌 파크 도서관에서 얼브릭트는 관리자 신분으로 실크 로드에 로그인해 있었다. 그리고 FBI는 그의 랩톱이 인터넷에 로그인되는 것을 관찰했기 때문에 그 사실을 알았다. 하지만 그가 자신의 위치를 속일 수 있었다면 어땠을까? 만약 그가 도서관에 있지 않았고 대신 프록시 서버를 쓰고 있었다면?

2015년 여름, 라이노 시큐리티의 벤 코딜 연구원은 데프콘 23 콘퍼런스에서 자신의 새로운 장비인 '프록시햄ProxyHam'에 관해 강연하는 것은 물론, 데프콘의 임시 판매소에서 약 200달러에 팔 것이라고 발표했다. 그러곤 약 일주일 후, 코딜은 자신의 강연이 취소됐으며 프록시햄의 모든 잔고는 폐기 처분될 것이라고 발표했다. 더 이상의 자세한 설명은 나오지 않았다.[3]

메이저 보안 콘퍼런스의 강연은 다양한 이유로 취소된다. 보통은 강연에서 논의할 제품의 제조사나 연방 정부가 연구자가 공개 강연을 하지 말도록 압력을 넣기 때문이다. 이 경우, 코딜은 특정한 보안상의 오류를 지적하고 있지 않왔다. 그는 무엇인가 새로운 물건을 만든 것이다.

인터넷에서 흥미로운 점은 일단 어떤 아이디어가 나오면 그것은 계속 거기에 남아있다는 것이다. 따라서 설령 연방 정부나 누군가가 코딜에게 그의 강연은 국가 안보에 도움이 되지 않는다고 확신시켰더라도, 다른 누군가가 그와 비슷한 새 장비를 만들 가능성이 높다는 뜻이다. 그리고 정확히 그런 일이 발생했다.

프록시햄은 아주 멀리 떨어진 접속점이다. 이를 이용하는 것은 와이파이 발신기를 당신의 집이나 사무실에 두는 것과 흡사하다. 프록시햄을 사용하고 조종하는 사람이 최장 1.5킬로미터까지 떨어져 있을 수 있다는 점만 빼면 말이다. 이 와이파이 발신기는 900메가헤르츠 대역의 전파를 이용해서 4킬로미터까지 떨어진 컴퓨터의 안테나 동글에 접속한다. 로스 얼브릭트의 경우, FBI는 그가 여러 블록 떨어진 누군가의 지하에서 세탁기를 돌리는 동안 글렌 파크 도서관 밖에서 정보를 축적해왔을 수 있다.

압제 정권의 상황이라면 이런 장비의 필요성은 명확하다. 많은 이들은 토르를 통해 바깥 세계와 접촉하는 위험을 감수한다. 이런 장비는 사용자의 지리적 위치정보를 은폐하는 데 또 다른 보안의 보호막을 더해줄 터이다.

하지만 누군가는 코딜이 데프콘 콘퍼런스에서 그에 관해 강연하는 것을 원치 않았다.

여러 인터뷰에서 코딜은 연방통신위원회FCC가 자신에게 강연하지 말도록 압력을 가했다는 세간의 주장을 부인했다. 「와이어드」는 프록시햄을 다른 사람의 네트워크에 비밀리에 심는 것은 지나치게 가혹하면서도 모호한 '컴퓨터 사기와 남용에 관한 법'에 의해 무단 접속으로 해석될 수 있다고 추정했다. 코딜은 어떠한 추측이나 주장에 대해서도 일절 논평하지 않았다.

앞에도 말했듯이, 일단 어떤 아이디어가 등장하면 누군가가 그것을 실행하게 돼 있다. 보안 연구자인 새미 캠카는 사실상 프록시햄을 대체하는 '프록시

갬빗^{ProxyGambit}'을 만들었다.^{4} 하지만 이것은 역^逆 셀룰러 트래픽을 이용한다. 해당 장비로부터 불과 몇 마일밖에 떨어지지 못하는 게 아니라, 거의 지구 반대편에서도 그것을 사용할 수 있다는 뜻이다. 쿨!

프록시갬빗, 그리고 이와 비슷한 장비들은 특히 범법자들이 악용할 경우 정부 수사 기관에 골칫거리가 될 것이 분명하다.

얼브릭트의 실크 로드는 온라인 마약 판매점이었다. 하지만 그것은 구글로 찾을 수 있는 상점이 아니었고, 쉽게 색인화되고 검색될 수 있는 이른바 '표면 웹$^{Surface Web}$'에 존재하지 않았다. 아미존과 유튜브처럼 친숙한 사이트들이 존재하는 '표면 웹'은 전체 인터넷의 5% 정도에 지나지 않는다. 보통 사람들이 방문하거나 알고 있는 웹사이트의 규모는 실제로 존재하는 모든 사이트의 숫자에 견주면 미미한 수준이다. 인터넷 사이트의 압도적 다수는 사실 대부분의 검색 엔진들로는 찾을 수 없다.

표면 웹에 이어, 인터넷에서 두 번째로 큰 부분을 차지하는 것은 이른바 '심^深 웹', 혹은 '딥 웹'이다. 이것은 암호를 넣어야 접근할 수 있는 웹의 일부다. 예를 들면, 샌프란시스코 공립도서관 글렌 파크 분점의 카드 카탈로그 콘텐츠다. 구독자만 접근할 수 있는 사이트, 그리고 기업 인트라넷 사이트의 대부분은 딥 웹이다. 넷플릭스. 판도라. 이제 딥 웹의 개념을 잡았을 것이다.

마지막으로, 인터넷에서 표면 웹이나 딥 웹보다 훨씬 더 작은 부분을 차지하는 이른바 '다크 웹'이 있다. 이 부분은 일반 브라우저로는 접근할 수 없으며 구글, 빙, 야후 같은 사이트로 검색할 수 없다.

다크 웹은 실크 로드가 존재했던 곳으로, 청부살인업자를 고용하거나 아동 포르노 콘텐츠를 구할 수 있는 사이트도 여기에서 암약한다. 이런 사이트들이 다크 웹에 자리잡고 있는 이유는 그곳이 사실상 익명의 세상이기 때문이다. '사실상'이라고 말한 이유는 진정으로 익명인 것은 없기 때문이다.

다크 웹은 토르 브라우저를 통해서만 들어갈 수 있다. 사실 다크 웹의 사이트들은 복잡한 글자와 숫자로 구성된 URL로 모두 '.onion'으로 끝난다. 앞에 언급했듯이 어니언 라우터는 미 해군 연구소에 의해 개발됐는데, 이를 통해 압제 정권 치하의 사람들은 서로, 그리고 바깥 세계와 안전하게 통신할 수 있었다. 나는 또한 토르가 이용자의 브라우저를 사이트와 직접 연결하지 않는다고 설명했다. 대신 다른 서버와 연결되는데, 이 서버는 '또 다른' 서버를 통해 마침내 목적지 사이트에 닿는다. 이렇게 몇 단계씩 건너뛰는 것은 추적을 어렵게 하려는 목적이다. 그리고 실크 로드 같은 사이트들은 토르 네트워크 안에 숨은 서비스의 결과물이다. 이들의 URL은 알고리즘을 통해 생성되며, 다크 웹의 사이트 목록은 빈번하게 바뀐다. 토르는 표면 웹과 다크 웹 양쪽에 접근할 수 있다. 또 다른 다크 웹 브라우저 'I2P'도 양쪽 모두에 접근할 수 있다.

실크 로드가 단속되기 전부터 사람들은 NSA와 다른 정부 기관들이 다크 웹의 이용자들을 판별할 수 있는 방법이 있다고 주장해왔다. NSA가 그렇게 할 수 있는 한 가지 방법은 (비록 이 방법으로 최초 정보 청구자를 알아낼 수 없지만) 인터넷을 통한 정보 청구가 이 숨겨진 서비스들과 최종적으로 연결되는, 이른바 '출구 노드'들을 미리 심어놓고 조종하는 것이다.

이를 위해 정부 당국의 감시자는 한 정보 청구가 X라는 사이트로 전송됐는데 불과 몇 초 전에 뉴햄프셔의 누군가가 토르 브라우저를 작동시킨 것을 탐지했다. 이 감시자는 두 사건이 서로 연관됐다고 의심할 수 있다. 시간이 지나면서 X 사이트에 대한 접근과 토르 브라우저의 작동이 반복해서 동일한 시간에 나타난다면 일종의 패턴이 정립될 수 있다. 이런 패턴이 형성되는 것을 피하려면 토르 브라우저를 늘 연결된 상태로 두면 된다.

얼브릭트의 경우, 엉성했다. 얼브릭트는 적어도 처음에는 확고한 계획이 없었던 게 분명하다. 실크 로드에 관한 그의 초기 논의에서, 그는 자신의 실명 이메일 주소와 가명 이메일 주소 사이에서 왔다갔다 했다.

지금까지 살펴본 바와 같이, 현재와 같은 환경에서 인터넷 어디에도 자신의 진짜 신원에 대한 흔적을 남기지 않기란 매우 어렵다. 하지만 첫머리에서 강조한 것처럼, 약간의 주의만 기울이면, 당신도 인터넷에서 눈에 띄지 않는 기술을 익힐 수 있다. 다음 장에서 그 방법을 알려주겠다.

16장

온라인
'익명의 기술'
마스터하기

지금까지 읽어오는 동안 당신은 스스로의 경험 수준에 비춰, 온라인에서 감쪽같이 사라지기가 얼마나 쉬운지(혹은 어려운지) 따져봤을 법하다. 혹은 도대체 얼마나 멀리 나가야 할지, 또는 그중 어느 하나라도 나에게 맞을까 자문했을 수도 있다. 따지고 보면 무슨 거창한 국가 기밀을 가진 것도 아닌데! 하지만 어쩌면 당신은 전 배우자와 이혼 소송 중일 수도 있다. 혹은 직장 상사와 불화를 빚고 있을지도 모른다. 가정 폭력에 시달리는 친구와 은밀한 연락을 주고받을 수도 있다. 아니면 단순히 특정한 행동을 비밀로 해서 변호사가 모르게 하고 싶을지도 모른다. 온라인이나 웹, 혹은 다른 기술을 이용해 아무도 모르게 익명으로 소통해야 할 이유는 매우 다양하다. 따라서…

완전한 익명성을 확보하는 데 정말로 필요한 단계들은 무엇일까? 시간은 얼마나 걸릴까? 그리고 비용은 얼마나 들까?

아직도 충분히 명확하지 않다면 다시 강조하건대, 온라인에서 눈에 띄지 않으려면 별도의 아이덴티티, 본인과 완전히 별개인 신원을 만들어야 한다. 그것이 익명으로 존재한다는 의미다. 익명으로 활동하지 않을 때도, 본인의 실제 삶과 익명의 아이덴티티가 확실히 분리된 채로 유지되도록 적극적으로 노력해야 한다. 그것은 익명으로 활동할 때만 사용하는 별도의 기기들을 따로 구입해야 한다는 뜻이다. 물론 여기에는 만만치 않은 돈이 든다.

예를 들면, 지금 가진 랩톱을 이용해 가상 머신^VM을 데스크톱에 만들 수 있다. VM은 일종의 '소프트웨어 컴퓨터'다. 이것은 'VM웨어 퓨전' 같은 가상 머신 애플리케이션 안에 묶여 있다. VM 안에 윈도우 10의 라이선스 카피를 로딩해보면 얼마만한 메모리가 필요한지, 디스크 공간은 어느 정도나 돼야 하는지 등을 알 수 있다. 누군가가 인터넷상에서 당신의 활동을 관찰하고 있다면 그의 눈에는 설령 당신이 맥을 쓰고 있어도 윈도우 10을 이용하는 것으로 보인다.

전문 보안 연구자들은 항상 가상 머신들을 이용한다. 새로 만들고 폐기하기가 쉽기 때문이다. 하지만 전문가들 사이에서도 정보 유출의 가능성은 존재한다. 예를 들면, 윈도우 10의 VM 버전을 쓰는 중에 무심코 자신의 개인 이메일 계정에 로그인하는 경우다. 이제 그 VM은 그 사람과 연계될 수 있다.

따라서 익명성을 확보하기 위한 첫걸음은 오직 그 목적으로만 쓰기 위한 별도의 랩톱을 구매하는 것이다. 앞에서 본 것처럼, 불과 몇 초간의 판단 미스로, 가령 해당 랩톱에서 개인 이메일 계정을 여는 순간 익명성 유지는 '게임 오버'다. 그래서 나는 값싼 윈도우 랩톱을 권한다(사용법을 안다면 리눅스가 더 낫다). 맥북 프로를 권하지 않는 이유는 그것이 윈도우 랩톱보다 훨씬 더 비싸기 때문이다.

앞에서 나는 오직 온라인 뱅킹용으로 두 번째 랩톱, 구체적으로는 크롬북을 사라고 권한 바 있다. 온라인 뱅킹의 또 다른 옵션은 아이패드를 이용하는 것이다. 애플 ID를 만들자면, 이메일 주소와 신용카드를 이용하거나 아이튠즈 선물 카드를 써야 한다. 하지만 이 장비는 안전한 개인 뱅킹 용도로만 쓸 것이기 때문에 신원을 숨기는 게 목적은 아니다.

하지만 만약 목적이 신원을 숨기는 것이라면 크롬북은 최선의 솔루션이 아니다. 윈도우나 우분투 같은 리눅스 운영체제를 가진 랩톱을 쓸 때와 같은 유연성이 없기 때문이다. 윈도우 10은 마이크로소프트 계정을 만들라는 옵션을 생략하는 한 괜찮다. 해당 컴퓨터와 마이크로소프트가 어떤 식으로든 연결되는 상황이 발생해서는 결코 안 된다.

랩톱도 직접 매장에 가서 현금으로 사야지 온라인은 안 된다. 그래야 구매 내역이 쉽게 추적되지 않을 수 있다. 새 랩톱에는 고유한 '미디어 접근 제어 MAC' 주소를 가진 무선 네트워크 카드가 있다는 점도 기억하라. 실제 MAC 주소가 어떤 식으로든 유출되면 해당 기기가 당신 소유라는 사실이 드러날 수도 있다. 예를 들어 스타벅스에 들어가 랩톱을 켜면, 컴퓨터는 자동으로 이전에 '접속됐던' 무선 네트워크 서비스를 찾는다. 그와 같은 탐색 내용을 기록하는 감시 장비가 근처에 있다면, 당신의 진짜 MAC 주소를 노출시키는 결과로 이어질 수도 있다. 한 가지 우려는, 만약 네트워크 카드의 MAC 주소와 랩톱의 일련번호 간에 어떤 연관성이 존재한다면 정부는 당신의 랩톱 구매 사실을 추적할 수도 있다는 점이다. 그런 경우, 정부로서는 누가 그 컴퓨터를 샀는지만 알면 어렵지 않게 당신의 신원을 확보할 수 있다.

익명성을 보장받는 한 방법은 구매한 랩톱에 기본으로 깔린 운영체제와 브라우저 대신 테일즈와 토르를 설치하는 일이다.

자신의 진짜 신분으로는 어떤 사이트나 애플리케이션에도 로그인해서는 안 된다. 인터넷에서 사람과 컴퓨터를 추적하는 것이 얼마나 쉬운지, 따라서 얼마나 위험한지 우리는 이미 배웠다. 앞에서 논의했다시피, 진짜 신분을 이용해 사이트나 계정을 이용하는 것은 매우 바람직하지 못한 행위다. 은행과 여러 사이트들은 사기 피해를 최소화하기 위해 '장비 지문' 기술을 사용해서, 설령 익명으로 같은 사이트에 접속해도 당신의 컴퓨터를 식별해낼 수 있을 정도로 크고 뚜렷한 지문을 남긴다.

집에서 익명 전용 랩톱을 쓸 일이 있을 때는 랩톱을 켜기 전에 무선 라우터를 꺼두는 게 최선이다. 익명 전용 랩톱을 라우터와 연결하는 경우, 인터넷 서비스 업체에서 그 랩톱의 AC 주소를 파악하게 될 수 있기 때문이다(해당 서비스 업체가 당신 가정의 라우터를 소유하고 관리한다는 가정하에). 따라서 가정의 라우터는 인터넷 업체에서 리스하기보다는 직접 구매하는 편이 더 낫다. 그래야 완전한 통제권을 확보할 수 있고, 인터넷 업체가 당신의 로컬 네트워크에 연결된 컴퓨터의 MAC 주소를 빼갈 수 없다. 직접 구매해 쓰면 인터넷 서비스 업체는 당신이 사용하는 라우터의 MAC 주소만 볼 수 있는데, 여기에는 아무런 위험도 없다.

당신이 원하는 것은 신빙성 있는 부인否認이다. 당신은 당신의 네트워크를 여러 겹과 방식으로 가려서, 수사관이 그런 네트워크의 진원지가 당신임은 고사하고 한 사람이라는 사실조차 파악해내기가 매우 어렵도록 하고 싶은 것이다. 나는 아직 도망자 신세였을 때 한 가지 실수를 저질렀다. 나는 나의 물리적 위치를 숨기기 위해 무선 전화기의 모뎀을 써서 당시 인터넷 서비스 업체 중 하나인 넷컴Netcom의 모뎀들에 반복해서 전화를 걸었다. 나는 고정된 위치에 있었으므로 무선 방향 탐지 기법으로 내 무선 전화기가 데이터 연결을 위해 어떤 기지국을 쓰는지 알고 나면 나를 찾아내는 것은 식은 죽 먹기였다. 나를 추적하던 츠토무 시모무라는 그렇게 해서 대략적인 위치를 파악한 후 그 정보를 FBI에 알렸다.[1]

이것이 의미하는 바는 익명 전용 랩톱을 집이나 사무실에서는 절대 사용하지 말아야 한다는 점이다. 절대로 말이다. 그러니 랩톱을 하나 따로 구해서, 그 랩톱으로는 개인 이메일, 페이스북, 혹은 심지어 지역 날씨도 확인하지 않겠다고 스스로 다짐하라.[2]

온라인에서 추적하는 또 다른 방식은 그 효과가 확실한, 돈의 흐름을 따라가는 것이다. 어쨌든 몇 가지 일에 돈을 지불해야 할 필요가 있으므로, 익명 전용 랩톱을 꺼내 공개 와이파이를 찾기 전에 먼저 할 일은 익명으로 선물 카드를 몇 장 구입하는 것이다. 선물 카드를 파는 곳은 키오스크나 카운터 근처에 감시 카메라가 있을 가능성이 크므로 각별히 유의해야 한다. 아니, 당신이 직접 사지 말아야 한다. 길거리에서 아무나 골라 약간의 대가를 지불하고 대신 선물 카드를 사달라고 부탁한 후에 안전한 거리만큼 떨어져서 기다려야 한다.

하지만 그 일을 어떻게 할까? 내가 한 방법처럼, 주차장에서 낯선 사람에게 자신의 전 배우자가 가게에서 일하기 때문에 얼굴을 마주치기가 곤란해서 그런다거나 다른 그럴듯한 핑계를 대라. 어쩌면 법원의 접근 금지 명령을 받았다고 둘러댈 수도 있다. 대신 구매해주는 대가로 현금 100달러를 주겠다고 하면 대부분 선선히 부탁을 들어줄 것이다.

이제 가게 안에 들어가 선불 카드를 사줄 대리인을 구했다. 어떤 카드를 사야 할까? 100달러짜리 선불 카드를 여러 장 구매할 것을 권한다. 충전 가능한 신용카드는 이용하기 위해 등록할 때 '패트리어트법'에 따라 실명을 제공해야 하므로 구매해서는 안 된다. 이런 카드를 사면 본인의 실명, 주소, 생년월일, 그리고 사회보장번호를 대야 하고, 이 정보는 신용 조사 기관에 저장돼 있는 정보와 대조, 비교된다. 가명이나 타인의 사회보장번호를 대는 것은 위법이고, 그 정도의 위험을 감수할 만한 가치가 없다.

우리는 온라인에서 눈에 띄지 않으려는 것이지 범법 행위를 저지르려는 것은 아니다.

대리인에게 바닐라 비자Vanilla Visa나 바닐라 마스터카드의 100달러짜리 선물 카드를 세븐일레븐이나 월마트, 혹은 대형 쇼핑몰에서 여러 장 구입해달라고 부탁하라. 이것은 선물로 주기도 하고, 여느 신용카드처럼 쓸 수도 있다. 이 카드들은 발급받는 데 아무런 신원 정보도 제공할 필요가 없다. 그리고 현금을 내고 익명으로 구입할 수 있다. 유럽 연합 회원국에 살고 있다면 viabuy.com 을 통해 신용카드를 익명으로 주문해야 한다. 유럽에서는 이 카드를 우체국으로 발송하는데, 카드를 찾는 데 신분증이 필요 없다. 내가 알기로 이들은 PIN 번호를 보내고, 구매자는 그 숫자를 이용해 우편물 투입함을 열게 되므로 익명을 유지한 채 카드를 픽업할 수 있다(감시 카메라가 없다는 가정하에).

그러면 어디에서 익명 전용 랩톱을 쓰고, 익명으로 구입한 선불 카드를 쓸 수 있을까?

값싼 광학 저장 매체가 널리 보급되면서 무료 와이파이 서비스를 제공하는 기업들은 여러 해 분량의 감시 카메라 영상을 저장할 수 있다. 그 덕분에 수사관으로서는 해당 영상을 구해 잠재 용의자들을 찾기가 상대적으로 쉬워졌다. 용의자의 방문 기간으로 범위를 좁힌 후에 수사관은 로그를 분석하고 무선 네트워크상에서 인증된 MAC 주소들 중에서 당신의 MAC 주소와 일치하는 것을 찾는다. 그것이 바로 무료 와이파이에 접속할 때마다 MAC 주소를 바꾸는 것이 중요한 이유다. 먼저 근처에서 무료 와이파이를 제공하는 곳과 인접한 장소를 물색할 필요가 있다. 예를 들면, 스타벅스나 무료 와이파이를 제공하는 카페 옆에 중식당이 있을 수 있다. 와이파이 서비스가 제공되는 곳과 서로 접한 벽 근처 테이블에 앉아라. 와이파이 스피드가 약간 느리다고 느낄 수도 있지만 상대적으로 더 확실한 익명성을 보장받을 수 있다(적어도 수사관이 주변 지역을 찍은 모든 감시 카메라의 영상을 보기 시작할 때까지).

일단 무료 와이파이에서 인증을 하면 당신의 MAC 주소는 기록되고 저장될 가능성이 높다. 데이비드 퍼트레이어스 장군의 내연녀 스캔들이 기억나는가? 그녀의 호텔 체크인 날짜와 시간이, 그녀의 MAC 주소가 해당 호텔의 네트워크에 나타난 날짜 및 시간과 일치한 사실도 기억나는가? 이 같은 단순한 실수 때문에 익명성이 무산되는 사태는 당신도 원치 않을 것이다. 그러니 공개 와이파이에 접속할 때마다 MAC 주소를 바꾸는 것을 잊지 말라.

현재까지는 꽤 단순해 보인다. 익명 전용으로 사용할 별도의 랩톱을 구입한다. 익명으로 선물 카드를 구매한다. 감시 카메라를 피해 인접한 곳에서 접속할 수 있는 와이파이 네트워크를 찾는다. 그리고 무료 와이파이에 접속할 때마다 MAC 주소를 바꾼다.

물론 그보다 더 많은 주의 사항들이 있다. 훨씬 더. 위 내용은 시작에 불과하다.

대리인을 구할 일이 하나 더 있다. 이번에는 더 중요한 구매를 위해서다. 개인용 핫스팟 중계기. 앞에 언급한 대로, 내가 FBI에 잡힌 것은 내가 셀폰과 모뎀을 이용해 전 세계의 시스템들에 접속하는 과정에서 셀폰이 계속 동일한 기지국을 거친다는 점이 파악됐고, 그로부터 FBI가 나의 고정된 위치를 추정할 수 있었기 때문이다. 자주 이용되는 기지국이 파악되면 무선 방향 탐지기를 이용해 트랜시버(나의 셀폰)의 위치를 알아내기는 쉽다. 이런 취약점은 대리인을 고용해 버라이즌(혹은 AT&T나 T-모바일) 대리점에서 셀룰러 데이터를 이용해 인터넷에 접속할 수 있도록 해주는 개인용 핫스팟 장비를 구매함으로써 해소할 수 있다. 이것은 자신만의 인터넷 접속 장비를 갖게 돼 공개 와이파이를 찾아다닐 필요가 없다는 뜻이다. 가장 중요한 대목은 개인용 핫스팟 장비를 고정된 위치에서 너무 오래 사용하면 익명성을 유지하기가 어려워질 수 있다는 점이다.

대리인을 구할 때 그가 당신 차의 번호판이나 어떤 식으로든 당신을 식별할 수 있을 만한 단서를 보지 않도록 유념하라. 비용은 물론 현금으로 지급하라. 핫스팟 장비 값으로 200달러를 주고 대리인이 장비를 사오면 수고비로 100달러를 주는 식이다. 무선 통신 회사 측은 당신의 대리인에게 아무런 식별 정보도 없는 개인용 핫스팟을 판매할 것이다. 그것을 사는 김에 만약을 대비해 데이터 추가용 충전 카드도 몇 장 구입하는 게 어떤가? 대리인이 당신의 돈만 받고 도망가버리지 않길 바라지만, 익명성을 확보하기 위해서는 감수할 만한 위험이다. 나중에는 비트코인을 써서 핫스팟을 충전할 수 있다.[3]

일단 휴대용 핫스팟 장비를 익명으로 구매하고 나면, 익명 전용 랩톱의 경우와 마찬가지로, 절대로, 절대로, 절대로 해당 장비를 집에서 켜지 않는 것이 매우 중요하다. 켤 때마다 핫스팟은 가장 가까운 기지국을 등록한다. 당신은 집이나 사무실이나 자 주 찾는 장소가 무선 통신 서비스 회사의 로그 파일에 나타나는 것을 원치는 않을 것이다.

그리고 익명 전용 랩톱이나 대포폰이나 익명의 핫스팟을 켠 장소에서 실명으로 등록된 휴대 전화나 랩톱을 절대로 켜지 말라. 분리는 매우 중요하다. 당신을 당신의 익명과 연결 짓는 어떤 기록도 나중에 모든 노력을 수포로 돌아가게 만들 수 있다.

선불 선물 카드, 선불 데이터 플랜으로 구입한 개인용 핫스팟(둘 다 익명으로, 당신의 신원을 전혀 모르는 다른 두 대리인을 고용해 구매했다.)으로 무장한 지금, 우리는 거의 준비가 됐다. 거의.

이 시점부터는 모든 온라인 계정을 만들고 접속하는 데, 이용자의 IP 주소를 끊임없이 바꿔주는 토르 브라우저를 항상 이용해야 한다.

시작 단계 중 하나는 토르를 이용해 익명의 이메일 계정을 두어 개 만드는 것이다. 이것은 로스 얼브릭트가 무시하고 실행하지 않았던 작업이다. 앞 장에서 본 것처럼, 그는 다크 웹에서 자신의 실크 로드 비즈니스를 운영하면서 한 차례 이상 자신의 실명 이메일을 이용했다. '데드 파이어럿 로버츠'라는 가명과 로스 얼브릭트라는 실명 간의 무의식적인 교차 사용은 수사관들로 하여금 두 이름이 한 사람과 연계돼 있음을 확인시켜주는 단서가 됐다.

지메일, 핫메일, 아웃룩, 야후 등 대다수 이메일 서비스 업체는 오용을 방지하기 위해 모바일 폰을 이용한 인증을 요구한다. 이는 당신의 모바일 번호를 제공해야 하고, 등록 과정에서 그 신원을 확인하는 문자 메시지가 해당 모바일로 날아온다는 뜻이다.

대포폰을 쓰는 경우에도 위에 예로 든 것과 같은 상업용 이메일 서비스들을 여전히 이용할 수 있다. 하지만 그 대포폰과 충전 카드는 안전하게 취득된 것이어야 한다. 다시 말해, 당신을 모르는 대리인을 통해 현금으로 구입된 것이어야 한다는 뜻이다. 일단 대포폰을 확보하면, 실명으로 등록된 다른 어떤 셀룰러 기기와 근접한 위치에서 사용해서는 결코 안 된다. 다시 강조하건대 대포폰을 쓰는 경우 개인용 휴대폰은 집에 남겨두라.

비트코인을 온라인으로 구매하려면 익명으로 만든 이메일 주소와 비트코인 지갑이 적어도 두 개는 있어야 한다. 그러면 어떻게 에드워드 스노든과 로라 포이트라스가 만든 것과 같은 익명의 이메일 주소를 만들까?

내가 직접 시험해본 결과, 토르를 이용해 프로톤메일닷컴protonmail.com과 튜타노타닷컴tutanota.com에서 이메일 계정을 만들 수 있었고, 양쪽 다 나의 신원을 확인하는 어떤 요청도 하지 않았다. 둘 다 셋업 과정에서 본인 확인을 위한 어떤 질문도 하지 않았다. 당신도 직접 여러 이메일 서비스 업체를 찾아보고 계정 등록 과정에서 모바일 폰 번호를 요구하는지 점검해볼 수 있다. 새 계정을 만드는 얼마만큼의 정보를 요구하는지도 파악해볼 수 있다. 또 다른 이메일 서비스 후보는 패스트메일닷컴fastmail.com이다. 지메일만큼 기능이 풍부하지는 않지만 유료 서비스이므로 이용자의 데이터를 스캔해 분석하거나 광고를 띄우지 않는다.

이제 우리는 토르 브라우저와 테일즈 운영체제가 깔린 랩톱, 대포폰, 익명으로 구입한 여러 장의 선불 선물 카드, 역시 익명으로 구입한 데이터 플랜을 갖춘 익명의 핫스팟을 확보했다. 하지만 아직 우리는 준비가 끝나지 않았다. 익명을 유지하기 위해서는 익명으로 구입한 선불 선물 카드들을 비트코인으로 전환할 필요가 있다.

　　　　　6장에서는 가상 화폐인 비트코인을 다룬 바 있다. 비트코인 그 자체로는 익명성이 보장되지 않는다. 이른바 '블록체인'을 통해 구매 소스로 소급될 수 있고, 마찬가지로 모든 이후의 구매도 추적될 수 있다. 따라서 비트코인 그 자체로는 당신의 신원을 숨겨주지 않는다. 우리는 비트코인을 익명성의 메커니즘을 통해 세탁해야 한다. 선불 선물 카드를 비트코인으로 전환한 후, 이를 일련의 세탁 서비스 과정을 거치게 하는 것이다. 이 과정으로 확보한 익명화된 비트코인은 이후 비용 지불에 이용될 것이다. 이를테면 VPN 서비스 비용, 휴대용 핫스팟이나 대포폰의 데이터 이용료 등을 지불하는 데 세탁된 비트코인이 쓰일 것이다.

　토르를 써서, 팩스풀닷컴paxful.com이나 다른 비트코인 지갑 사이트들에 최초 비트코인 지갑을 만들 수 있다. 몇몇 사이트들은 앞에 언급한 바닐라 비자나 바닐라 마스터카드 같은 선불 선물 카드로 비트코인을 살 수 있도록 중개한다. 단점은 이런 서비스를 이용하기 위해 적어도 50% 수준의 막대한 프리미엄을 지불해야 한다는 점이다. 팩스풀닷컴은 이베이 경매 사이트처럼 비트코인 판매자와 구매자를 연결해주는 사이트다.

　익명성 확보에 높은 비용이 든다는 점은 분명하다. 거래 과정에서 더 적은 신원 정보를 제공할수록 지불해야 하는 비용은 더 높다. 납득할 만하다. 비트코인을 파는 사람들은 판매자의 신원을 확인하지 않음으로써 커다란 리스크를 떠안는 셈이기 때문이다. 나는 익명으로 구매한 바닐라 비자 선물 카드를 써서 1.7달러 대 1달러의 비율로 비트코인을 구매했는데, 터무니없이 비싼 값이었지만 익명 유지를 위해서는 필요한 거래였다.

　비트코인은 그 자체로는 익명이 아니라고 말한 바 있다. 예를 들면, 내가 일정한 선불 선물 카드로 비트코인을 구매했다는 기록은 남아있다. 수사관은 나의 비트코인을 선물 카드로 소급해 추적할 수 있다는 이야기다.

하지만 비트코인을 세탁해 그런 연결을 지워버리는 방법이 있다.

돈 세탁은 범법자들이 늘 하는 행위다. 마약 밀수에 가장 흔히 이용되지만 화이트칼라 금융 범죄에서도 한몫을 담당한다. 세탁은 돈의 본래 소유권을 프라이버시 법이 엄격한 해외 여러 나라의 은행들로 돈을 송금함으로써 위장한다는 뜻이다. 가상 화폐에서도 그와 비슷한 일이 가능하다.

온라인에는 다양한 출처들에서 비트코인을 빼내 한데 뒤섞음으로써('텀블' 이라고 표현) 비트코인의 본래 가치는 유지하되 이전의 여러 소유 흔적을 지워버리는 '텀블러'라는 서비스가 존재한다. 이를 통하면 나중에 어떤 소유자가 어떤 구매 행위를 했는지 파악하기가 어려워진다. 하지만 사기가 기승을 부리니 각별히 주의해야 한다.

나는 운에 맡겨보기로 했다. 온라인에서 세탁 서비스를 하나 찾았고, 이들은 거래 과정에서 추가 수수료를 받았다. 하지만 비트코인의 가치 자체는 내가 원했던 수준으로 인정받았다. 하지만 여기에서 고려해야 할 대목은 해당 세탁 서비스가 내가 가진 익명의 이메일 주소 중 하나와, 거래에 이용된 양쪽의 비트코인 주소들을 알게 됐다는 점이다. 그래서 더 추적이 어렵도록 하기 위해 나는 비트코인을, 새로운 토르 서킷을 열면서 설정한 두 번째 비트코인 지갑으로 옮겼고, 그로부터 나와 내가 방문하려는 사이트 간에 경유지를 하나 더 만들었다. 이제 거래 과정은 확실히 모호해져서, 두 비트코인 주소가 동일한 인물 소유라는 사실을 나중에 누군가가 파악하기는 매우 어려워졌다. 물론, 내가 이용한 비트코인 세탁 서비스가 정부 수사 기관이나 제3자에 협조해 두 비트코인 주소를 제공할 수도 있다. 선불 선물 카드를 안전하게 구매하는 것이 매우 중요한 이유다.

선물 카드로 비트코인을 구매하고 난 다음에는 그 플라스틱 카드를 확실하게 폐기 처분하는 것도 잊지 말길 바란다(집에서 쓰레기통에 버리는 것은 바람직하지 않다). 플라스틱 카드도 자를 수 있다고 표시된 꽃가루식cross-cut 세단기로 자른 후, 그 조각들을 집이나 사무실에서 떨어진 아무 쓰레기통에나 버릴 것을 추천한다. 세탁된 비트코인을 받으면 프라이버시를 보장받을 수 있는 VPN 서비스를 설정할 수 있다. 익명을 유지하는 데 가장 중요한 원칙은 어떤 VPN 서비스 제공사도, 특히 아무런 로그 기록도 보유하지 않는다고 주장하는 곳들도 믿어서는 안 된다는 점이다. 실상 이들은 정부 수사 기관이나 NSA가 요구하면 당신의 세세한 정보를 토해낼 공산이 크다.

예를 들면, 나는 자체 네트워크 안에서 생긴 오류나 에러를 고칠 수 없는 VPN 서비스 제공사가 있다고 상상할 수 없다. 그리고 그런 작업을 수행하자면 로그 기록이 필요하다. 예컨대 서비스 이용자와 그들의 IP 주소를 비교하고 대조하는 데 쓰일 수 있는 연결 로그들이다.

이처럼 VPN 서비스 제공사들 중 최고로 꼽히는 곳도 믿을 수 없으므로 우리는 토르 브라우저를 통해 세탁된 비트코인으로 VPN 서비스를 구매해야 한다. VPN 서비스 제공사의 약관과 프라이버시 정책을 살펴보고 그중 가장 낫다고 여겨지는 곳을 선택하길 바란다. 완벽한 곳은 없으니 그중 상대적으로 나은 서비스 제공사를 골라라. 익명을 유지하려면, 어떤 서비스 제공 회사도 신뢰해서는 안 된다는 점을 명심하라. 단 하나의 에러로도 진짜 신원이 드러날 수 있음을 명심하고 자기 스스로 해결해야 한다.

당신은 방금 토르나 테일즈가 깔린 익명 전용 랩톱으로 익명 구입한 핫스팟을 통해 세탁된 비트코인으로 구매한 VPN 서비스로 인터넷에 접속한 후, 한 단계 더 세탁한 비트코인을 이용해 쉬운 부분(설정)을 마쳤다. 여기까지 오기 위해 당신은 200달러, 어쩌면 500달러까지 쓰겠지만 모든 조각들은 임의로 분산돼 있으므로 당신의 정체는 쉽게 추적되지 않을 것이다. 이제 어려운 대목이 남았다. 익명성을 유지하는 일이다.

우리가 지금까지 해온 모든 설정과 절차는 한 번의 실수나 착각으로, 가령 익명의 핫스팟을 집에서 쓴다거나, 익명으로 작업하는 곳에서 본인의 실명과 연계된 셀폰이나 태블릿, 혹은 다른 셀룰러 장비를 켜는 순간 물거품이 될 수 있다. 그 한 번의 실수만으로도 포렌식 전문가나 수사관은 무선 통신 회사의 로그를 분석해 당신의 위치와 신원을 파악할 수 있다. 익명 접속과 동시에 당신의 셀룰러 장비가 동일한 장소에서 인지되는 패턴이 발견된다면, 이는 당신의 진짜 신분이 발각되는 결과로 이어질 수 있다.

나는 이와 같은 사례를 이미 여러 번 들었다.

자, 만약 당신의 익명 유지에 문제가 생겨서 다른 익명 행위에 착수하기로 결정했다면, 이 절차를 처음부터 다시 거쳐야 할지도 모른다(익명 전용 랩톱을 와이핑한 후 운영체제를 재설치하고, 비트코인 지갑으로 익명의 이메일 계정을 새로 만들고, 다른 익명의 핫스팟을 구입하는 과정 말이다). 에드워드 스노든과 로라 포이트라스가 둘 다 익명의 이메일 계정이 이미 있음에도 불구하고 두 사람끼리만 교신하기 위해 추가로 익명의 이메일 계정을 설정한 사실을 상기하라. 이것은 본래 설정한 익명 계정이 발각됐다고 의심되면 반드시 필요한 작업이다. 그렇지 않으면 (새로운 토르 서킷을 만든 후) 토르 브라우저로 익명의 핫스팟과 VPN을 통해 다른 페르소나로 가장해서 인터넷에 접속할 수 있다.

내가 제시한 추천 사항들을 어느 정도나 수용할지는 물론 당신에게 달렸다.

설령 내 조언을 따른다고 해도, 다른 쪽의 누군가가 당신을 인지할 가능성은 여전히 존재한다. 어떻게? 당신이 타이핑하는 방식으로.

사람들이 이메일을 쓰거나 소셜 미디어 포스팅에 댓글을 달 때 저마다 어떤 특정한 언어 선택을 하는지에 초점을 맞춘 연구가 많다. 그런 단어들을 분석함으로써 연구자들은 종종 글쓴 이의 성별과 인종을 판별할 수 있다. 하지만 그 이상으로 더 구체적일 수는 없다.

과연 그럴까?

세계 제2차 대전 당시 영국 정부는 독일군의 통신을 가로채기 위해 전국에 걸쳐 많은 청음초를 세웠다. 연합국 진영은 그로부터 얼마 후 메시지를 해독하는 영국정보암호학교를 블레츨리 파크에 세웠고, 이곳에서 독일의 이니그 마^{Enigma} 암호를 깼다. 초기, 독일의 전신 메시지를 가로채는 블레츨리 파크의 해독 요원들은 점들과 선들 사이의 간격에 근거해 전송자의 일정한 특성을 식별할 수 있었다. 이를테면, 이들은 전신 오퍼레이터가 새로 배치된 것을 인지할 수 있었고, 심지어 그 오퍼레이터들에게 이름까지 붙이기 시작했다.

어떻게 단순한 점과 선들이 그것을 전송하는 사람의 신원을 노출할 수 있었을까?

송신자가 키를 치고 다시 키를 치기까지의 시간 간격은 측정될 수 있다. 이런 시간 간격의 차이로 분별하는 방법은 나중에 '송신자의 주먹'으로 알려지게 됐다. 다양한 모르스 부호 키 오퍼레이터들이 그들만의 독특한 '주먹들'에 의해 식별될 수 있었다. 그것은 전신의 설계 의도가 아니었지만(메시지 자체에 신경을 쓰지, 누가 메시지를 보냈는지 누가 신경쓰랴?), 이 경우 독특한 두드림 방식은 암호 해독 과정에서 나온 흥미로운 부산물이었다.

요즘은 디지털 기술의 진보와 더불어, 전자 장비들은 각 개인이 컴퓨터 키보드를 누를 때 나타나는 나노초 수준의 차이(각 키가 눌려 있는 시간뿐 아니라 다음 키 입력이 얼마나 빨리 이어지는지)까지 측정할 수 있다. 그것은 정상적으로 타이핑하는 사람과 '독수리 타법'으로 키보드를 찍는 사람 간의 차이를 분별할 수 있다. 거기에 선택된 단어들에 대한 분석을 더하면 익명 통신의 경우도 많은 정보를 노출할 수 있다.

자신의 IP 주소까지 익명화하는 수고를 거친 경우라면 이것은 문제가 아닐 수 없다. 다른 쪽에 있는 사이트는 여전히 당신을, 무엇인가 기술적인 이유가 아니라 무엇인가 독특한 인간적 특성에 근거해 인식할 수 있기 때문이다.

토르로 익명화된 웹사이트에서 당신의 키보드 타이핑 프로필을 추적하기로 결정했다고 가정하자. 그 사람들은 악의를 품고 당신에 대해 더 많은 정보를 빼내려는 목적일 수 있다. 혹은 경찰과 공조하는지도 모른다.

많은 금융 기관들은 계좌 고객들을 더 확실히 인증하기 위해 이미 타이핑 분석 기법을 쓰고 있다. 그럼으로써 혹시 누군가가 고객의 ID와 암호를 빼냈다고 하더라도 본인만의 타이핑 방식이나 리듬까지 가장할 수는 없으므로 고객의 진위를 가릴 수 있다. 이런 점은 온라인을 통한 인증을 원하는 경우 퍽 믿음직스럽다. 하지만 만약 그렇지 못하다면?

타이핑 분석 기법을 적용하기가 지나치게 쉽다는 점에 착안해, 보안 연구자인 페르 토르스하임과 폴 무어는 '키보드 프라이버시'라고 불리는 크롬 브라우저용 플러그인을 개발했다. 이 플러그인은 이용자의 개별 타이핑 기록을 캐시cache로 저장한 후 다른 간격으로 바꿔 재생한다. 이용자의 정상적인 타이핑 리듬을 임의로 변환해 온라인에서의 익명성을 확보하는 수단으로 활용하자는 의도다. 이 플러그인은 익명으로 인터넷을 이용하는 사람들의 익명성을 더욱 강화할 수 있다.[4]

지금까지 본 것처럼, 온라인에서 당신의 실명 인생과 익명 인생을 분리 유지하는 것은 가능하지만 지속적인 경계심을 필요로 한다. 앞 장에서 은닉 시도의 드라마틱한 실패 사례를 거론한 바 있다. 그 사례들은 그럴듯해 보였지만 숨으려는 시도가 지나치게 근시안적이었다.

로스 얼브릭트의 경우, 그는 자신의 또 다른 아이덴티티를 어떻게 관리할지에 관해 충분히 사려 깊게 계획하지 않았고, 그래서 익명의 이메일 대신 자신의 실명 이메일을 특히 초기에 쓰곤 했다. 조사자는 구글의 심층 검색 기능을 통해 실크 로드를 만든 수수께끼의 인물을 밝혀내기에 충분한 정보를 뽑아낼 수 있었다.

그러면 정부 기관들의 감시를 우려하는 에드워드 스노든이나 그와 비슷한 처지의 다른 사람들은 어떻게 처신할까? 예를 들면 스노든은 트위터 계정이 있다. 다른 꽤 많은 프라이버시 전문가들도 마찬가지다(그러지 않으면 달리 어떻게 그들을 허심탄회한 온라인 대화에 끌어들이겠는가?). 그럼에도 이들이 눈에 띄지 않을 수 있는 이유는 다음 두 가지 가능성 중 하나로 설명할 수 있다.

이들은 적극적인 감시를 받고 있지 않다. 정부나 정부 기관은 표적이 어디에 있는지 정확히 파악하고 있지만 신경 쓰지 않는다. 그런 경우 감시 대상이 범법 행위를 저지르지 않는다면, 이들이 한 순간도 경계심을 늦추지 않았다고 누가 자신 있게 말할 수 있는가? 이들은 토르 브라우저만 이용해 자신들의 익명 이메일을 쓴다고 주장할지 모르지만, 넷플릭스 구매에도 같은 익명 계정을 쓰고 있을지 알 수 없다.

감시를 받고 있지만 체포가 불가능하다. 이것은 스노든의 상황을 매우 잘 묘사한다고 생각한다. 그가 자신의 익명성을 어느 순간에 흘렸을 수 있고, 지금도 일거수일투족이 면밀히 추적되고 있을 것이다. 하지만 그는 러시아에 살고 있다. 러시아는 그를 체포해 미국으로 돌려보낼 분명한 이유가 없다.

내가 '흘렸을'이라고 표현한 데 주목할 필요가 있다. 놀라울 만큼 온갖 세목들에 주의를 기울이지 않는 한 두 개의 삶을 확고하게 분리해 살기는 정말로 어렵다. 나는 그것을 안다. 이미 겪어봤다. 나는 셀폰 네트워크를 통해 컴퓨터에 접속할 때 고정된 위치를 이용하는 실수를 저질렀다. 방심한 것이다.

보안 분야에서 회자되는, 충분한 시간과 자원만 주어지면 끈질긴 공격자가 결국 성공한다는 말에는 진실이 숨어있다. 나는 클라이언트의 보안 통제 상황을 테스트할 때마다 늘 성공한다. 익명 뒤에 숨으려고 노력할 때 우리가 실제로 하는 일은 가능한 한 많은 장애물을 세워서 공격자가 결국 포기하고 다른 표적으로 넘어가게 만드는 것이다.

우리들 대부분은 그저 잠시만 숨어있으면 된다. 당신을 해고하려고 찾아온 상사를 피하는 것. 변호사를 고용해 당신에게 불리한 것은 무엇이든 찾으려 혈안이 된 전 배우자를 피하는 것. 페이스북에서 당신의 사진을 보고 귀찮게 따라다니며 괴롭히는 징그러운 스토커를 피하는 것. 숨으려고 하는 이유가 무엇이든, 내가 지금까지 설명한 방안들은 당신이 곤경에서 빠져나갈 수 있게 도와줄 것이다.

작금의 디지털 세계에서 익명으로 지내기 위해서는 많은 작업과 끊임없는 경계심이 요구된다. 개인마다 익명 유지에 필요한 요구 사항들은 다르다(암호를 보호하고 기밀 문서를 동료들이 보지 못하게 해야 하는가?). 당신을 스토킹하는 팬으로부터 숨어야 하는가? 내부고발자어서 정부 수사 기관의 손길을 피해야 하는가?

개인마다 독특한 요구 사항이, 그가 바라는 수준의 익명성을 유지하는 데 필요한 조치의 내용을 결정한다. 강력한 암호를 설정하거나 사무실 프린터가 해커의 침투 통로가 되지 않도록 펌웨어를 업데이트하는 수준부터, 익명성을 확보하기 위해 거쳐야 하는 온갖 요령과 주의 사항에 이르기까지.

하지만 일반적으로 우리는 모두 어떻게 하면 디지털 세계에서 우리의 지문을 최소화할 수 있는지에 관해 일정 부분 배울 수 있다. 이를테면 배경으로 집 주소가 훤히 보이는 사진을 온라인에 올리기 전에 한 번 더 생각해볼 수 있을 것이다. 또는 실제 생년월일과 다른 개인정보를 소셜 미디어 프로필로 올리기 전에. 또는 'HTTPS 에브리웨어' 익스텐션을 쓰지 않고 인터넷을 돌아다니기 전에. 또는 '시그널Signal' 같은 '시종 암호화' 툴을 쓰지 않은 채 기밀 전화를 걸거나 문자를 보내기 전에. 또는 OTR 없이 AOL, MSN 메신저, 혹은 구글 토크를 통해 의사에게 메시지를 보내기 전에. 또는 PGP나 GPG를 이용하지 않고 기밀 이메일을 보내기 전에 말이다.

우리는 우리 자신의 개인정보에 관해 전향적으로 생각해 설령 우리가 하는 행동이 그다지 심각하다고 여겨지지 않는 경우라도(이를테면 사진을 공유한다거나, 디폴트로 설정된 로그인과 암호를 잊고 바꾸지 않는다거나, 업무용 전화를 개인 용도로 쓴다거나, 자녀용 페이스북 계정을 설정한다거나) 우리는 실상 평생 후회하거나 다행스러워할 수 있는 문제에 대한 결정을 내리고 있는 것이다. 그러므로 우리는 실천해야 한다.

이 책은 우리의 소중한 프라이버시를 유지하면서 온라인에서 활동하는 방법에 관한 책이다. 모두가(컴맹부터 직업적 보안 전문가에 이르기까지) 이 기술을 마스터하려는 의도적 노력을 기울일 필요가 있다. 그것은 하루하루 시간이 지날수록 더욱 중요해지는 '은닉의 기술', 다시 말해 온라인에서 확실히 눈에 띄지 않을 수 있는 '익명의 기술'이다.

노트

여기서 제공하는 인터넷 주소(URL)들은 이 책이 번역된 시점(2017년 8월)에는 모두 유효하지만, 그 이후에는 주소가 바뀌었거나 삭제됐을 수도 있다.

들어가며

1. https://www.youtube.com/watch?t=33&v=XEVlyP4_11M
2. 스노은 처음에는 홍콩으로 갔고, 그다음에 망명을 허락받아 러시아로 거주지를 옮겼다. 이후 브라질과 다른 나라들에 망명을 신청한 바 있고, 공정한 재판을 보장받을 경우 미국 귀환도 배제하지 않는다고 밝혔다.
3. http://www.reuters.com/article/2011/02/24/idUSN2427826420110224
4. https://www.law.cornell.edu/supct/html/98-93.ZD.html
5. https://www.law.cornell.edu/uscode/text/16/3372
6. https://www.wired.com/2013/06/why-i-have-nothing-to-hide-is-the-wrong-way-to-think-about-surveillance/

1장. 암호는 뚫릴 수 있다!

1. https://www.apple.com/pr/library/2014/09/02Apple-Media-Advisory.html
2. http://anon-ib.com/. 이 사이트는 안전하지 않으며 혐오성 이미지도 포함하고 있다는 점에 유의한다.
3. http://www.wired.com/2014/09/eppb-icloud/
4. https://www.justice.gov/usao-mdpa/pr/lancaster-county-man-sentenced-18-months-federal-prison-hacking-apple-and-google-e-mail

5. https://arstechnica.com/security/2015/09/new-stats-show-ashley-madison-passwords-are-just-as-weak-as-all-the-rest/

6. http://www.openwall.com/john/

7. http://www.danstools.com/md5-hash-generator로 'MaryHadALittleLamb123$'를 넣으면 이런 해시 값이 나온다. '65d63a395dbac20c7f3de32b13b557ec'

8. http://news.bbc.co.uk/2/hi/technology/3639679.stm

9. http://www.consumerreports.org/cro/news/2014/04/smart-phone-thefts-rose-to-3-1-million-last-year/index.htm

10. http://www.mercurynews.com/2014/10/24/warrant-chp-officer-says-stealing-nude-photos-from-female-arrestees-game-for-cops/

11. https://arstechnica.com/security/2015/08/new-data-uncovers-the-surprising-predictability-of-android-lock-patterns/

12. http://archive.knoxnews.com/news/local/official-explains-placing-d%20avid%20-kernell-at-ky-facility-ep-406501153-358133611.html

13. https://www.wired.com/2008/09/palin-e-mail-ha/

14. http://fusion.net/story/62076/mothers-maiden-name-security-question/

15. https://en.wikipedia.org/wiki/Sarah_Palin_email_hack

16. https://www.pressreader.com/usa/the-commercial-appeal/20130725/281960310367698. http://edition.cnn.com/2010/CRIME/11/12/tennessee.palin.hacking.case/

17. https://www.symantec.com/connect/blogs/password-recovery-scam-tricks-users-handing-over-email-account-access

18. https://www.engadget.com/2016/06/10/hacker-hijacks-deray-by-redirecting-his-verizon-phone-number/

2장. 다른 누가 내 이메일을 읽을까?

1. 참고 삼아 설명하자면, 미 '국립 실종 및 학대 아동 센터'는 아동 성학대 이미지를 가려내어 번호를 붙이고, 구글을 비롯한 검색 엔진 회사들은 자동 스캔 시스템으로 자사 네트워크를 통과하는 이미지들 중에서 이런 이미지들만 찾아낸다(관련 기사: http://www.dailymail.co.uk/news/article-2715396/Google-s-email-scan-helps-catch-sex-offender-tips-police-indecent-images-children-Gmail-account.html).

2. http://www.braingle.com/brainteasers/codes/caesar.php

3. https://theintercept.com/2014/10/28/smuggling-snowden-secrets/

4. 예를 들면, 위키피디아 암호화 알고리즘 리스트가 나와 있다. https://en.wikipedia.org/wiki/Category:Cryptographic_algorithms

5. 메일벨로프는 아웃룩, 지메일, 야후 메일을 비롯해 여러 웹메일 서비스에서 작동한다(https://www.mailvelope.com/ 참조).

6. 지메일에서 메타데이터를 보려면 메시지를 골라 연 뒤, 메시지의 오른쪽 위 구석에 놓인 하향 화살표를 클릭한다. 여러 선택 사항('답장' '전체 답장' '전달' 등) 중 하나가 '원본 보기(Show Original)'다. 애플 메일의 경우, 메시지를 선택한 후 보기 〉 메시지 〉 모든 헤더(All Headers) 순이다. 야후는 '더 보기'를 클릭한 후 '전체 헤더 보기'를 선택한다. 다른 메일 프로그램도 비슷한 옵션을 보여준다.

7. http://www.bbc.com/future/story/20150206-biggest-myth-about-phone-privacy

8. https://immersion.media.mit.edu/

9. http://www.npr.org/2013/06/13/191226106/fisa-court-appears-to-be-rubberstamp-for-government-requests

10. 구글에 'IP 주소(IP Address)'라고 입력하면 접속돼 있는 IP 주소를 볼 수 있다.

11. https://play.google.com/store/apps/details?id=org.torproject.android

12. http://www.wired.com/threatlevel/2014/01/tormail/

13. https://www.theguardian.com/technology/2014/oct/28/tor-users-advised-check-computers-malware.

14. http://arstechnica.com/security/2014/07/active-attack-on-tor-network-tried-to-decloak-users-for-five-months/

15. 라즈베리 파이에서 구동되는 토르 박스에서는 가령 '포털(Portal)' 같은 것을 이용할 수 있다(https://github.com/grugq/PORTALofPi)

16. https://www.skype.com/en/features/online-number/

17. http://www.newyorker.com/magazine/2007/02/19/the-kona-files

18. 부연하건대, 구글이나 큰 이메일 서비스 업체를 이용하지 않는 것이 최선이지만 설명의 편의를 위해 구글을 언급했다.

3장. 도청 101

1. 안드로이드 스마트폰의 경우 통근 서비스에 자신의 개인 데이터가 공유되지 않도록 할 수 있다. 설정에 가서 찾기 & 지금(Search & Now) 〉 계정과 프라이버시 〉 통근 정보 공유를 선택한다. 애플은 비슷한 서비스를 제공하지는 않지만, 장차 iOS의 기능을 추가해 당신의 전화기 위치를 기반으로 더 효율적인 여행 계획을 짜도록 도와줄 가능성도 있다.

2. http://www.abc.net.au/news/2015-07-06/nick-mckenzie-speaks-out-about-his-brush-with-the-mafia/6596098

3. 실상은 이런 방법보다 비트코인을 이용하는 것이 더 바람직하다.

4. https://www.washingtonpost.com/news/the-switch/wp/2014/12/18/german-researchers-discover-a-flaw-that-could-let-anyone-listen-to-your-cell-calls-and-read-your-texts/?utm_term=.3337047caab1

5. https://arstechnica.com/gadgets/2010/12/15-phone-3-minutes-all-thats-needed-to-eavesdrop-on-gsm-call/

6. http://www.hollywoodreporter.com/thr-esq/anita-busch-michael-ovitz-at-414731

7. http://www.nytimes.com/2008/03/24/business/media/24pellicano.html

8. http://www.hollywoodreporter.com/thr-esq/anthony-pellicanos-prison-sentence-vacated-817558

9. http://www.cryptophone.de/en/products/landline/

10. https://www.kickstarter.com/projects/620001568/jackpair-safeguard-your-phone-conversation

11. http://spectrum.ieee.org/telecom/security/the-athens-affair

12. https://bits.blogs.nytimes.com/2007/07/10/engineers-as-counterspys-how-the-greek-cellphone-system-was-bugged/

13. https://play.google.com/store/apps/details?id=org.thoughtcrime.securesms

4장. 암호화하지 않으면 위험하다

1. http://caselaw.findlaw.com/wa-supreme-court/1658742.html

2. http://courts.mrsc.org/supreme/179wn2d/179wn2d0862.htm

3. http://komonews.com/news/local/justices-people-have-right-to-privacy-in-text-messages

4. http://m.democracynow.org/headlines/2016/10/26/46857

5. http://www.wired.com/2015/08/know-nsa-atts-spying-pact

6. http://espn.go.com/nfl/story/_/id/13570716/tom-brady-new-england-patriots-wins-appeal-nfl-deflategate

7. https://www.bostonglobe.com/sports/2015/07/28/tom-brady-destroyed-his-cellphone-and-texts-along-with/ZulYu0he05XxEeOmHzwTSK/story.html

8. DES 암호화가 뚫린 한 이유는 그것이 데이터를 한 번만 암호화하기 때문이었다. AES는

356

세 겹의 암호화를 적용하므로 비트 수와 무관하게 훨씬 더 강력한 보안성을 자랑한다.

9. 디스크리트는 더 이상 구할 수 없다.

10. https://twitter.com/kevinmitnick/status/346065664592711680. 다음 링크는 32비트 DES가 이용된 디스크리트의 좀 더 상세한 기술적 설명이다. https://www.cs.auckland. ac.nz/~pgut001/pubs/norton.txt

11. http://www.theatlantic.com/technology/archive/2014/06/facebook-texting-teens-instagram-snapchat-most-popular-social-network/373043/

12. http://www.pewinternet.org/2015/04/09/teens-social-media-technology-2015

13. http://www.forbes.com/sites/andygreenberg/2014/02/21/whatsapp-comes-under-new-scrutiny-for-privacy-policy-encryption-gaffs/

14. https://www.wired.com/2016/10/facebook-completely-encrypted-messenger-update-now/

15. https://community.skype.com/t5/English-Vault/Skype-to-Skype-call-recording/td-p/2064587

16. https://www.eff.org/deeplinks/2011/12/effs-raises-concerns-about-new-aol-instant-messenger-0

17. http://www.wired.com/2007/05/always_two_ther/

18. http://venturebeat.com/2016/08/02/hackers-break-into-telegram-revealing-15-million-users-phone-numbers/

19. http://www.csmonitor.com/World/Passcode/2015/0224/Private-chat-app-Telegram-may-not-be-as-secretive-as-advertised

20. https://otr.cypherpunks.ca/

21. https://chatsecure.org/

22. https://guardianproject.info/apps/chatsecure/

23. https://crypto.cat/

24. https://getconfide.com/

5장. 검색 엔진들과의 숨바꼭질

1. https://www.techdirt.com/articles/20150606/16191831259/according-to-government-clearing-your-browser-history-is-felony.shtml

2. http://www.cbc.ca/news/trending/clearing-your-browser-history-can-be-deemed-obstruction-of-justice-in-the-u-s-1.3105222

3. http://ftpcontent2.worldnow.com/whdh/pdf/Matanov-Khairullozhon-indictment.pdf

4. https://www.eff.org/https-everywhere

5. http://www.tekrevue.com/safari-sync-browser-history/

6. http://www.theguardian.com/commentisfree/2013/aug/01/government-tracking-google-searches

7. https://myaccount.google.com/intro/privacy

8. http://www.fastcompany.com/3026698/inside-duckduckgo-googles-tiniest-fiercest-competitor

6장. 마우스 클릭마다 우리는 감시당한다

1. https://timlibert.me/pdf/Libert-2015-Health_Privacy_on_Web.pdf

2. 이 책을 쓰면서 '무좀'에 대한 검색 결과를 비공식 테스트해본 결과, 메이오 클리닉의 경우 그 파트너 회사들이 보낸 스물한 개의 정보 요청을 크롬 브라우저가 차단했고, 웹엠디는 열두 개의 불량 플러그인을 차단했다.

3. 당신의 브라우저가 유출하는 정보의 세목을 알고 싶다면 http://browserspy.dk/를 참고한다.

4. https://noscript.net/

5. https://chrome.google.com/webstore/detail/scriptblock/hcdjknjpbnhdoabbngpmfeka ecnpajba?hl=en

6. https://www.ghostery.com

7. 여기에서 '우편물 배달지'는 UPS 스토어 같은 상업용 우편함 서비스를 가리킨다. 비록 많은 곳들이 개별 우편함을 빌려주기 전에 신분증을 요구하지만, 집 주소보다는 프라이버시가 더 보장된다.

8. http://www.wired.com/2014/10/verizons-perma-cookie/

9. http://www.pcworld.com/article/2848026/att-kills-the-permacookie-stops-tracking-customers-internet-usage-for-now.html

10. https://www.verizonwireless.com/support/unique-identifier-header-faqs/

11. http://www.reputation.com/blog/privacy/how-disable-and-delete-flash-cookies

12. http://en.wikipedia.org/wiki/Samy_Kamkar

13. https://github.com/samyk/evercookie

14. http://venturebeat.com/2015/07/14/consumers-want-privacy-yet-demand-personalization/

15. http://www.businessinsider.com/facebook-will-not-honor-do-not-track-2014-6

16. https://chrome.google.com/webstore/detail/disconnect-for-facebook/elppmalckcjen ppijmclcgfbmdnnhegl?hl=en

17. https://facebook.adblockplus.me/

18. https://zephoria.com/top-15-valuable-facebook-statistics/

19. http://www.latimes.com/business/la-fi-lazarus-20150417-column.html

20. https://www.propublica.org/article/meet-the-online-tracking-device-that-is-virtually-impossible-to-block#

21. https://addons.mozilla.org/en-us/firefox/addon/canvasblocker/

22. https://chrome.google.com/webstore/detail/canvasfingerprintblock/ipmjngkmngdcdp mgmiebdmfbkcecdndc?hl=en-US

23. https://trac.torproject.org/projects/tor/ticket/6253

24. https://www.technologyreview.com/s/538731/how-ads-follow-you-from-phone-to-desktop-to-tablet/

25. https://theintercept.com/2014/10/28/smuggling-snowden-secrets/

7장. 돈을 내거나 모두 잃거나

1. http://www.computerworld.com/article/2511814/security0/man-used-neighbor-s-wi-fi-to-threaten-vice-president-biden.html

2. http://www.computerworld.com/article/2476444/mobile-security-comcast-xfinity-wifi-just-say-no.html

3. http://customer.xfinity.com/help-and-support/internet/disable-xfinity-wifi-home-hotspot/

4. 비트토렌트는 영화를 스트리밍으로 전송해주는 서비스로, 이들 중 일부는 정당한 저작권자가 아니다.

5. http://blog.privatewifi.com/why-six-strikes-could-be-a-nightmare-for-your-internet-privacy/

6. 802.11 무선 근거리 통신망(LAN)의 기본 요소를 제공하는 기본 서비스 세트(BSS)라는 것도 있다. 각 BSS나 확장 서비스 세트(ESS)는 SSID에 의해 식별된다.

7. http://www.techspot.com/guides/287-default-router-ip-addresses/

8. http://www.routeripaddress.com/

9. 허가된 기기의 MAC 주소는 '와이어샤크(Wireshark)'라는 침투 시험 툴을 이용하면 쉽게 알아낼 수 있다.

10. https://www.pwnieexpress.com/blog/wps-cracking-with-reaver

11. http://www.wired.com/2010/10/webcam-spy-settlement/

12. http://www.telegraph.co.uk/technology/internet-security/11153381/How-hackers-took-over-my-computer.html

13. https://www.blackhat.com/docs/us-16/materials/us-16-Seymour-Tully-Weaponizing-Data-Science-For-Social-Engineering-Automated-E2E-Spear-Phishing-On-Twitter.pdf

14. https://www.wired.com/2010/01/operation-aurora/

15. http://www.nytimes.com/2015/01/04/opinion/sunday/how-my-mom-got-hacked.html

16. http://arstechnica.com/security/2013/10/youre-infected-if-you-want-to-see-your-data-again-pay-us-300-in-bitcoins/

17. https://securityledger.com/2015/10/fbis-advice-on-cryptolocker-just-pay-the-ransom/

8장. 누구도 아무것도 믿지 말라

1. 공개 와이파이가 전 세계 공통은 아니라는 점에 주목할 필요가 있다. 예컨대 싱가포르에 있는 호텔이나 맥도날드 레스토랑 밖에서 공개 와이파이를 쓰려면 등록해야 한다. 지역 주민들은 싱가포르의 셀폰 번호가 있어야 하고, 관광객은 승인을 받기 전에 당국에 여권을 제출해야 한다.

2. https://business.f-secure.com/the-dangers-of-public-wifi-and-crazy-things-people-do-to-use-it/

3. https://www.securityforrealpeople.com/2015/05/is-your-home-router-spying-on-you.html

4. VPN 서비스 제공업체를 선정할 때 고려해야 할 사항이 많다. 다음 사이트를 참조하길 바란다. https://torrentfreak.com/anonymous-vpn-service-provider-review-2015-150228/3/

5. 상업용 VPN 서비스로 추천할 만한 것은 캐나다 기업인 터널베어(TunnelBear)다. 이 회사의 프라이버시 정책에는 이런 구절이 나온다. "터널베어는 우리 서비스에 접속하는 이용자들의 IP 주소를 저장하지 않기 때문에 이용자의 신원을 파악할 수 없습니다. 그뿐 아니라, 우리는 이용자들이 우리 서비스에 접속해 이용하는 앱, 서비스, 또는 웹사이트에 대한 정보를 저장하지 않기 때문에 공개할 수가 없습니다."(https://www.tunnelbear.com/privacy-policy/)

6. http://www.howtogeek.com/215730/how-to-connect-to-a-vpn-from-your-iphone-or-ipad/

7. http://www.howtogeek.com/135036/how-to-connect-to-a-vpn-on-android/?PageSpeed=noscript

8. http://www.cbc.ca/news/politics/csec-used-airport-wi-fi-to-track-canadian-travellers-edward-snowden-documents-1.2517881

9. http://www.telegraph.co.uk/news/worldnews/northamerica/usa/9673429/David-Petraeus-ordered-lover-Paula-Broadwell-to-stop-emailing-Jill-Kelley.html

10. http://www.nytimes.com/2012/11/12/us/us-officials-say-petraeuss-affair-known-in-summer.html

11. https://www.wired.com/2012/11/gmail-location-data-petraeus/

12. http://www.howtogeek.com/192173/how-and-why-to-change-your-mac-address-on-windows-linux-and-mac/?PageSpeed=noscript

9장. 프라이버시가 없다고? 체념하시오!

1. https://www.wired.com/2012/12/ff-john-mcafees-last-stand/

2. http://defensetech.org/2015/06/03/us-air-force-targets-and-destroys-isis-hq-building-using-social-media/

3. http://www.bbc.com/future/story/20150206-biggest-myth-about-phone-privacy

4. http://www.dailymail.co.uk/news/article-3222298/Is-El-Chapo-hiding-Costa-Rica-Net-closes-world-s-wanted-drug-lord-hapless-son-forgets-switch-location-data-Twitter-picture.html

5. https://threatpost.com/how-facebook-and-facial-recognition-are-creating-minority-report-style-privacy-meltdown-080511/75514

6. http://www.forbes.com/sites/kashmirhill/2011/08/01/how-face-recognition-can-be-used-to-get-your-social-security-number/2/

7. http://searchengineland.com/with-mobile-face-recognition-google-crosses-the-creepy-line-70978

8. 로버트 바모시, 『기계가 우리를 배신할 때: 신기술 매혹의 어두운 면(When Gadgets Betray Us: The Dark Side of Our Infatuation with New Technologies)』, 베이직 북스, 2011

9. https://www.forbes.com/sites/kashmirhill/2011/08/01/how-face-recognition-can-be-used-to-get-your-social-security-number/

10. https://techcrunch.com/2015/07/13/yes-google-photos-can-still-sync-your-photos-after-you-delete-the-app/

11. https://ko-kr.facebook.com/terms

12. http://www.consumerreports.org/cro/news/2014/03/how-to-beat-facebook-s-biggest-privacy-risk/index.htm

13. https://www.forbes.com/sites/amitchowdhry/2015/05/28/facebook-security-checkup/

14. http://www.consumerreports.org/cro/magazine/2012/06/facebook-your-privacy/index.htm

15. https://www.cnet.com/news/facebook-will-the-real-kevin-mitnick-please-stand-up/

16. http://www.eff.org/files/filenode/social_network/training_course.pdf

17. http://bits.blogs.nytimes.com/2015/03/17/pearson-under-fire-for-monitoring-students-twitter-posts/

18. http://www.washingtonpost.com/blogs/answer-sheet/wp/2015/03/14/pearson-monitoring-social-media-for-security-breaches-during-parcc-testing/

19. http://www.csmonitor.com/World/Passcode/Passcode-Voices/2015/0513/Is-student-privacy-erased-as-classrooms-turn-digital

20. https://motherboard.vice.com/en_us/article/so-were-sharing-our-social-security-numbers-on-social-media-now

21. http://pix11.com/2013/03/14/snapchat-sexting-scandal-at-nj-high-school-could-result-in-child-porn-charges/

22. http://www.bbc.co.uk/news/uk-34136388

23. https://www.ftc.gov/news-events/press-releases/2014/05/snapchat-settles-ftc-charges-promises-disappearing-messages-were

24. http://www.informationweek.com/software/social/5-ways-snapchat-violated-your-privacy-security/d/d-id/1251175

25. http://fusion.net/story/192877/teens-face-criminal-charges-for-taking-keeping-naked-photos-of-themselves/

26. http://www.bbc.com/future/story/20150206-biggest-myth-about-phone-privacy

27. http://fusion.net/story/141446/a-little-known-yelp-setting-tells-businesses-your-gender-age-and-hometown/?utm_source=rss&utm_medium=feed&utm_campaign=/author/kashmir-hill/feed/

28. 아이폰이나 아이패드는 설정 ❯ 프라이버시 ❯ 위치정보 서비스로 가면 당신의 위치를 인지하는 앱들을 확인할 수 있다. 예를 들면, 페이스북 메신저 앱은 개별적으로 위치정보 서비스를 끌 수 있다. '페이스북 메신저'로 가서 위치정보 서비스가 꺼져 있는지 확인하라. 안드로이드 기기들에서는 페이스북 메신저 앱을 열어 오른쪽 위에 있는 기어 모양의 '설정' 아이콘을 클릭하고 '새 메시지에 위치정보 포함'으로 돼 있는 기본 설정을 끄면 된다. 안드로이드 기기들은 보통 개별 앱 단위로 위치정보 서비스를 꺼야(끌 수 있게 돼 있는 경우) 한다. 모든 앱들에 공통으로 위치정보 서비스를 끄는 것은 불가능하다.

29. https://blog.lookout.com/blog/2016/08/25/trident-pegasus/

10장. 도망칠 수는 있어도 숨을 수는 없다

1. 새로운 iOS 버전에서는 다음 사이트가 알려주는 요령을 따라야 GPS를 끌 수 있다. http://smallbusiness.chron.com/disable-gps-tracking-iphone-30007.html

2. https://gigaom.com/2013/07/08/your-metadata-can-show-snoops-a-whole-lot-just-look-at-mine/

3. http://www.zeit.de/datenschutz/malte-spitz-data-retention

4. https://www.washingtonpost.com/local/public-safety/federal-appeals-court-that-includes-va-md-allows-warrantless-tracking-of-historical-cell-site-records/2016/05/31/353950d2-2755-11e6-a3c4-0724e8e24f3f_story.html

5. http://fusion.net/story/177721/phone-location-tracking-google-feds/?utm_source=rss&utm_medium=feed&utm_campaign=/author/kashmir-hill/feed/

6. http://www.forbes.com/sites/andyrobertson/2015/05/19/strava-flyby/?ss=future-tech

7. http://fusion.net/story/119745/in-the-future-your-insurance-company-will-know-when-youre-having-sex/?utm_source=rss&utm_medium=feed&utm_campaign=/author/kashmir-hill/feed/

8. http://thenextweb.com/insider/2011/07/04/details-of-fitbit-users-sex-lives-removed-from-search-engine-results/

9. http://fusion.net/story/119745/in-the-future-your-insurance-company-will-know-when-youre-having-sex/?utm_source=rss&utm_medium=feed&utm_campaign=/author/kashmir-hill/feed/

10. http://www.engadget.com/2015/06/28/fitbit-data-used-by-police/

11. http://abc27.com/2015/06/19/police-womans-fitness-watch-disproved-rape-report/

12. http://www.theguardian.com/technology/2014/nov/18/court-accepts-data-fitbit-health-tracker

13. http://www.smithsonianmag.com/innovation/invention-snapshot-changed-way-we-viewed-world-180952435/

14. https://goo.gl/xBmN87

15. http://www.smithsonianmag.com/innovation/invention-snapshot-changed-way-we-viewed-world-180952435/?no-ist=&page=2

16. https://www.faa.gov/uas/media/Part_107_Summary.pdf

17. https://www.faa.gov/uas/where_to_fly/b4ufly/

18. http://www.slate.com/articles/technology/future_tense/2015/06/facial_recognition_privacy_talks_why_i_walked_out.html

19. http://www.extremetech.com/mobile/208815-how-facial-recognition-will-change-shopping-in-stores

20. http://www.retail-week.com/innovation/seven-in-ten-uk-shoppers-find-facial-recognition-technology-creepy/5077039.article

21. http://www.ilga.gov/legislation/ilcs/ilcs3.asp?ActID=3004&ChapterID=57

22. http://arstechnica.com/business/2015/06/retailers-want-to-be-able-to-scan-your-face-without-your-permission/

23. http://fusion.net/story/154199/facial-recognition-no-rules/?utm_source=rss&utm_medium=feed&utm_campaign=/author/kashmir-hill/feed/

24. https://www.youtube.com/watch?v=NEsmw7jpODc

25. http://motherboard.vice.com/read/glasses-that-confuse-facial-recognition-systems-are-coming-to-japan

11장. 키트, 내 위치를 알리지 마

1. http://www.wired.com/2015/07/hackers-remotely-kill-jeep-highway/

2. 이것은 어리석은 생각이다. 무엇이 금지된 것이라고 해서 그것이 일어나지 않는다는 뜻은 아니기 때문이다. 그리고 이것은 해킹당한 차들이 일반 운전자들에게 피해를 끼친다는 위험한 시나리오를 상정한다. 자동차에 대한 '제로 데이' 공격의 위험성도 간과할 수 없다는 얘기다. 제로 데이 공격은 시스템의 보안 취약점을 미처 보완하기 전에 이를 악용해 벌이는 해킹 공격을 가리킨다.

3. http://keenlab.tencent.com/en/2016/09/19/Keen-Security-Lab-of-Tencent-Car-Hacking-Research-Remote-Attack-to-Tesla-Cars/

4. https://www.buzzfeed.com/johanabhuiyan/uber-is-investigating-its-top-new-york-executive-for-privacy

5. http://www.theregister.co.uk/2015/06/22/epic_uber_ftc/

6. http://nypost.com/2014/11/20/uber-reportedly-tracking-riders-without-permission/

7. https://www.uber.com/legal/usa/privacy

8. http://fortune.com/2015/06/23/uber-privacy-epic-ftc/

9. http://www.bbc.com/future/story/20150206-biggest-myth-about-phone-privacy

10. https://tech.vijayp.ca/of-taxis-and-rainbows-f6bc289679a1

11. http://arstechnica.com/tech-policy/2014/06/poorly-anonymized-logs-reveal-nyc-cab-drivers-detailed-whereabouts/

12. 교통 서비스 기관을 방문해 NFC 카드를 현금으로 구매할 수도 있지만, 가외의 시간이 들 뿐 아니라 은행이나 신용카드 번호와 연계하는 게 낫다는 설교를 듣게 될 공산이 크다.

13. http://www.wsj.com/articles/SB10000872396390443995604578004723603576296

14. https://www.aclu.org/blog/free-future/internal-documents-show-fbi-was-wrestling-license-plate-scanner-privacy-issues

15. http://www.wired.com/2015/05/even-fbi-privacy-concerns-license-plate-readers/

16. 자료 출처 중 다섯 곳은 루이지애나 주에 소재한 세인트 태머니 패리시의 보안관 사무소, 제퍼슨 패리시의 보안관 사무소, 케너 경찰국, 플로리다 주의 하이얼리 경찰국, 그리고 서던 캘리포니아 대학의 공공안전국이다.

17. http://www.forbes.com/sites/robertvamosi/2015/05/04/dont-sell-that-connected-car-or-home-just-yet/

18. https://www.washingtonpost.com/blogs/the-switch/wp/2015/06/24/tesla-says-its-drivers-have-traveled-a-billion-miles-and-tesla-knows-how-many-miles-youve-driven/

19. http://www.dhanjani.com/blog/2014/03/curosry-evaluation-of-the-tesla-model-s-we-cant-protect-our-cars-like-we-protect-our-workstations.html

20. http://www.teslamotors.com/blog/most-peculiar-test-drive

21. https://www.forbes.com/sites/kashmirhill/2013/02/19/the-big-privacy-takeaway-from-tesla-vs-the-new-york-times/

22. http://www.wired.com/2015/07/gadget-hacks-gm-cars-locate-unlock-start/

23. http://spectrum.ieee.org/cars-that-think/transportation/advanced-cars/researchers-prove-connected-cars-can-be-tracked

24. http://www.wired.com/2015/10/cars-that-talk-to-each-other-are-much-easier-to-spy-on/

25. https://grahamcluley.com/2013/07/volkswagen-security-flaws/

26. https://grahamcluley.com/2015/07/land-rover-cars-bug/

27. http://www.wired.com/2015/07/hackers-remotely-kill-jeep-highway/

28. https://www.forbes.com/sites/robertvamosi/2015/03/24/securing-connected-cars-one-chip-at-a-time

29. http://www.nytimes.com/2016/07/30/business/tesla-faults-teslas-brakes-but-not-autopilot-in-fatal-crash.html

12장. 감시의 인터넷

1. http://www.amazon.com/review/R3IMEYJFO6YWHD

2. https://www.blackhat.com/docs/us-14/materials/us-14-Jin-Smart-Nest-Thermostat-A-Smart-Spy-In-Your-Home.pdf

3. http://venturebeat.com/2014/08/10/hello-dave-i-control-your-thermostat-googles-nest-gets-hacked/

4. http://www.forbes.com/sites/kashmirhill/2014/07/16/nest-hack-privacy-tool/

5. https://venturebeat.com/2014/08/10/hello-dave-i-control-your-thermostat-googles-nest-gets-hacked/

6. http://www.networkworld.com/article/2909212/security0/schneier-on-really-bad-iot-security-it-s-going-to-come-crashing-down.html

7. http://www.forbes.com/sites/kashmirhill/2013/07/26/smart-homes-hack/

8. http://www.dhanjani.com/blog/2013/08/hacking-lightbulbs.html

9. http://www.wired.com/2009/11/baby-monitor/

10. http://www.bbc.com/news/technology-31523497

11. http://mashable.com/2012/05/29/sensory-galaxy-s-iii/

12. http://www.forbes.com/sites/marcwebertobias/2014/01/26/heres-how-easy-it-is-for-google-chrome-to-eavesdrop-on-your-pc-microphone/

13. http://www.theguardian.com/technology/2015/jun/23/google-eavesdropping-tool-installed-computers-without-permission

14. 가장 쉬운 방법은 아마존 에코 앱의 설정에서 사용 내역(History) ❭ 개별 리코딩 ❭ 삭제를 선택하는 것이다.

15. 아마존의 계정에 로그인한 후 '계정 설정'에 들어가 나의 기기들(Your Devices) ❭ 아마존 에코 ❭ 삭제 순으로 시행하면 된다.

16. http://www.theregister.co.uk/2015/08/24/smart_fridge_security_fubar/

17. www.shodan.io

13장. 당신이 모르는 직장의 비밀

1. http://www.wsj.com/articles/SB10001424052702303672404579151440488919138

2. http://theweek.com/articles/564263/rise-workplace-spying

3. https://olin.wustl.edu/docs/Faculty/Pierce_Cleaning_House.pdf

4. http://harpers.org/archive/2015/03/the-spy-who-fired-me/

5. https://room362.com/post/2016/snagging-creds-from-locked-machines/

6. 문서의 메타데이터는 보통 숨어있다. 그 내용을 보려면 파일 ❭ 정보를 선택해 나타난 창의 맨 오른쪽에 '속성(Properties)'이라는 제목으로 표시된다.

7. 문서 검사기를 사용하기 전에 먼저 해당 문서의 복사본을 만들어두는 게 좋다. 한 번 바꾸면 되돌릴 수 없기 때문이다. 오리지널 문서의 복사본에서 파일 ❭ 정보를 눌러 나타난 세 옵션 중 '문서 검사'를 선택한다. 그 결과 나타난 다양한 항목 중에서 검사하고 싶은 대목들만 선택한 후 '검사'를 클릭한다. 해당 문서에 대한 검사 결과를 살펴보라. 검사 결과에서 '문서 속성 및 개인정보' 옆에 표시된 '모두 제거'를 누르면 해당 문서에서 숨은 콘텐츠가 삭제된다.

8. http://www.infosecurity-magazine.com/news/printer-related-security-breaches-affect-63-of/

9. http://www.wired.com/2014/08/gyroscope-listening-hack/

10. http://ossmann.blogspot.com/2013/01/funtenna.html

11. http://cs229.stanford.edu/proj2013/Chavez-ReconstructingNon-IntrusivelyCollectedKeystrokeDataUsingCellphoneSensors.pdf

12. https://www.scribd.com/document/172841592/Traynor-ccs11-Decoding-Vibrations-From-Nearby-Keyboards

13. http://samy.pl/keysweeper/

14. http://www.wired.com/2015/10/stingray-government-spy-tools-can-record-calls-new-documents-confirm/

15. http://phys.org/news/2013-07-femtocell-hackers-isec-smartphone-content.html

16. http://arstechnica.com/information-technology/2015/04/this-machine-catches-

stingrays—pwnie—express—demos—cellular—threat—detector/

17. http://www.guardian.co.uk/world/2013/jul/11/microsoft—nsa—collaboration—user—data

18. http://www.computerworld.com/article/2474090/data—privacy/new—snowden—revelation—shows—skype—may—be—privacy—s—biggest—enemy.html

19. https://community.rapid7.com/community/metasploit/blog/2012/01/23/video—conferencing—and—self—selecting—targets

20. http://www.polycom.com/global/documents/solutions/industry_solutions/government/max_security/uc—deployment—for—maximum—security.pdf

21. https://community.rapid7.com/community/metasploit/blog/2012/01/23/video—conferencing—and—self—selecting—targets

14장. 익명 유지는 고단한 작업이다

1. 이것은 국경에서 진행되는 통상적인 수색이고, 따라서 체포는 사실상 별로 관련이 없다. 미국 법원들은 용의자가 비밀번호를 자백해야 하는지 여부에 대해, 적어도 아직까지는 통일된 합의에 이르지 못했다. 그러나 한 법원은 용의자는 터치 ID(지문)를 이용해 아이폰을 열도록 강제될 수 있다고 판결했다. 그런 위험을 피하려면 어느 나라의 세관을 통과하게 되든 터치 ID로 아이폰이나 다른 애플 기기를 재부팅한 후 비밀번호를 넣지 말라. 당신이 비밀번호를 넣지 않는 한, 터치 ID는 실패할 수밖에 없다.

2. http://www.computerweekly.com/Articles/2008/03/13/229840/us—department—of—homeland—security—holds—biggest—ever—cybersecurity.htm

3. iOS 8이나 그보다 더 새로운 버전의 경우 이렇게 모든 짝짓기 관계를 초기화할 수 있다. 설정 〉 일반 〉 초기화 〉 위치 및 프라이버시 초기화 또는 네트워크 설정 초기화. 보안 연구자인 조너선 지아르스키(Jonathan Zdziarski)는 이 주제로 여러 편의 블로그 포스팅을 올렸다. 거기에 나온 여러 정보와 지침은 이 책의 범위를 벗어나지만 이 사안에 대해 좀 더 깊이 들어가보고 싶다면 다음 사이트를 참고하길 바란다. http://www.zdziarski.com/blog/?p=2589

4. http://www.engadget.com/2014/10/31/court—rules—touch—id—is—not—protected—by—the—fifth—amendment—bu/

5. http://www.cbc.ca/news/canada/nova—scotia/quebec—resident—alain—philippon—to—fight—charge—for—not—giving—up—phone—password—at—airport—1.2982236

6. https://www.ghacks.net/2013/02/07/forensic—tool—to—decrypt—truecrypt—bitlocker—and—pgp—contains—and—disks—released/

7. https://www.symantec.com/content/en/us/enterprise/white_papers/b—pgp_how_wholedisk_encryption_works_WP_21158817.en—us.pdf

8. https://www.kanguru.com/storage-accessories/kanguru-ss3.shtml

9. https://www.schneier.com/blog/archives/2007/11/the_strange_sto.html

10. https://theintercept.com/2015/04/27/encrypting-laptop-like-mean/

11. http://www.securityweek.com/researcher-demonstrates-simple-bitlocker-bypass

12. https://www.fbi.gov/news/speeches/going-dark-are-technology-privacy-and-public-safety-on-a-collision-course

13. http://www.nytimes.com/library/tech/00/01/cyber/cyberlaw/28law.html

14. https://partners.nytimes.com/library/tech/00/01/cyber/cyberlaw/28law.html

15. https://www.wired.com/2015/10/cops-dont-need-encryption-backdoor-to-hack-iphones/

16. http://theinvisiblethings.blogspot.com/2009/10/evil-maid-goes-after-truecrypt.html

17. https://blog.gdatasoftware.com/blog/article/hotel-safes-are-they-really-safe.html

18. http://www.snopes.com/crime/warnings/hotelkey.asp

19. http://www.themarysue.com/hotel-key-myth/

20. https://shaun.net/posts/whats-contained-in-a-boarding-pass-barcode

21. 현재로서는 유나이티드 항공이 유일하게 마일리지 회원 번호의 일부만 표시한다. 대다수 다른 항공사들은 회원 번호 전체를 바코드에 넣고 있다.

22. http://www.wired.com/2014/11/darkhotel-malware/

23. https://bitlaunder.com/launder-bitcoin

15장. FBI는 항상 범인을 잡아낸다

1. https://www.wired.com/2015/05/silk-road-creator-ross-ulbricht-sentenced-life-prison/

2. https://www.nytimes.com/2015/12/27/business/dealbook/the-unsung-tax-agent-who-put-a-face-on-the-silk-road.html

3. http://www.wired.com/2015/07/online-anonymity-box-puts-mile-away-ip-address/

4. https://samy.pl/proxygambit/

16장. 온라인 '익명의 기술' 마스터하기

1. 여기에는 더 많은 사연이 있다. FBI는 내가 숨어있는 아파트를 알아내기는 했지만 정확히 어디에 있는지까지는 몰랐다. 그러다 어느 날 밤 내가 밖으로 나가면서 사정은 바뀌었다. 이에 관한 상세한 내용은 『네트워크 속의 유령』(에이콘)에서 묘사한 바 있다.

2. '웨더 언더그라운드' 같은 사이트는 URL에 방문자의 위도와 경도를 표시한다.

3. 예를 들면 https://www.bitrefill.com과 같은 사이트다.

4. https://nakedsecurity.sophos.com/2015/07/30/websites-can-track-us-by-the-way-we-type-heres-how-to-stop-it/

| 찾아보기 |

에이콘출판의 기틀을 마련하신 故 정완재 선생님 (1935-2004)

보이지 않게, 아무도 몰래, 흔적도 없이

발 행 | 2017년 10월 27일

지은이 | 케빈 미트닉
옮긴이 | 김 상 현

펴낸이 | 권 성 준
편집장 | 황 영 주
편 집 | 조 유 나
디자인 | 송 서 연

에이콘출판주식회사
서울특별시 양천구 국회대로 287 (목동)
전화 02-2653-7600, 팩스 02-2653-0433
www.acornpub.co.kr / editor@acornpub.co.kr

한국어판 ⓒ 에이콘출판주식회사, 2017, Printed in Korea.
ISBN 979-11-6175-067-5
ISBN 978-89-6077-104-8 (세트)
http://www.acornpub.co.kr/book/art-invisibility
이 도서의 국립중앙도서관 출판시도서목록(CIP)은 서지정보유통지원시스템 홈페
이지(http://seoji.nl.go.kr)와 국가자료공동목록시스템(http://www.nl.go.kr/
kolisnet)에서 이용하실 수 있습니다.(CIP제어번호: CIP2017027109)

책값은 뒤표지에 있습니다.